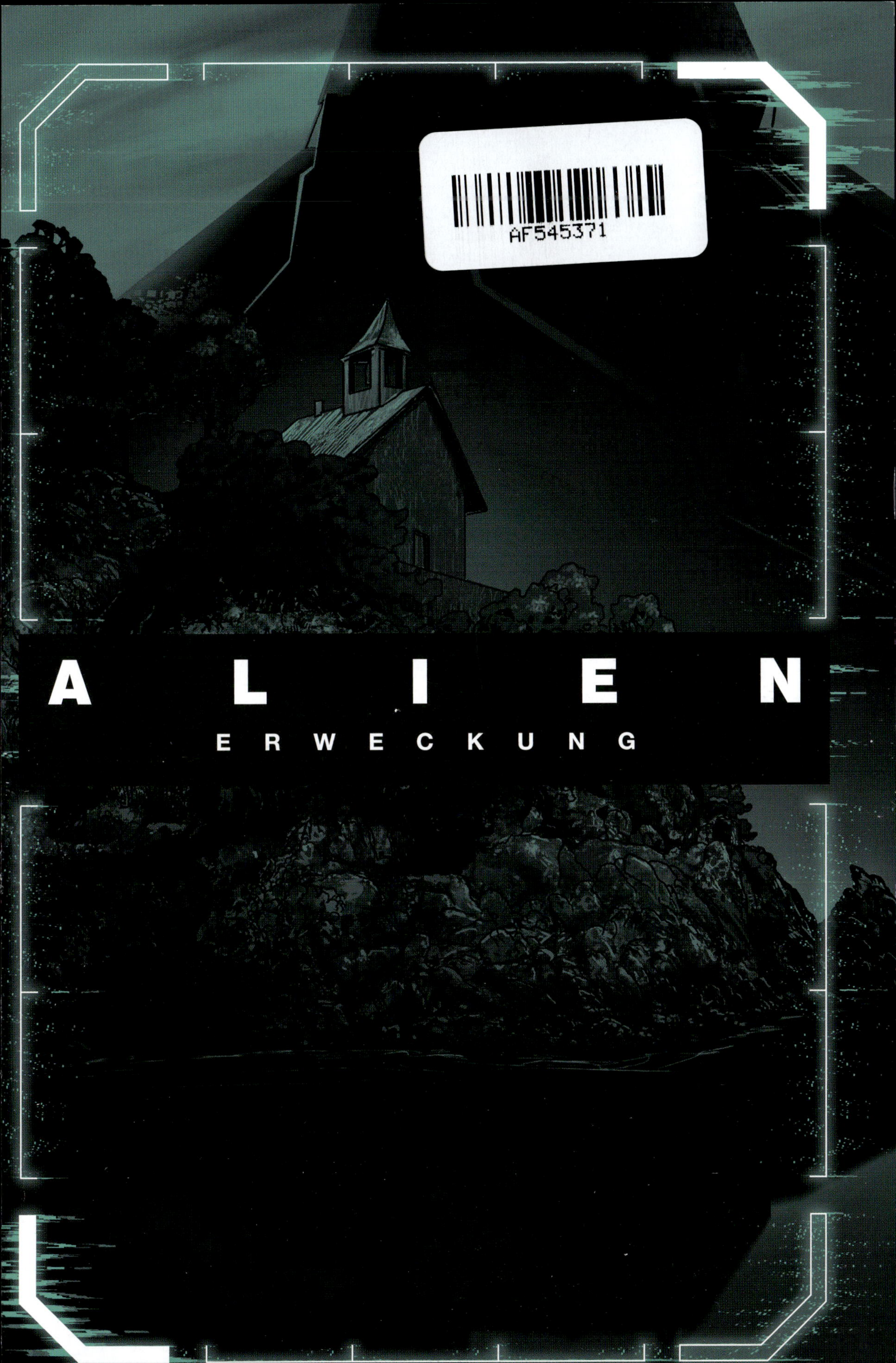

ALIEN

ERWECKUNG

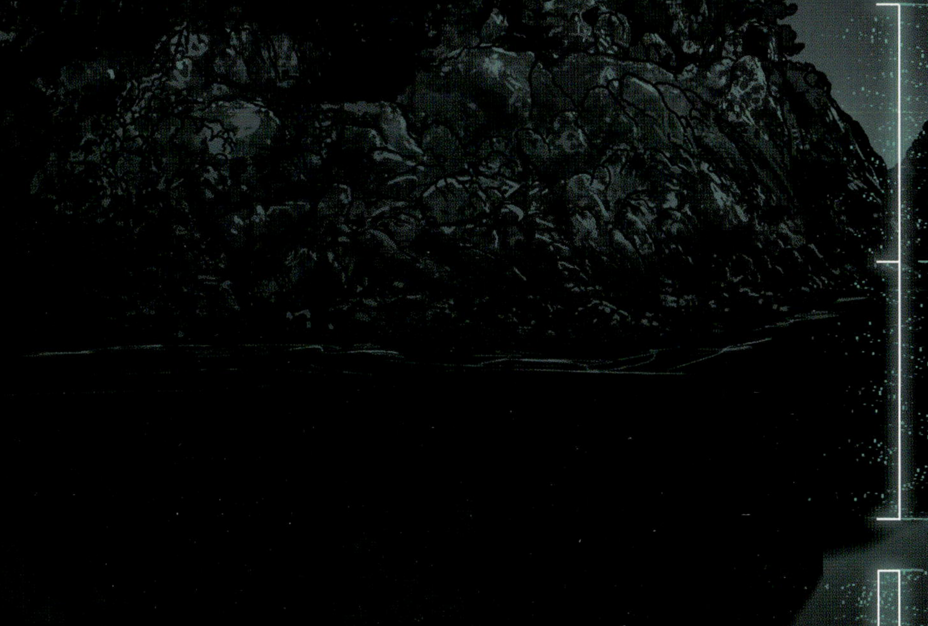

ALIEN

Im Jahr 2122 erteilte das multinationale Unternehmen **Weyland-Yutani** seinem Raumfrachter USCSS Nostromo den Befehl, von der geplanten Route abzuweichen und zum **LV-426** zu fliegen, einem Mond, der den Planeten **Calpamos** umkreist. In Wirklichkeit wollte Weyland-Yutani unter dem Vorwand, einen möglichen Notruf zu verifizieren, ein Exemplar einer tödlichen außerirdischen Rasse, der **Xenomorphe**, sichern, um es zu studieren und kommerziell nutzen zu können. So begegnete die Besatzung der Nostromo der Tragödie.

Im Jahr 2179 wurde eine Kolonie namens **Hadley's Hope**, die auf LV-426 gebaut wurde, von Xenomorphen überfallen. Auch die Militärexpedition zur Rettung der Kolonie endete in einer Tragödie.

Im Jahr 2200 wurde die Forschungsstation **Epsilon** von einer Gruppe von Weyland-Yutani-Gegnern überfallen. Dabei setzte sie unabsichtlich einen bebrüteten Xenomorphen frei, den **Alpha**. Es gab nur zwei Überlebende.

Inzwischen schreiben wir das Jahr 2202. Die **United Americas** haben Gebiete im Weltraum annektiert und kolonisiert, um sie durch Terraforming bewohnbar zu machen. Nach dem letzten Xenomorph-Zwischenfall herrschte für zwei Jahre Frieden ...

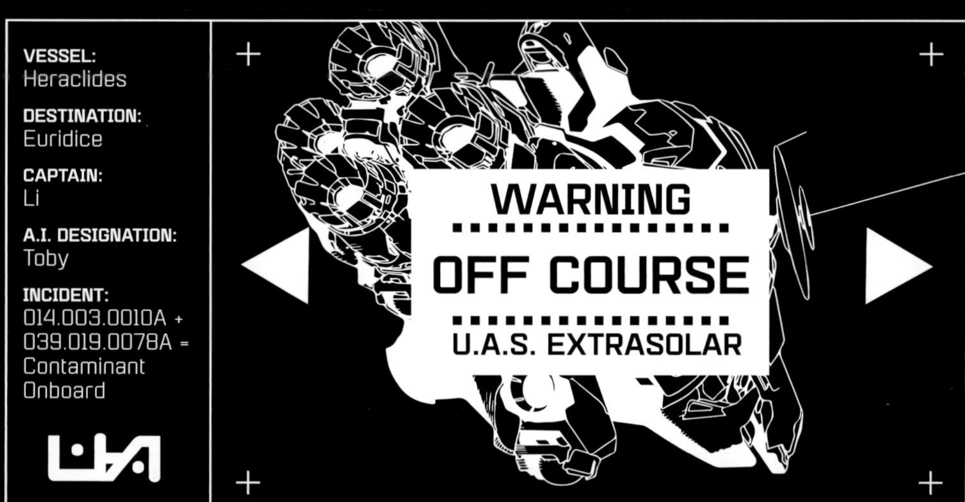

PHILLIP KENNEDY JOHNSON • STORY

SALVADOR LARROCA • ZEICHNUNGEN

GURU-eFX • FARBEN

MARC ASPINALL UND **SALVADOR LARROCA** • COVER

ALEXANDER RÖSCH • ÜBERSETZUNG

ALESSIO RAVAZZANI UND **ERICA BENVENUTI (SYMMACEO)** • LETTERING

SHANNON ANDREWS BALLESTEROS, SARAH BRUNSTAD, KAT GREGOROWICZ, ANITA OKOYE, DARREN SHAN UND **JAKE THOMAS** • REDAKTION USA

C. B. CEBULSKI • CHEFREDAKTION USA

BESONDERER DANK AN **STEVE ASBELL, LeANNE HACKMANN, SARAH HUCK, ALISON GIORDANO, JACKSON KAPLAN, JEFFREY THOMAS, CAROL ROEDER** UND **NICOLE SPIEGEL** BEI DISNEY

INHALT

7
ERWECKUNG
Revival
Alien (2021) 7
September 2021

31
JUDAS
Judas
Alien (2021) 8
November 2021

53
EINE SCHLANGE IM PARADIES
Devil in the Garden
Alien (2021) 9
Februar 2022

75
DIE MINEN VON JONAH
The Mines of Jonah
Alien (2021) 10
März 2022

97
DIE LETZTEN TAGE VON EDEN
The Last Days of Eden
Alien (2021) 11
April 2022

119
APOKALYPSE
Book of Revelation
Alien (2021) 12
Juni 2022

141
EIN ÜBERLEBENDER
Untitled
Alien Annual (2022) 1
September 2022

172
COVER-GALERIE

176
KREATIV-TEAM

ALIEN: ERWECKUNG erscheint bei **PANINI COMICS**, Schloßstraße 76, D-70176 Stuttgart. Druck: Rotopress International S.r.l. Pressevertrieb: Stella Distribution GmbH, D-22297 Hamburg. Direkt-Abos auf **www.paninicomics.de**. Anzeigenverkauf: BLAUFEUER VERLAGSVERTRETUNGEN GmbH, info@blaufeuer.com. Es gilt die Anzeigenpreisliste Nr. 19 vom 01.10.2021. Geschäftsführer **Hermann Paul**, Publishing Director Europe **Marco M. Lupoi**, Finanzen/Logistik **Felix Bauer**, Marketing Director **Holger Wiest**, Marketing **Rebecca Haar**, Vertrieb **Alexander Bubenheimer**, PR/Presse **Steffen Volkmer**, Publishing Manager **Lisa Pancaldi**, Redaktion **Stephanie Jakob, Ilaria Tavoni, Francesco Tedeschi, Daniela Uhlmann**, Übersetzung **Bernd Kronsbein, Alexander Rösch**, Proofreading **Katrin Hoppe**, Lettering **Alessio Ravazzani & Erica Benvenuti (Symmaceo)**, grafische Gestaltung **Marco Paroli, Angelo Costellini**, Art Director **Alessandro Gucciardo**, Redaktion Panini Comics **Annalisa Califano, Beatrice Doti**, Prepress **Cristina Bedini, Silvia Bernini, Andrea Lusoli,** Repro/Packager **Alessandro Nalli** (coordinator), **Mario Da Rin Zanco, Valentina Esposito, Luca Ficarelli, Linda Leporati**.

Digitale Ausgaben: ISBN 978-3-7367-9211-1 (.pdf) / ISBN 978-3-7367-9212-8 (.epub) / ISBN 978-3-7367-9210-4 (.mobi)

Bibliografische Information der Deutschen Nationalbibliothek
Die Deutsche Nationalbibliothek verzeichnet diese Publikation in der Deutschen Nationalbibliografie; detaillierte bibliografische Daten sind im Internet über dnb.d-nb.de abrufbar.

EINE GALAXIE VOLLER ALBTRÄUME

Zwei Jahre sind seit der Katastrophe auf der **Epsilon-Station** vergangen, einer Anlage von **Weyland-Yutani**, in der der Konzern nach vielen Experimenten den **Alpha** geboren hat, eine neue Art von **Xenomorph** mit bisher unbekannten Eigenschaften. Seitdem hat es keine dokumentierten Begegnungen mit Aliens mehr gegeben. Was ihr auf den folgenden Seiten lesen werdet, ist nicht die Fortsetzung der Geschichte in Band 1, BLUTLINIEN, oder, um genau zu sein, es ist keine *direkte* Fortsetzung. Denn wir besuchen einen anderen Sektor des bekannten Weltraums, eine ländliche Siedlung, die sich auf dem Mond **Euridice** befindet. Hier wollen die Adepten einer religiösen Gemeinschaft, die **Spinners**, ihr Leben in Ruhe und Frieden beim stillen Gebet verbringen, isoliert vom Rest des Universums, das für sie zu technologisch geworden ist. Es ist eine Art **Garten Eden**, und die Gruppe hat ihn sich im Schweiße ihres Angesichts verdient, denn die **U.A.** (United Americas) hat den Gläubigen versprochen, dass Euridice ihnen vollständig gehören wird, jedoch nur wenn sie den eingeleiteten **Terraforming**-Prozess des Mondes bis zum Schluss überwachen. Und nun ist dieser Zeitpunkt gekommen, und die **Spinners** sind im Begriff, sich ihren größten Traum zu erfüllen. Doch jede Religion hat einen Feind, jede Hölle einen Satan und jedes Eden eine Schlange. Die Schlange, die sich anschickt, das Paradies von Euridice zu zerstören, lockt jedoch nicht mit einem roten, saftigen Apfel: Sie hat scharfe Zähne und Säureblut, und, um den Film zu zitieren, mit dem alles begonnen hat: „Nur seine Feindseligkeit übertrifft noch seine perfekte Struktur."

Wie bereits erwähnt, tauchen in dieser zweiten Geschichte der neuen *Alien*-Comicserie die beiden Überlebenden der Epsilon-Station nicht auf, was aber nicht bedeutet, dass Drehbuchautor **Phillip Kennedy Johnson** rein vertikales Erzählen betreibt. Denn es gibt einige Anspielungen auf die Hauptelemente des vorherigen Bandes, die zeigen, dass Johnson eine neue horizontale Erzählung innerhalb des existierenden *Alien*-Universums schafft. Ein weiterer Beleg ist der Plot des ersten *Annuals*, das sich am Ende des Bandes befindet: Hier treffen wir **Gabriel Cruz** – **Dannys** Vater, den wir am Ende von BLUTLINIEN bewusstlos verließen –, aber er ist jünger als in Band 1. Das erste *Annual*, das ebenfalls von **Salvador Larroca** gezeichnet wurde, erzählt, was auf Epsilon geschah, bevor Cruz nach seiner Pensionierung dorthin zurückkehrte. Als er noch bei W-Y beschäftigt war und fest an seine Arbeit glaubte. Die Mission, die auf ihn wartet, bietet uns viele neue Elemente, um seine Handlungen – und seine Überzeugungen – aus BLUTLINIEN zu verstehen. Und in der Zwischenzeit wartet irgendwo im tiefen, dunklen Weltraum eine weibliche, gelbäugige außerirdische Kreatur ...

Francesco Tedeschi

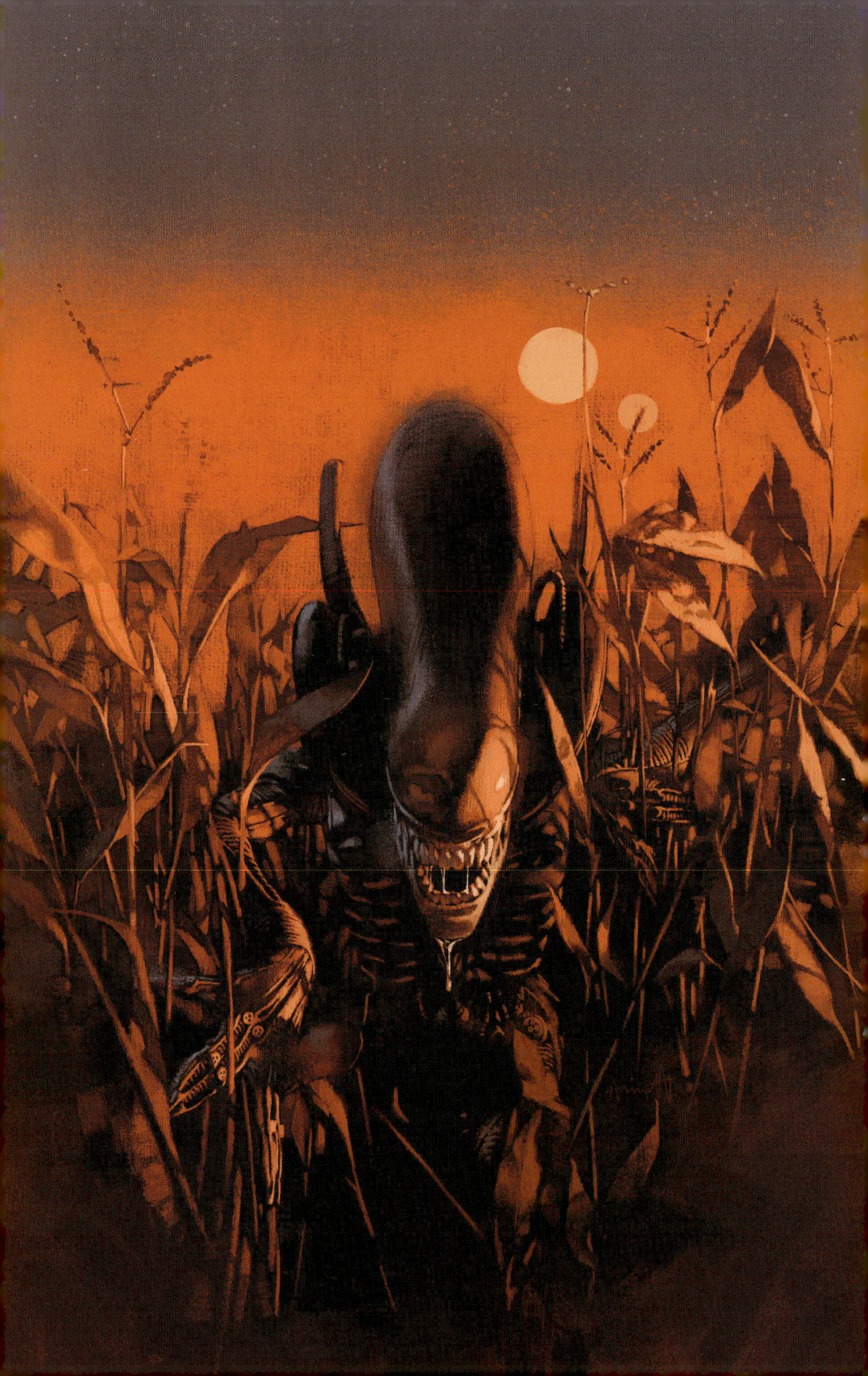

U.A.S.-EXTRASOLAR-
RAUMER HERACLIDES

ZUGETEILTE K.I.: TOBY.
AUFZEICHNUNG/AUFNAHME
2202.05.24.0824.55.

ÜBERMITTLUNG AN EXTRASOLAREN
KONTROLLPOSTEN DER UNITED
AMERICAS, STATION HOUSTON.

REISE-STÖRFALLBERICHT
#001: STÖRFALL-CODE
014.003.0010A.

REISE-STÖRFALLBERICHT
#002: STÖRFALL-CODE
039.019.0078A.

U.A.S.
HERACLIDES.
STÖRFALLBERICHTE
EMPFANGEN.

EMP-
FEHLUNG ...

AKTIVIERE
KOMMANDO-
BESATZUNG.

FSHHHHHHH

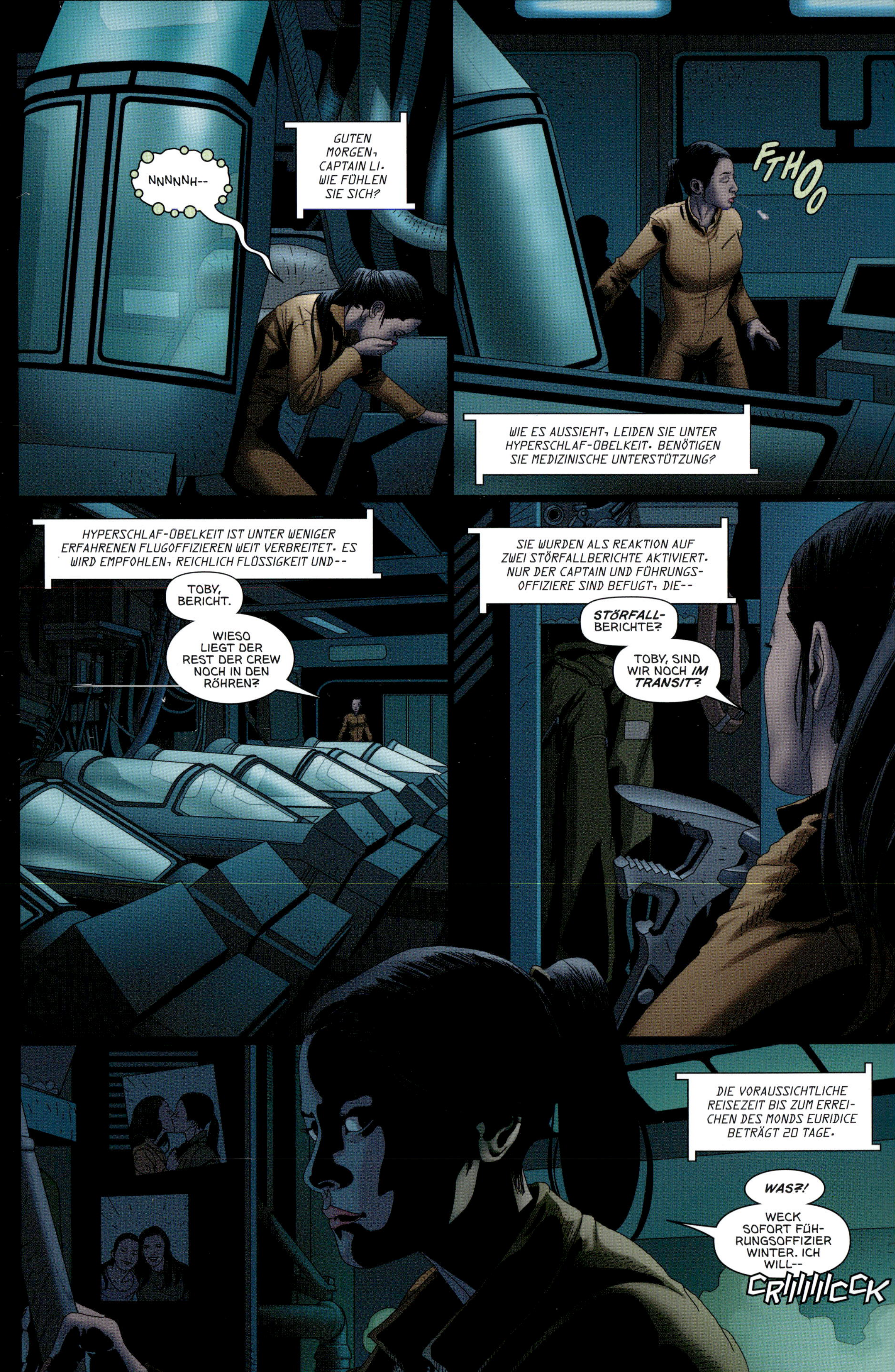
NNNNNH--
GUTEN MORGEN, CAPTAIN LI. WIE FÜHLEN SIE SICH?
FTHOO
WIE ES AUSSIEHT, LEIDEN SIE UNTER HYPERSCHLAF-ÜBELKEIT. BENÖTIGEN SIE MEDIZINISCHE UNTERSTÜTZUNG?
HYPERSCHLAF-ÜBELKEIT IST UNTER WENIGER ERFAHRENEN FLUGOFFIZIEREN WEIT VERBREITET. ES WIRD EMPFOHLEN, REICHLICH FLÜSSIGKEIT UND--
TOBY, BERICHT.
WIESO LIEGT DER REST DER CREW NOCH IN DEN RÖHREN?
SIE WURDEN ALS REAKTION AUF ZWEI STÖRFALLBERICHTE AKTIVIERT. NUR DER CAPTAIN UND FÜHRUNGSOFFIZIERE SIND BEFUGT, DIE--
STÖRFALL-BERICHTE?
TOBY, SIND WIR NOCH IM TRANSIT?
DIE VORAUSSICHTLICHE REISEZEIT BIS ZUM ERREICHEN DES MONDS EURIDICE BETRÄGT 20 TAGE.
WAS?!
WECK SOFORT FÜHRUNGSOFFIZIER WINTER. ICH WILL--
CRIIIIICCK

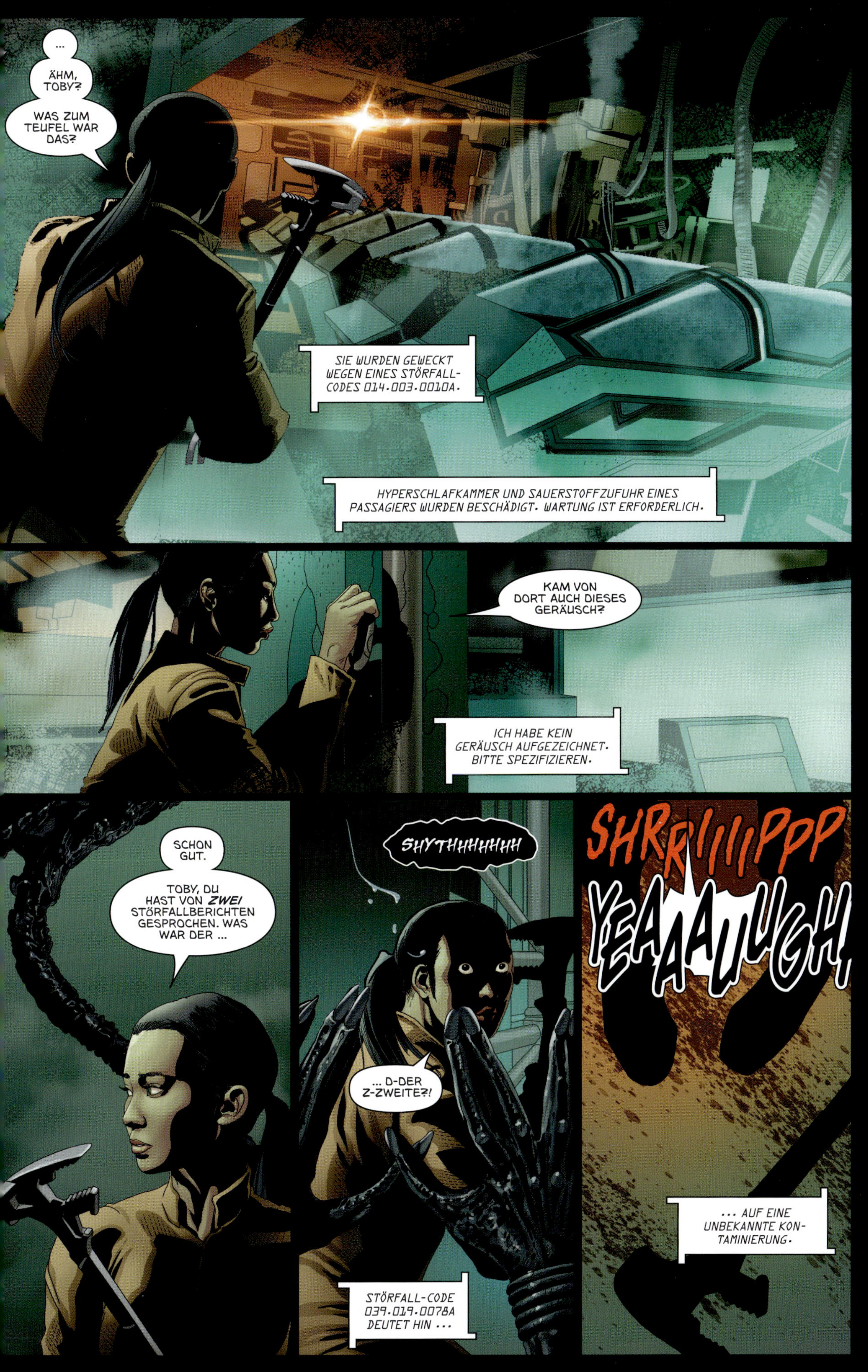
...
ÄHM, TOBY?
WAS ZUM TEUFEL WAR DAS?
SIE WURDEN GEWECKT WEGEN EINES STÖRFALL-CODES 014.003.0010A.
HYPERSCHLAFKAMMER UND SAUERSTOFFZUFUHR EINES PASSAGIERS WURDEN BESCHÄDIGT. WARTUNG IST ERFORDERLICH.
KAM VON DORT AUCH DIESES GERÄUSCH?
ICH HABE KEIN GERÄUSCH AUFGEZEICHNET. BITTE SPEZIFIZIEREN.
SCHON GUT.
TOBY, DU HAST VON *ZWEI* STÖRFALLBERICHTEN GESPROCHEN. WAS WAR DER ...
SHYTHHHHHHH
... D-DER Z-ZWEITE?!
STÖRFALL-CODE 039.019.0078A DEUTET HIN ...
SHRRIIIIPPP
YEAAAAUGH
... AUF EINE UNBEKANNTE KONTAMINIERUNG.

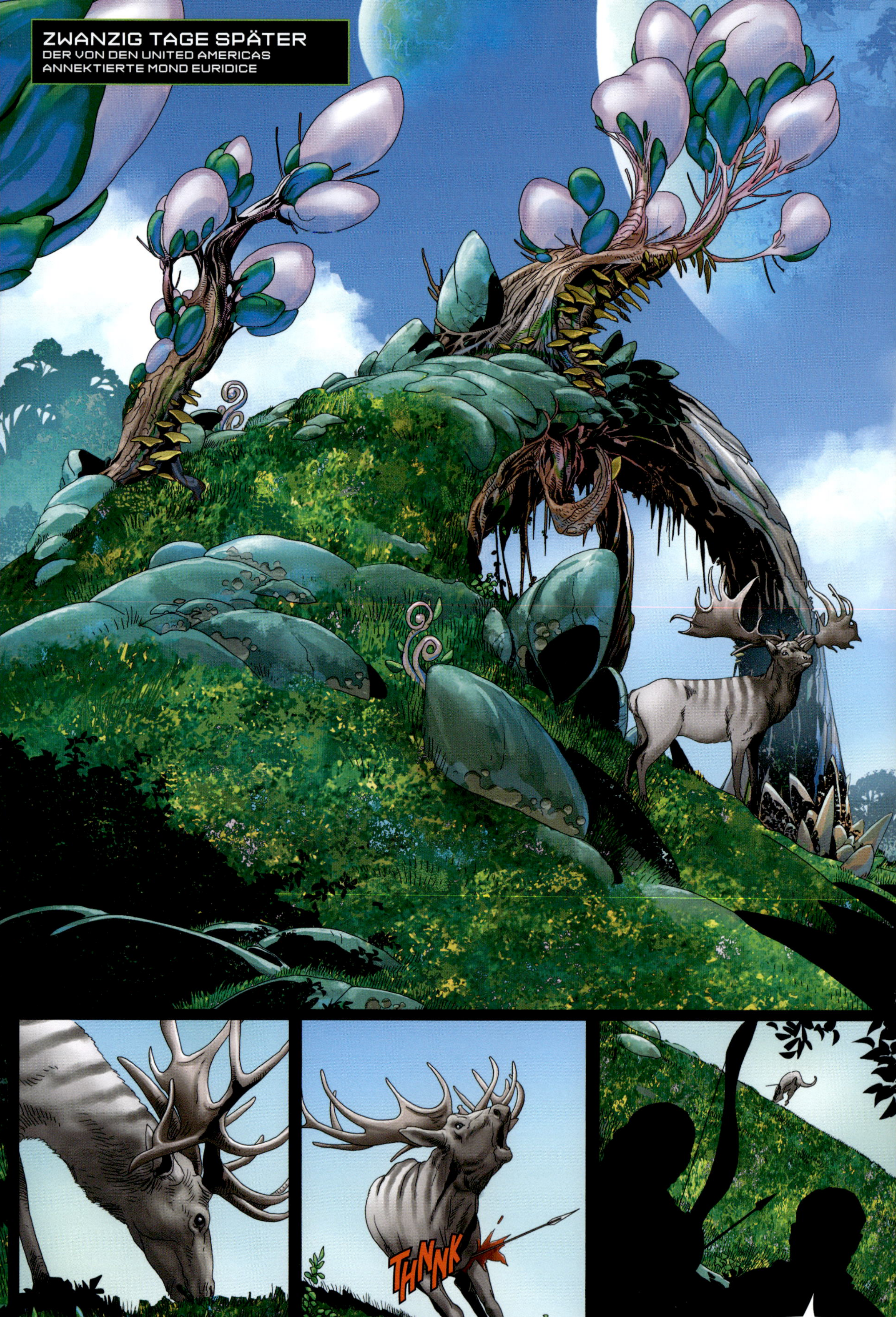
ZWANZIG TAGE SPÄTER
DER VON DEN UNITED AMERICAS ANNEKTIERTE MOND EURIDICE
THNNK
WAS FÜR EIN GROSSARTIGER SCHUSS, JANE.

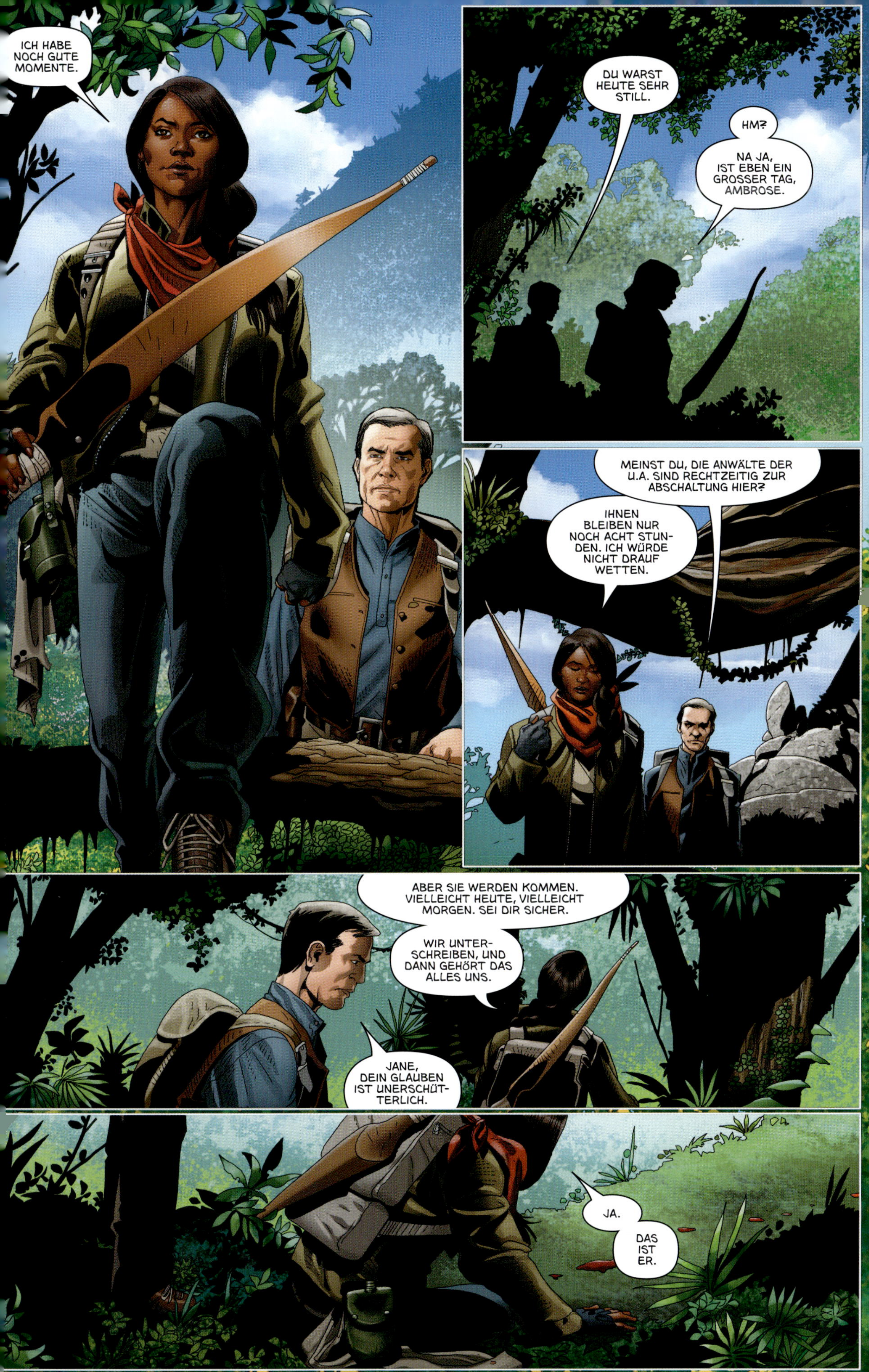
ICH HABE NOCH GUTE MOMENTE.
DU WARST HEUTE SEHR STILL.
HM?
NA JA, IST EBEN EIN GROSSER TAG, AMBROSE.
MEINST DU, DIE ANWÄLTE DER U.A. SIND RECHTZEITIG ZUR ABSCHALTUNG HIER?
IHNEN BLEIBEN NUR NOCH ACHT STUNDEN. ICH WÜRDE NICHT DRAUF WETTEN.
ABER SIE WERDEN KOMMEN. VIELLEICHT HEUTE, VIELLEICHT MORGEN. SEI DIR SICHER.
WIR UNTERSCHREIBEN, UND DANN GEHÖRT DAS ALLES UNS.
JANE, DEIN GLAUBEN IST UNERSCHÜTTERLICH.
JA.
DAS IST ER.

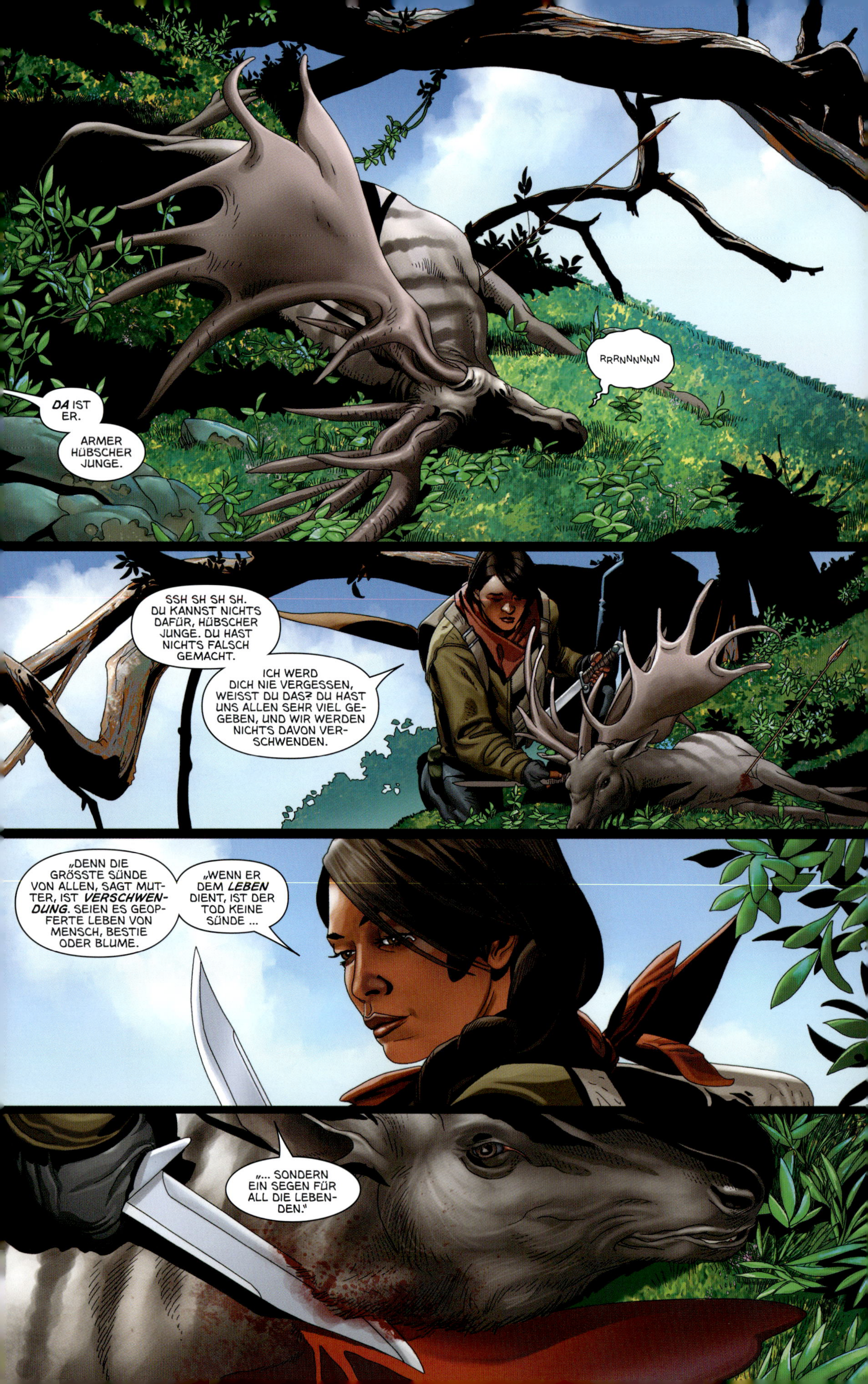
RRRNNNNNN
DA IST ER.
ARMER HÜBSCHER JUNGE.
SSH SH SH SH. DU KANNST NICHTS DAFÜR, HÜBSCHER JUNGE. DU HAST NICHTS FALSCH GEMACHT.
ICH WERD DICH NIE VERGESSEN, WEISST DU DAS? DU HAST UNS ALLEN SEHR VIEL GEGEBEN, UND WIR WERDEN NICHTS DAVON VERSCHWENDEN.
„DENN DIE GRÖSSTE SÜNDE VON ALLEN, SAGT MUTTER, IST VERSCHWENDUNG. SEIEN ES GEOPFERTE LEBEN VON MENSCH, BESTIE ODER BLUME.
„WENN ER DEM LEBEN DIENT, IST DER TOD KEINE SÜNDE ...
„... SONDERN EIN SEGEN FÜR ALL DIE LEBENDEN."

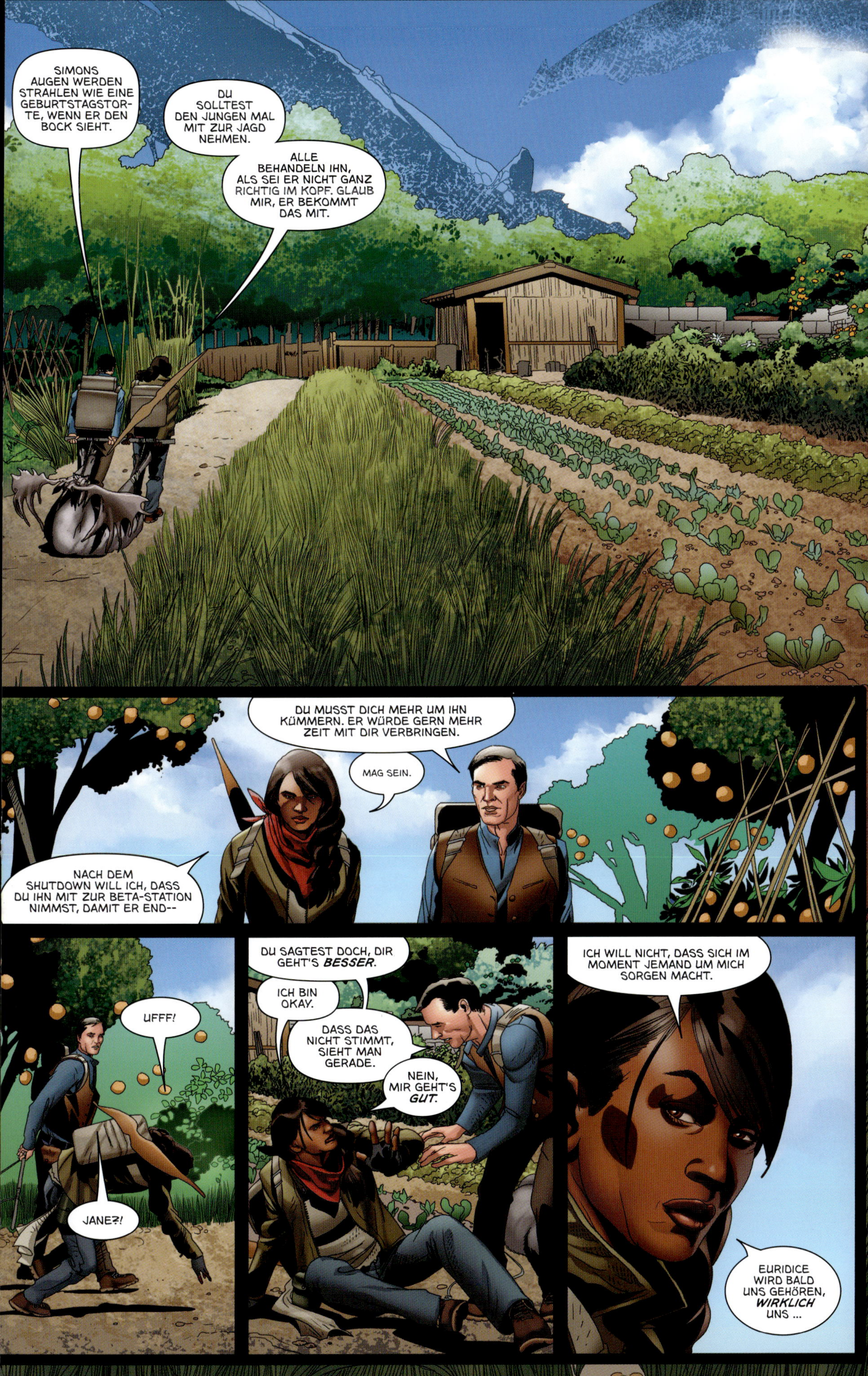
SIMONS AUGEN WERDEN STRAHLEN WIE EINE GEBURTSTAGSTORTE, WENN ER DEN BOCK SIEHT.
DU SOLLTEST DEN JUNGEN MAL MIT ZUR JAGD NEHMEN.
ALLE BEHANDELN IHN, ALS SEI ER NICHT GANZ RICHTIG IM KOPF. GLAUB MIR, ER BEKOMMT DAS MIT.
DU MUSST DICH MEHR UM IHN KÜMMERN. ER WÜRDE GERN MEHR ZEIT MIT DIR VERBRINGEN.
MAG SEIN.
NACH DEM SHUTDOWN WILL ICH, DASS DU IHN MIT ZUR BETA-STATION NIMMST, DAMIT ER END--
UFFF!
JANE?!
DU SAGTEST DOCH, DIR GEHT'S *BESSER*.
ICH BIN OKAY.
DASS DAS NICHT STIMMT, SIEHT MAN GERADE.
NEIN, MIR GEHT'S *GUT*.
ICH WILL NICHT, DASS SICH IM MOMENT JEMAND UM MICH SORGEN MACHT.
EURIDICE WIRD BALD UNS GEHÖREN, *WIRKLICH* UNS ...

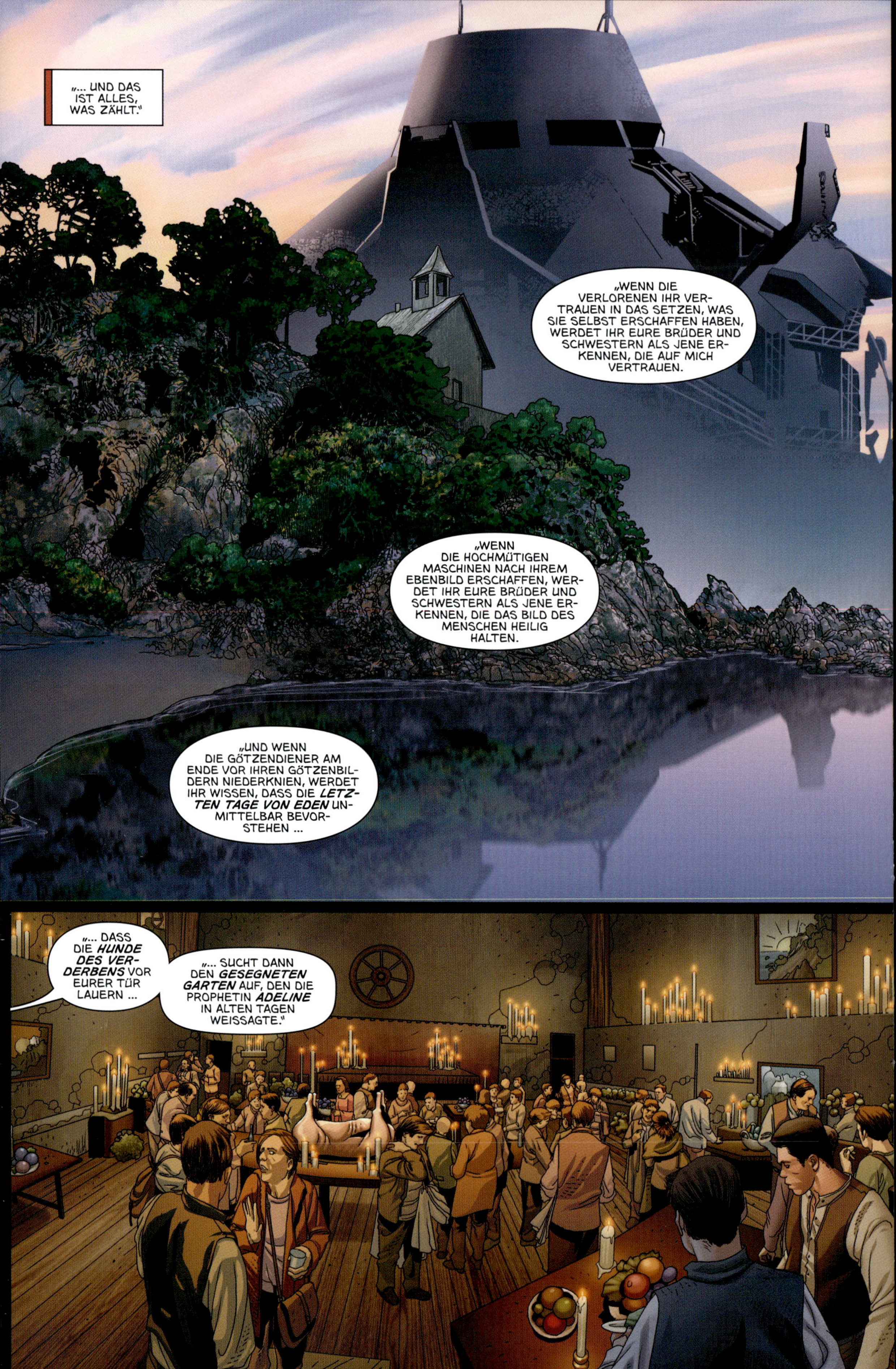
„... UND DAS IST ALLES, WAS ZÄHLT."
„WENN DIE VERLORENEN IHR VERTRAUEN IN DAS SETZEN, WAS SIE SELBST ERSCHAFFEN HABEN, WERDET IHR EURE BRÜDER UND SCHWESTERN ALS JENE ERKENNEN, DIE AUF MICH VERTRAUEN.
„WENN DIE HOCHMÜTIGEN MASCHINEN NACH IHREM EBENBILD ERSCHAFFEN, WERDET IHR EURE BRÜDER UND SCHWESTERN ALS JENE ERKENNEN, DIE DAS BILD DES MENSCHEN HEILIG HALTEN.
„UND WENN DIE GÖTZENDIENER AM ENDE VOR IHREN GÖTZENBILDERN NIEDERKNIEN, WERDET IHR WISSEN, DASS DIE ***LETZTEN TAGE VON EDEN*** UNMITTELBAR BEVORSTEHEN ...
„... DASS DIE ***HUNDE DES VERDERBENS*** VOR EURER TÜR LAUERN ...
„... SUCHT DANN DEN ***GESEGNETEN GARTEN*** AUF, DEN DIE PROPHETIN ***ADELINE*** IN ALTEN TAGEN WEISSAGTE."

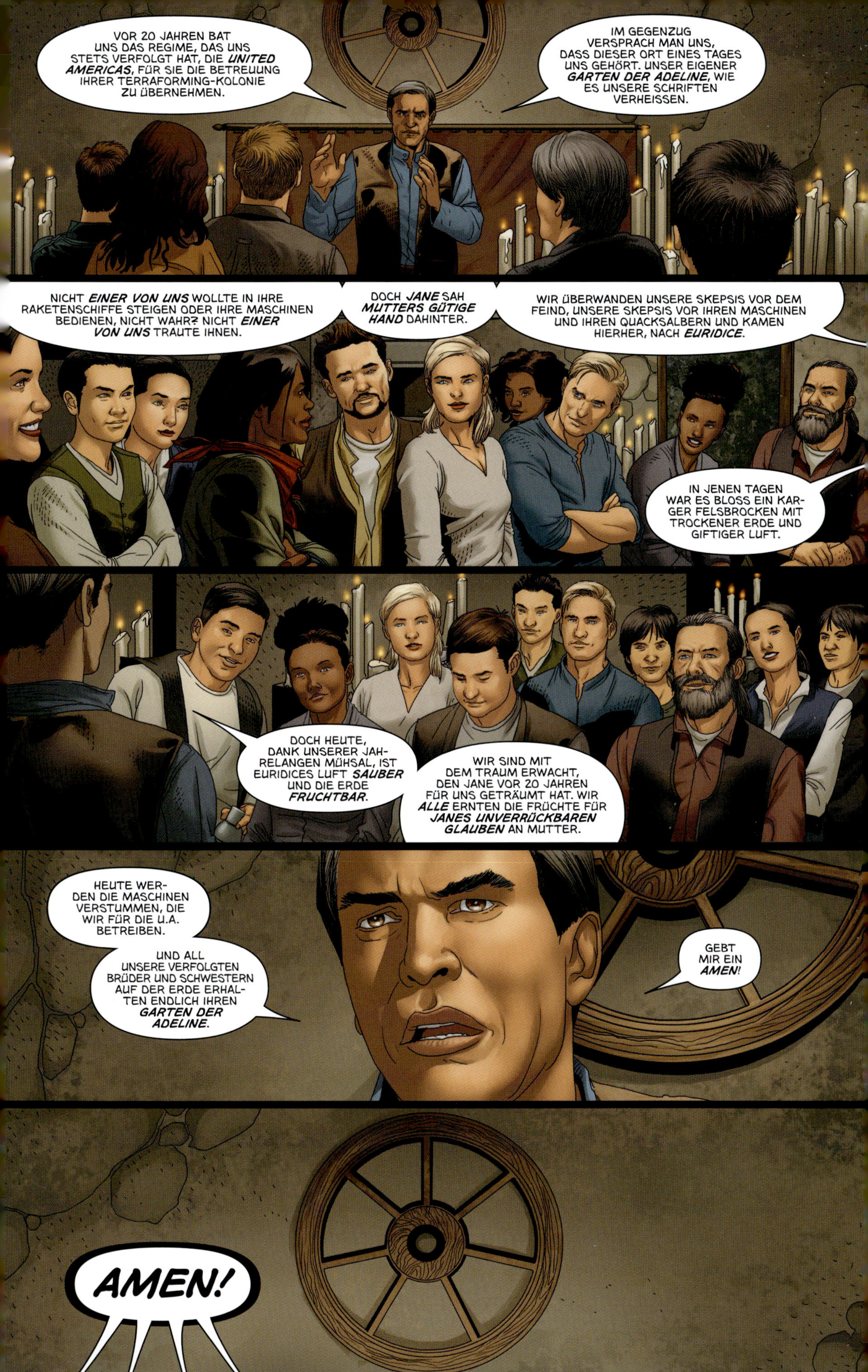

VOR 20 JAHREN BAT UNS DAS REGIME, DAS UNS STETS VERFOLGT HAT, DIE UNITED AMERICAS, FÜR SIE DIE BETREUUNG IHRER TERRAFORMING-KOLONIE ZU ÜBERNEHMEN.
IM GEGENZUG VERSPRACH MAN UNS, DASS DIESER ORT EINES TAGES UNS GEHÖRT. UNSER EIGENER GARTEN DER ADELINE, WIE ES UNSERE SCHRIFTEN VERHEISSEN.
NICHT EINER VON UNS WOLLTE IN IHRE RAKETENSCHIFFE STEIGEN ODER IHRE MASCHINEN BEDIENEN, NICHT WAHR? NICHT EINER VON UNS TRAUTE IHNEN.
DOCH JANE SAH MUTTERS GÜTIGE HAND DAHINTER.
WIR ÜBERWANDEN UNSERE SKEPSIS VOR DEM FEIND, UNSERE SKEPSIS VOR IHREN MASCHINEN UND IHREN QUACKSALBERN UND KAMEN HIERHER, NACH EURIDICE.
IN JENEN TAGEN WAR ES BLOSS EIN KARGER FELSBROCKEN MIT TROCKENER ERDE UND GIFTIGER LUFT.
DOCH HEUTE, DANK UNSERER JAHRELANGEN MÜHSAL, IST EURIDICES LUFT SAUBER UND DIE ERDE FRUCHTBAR.
WIR SIND MIT DEM TRAUM ERWACHT, DEN JANE VOR 20 JAHREN FÜR UNS GETRÄUMT HAT. WIR ALLE ERNTEN DIE FRÜCHTE FÜR JANES UNVERRÜCKBAREN GLAUBEN AN MUTTER.
HEUTE WERDEN DIE MASCHINEN VERSTUMMEN, DIE WIR FÜR DIE U.A. BETREIBEN.
UND ALL UNSERE VERFOLGTEN BRÜDER UND SCHWESTERN AUF DER ERDE ERHALTEN ENDLICH IHREN GARTEN DER ADELINE.
GEBT MIR EIN AMEN!
AMEN!

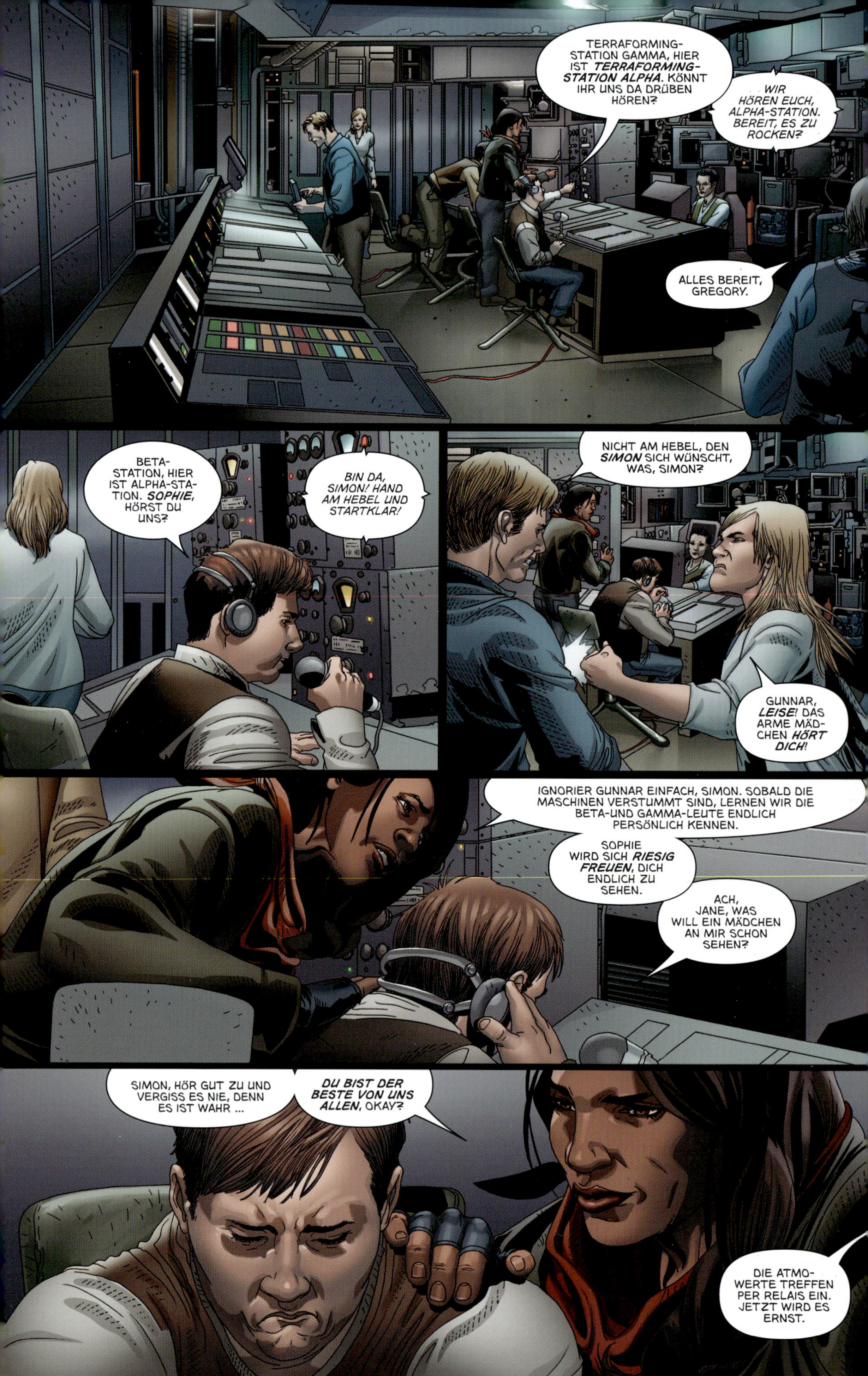

TERRAFORMING-STATION GAMMA, HIER IST *TERRAFORMING-STATION ALPHA*. KÖNNT IHR UNS DA DRÜBEN HÖREN?
WIR HÖREN EUCH, ALPHA-STATION. BEREIT, ES ZU ROCKEN?
ALLES BEREIT, GREGORY.
BETA-STATION, HIER IST ALPHA-STATION. *SOPHIE*, HÖRST DU UNS?
BIN DA, SIMON! HAND AM HEBEL UND STARTKLAR!
NICHT AM HEBEL, DEN *SIMON* SICH WÜNSCHT, WAS, SIMON?
GUNNAR, *LEISE*! DAS ARME MÄDCHEN *HÖRT DICH*!
IGNORIER GUNNAR EINFACH, SIMON. SOBALD DIE MASCHINEN VERSTUMMT SIND, LERNEN WIR DIE BETA-UND GAMMA-LEUTE ENDLICH PERSÖNLICH KENNEN.
SOPHIE WIRD SICH *RIESIG FREUEN*, DICH ENDLICH ZU SEHEN.
ACH, JANE, WAS WILL EIN MÄDCHEN AN MIR SCHON SEHEN?
SIMON, HÖR GUT ZU UND VERGISS ES NIE, DENN ES IST WAHR ...
DU BIST DER BESTE VON UNS ALLEN, OKAY?
DIE ATMO-WERTE TREFFEN PER RELAIS EIN. JETZT WIRD ES ERNST.

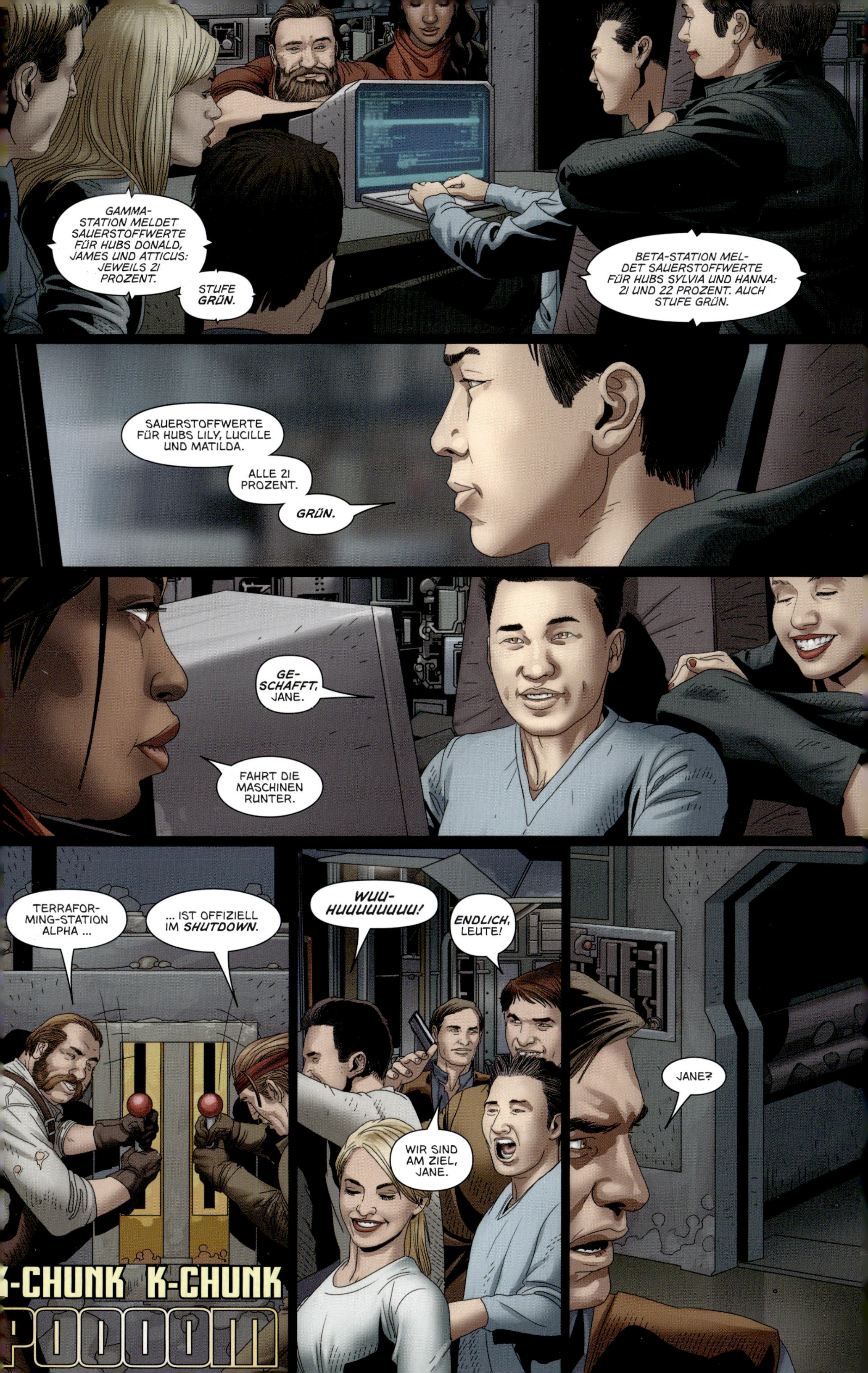
GAMMA-STATION MELDET SAUERSTOFFWERTE FÜR HUBS DONALD, JAMES UND ATTICUS: JEWEILS 21 PROZENT.
STUFE GRÜN.
BETA-STATION MELDET SAUERSTOFFWERTE FÜR HUBS SYLVIA UND HANNA: 21 UND 22 PROZENT. AUCH STUFE GRÜN.
SAUERSTOFFWERTE FÜR HUBS LILY, LUCILLE UND MATILDA.
ALLE 21 PROZENT.
GRÜN.
GESCHAFFT, JANE.
FAHRT DIE MASCHINEN RUNTER.
TERRAFORMING-STATION ALPHA ...
... IST OFFIZIELL IM SHUTDOWN.
-CHUNK K-CHUNK
PDOOOM
WUU-HUUUUUUUU!
ENDLICH, LEUTE!
WIR SIND AM ZIEL, JANE.
JANE?

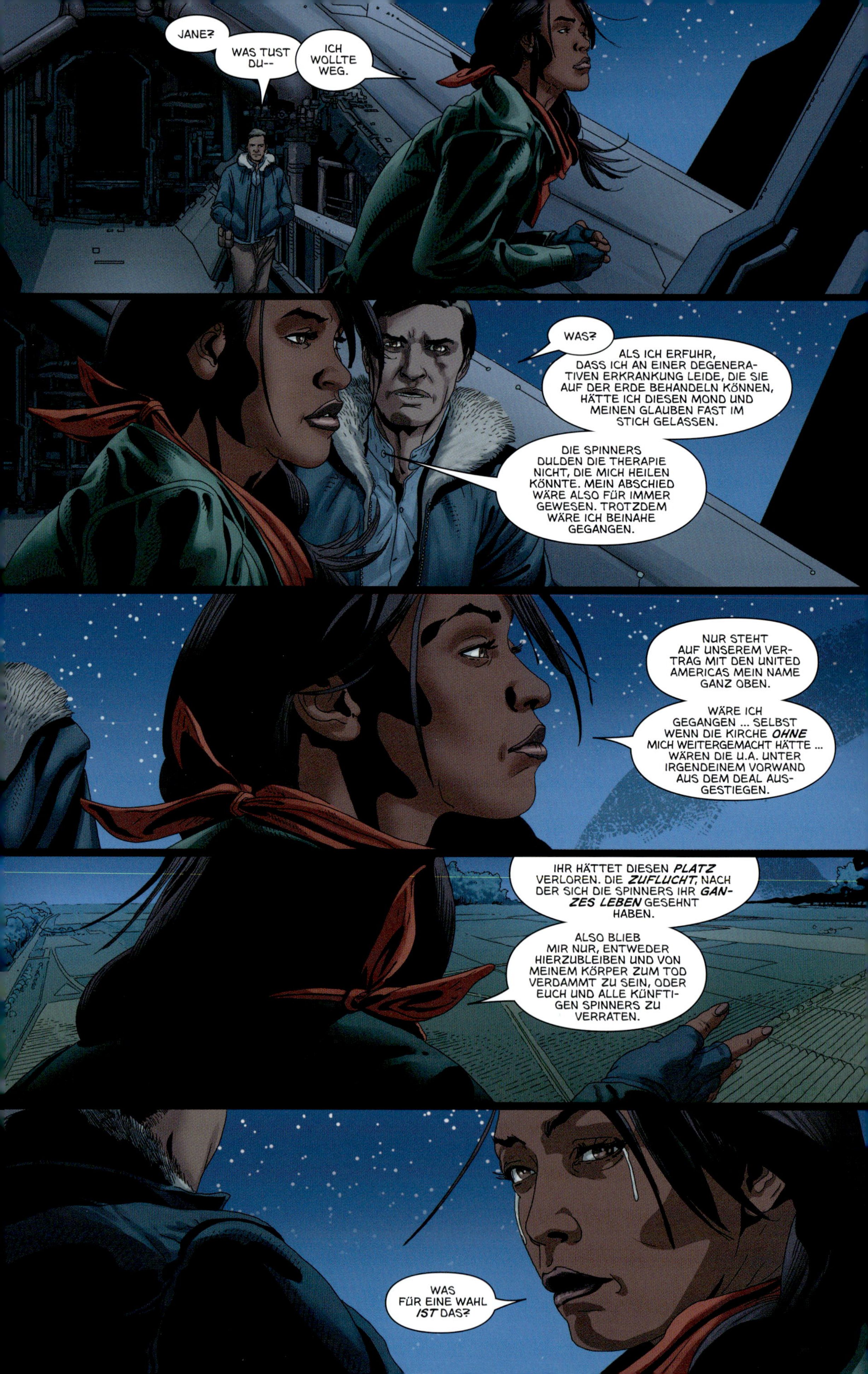
JANE?
WAS TUST DU--
ICH WOLLTE WEG.
WAS?
ALS ICH ERFUHR, DASS ICH AN EINER DEGENERATIVEN ERKRANKUNG LEIDE, DIE SIE AUF DER ERDE BEHANDELN KÖNNEN, HÄTTE ICH DIESEN MOND UND MEINEN GLAUBEN FAST IM STICH GELASSEN.
DIE SPINNERS DULDEN DIE THERAPIE NICHT, DIE MICH HEILEN KÖNNTE. MEIN ABSCHIED WÄRE ALSO FÜR IMMER GEWESEN. TROTZDEM WÄRE ICH BEINAHE GEGANGEN.
NUR STEHT AUF UNSEREM VERTRAG MIT DEN UNITED AMERICAS MEIN NAME GANZ OBEN.
WÄRE ICH GEGANGEN ... SELBST WENN DIE KIRCHE *OHNE* MICH WEITERGEMACHT HÄTTE ... WÄREN DIE U.A. UNTER IRGENDEINEM VORWAND AUS DEM DEAL AUSGESTIEGEN.
IHR HÄTTET DIESEN *PLATZ* VERLOREN. DIE *ZUFLUCHT*, NACH DER SICH DIE SPINNERS IHR *GANZES LEBEN* GESEHNT HABEN.
ALSO BLIEB MIR NUR, ENTWEDER HIERZUBLEIBEN UND VON MEINEM KÖRPER ZUM TOD VERDAMMT ZU SEIN, ODER EUCH UND ALLE KÜNFTIGEN SPINNERS ZU VERRATEN.
WAS FÜR EINE WAHL *IST* DAS?

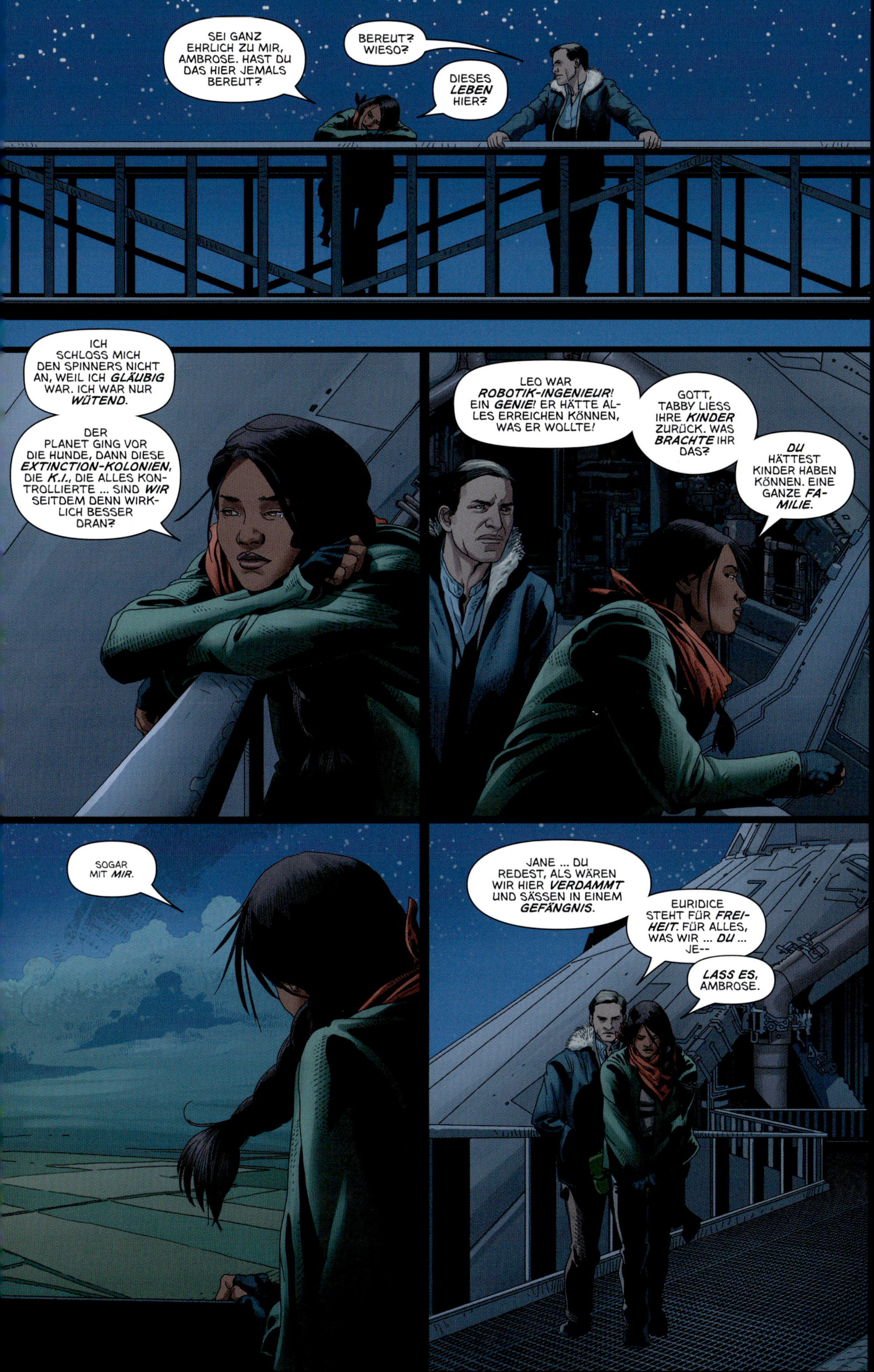
SEI GANZ EHRLICH ZU MIR, AMBROSE. HAST DU DAS HIER JEMALS BEREUT?
BEREUT? WIESO?
DIESES *LEBEN* HIER?
ICH SCHLOSS MICH DEN SPINNERS NICHT AN, WEIL ICH *GLÄUBIG* WAR. ICH WAR NUR *WÜTEND*.
DER PLANET GING VOR DIE HUNDE, DANN DIESE *EXTINCTION-KOLONIEN*, DIE *K.I.*, DIE ALLES KONTROLLIERTE ... SIND *WIR* SEITDEM DENN WIRKLICH BESSER DRAN?
LEO WAR *ROBOTIK-INGENIEUR*! EIN *GENIE*! ER HÄTTE ALLES ERREICHEN KÖNNEN, WAS ER WOLLTE!
GOTT, TABBY LIESS IHRE *KINDER* ZURÜCK. WAS *BRACHTE* IHR DAS?
DU HÄTTEST KINDER HABEN KÖNNEN. EINE GANZE *FAMILIE*.
SOGAR MIT *MIR*.
JANE ... DU REDEST, ALS WÄREN WIR HIER *VERDAMMT* UND SÄSSEN IN EINEM *GEFÄNGNIS*.
EURIDICE STEHT FÜR *FREIHEIT*. FÜR ALLES, WAS WIR ... *DU* ... JE--
LASS ES, AMBROSE.

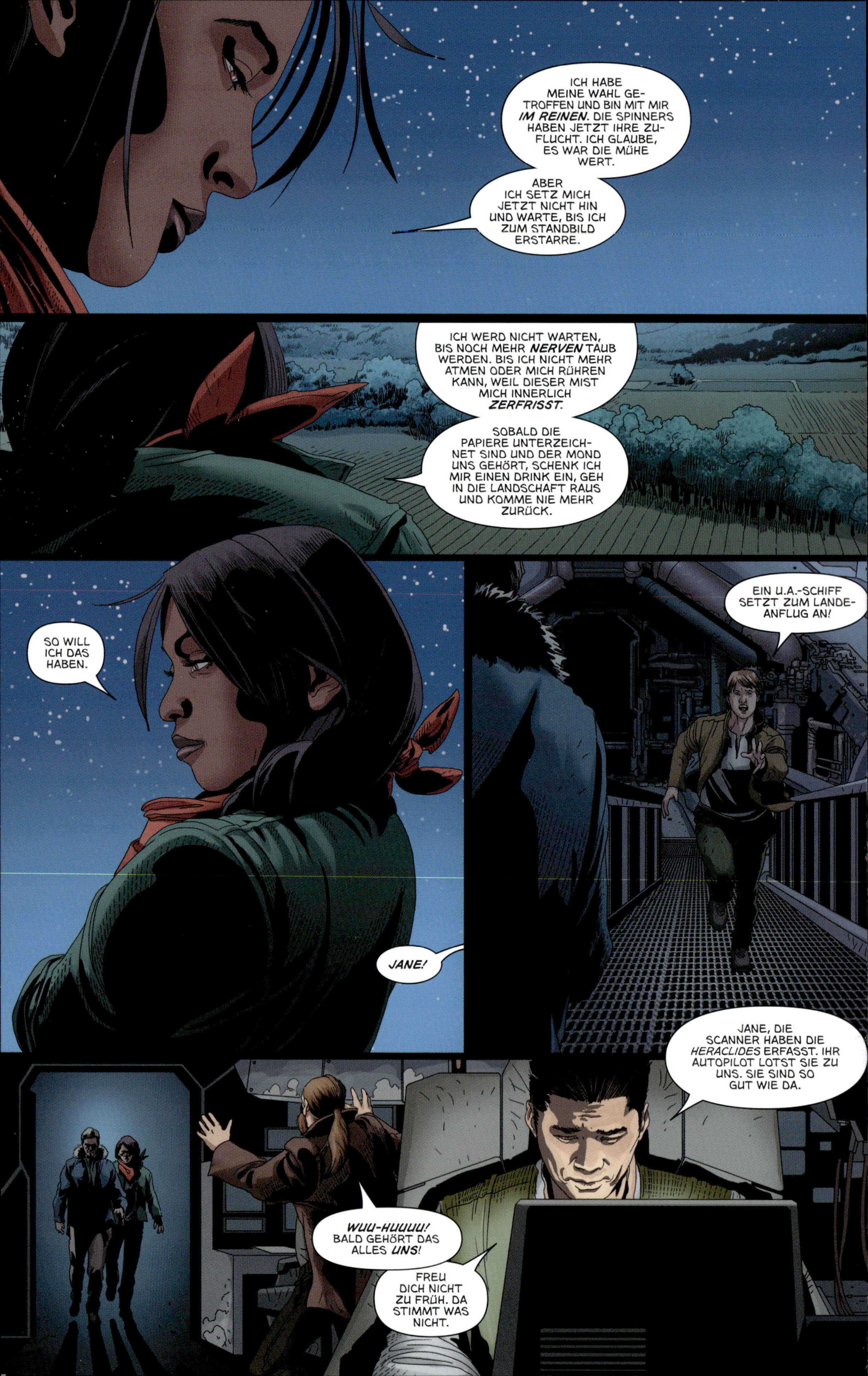
ICH HABE MEINE WAHL GETROFFEN UND BIN MIT MIR *IM REINEN*. DIE SPINNERS HABEN JETZT IHRE ZUFLUCHT. ICH GLAUBE, ES WAR DIE MÜHE WERT.
ABER ICH SETZ MICH JETZT NICHT HIN UND WARTE, BIS ICH ZUM STANDBILD ERSTARRE.
ICH WERD NICHT WARTEN, BIS NOCH MEHR *NERVEN* TAUB WERDEN. BIS ICH NICHT MEHR ATMEN ODER MICH RÜHREN KANN, WEIL DIESER MIST MICH INNERLICH *ZERFRISST*.
SOBALD DIE PAPIERE UNTERZEICHNET SIND UND DER MOND UNS GEHÖRT, SCHENK ICH MIR EINEN DRINK EIN, GEH IN DIE LANDSCHAFT RAUS UND KOMME NIE MEHR ZURÜCK.
SO WILL ICH DAS HABEN.
EIN U.A.-SCHIFF SETZT ZUM LANDEANFLUG AN!
JANE!
JANE, DIE SCANNER HABEN DIE *HERACLIDES* ERFASST. IHR AUTOPILOT LOTST SIE ZU UNS. SIE SIND SO GUT WIE DA.
WUU-HUUUU! BALD GEHÖRT DAS ALLES *UNS*!
FREU DICH NICHT ZU FRÜH. DA STIMMT WAS NICHT.

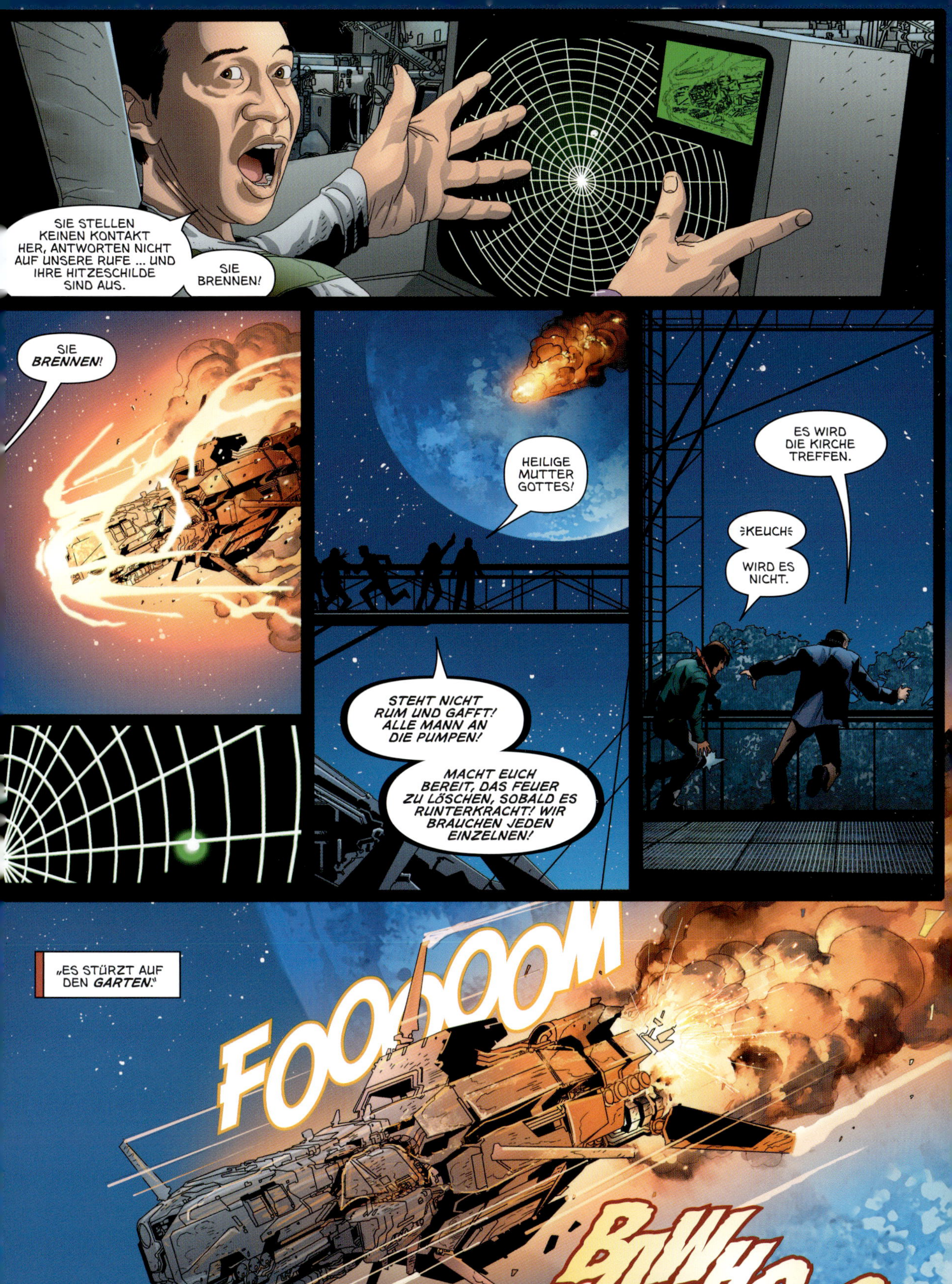
SIE STELLEN KEINEN KONTAKT HER, ANTWORTEN NICHT AUF UNSERE RUFE ... UND IHRE HITZESCHILDE SIND AUS.
SIE BRENNEN!
SIE *BRENNEN*!
HEILIGE MUTTER GOTTES!
STEHT NICHT RUM UND GAFFT! ALLE MANN AN DIE PUMPEN!
MACHT EUCH BEREIT, DAS FEUER ZU LÖSCHEN, SOBALD ES RUNTERKRACHT! WIR BRAUCHEN JEDEN EINZELNEN!
ES WIRD DIE KIRCHE TREFFEN.
KEUCH
WIRD ES NICHT.
„ES STÜRZT AUF DEN *GARTEN*."
FOOOOOOM
BAWHOOOM

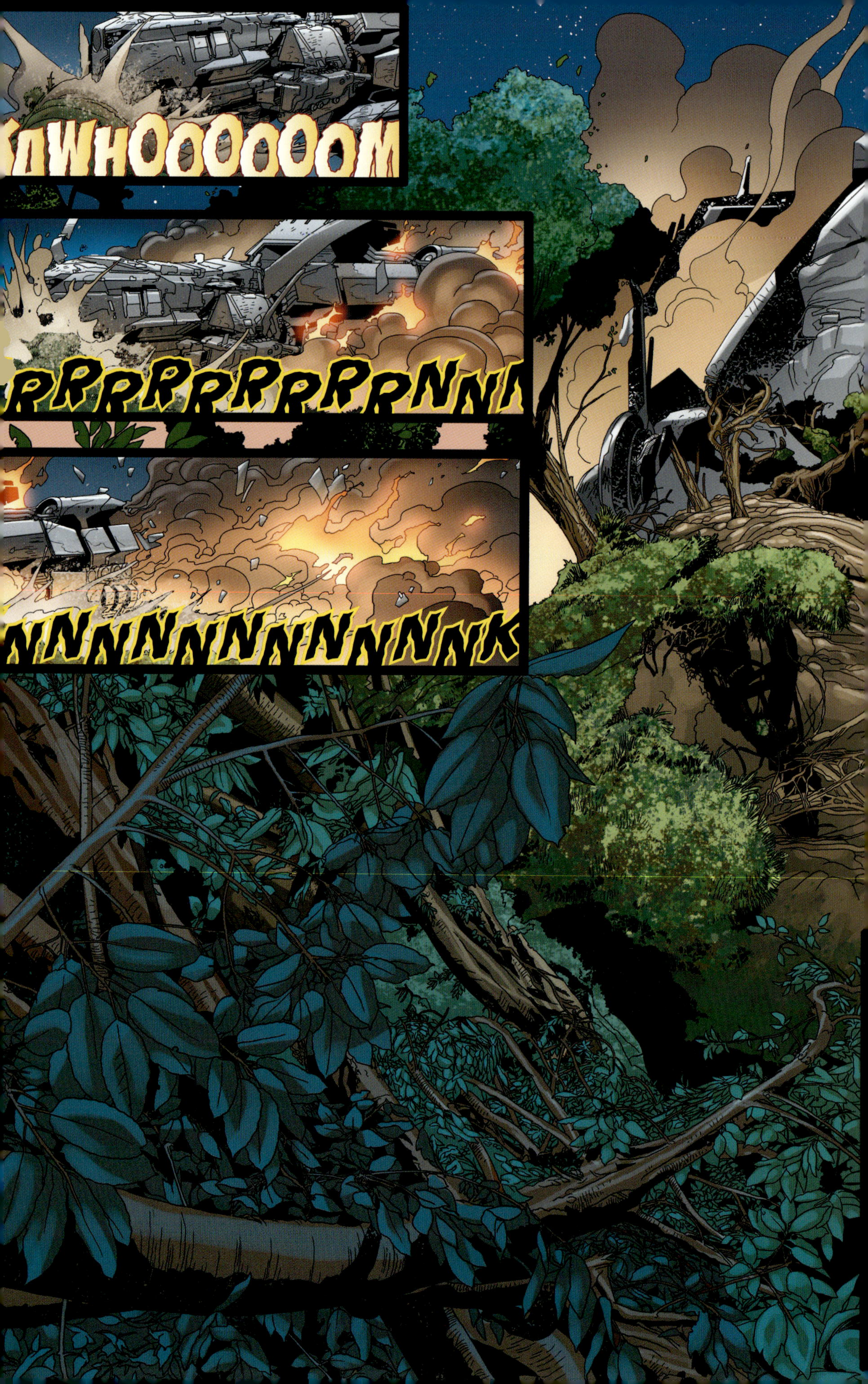
DWHOOOOOOM
RRRRRRRRRNN
NNNNNNNNNNNK

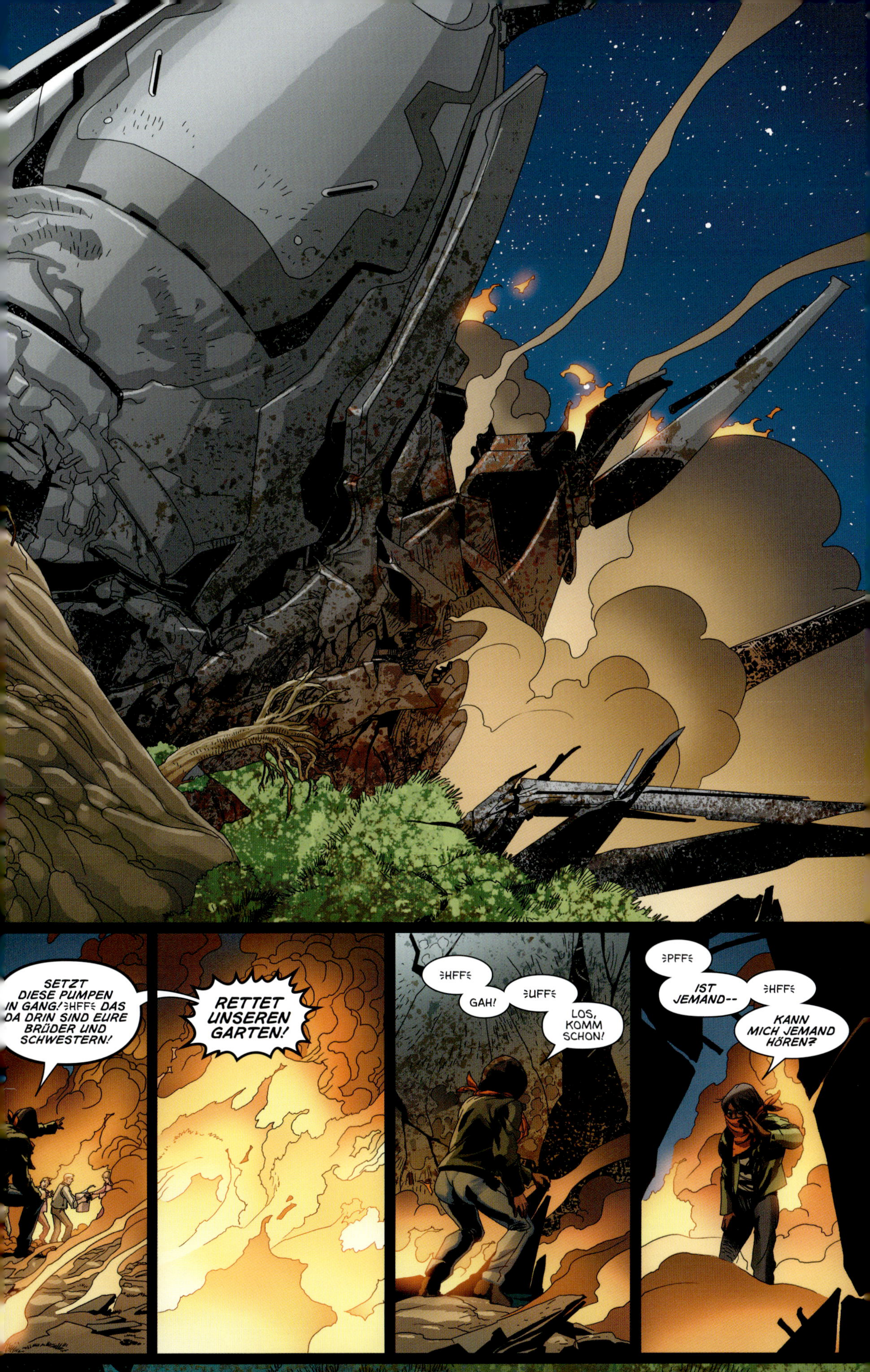
SETZT DIESE PUMPEN IN GANG! ≡HFF≡ DAS DA DRIN SIND EURE BRÜDER UND SCHWESTERN!
RETTET UNSEREN GARTEN!
≡HFF≡
GAH!
≡UFF≡
LOS, KOMM SCHON!
≡PFF≡
IST JEMAND--
≡HFF≡
KANN MICH JEMAND HÖREN?

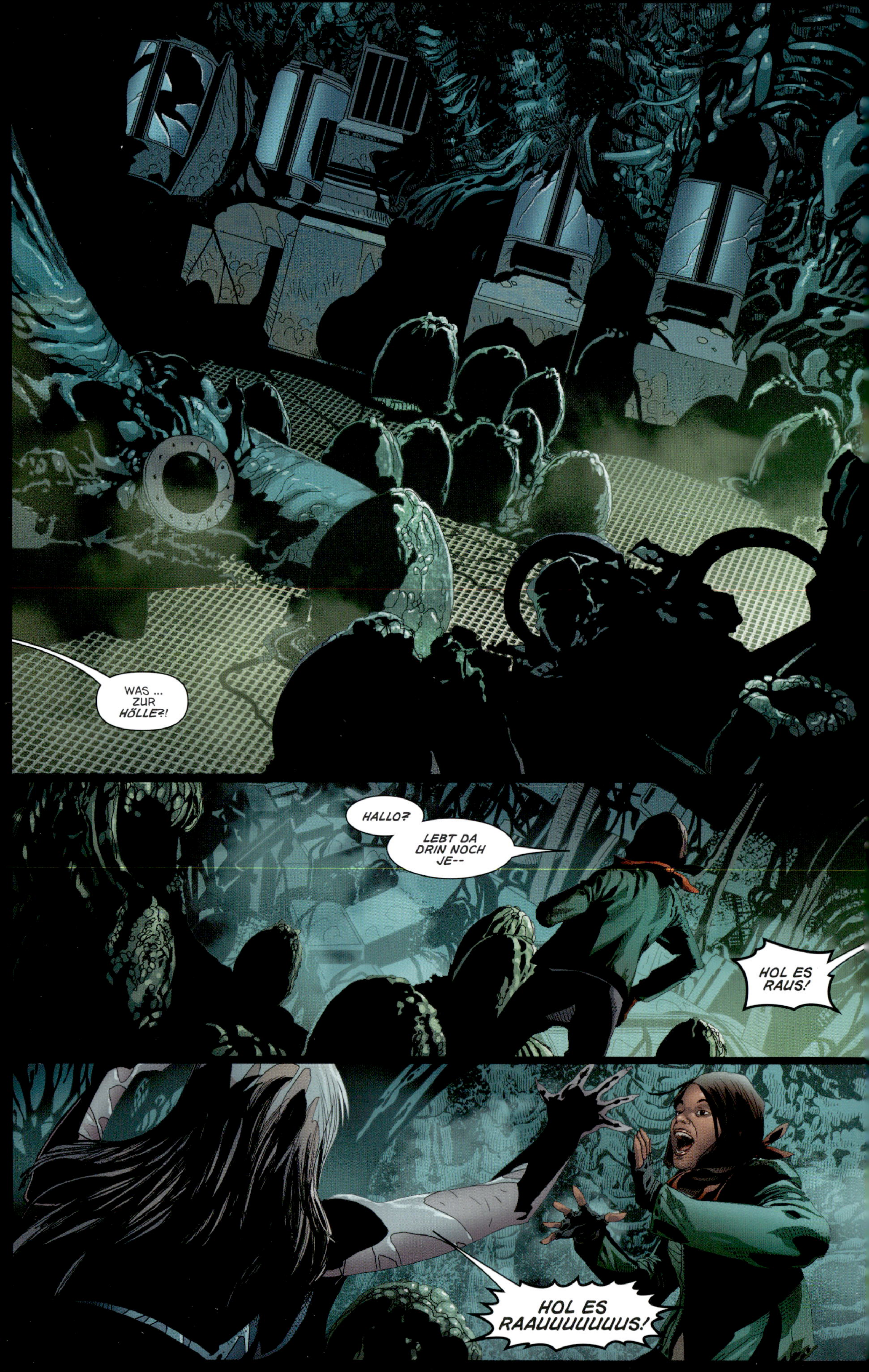
WAS ... ZUR HÖLLE?!
HALLO?
LEBT DA DRIN NOCH JE--
HOL ES RAUS!
HOL ES RAAUUUUUUUS!

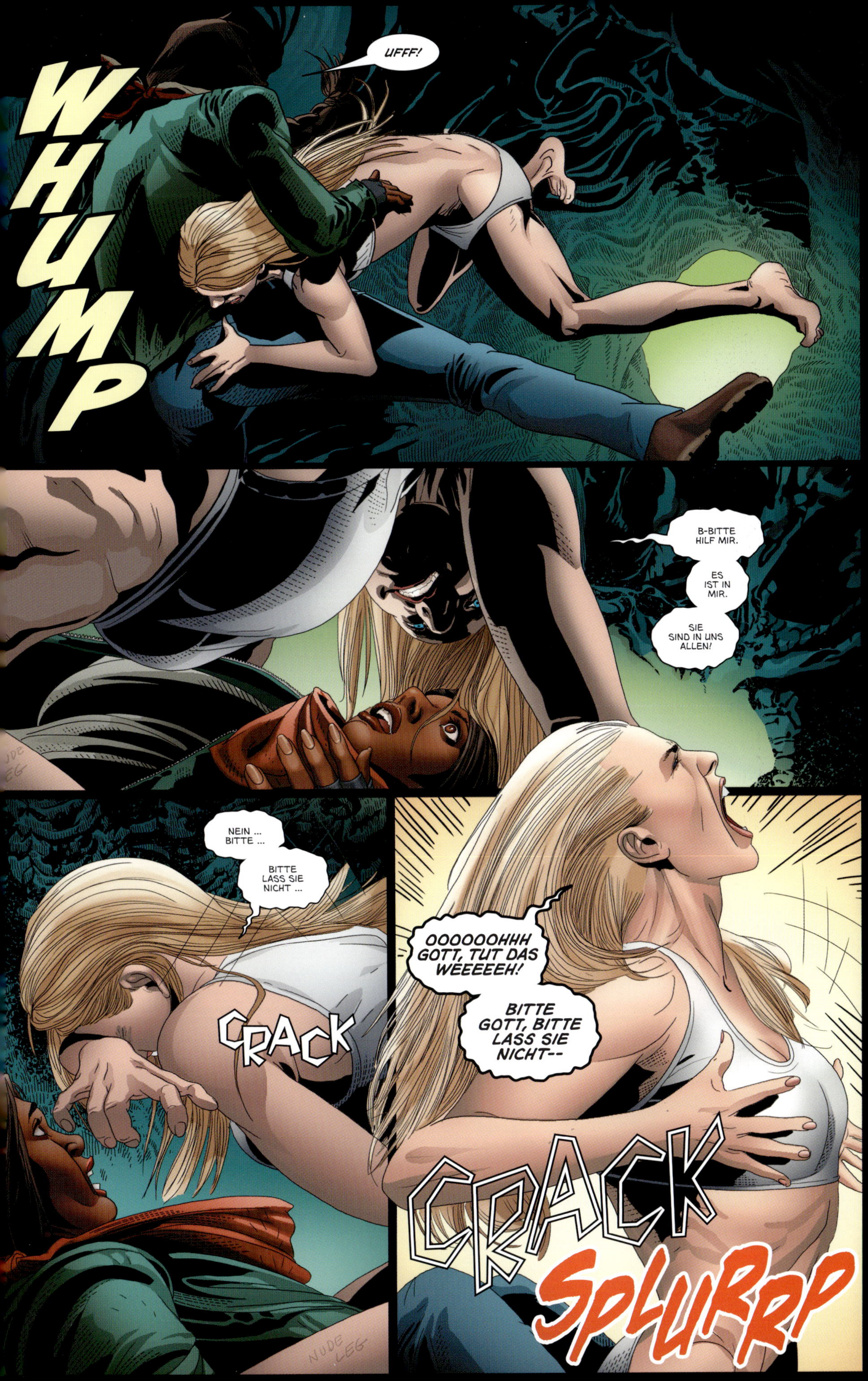
WHUMP
UFFF!
B-BITTE HILF MIR.
ES IST IN MIR.
SIE SIND IN UNS ALLEN!
NEIN ... BITTE ...
BITTE LASS SIE NICHT ...
CRACK
OOOOOOHHH GOTT, TUT DAS WEEEEEH!
BITTE GOTT, BITTE LASS SIE NICHT--
CRACK
SPLURRP

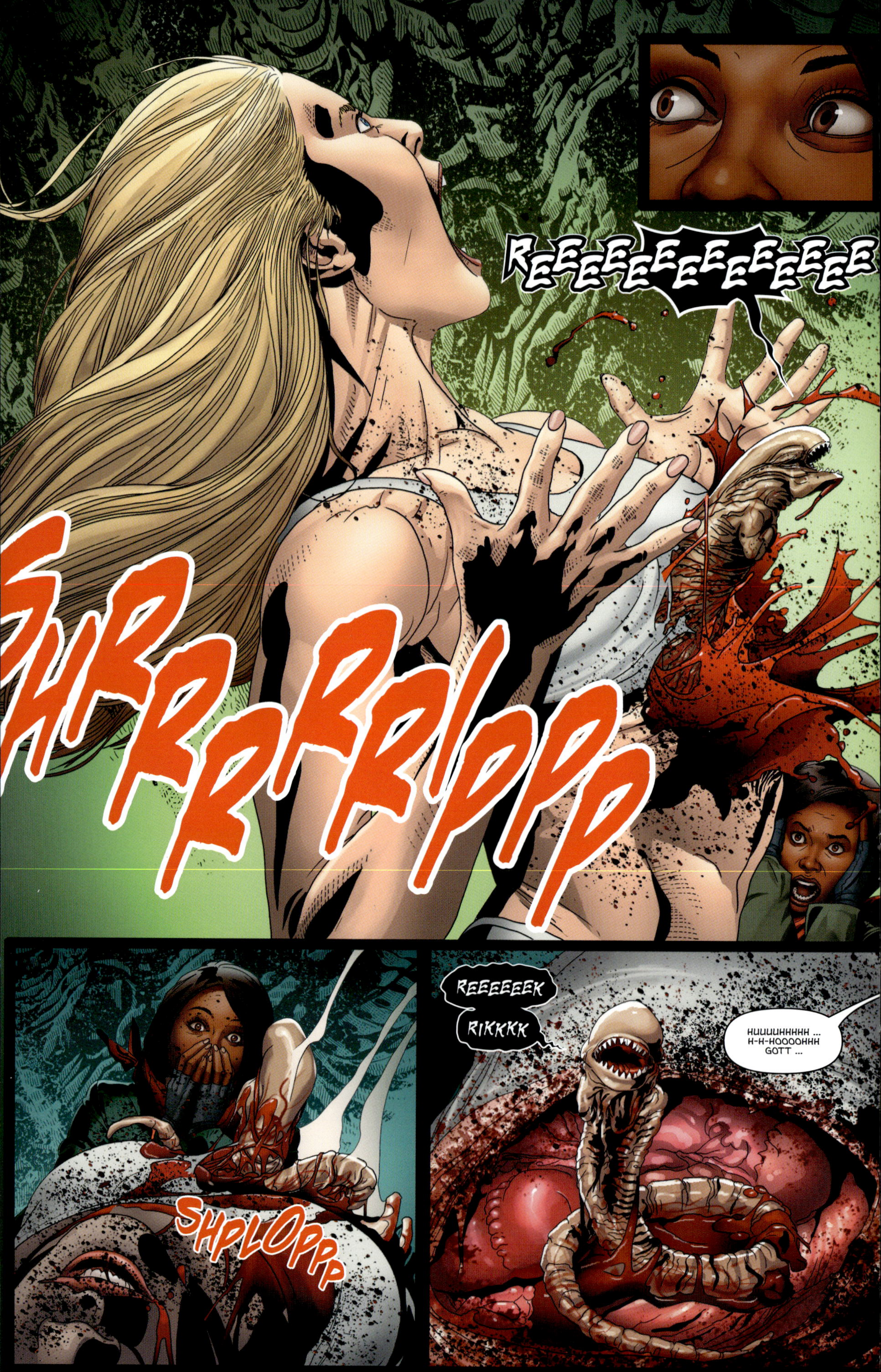
REEEEEEEEEEEEEE
SHRRRRIPPP
SHPLOPPP
REEEEEEK
RIKKKK
HUUUUHHHHH ...
H-H-HOOOOHHH
GOTT ...

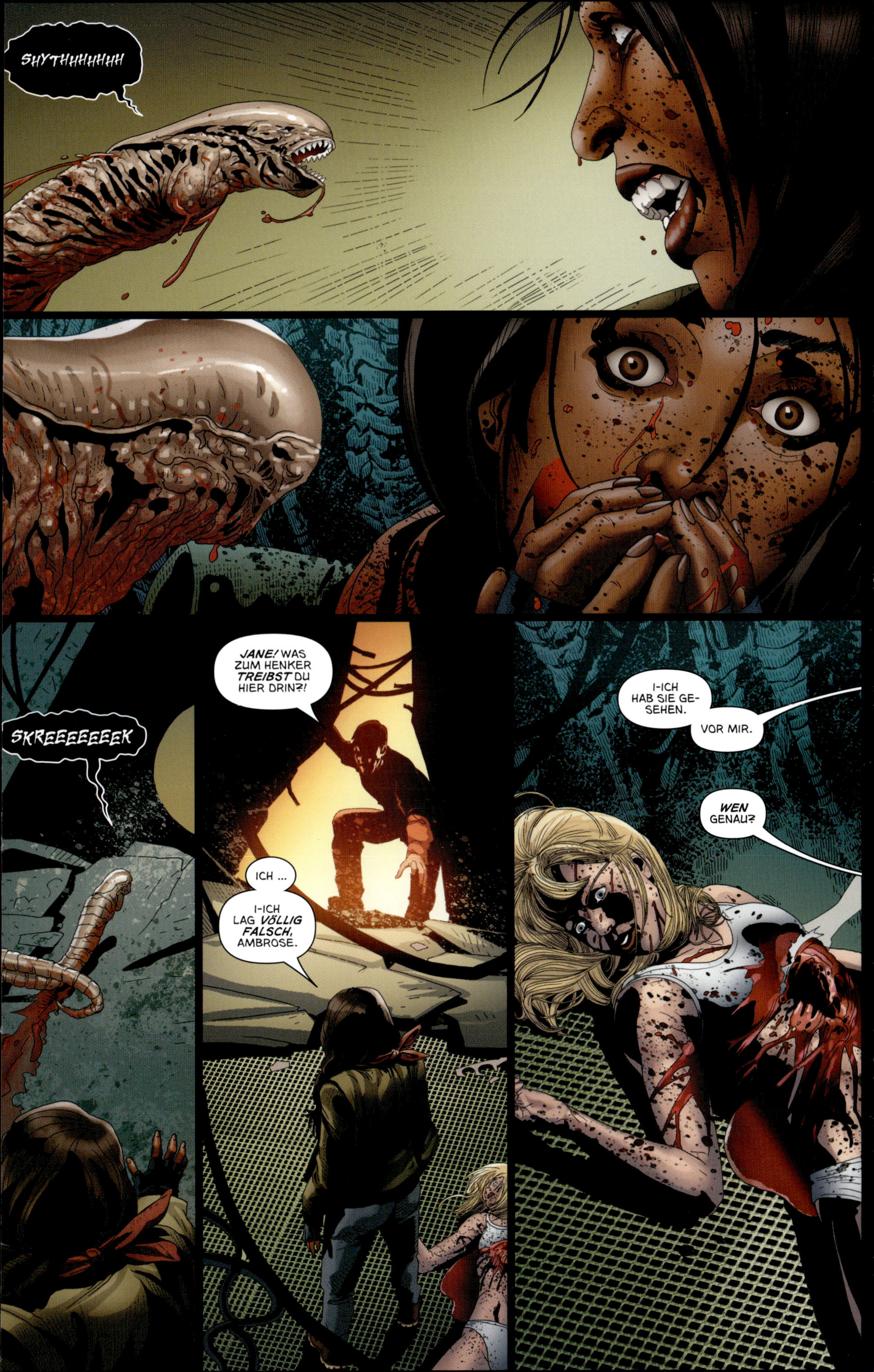
SHYTHHHHHH
SKREEEEEEEK
JANE! WAS ZUM HENKER TREIBST DU HIER DRIN?!
ICH ...
I-ICH LAG VÖLLIG FALSCH, AMBROSE.
I-ICH HAB SIE GESEHEN.
VOR MIR.
WEN GENAU?

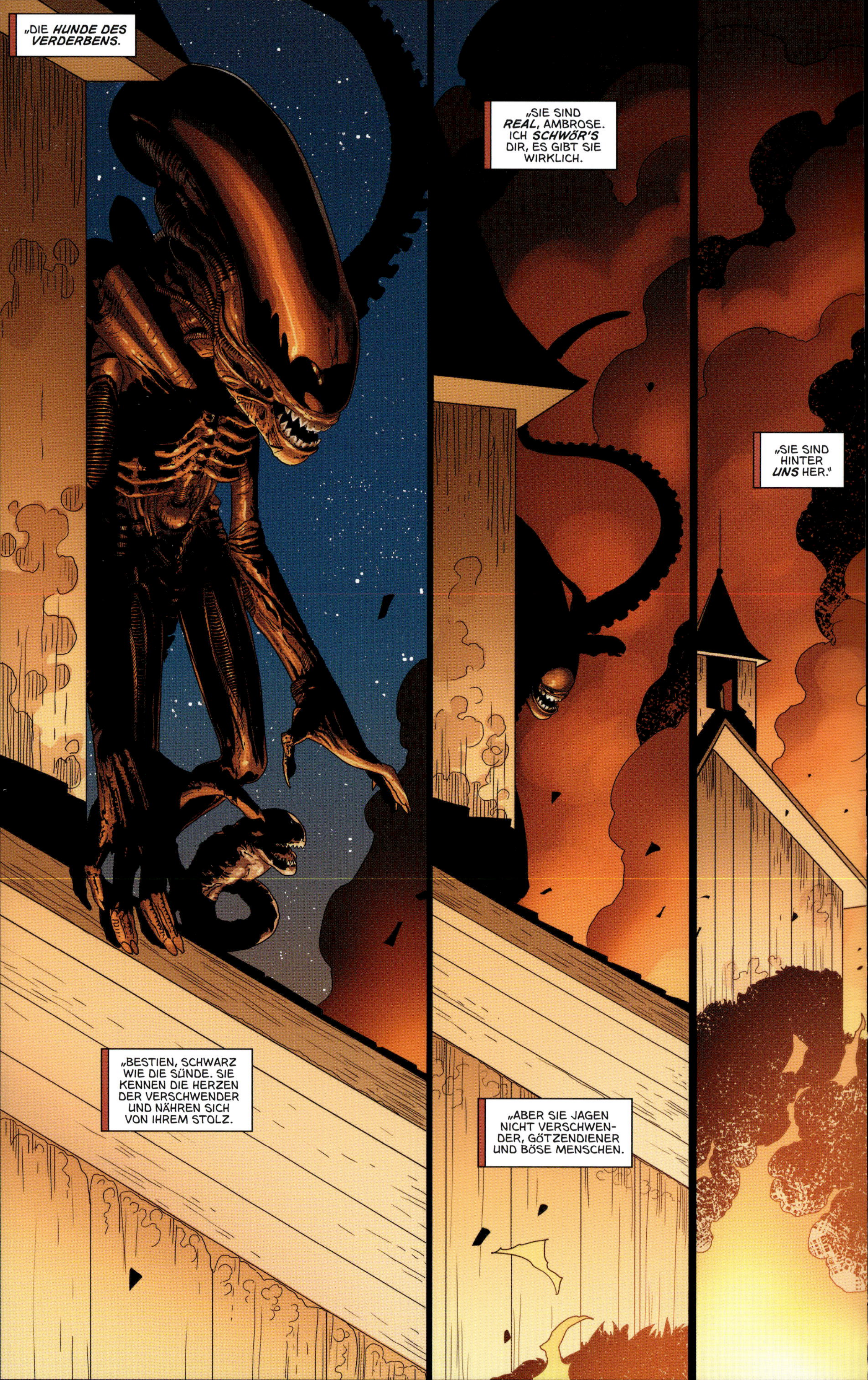
„DIE HUNDE DES VERDERBENS.
„BESTIEN, SCHWARZ WIE DIE SÜNDE. SIE KENNEN DIE HERZEN DER VERSCHWENDER UND NÄHREN SICH VON IHREM STOLZ.
„SIE SIND REAL, AMBROSE. ICH SCHWÖR'S DIR, ES GIBT SIE WIRKLICH.
„ABER SIE JAGEN NICHT VERSCHWENDER, GÖTZENDIENER UND BÖSE MENSCHEN.
„SIE SIND HINTER UNS HER."

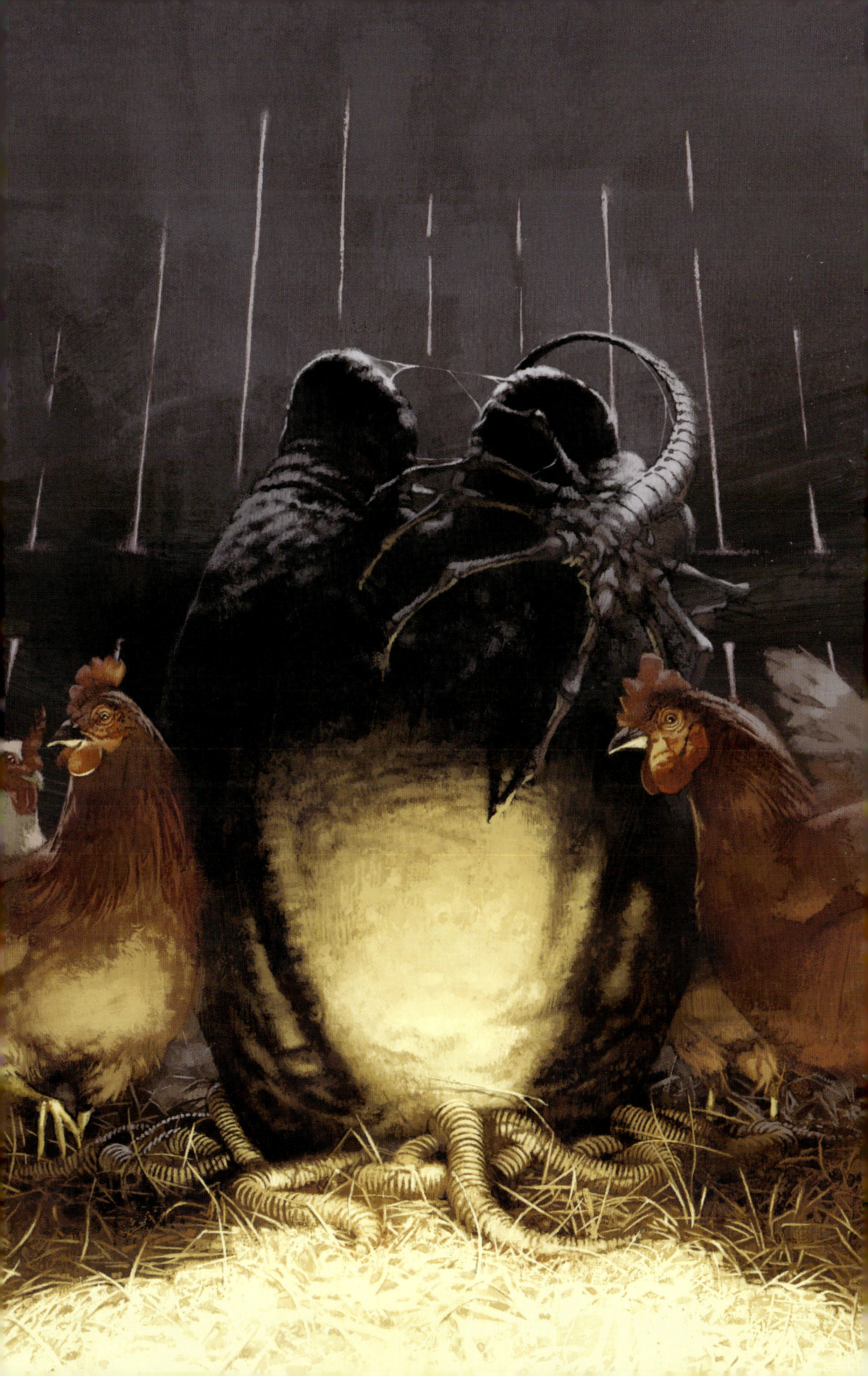

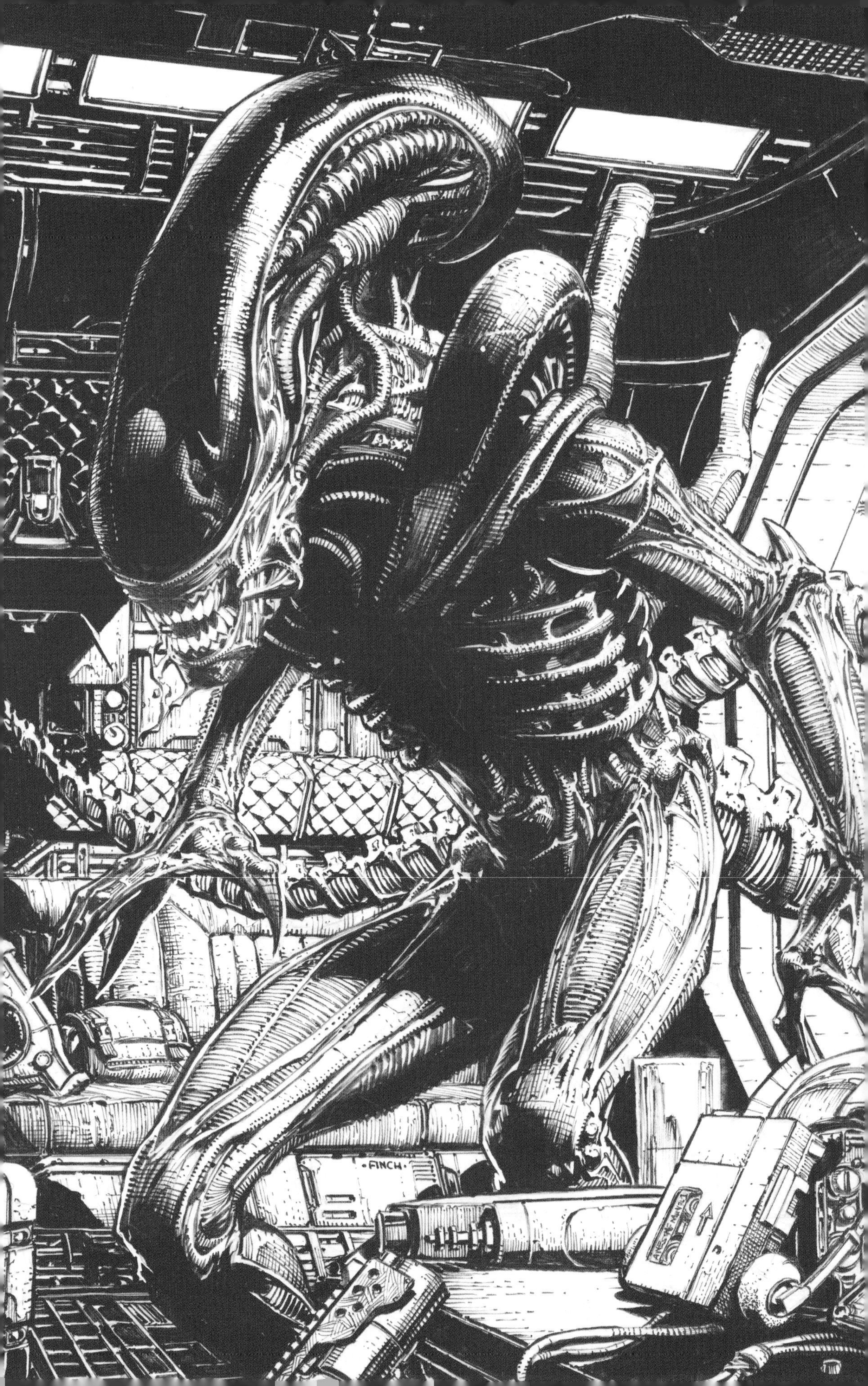
FINCH

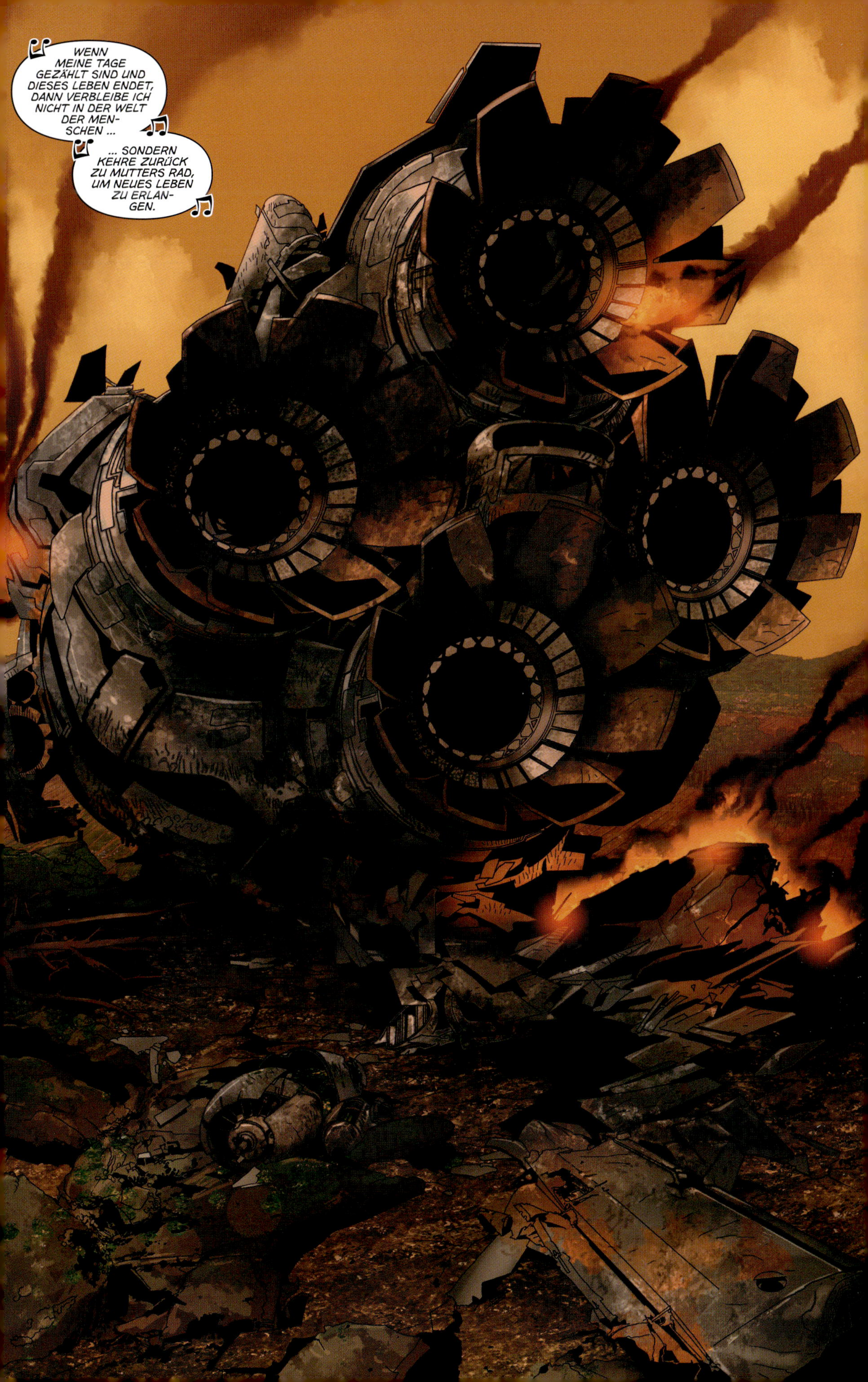
WENN MEINE TAGE GEZÄHLT SIND UND DIESES LEBEN ENDET, DANN VERBLEIBE ICH NICHT IN DER WELT DER MENSCHEN ...
... SONDERN KEHRE ZURÜCK ZU MUTTERS RAD, UM NEUES LEBEN ZU ERLANGEN.

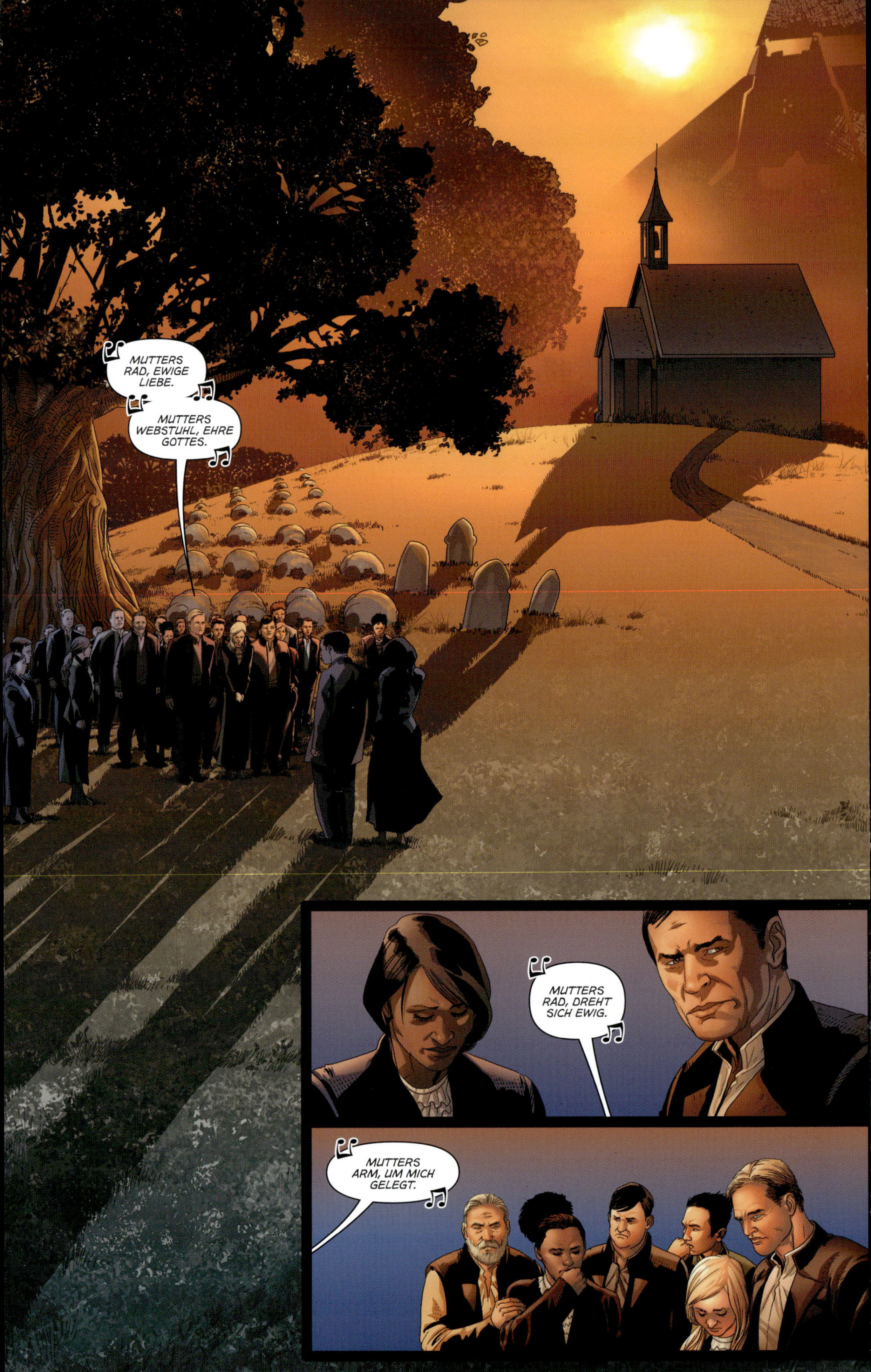
MUTTERS RAD, EWIGE LIEBE.
MUTTERS WEBSTUHL, EHRE GOTTES.
MUTTERS RAD, DREHT SICH EWIG.
MUTTERS ARM, UM MICH GELEGT.

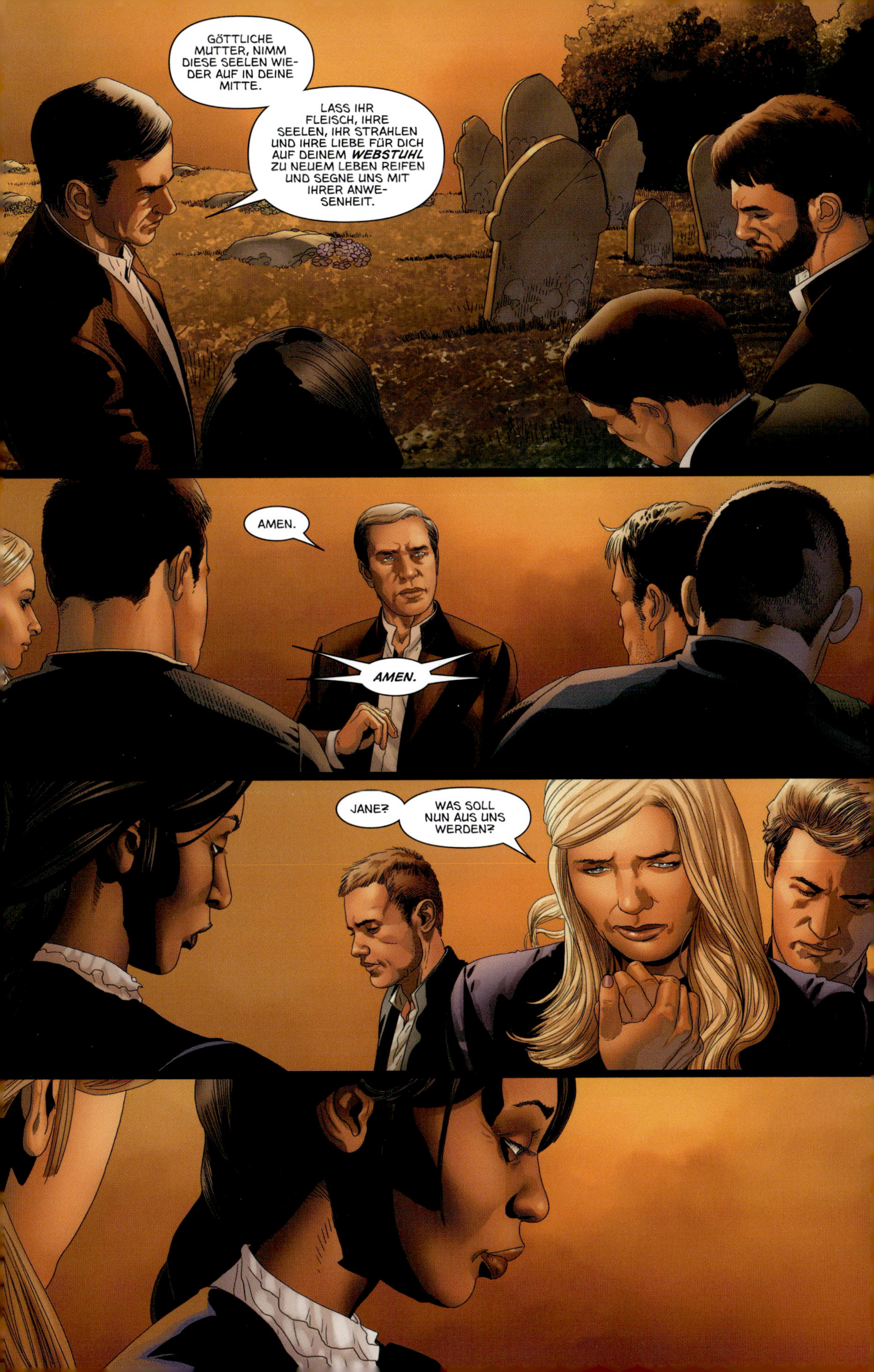
GÖTTLICHE MUTTER, NIMM DIESE SEELEN WIEDER AUF IN DEINE MITTE.
LASS IHR FLEISCH, IHRE SEELEN, IHR STRAHLEN UND IHRE LIEBE FÜR DICH AUF DEINEM WEBSTUHL ZU NEUEM LEBEN REIFEN UND SEGNE UNS MIT IHRER ANWESENHEIT.
AMEN.
AMEN.
JANE?
WAS SOLL NUN AUS UNS WERDEN?

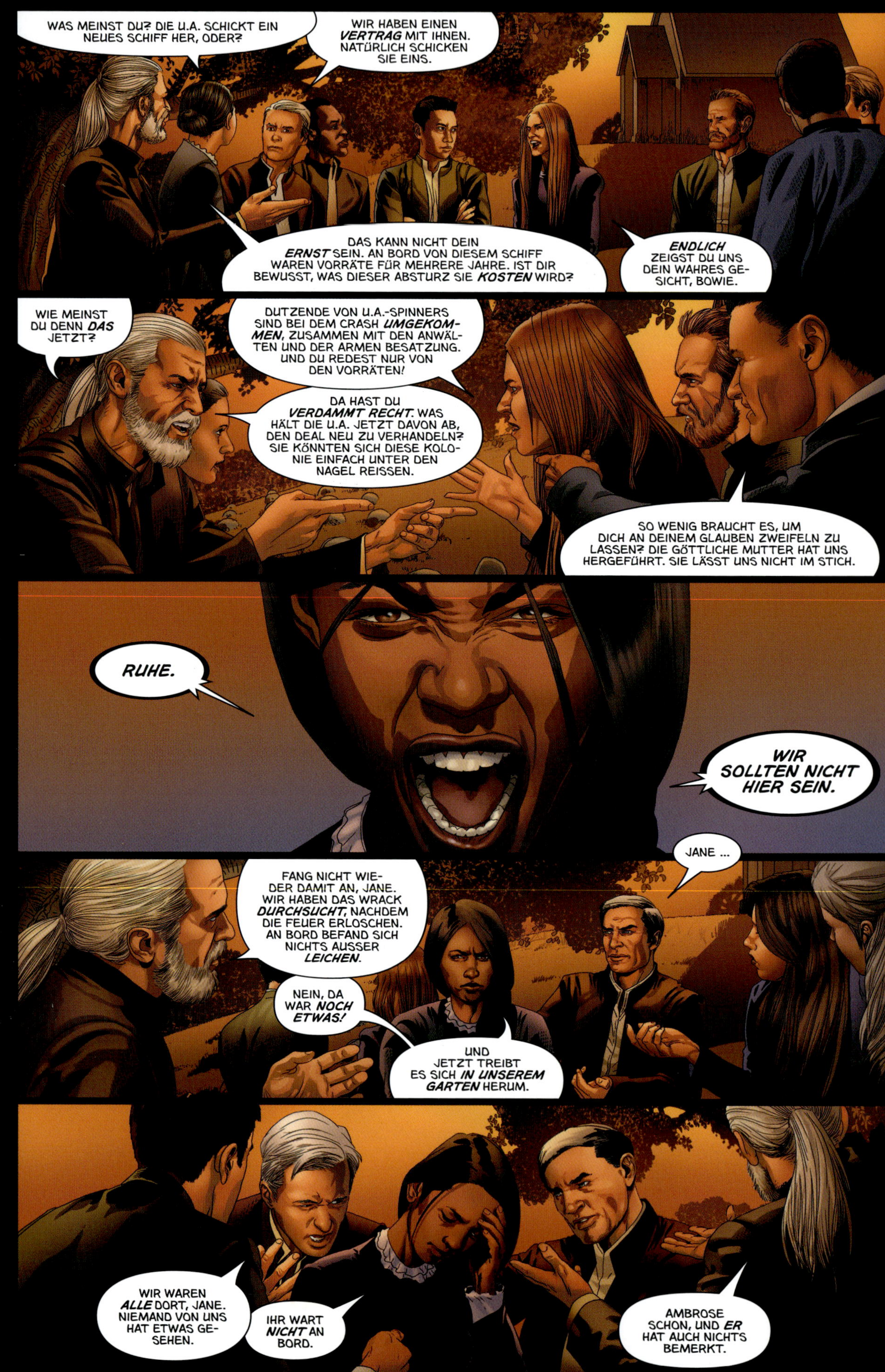
WAS MEINST DU? DIE U.A. SCHICKT EIN NEUES SCHIFF HER, ODER?
WIR HABEN EINEN VERTRAG MIT IHNEN. NATÜRLICH SCHICKEN SIE EINS.
DAS KANN NICHT DEIN ERNST SEIN. AN BORD VON DIESEM SCHIFF WAREN VORRÄTE FÜR MEHRERE JAHRE. IST DIR BEWUSST, WAS DIESER ABSTURZ SIE KOSTEN WIRD?
ENDLICH ZEIGST DU UNS DEIN WAHRES GESICHT, BOWIE.
WIE MEINST DU DENN DAS JETZT?
DUTZENDE VON U.A.-SPINNERS SIND BEI DEM CRASH UMGEKOMMEN, ZUSAMMEN MIT DEN ANWÄLTEN UND DER ARMEN BESATZUNG. UND DU REDEST NUR VON DEN VORRÄTEN!
DA HAST DU VERDAMMT RECHT. WAS HÄLT DIE U.A. JETZT DAVON AB, DEN DEAL NEU ZU VERHANDELN? SIE KÖNNTEN SICH DIESE KOLONIE EINFACH UNTER DEN NAGEL REISSEN.
SO WENIG BRAUCHT ES, UM DICH AN DEINEM GLAUBEN ZWEIFELN ZU LASSEN? DIE GÖTTLICHE MUTTER HAT UNS HERGEFÜHRT. SIE LÄSST UNS NICHT IM STICH.
RUHE.
WIR SOLLTEN NICHT HIER SEIN.
FANG NICHT WIEDER DAMIT AN, JANE. WIR HABEN DAS WRACK DURCHSUCHT, NACHDEM DIE FEUER ERLOSCHEN. AN BORD BEFAND SICH NICHTS AUSSER LEICHEN.
JANE ...
NEIN, DA WAR NOCH ETWAS!
UND JETZT TREIBT ES SICH IN UNSEREM GARTEN HERUM.
WIR WAREN ALLE DORT, JANE. NIEMAND VON UNS HAT ETWAS GESEHEN.
IHR WART NICHT AN BORD.
AMBROSE SCHON, UND ER HAT AUCH NICHTS BEMERKT.

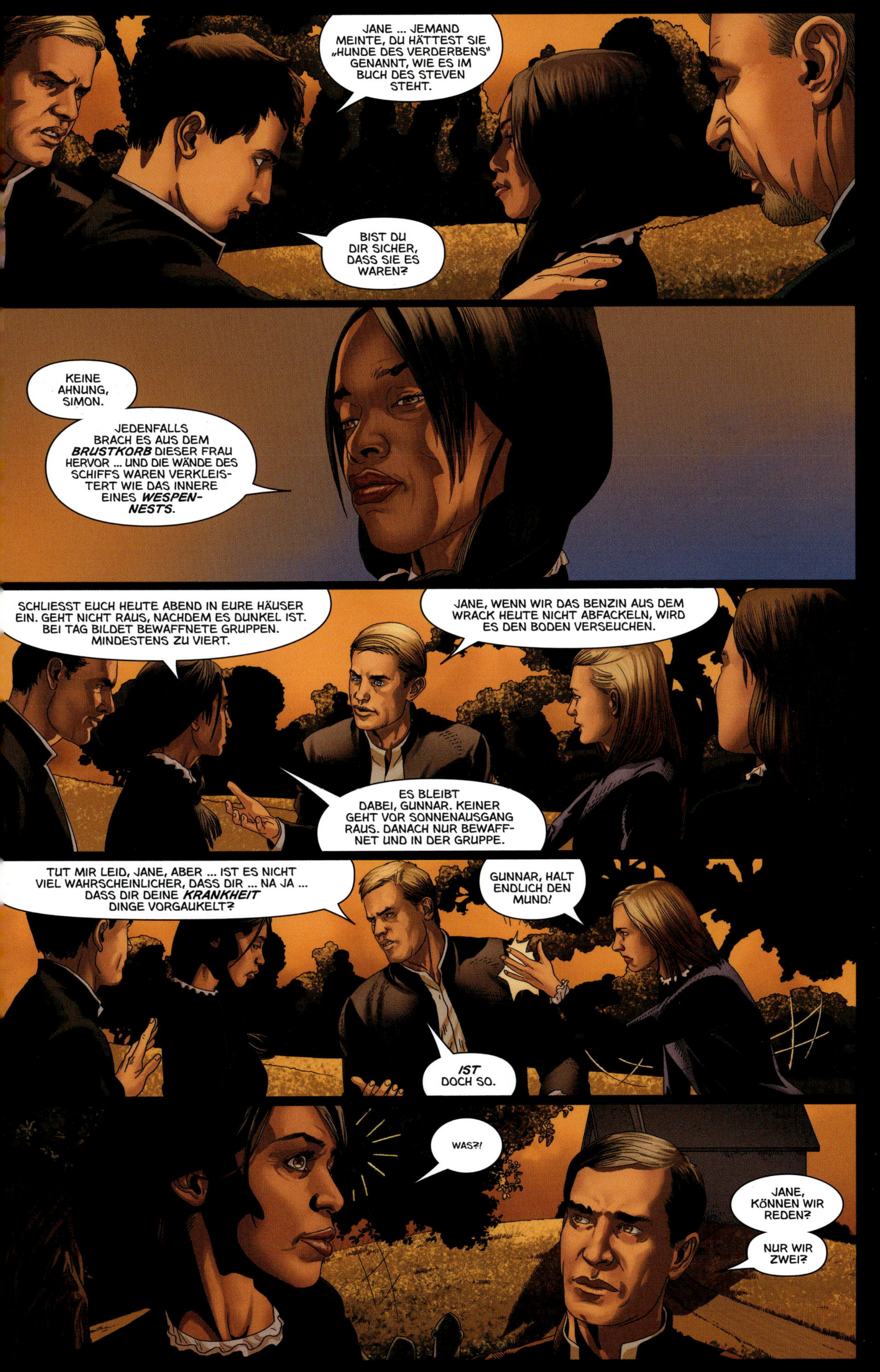
JANE ... JEMAND MEINTE, DU HÄTTEST SIE „HUNDE DES VERDERBENS" GENANNT, WIE ES IM BUCH DES STEVEN STEHT.
BIST DU DIR SICHER, DASS SIE ES WAREN?
KEINE AHNUNG, SIMON.
JEDENFALLS BRACH ES AUS DEM BRUSTKORB DIESER FRAU HERVOR ... UND DIE WÄNDE DES SCHIFFS WAREN VERKLEIS-TERT WIE DAS INNERE EINES WESPEN-NESTS.
SCHLIESST EUCH HEUTE ABEND IN EURE HÄUSER EIN. GEHT NICHT RAUS, NACHDEM ES DUNKEL IST. BEI TAG BILDET BEWAFFNETE GRUPPEN. MINDESTENS ZU VIERT.
JANE, WENN WIR DAS BENZIN AUS DEM WRACK HEUTE NICHT ABFACKELN, WIRD ES DEN BODEN VERSEUCHEN.
ES BLEIBT DABEI, GUNNAR. KEINER GEHT VOR SONNENAUSGANG RAUS. DANACH NUR BEWAFF-NET UND IN DER GRUPPE.
TUT MIR LEID, JANE, ABER ... IST ES NICHT VIEL WAHRSCHEINLICHER, DASS DIR ... NA JA ... DASS DIR DEINE KRANKHEIT DINGE VORGAUKELT?
GUNNAR, HALT ENDLICH DEN MUND!
IST DOCH SO.
WAS?!
JANE, KÖNNEN WIR REDEN?
NUR WIR ZWEI?

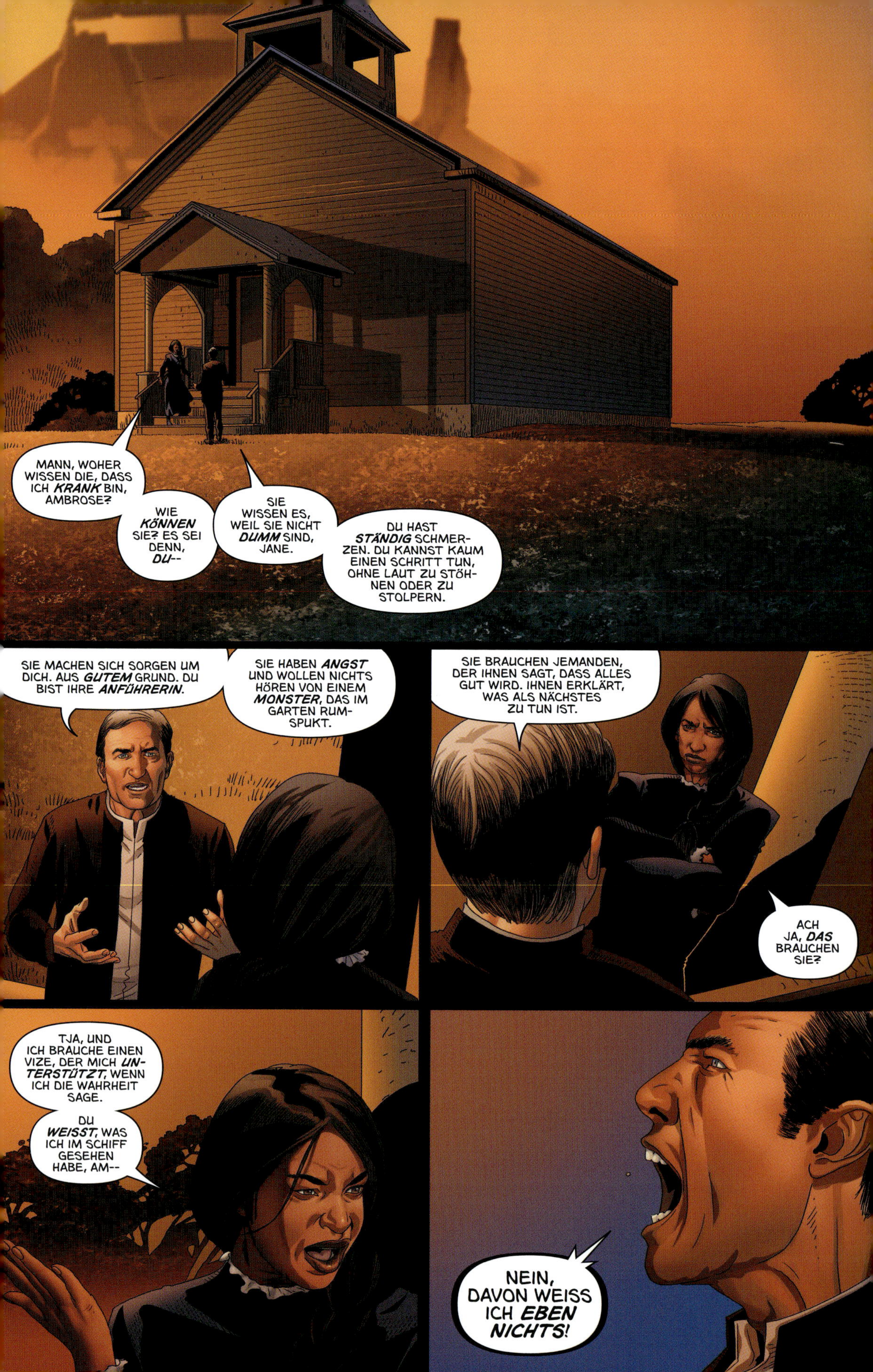
MANN, WOHER WISSEN DIE, DASS ICH KRANK BIN, AMBROSE?
WIE KÖNNEN SIE? ES SEI DENN, DU--
SIE WISSEN ES, WEIL SIE NICHT DUMM SIND, JANE.
DU HAST STÄNDIG SCHMERZEN. DU KANNST KAUM EINEN SCHRITT TUN, OHNE LAUT ZU STÖHNEN ODER ZU STOLPERN.
SIE MACHEN SICH SORGEN UM DICH. AUS GUTEM GRUND. DU BIST IHRE ANFÜHRERIN.
SIE HABEN ANGST UND WOLLEN NICHTS HÖREN VON EINEM MONSTER, DAS IM GARTEN RUMSPUKT.
SIE BRAUCHEN JEMANDEN, DER IHNEN SAGT, DASS ALLES GUT WIRD. IHNEN ERKLÄRT, WAS ALS NÄCHSTES ZU TUN IST.
ACH JA, DAS BRAUCHEN SIE?
TJA, UND ICH BRAUCHE EINEN VIZE, DER MICH UNTERSTÜTZT, WENN ICH DIE WAHRHEIT SAGE.
DU WEISST, WAS ICH IM SCHIFF GESEHEN HABE, AM--
NEIN, DAVON WEISS ICH EBEN NICHTS!

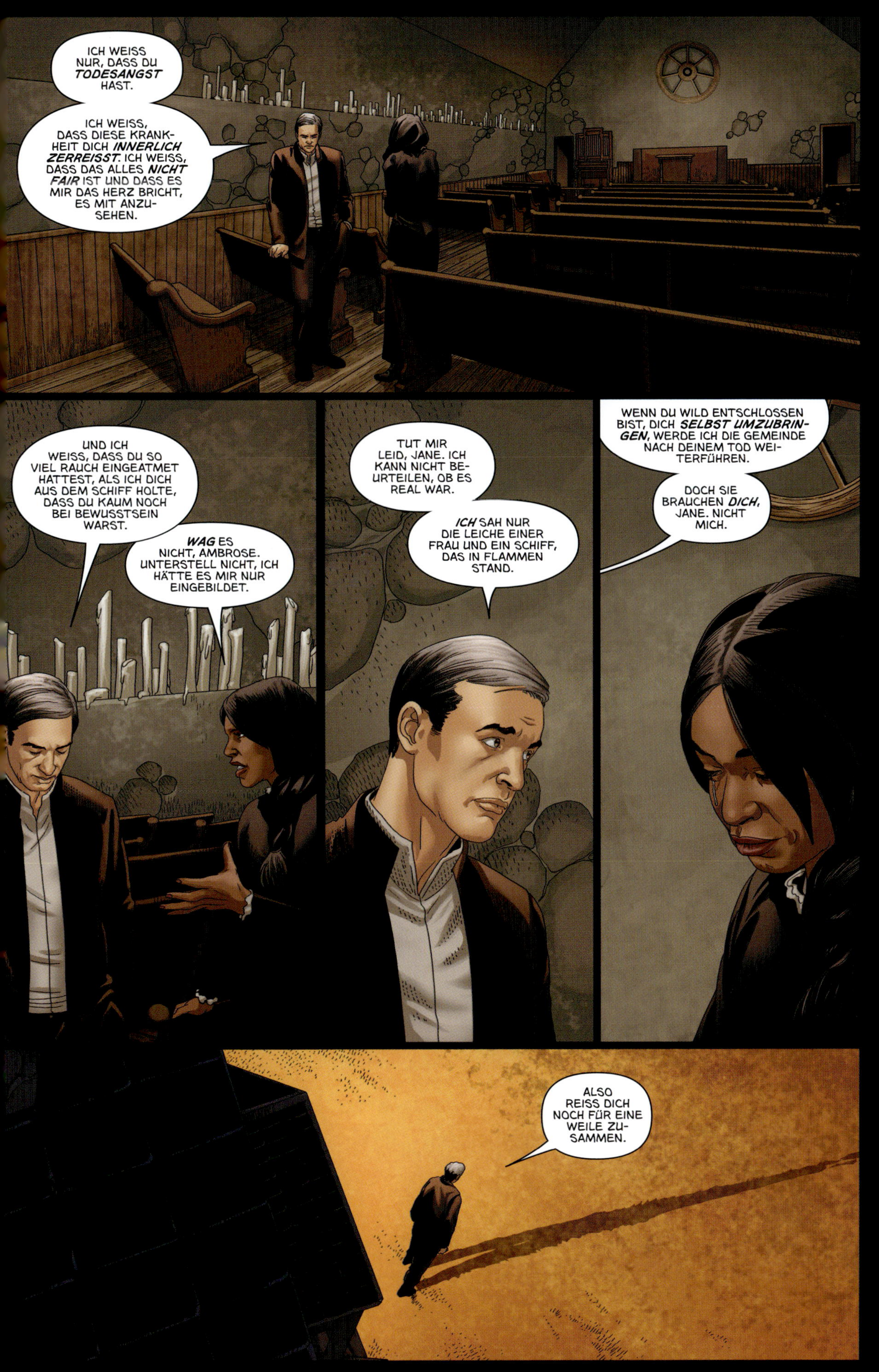
ICH WEISS NUR, DASS DU TODESANGST HAST.
ICH WEISS, DASS DIESE KRANKHEIT DICH INNERLICH ZERREISST. ICH WEISS, DASS DAS ALLES NICHT FAIR IST UND DASS ES MIR DAS HERZ BRICHT, ES MIT ANZUSEHEN.
UND ICH WEISS, DASS DU SO VIEL RAUCH EINGEATMET HATTEST, ALS ICH DICH AUS DEM SCHIFF HOLTE, DASS DU KAUM NOCH BEI BEWUSSTSEIN WARST.
WAG ES NICHT, AMBROSE. UNTERSTELL NICHT, ICH HÄTTE ES MIR NUR EINGEBILDET.
TUT MIR LEID, JANE. ICH KANN NICHT BEURTEILEN, OB ES REAL WAR.
ICH SAH NUR DIE LEICHE EINER FRAU UND EIN SCHIFF, DAS IN FLAMMEN STAND.
WENN DU WILD ENTSCHLOSSEN BIST, DICH SELBST UMZUBRINGEN, WERDE ICH DIE GEMEINDE NACH DEINEM TOD WEITERFÜHREN.
DOCH SIE BRAUCHEN DICH, JANE. NICHT MICH.
ALSO REISS DICH NOCH FÜR EINE WEILE ZUSAMMEN.

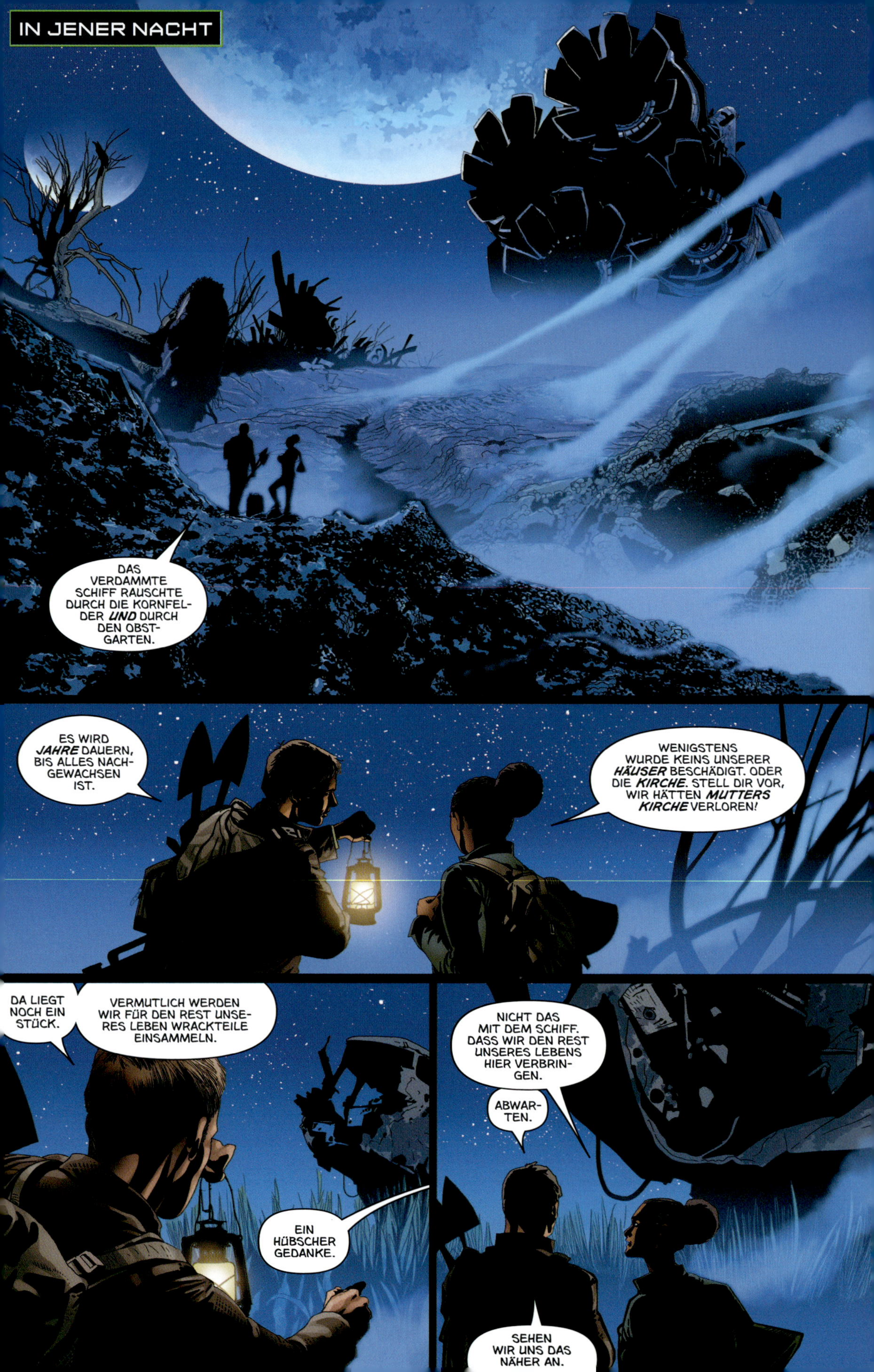
IN JENER NACHT
DAS VERDAMMTE SCHIFF RAUSCHTE DURCH DIE KORNFEL-DER UND DURCH DEN OBST-GARTEN.
ES WIRD JAHRE DAUERN, BIS ALLES NACH-GEWACHSEN IST.
WENIGSTENS WURDE KEINS UNSERER HÄUSER BESCHÄDIGT. ODER DIE KIRCHE. STELL DIR VOR, WIR HÄTTEN MUTTERS KIRCHE VERLOREN!
DA LIEGT NOCH EIN STÜCK.
VERMUTLICH WERDEN WIR FÜR DEN REST UNSE-RES LEBEN WRACKTEILE EINSAMMELN.
EIN HÜBSCHER GEDANKE.
NICHT DAS MIT DEM SCHIFF. DASS WIR DEN REST UNSERES LEBENS HIER VERBRIN-GEN.
ABWAR-TEN.
SEHEN WIR UNS DAS NÄHER AN.

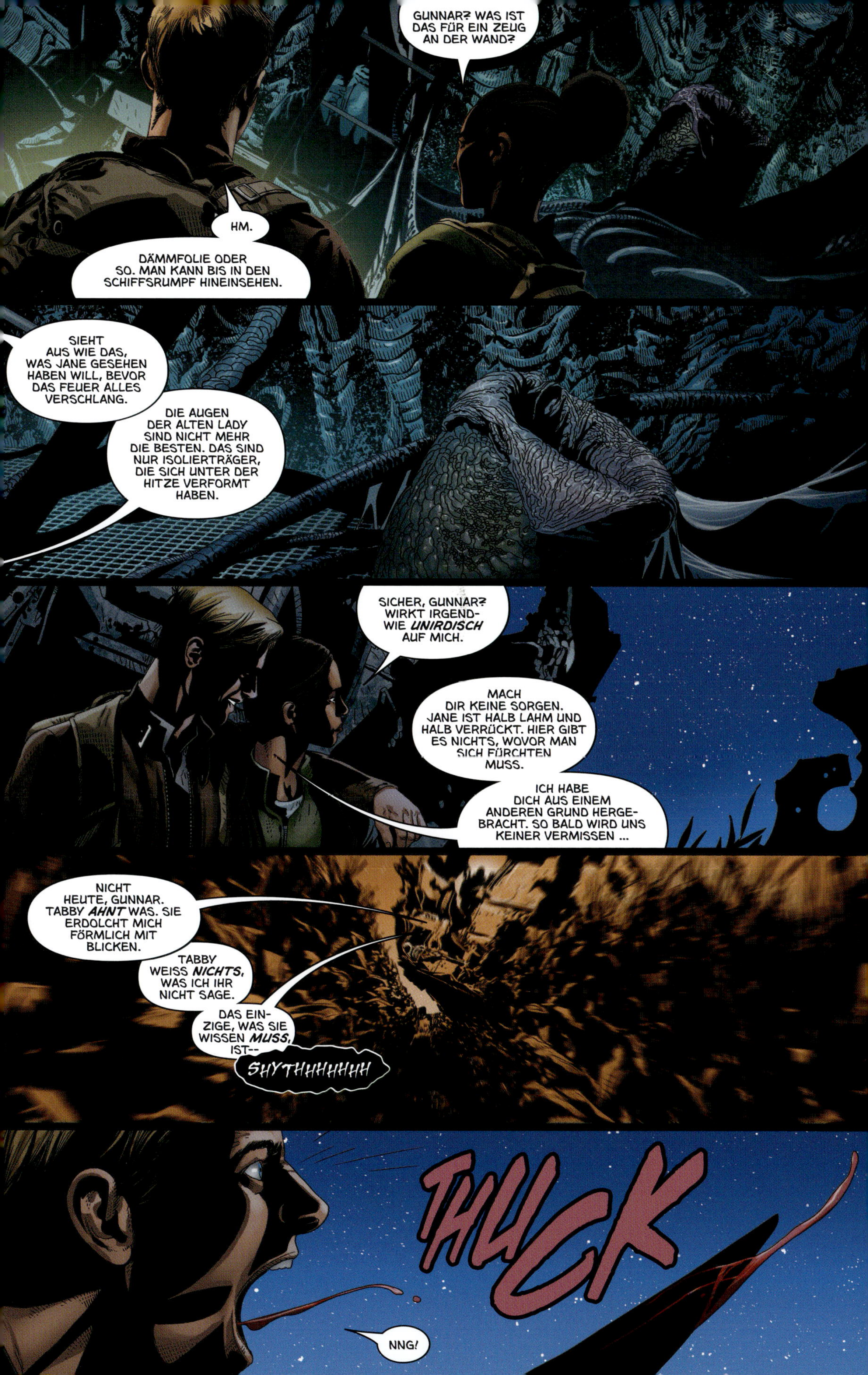
GUNNAR? WAS IST DAS FÜR EIN ZEUG AN DER WAND?
HM.
DÄMMFOLIE ODER SO. MAN KANN BIS IN DEN SCHIFFSRUMPF HINEINSEHEN.
SIEHT AUS WIE DAS, WAS JANE GESEHEN HABEN WILL, BEVOR DAS FEUER ALLES VERSCHLANG.
DIE AUGEN DER ALTEN LADY SIND NICHT MEHR DIE BESTEN. DAS SIND NUR ISOLIERTRÄGER, DIE SICH UNTER DER HITZE VERFORMT HABEN.
SICHER, GUNNAR? WIRKT IRGEND-WIE UNIRDISCH AUF MICH.
MACH DIR KEINE SORGEN. JANE IST HALB LAHM UND HALB VERRÜCKT. HIER GIBT ES NICHTS, WOVOR MAN SICH FÜRCHTEN MUSS.
ICH HABE DICH AUS EINEM ANDEREN GRUND HERGE-BRACHT. SO BALD WIRD UNS KEINER VERMISSEN ...
NICHT HEUTE, GUNNAR. TABBY AHNT WAS. SIE ERDOLCHT MICH FÖRMLICH MIT BLICKEN.
TABBY WEISS NICHTS, WAS ICH IHR NICHT SAGE.
DAS EIN-ZIGE, WAS SIE WISSEN MUSS, IST--
SHYTHHHHHHH
THUCK
NNG!

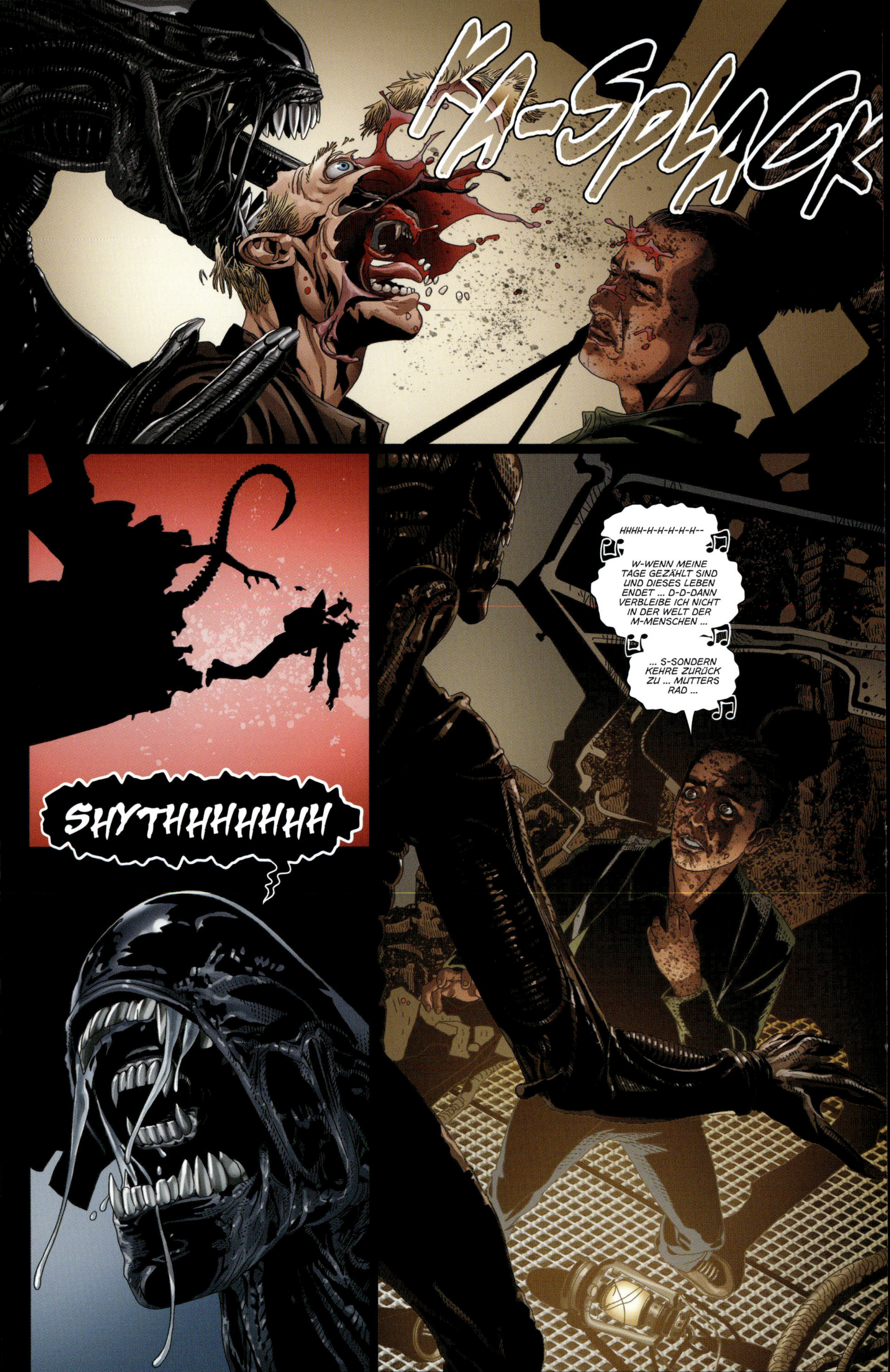
KA-SPLACK
SHYTHHHHHHH
HHHH-H-H-H-H-H--
W-WENN MEINE TAGE GEZÄHLT SIND UND DIESES LEBEN ENDET ... D-D-DANN VERBLEIBE ICH NICHT IN DER WELT DER M-MENSCHEN ...
... S-SONDERN KEHRE ZURÜCK ZU ... MUTTERS RAD ...

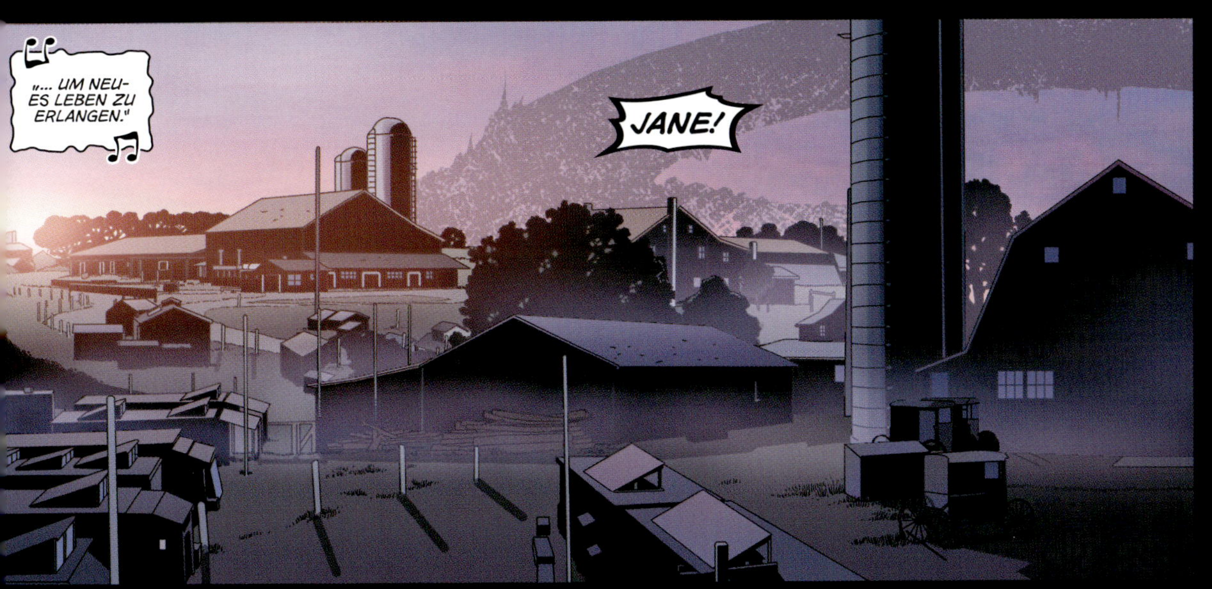
„... UM NEU-
ES LEBEN ZU
ERLANGEN."
JANE!

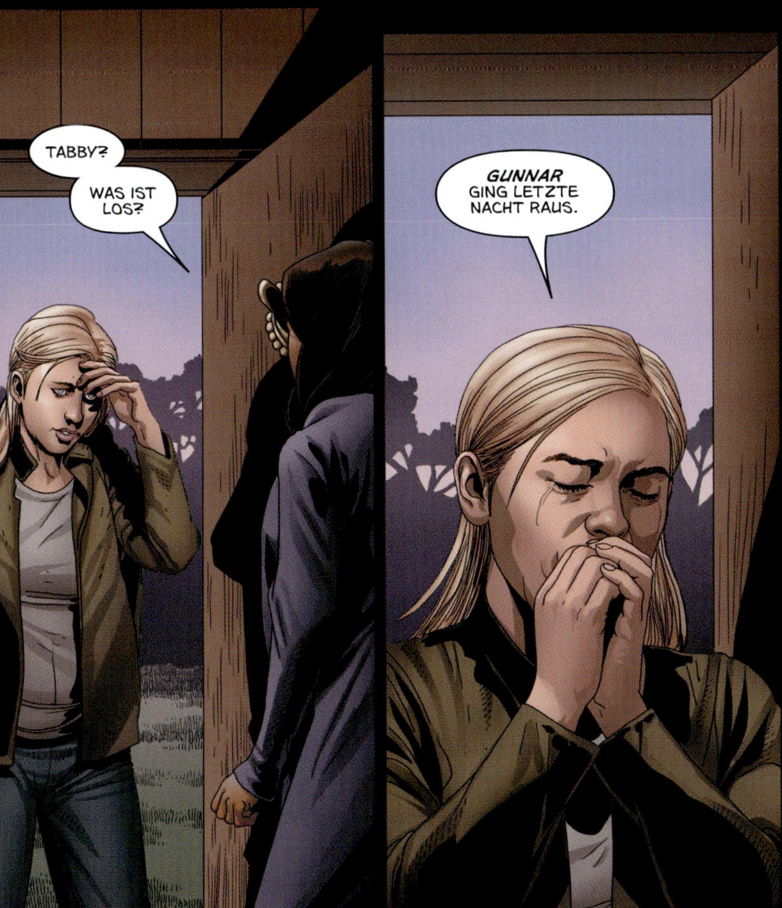
BANG
BANG
BANG
JAAAAAANE!
TABBY?
WAS IST
LOS?
GUNNAR
GING LETZTE
NACHT RAUS.

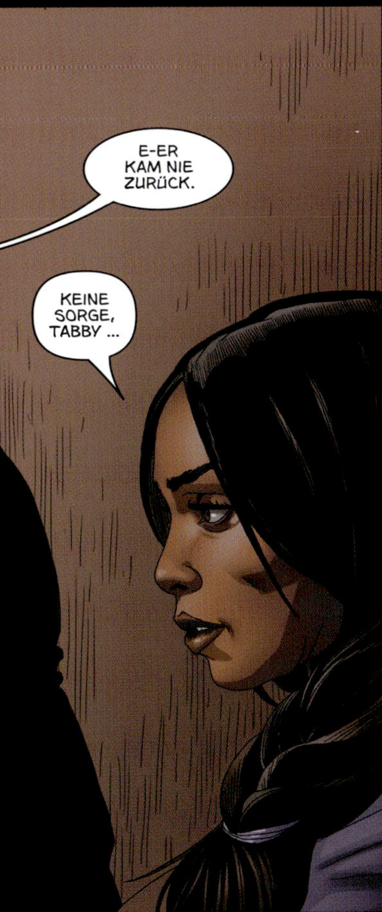
E-ER
KAM NIE
ZURÜCK.
KEINE
SORGE,
TABBY ...

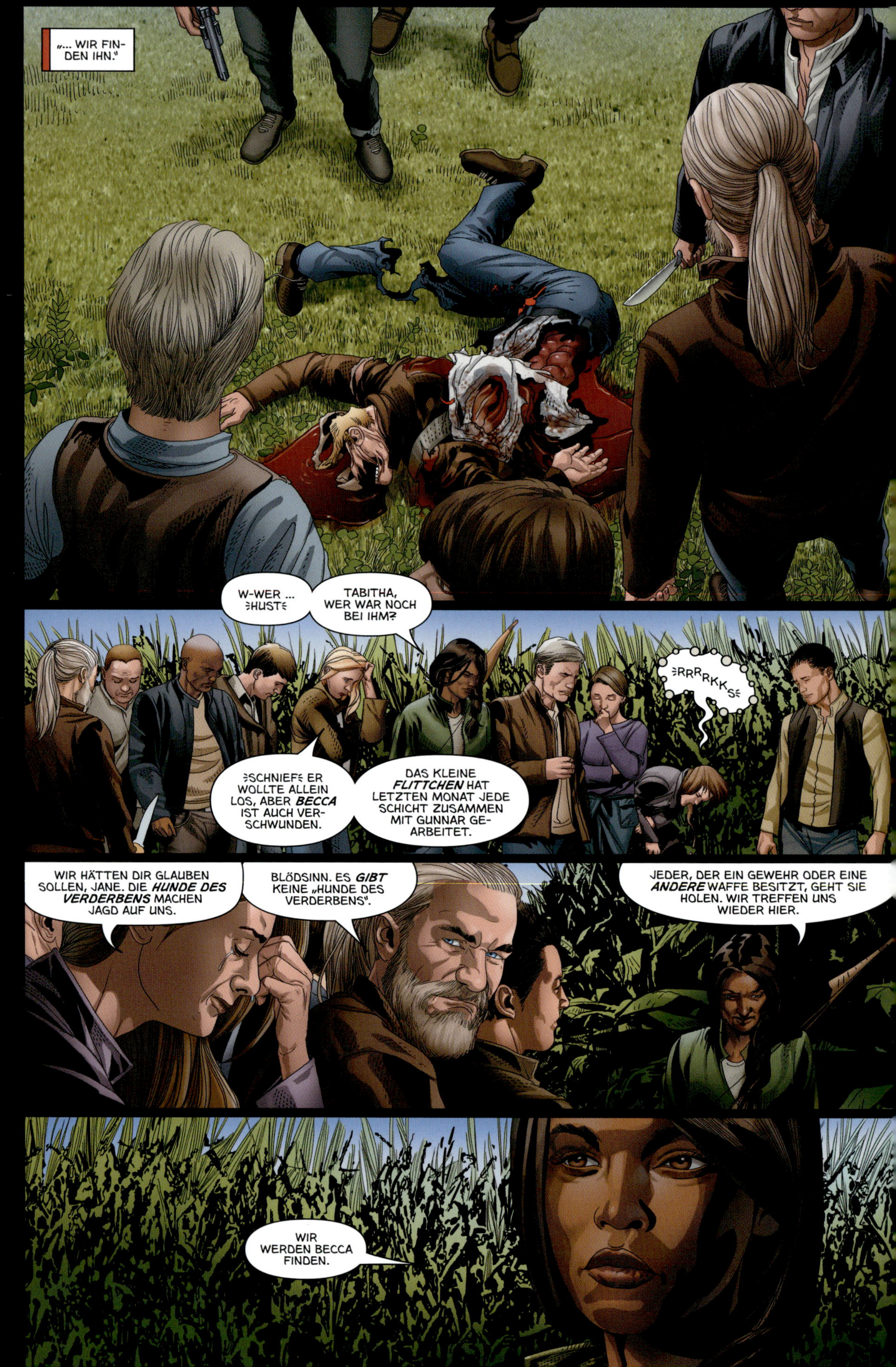
„... WIR FINDEN IHN."
W-WER ... HUST
TABITHA, WER WAR NOCH BEI IHM?
RRRRKKS
SCHNIEF ER WOLLTE ALLEIN LOS, ABER BECCA IST AUCH VERSCHWUNDEN.
DAS KLEINE FLITTCHEN HAT LETZTEN MONAT JEDE SCHICHT ZUSAMMEN MIT GUNNAR GEARBEITET.
WIR HÄTTEN DIR GLAUBEN SOLLEN, JANE. DIE HUNDE DES VERDERBENS MACHEN JAGD AUF UNS.
BLÖDSINN. ES GIBT KEINE „HUNDE DES VERDERBENS".
JEDER, DER EIN GEWEHR ODER EINE ANDERE WAFFE BESITZT, GEHT SIE HOLEN. WIR TREFFEN UNS WIEDER HIER.
WIR WERDEN BECCA FINDEN.

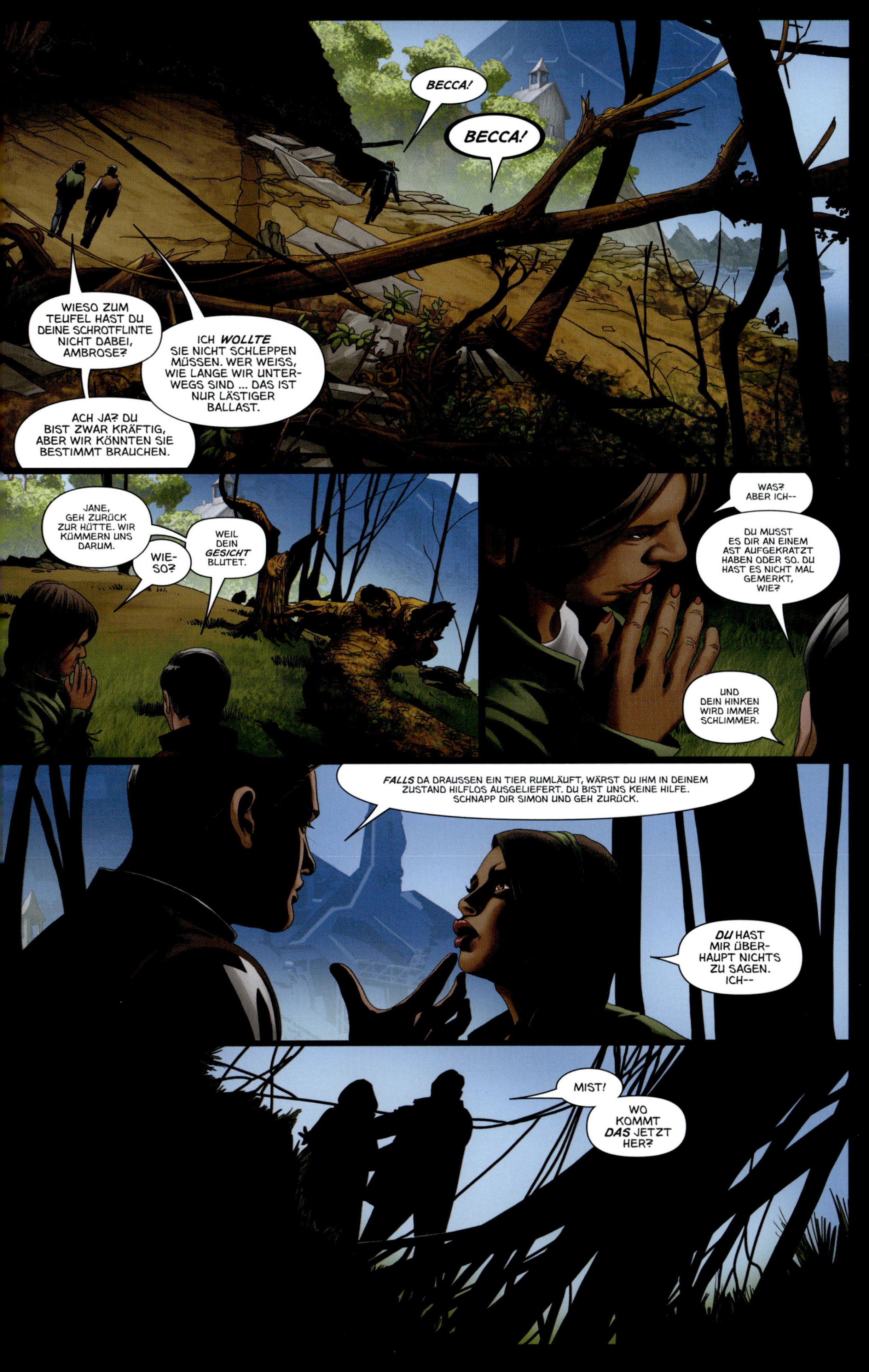
BECCA!
BECCA!
WIESO ZUM TEUFEL HAST DU DEINE SCHROTFLINTE NICHT DABEI, AMBROSE?
ICH WOLLTE SIE NICHT SCHLEPPEN MÜSSEN. WER WEISS, WIE LANGE WIR UNTERWEGS SIND ... DAS IST NUR LÄSTIGER BALLAST.
ACH JA? DU BIST ZWAR KRÄFTIG, ABER WIR KÖNNTEN SIE BESTIMMT BRAUCHEN.
JANE, GEH ZURÜCK ZUR HÜTTE. WIR KÜMMERN UNS DARUM.
WIESO?
WEIL DEIN GESICHT BLUTET.
WAS? ABER ICH--
DU MUSST ES DIR AN EINEM AST AUFGEKRATZT HABEN ODER SO. DU HAST ES NICHT MAL GEMERKT, WIE?
UND DEIN HINKEN WIRD IMMER SCHLIMMER.
FALLS DA DRAUSSEN EIN TIER RUMLÄUFT, WÄRST DU IHM IN DEINEM ZUSTAND HILFLOS AUSGELIEFERT. DU BIST UNS KEINE HILFE. SCHNAPP DIR SIMON UND GEH ZURÜCK.
DU HAST MIR ÜBERHAUPT NICHTS ZU SAGEN. ICH--
MIST!
WO KOMMT DAS JETZT HER?

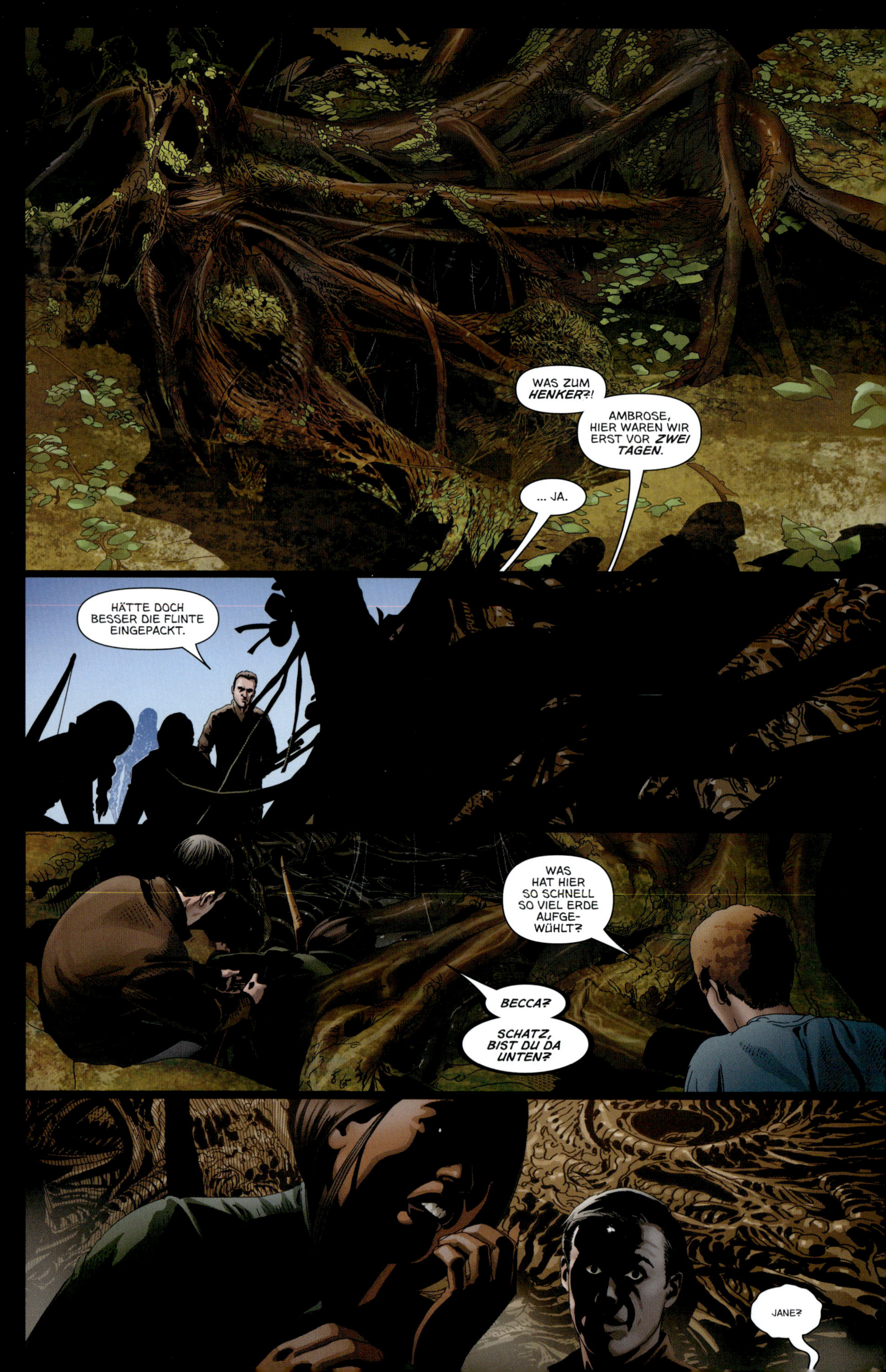
WAS ZUM HENKER?!
AMBROSE, HIER WAREN WIR ERST VOR ZWEI TAGEN.
... JA.
HÄTTE DOCH BESSER DIE FLINTE EINGEPACKT.
WAS HAT HIER SO SCHNELL SO VIEL ERDE AUFGE-WÜHLT?
BECCA?
SCHATZ, BIST DU DA UNTEN?
JANE?

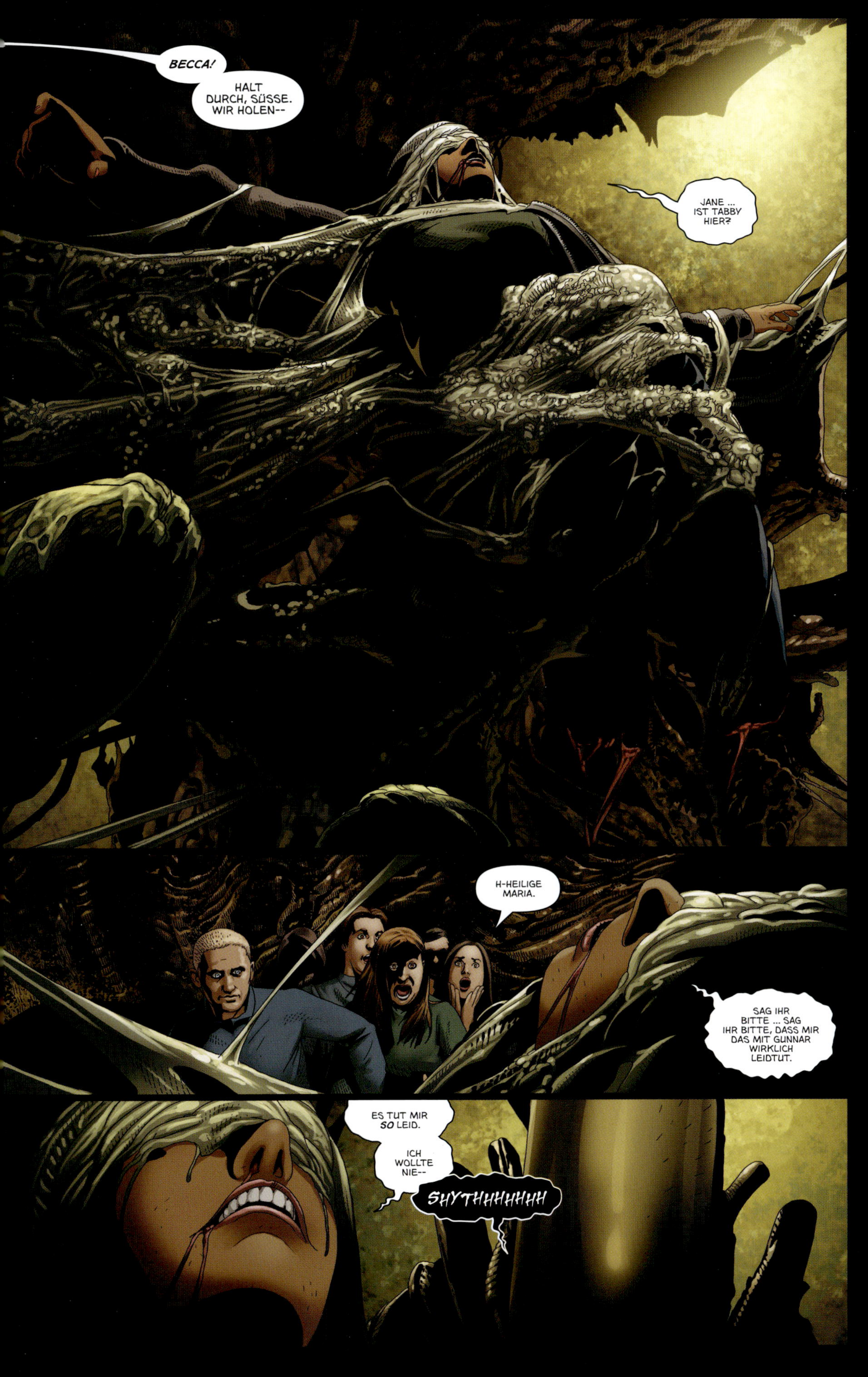
BECCA!
HALT DURCH, SÜSSE. WIR HOLEN--
JANE ... IST TABBY HIER?
H-HEILIGE MARIA.
SAG IHR BITTE ... SAG IHR BITTE, DASS MIR DAS MIT GUNNAR WIRKLICH LEIDTUT.
ES TUT MIR SO LEID.
ICH WOLLTE NIE--
SHYTHHHHHH

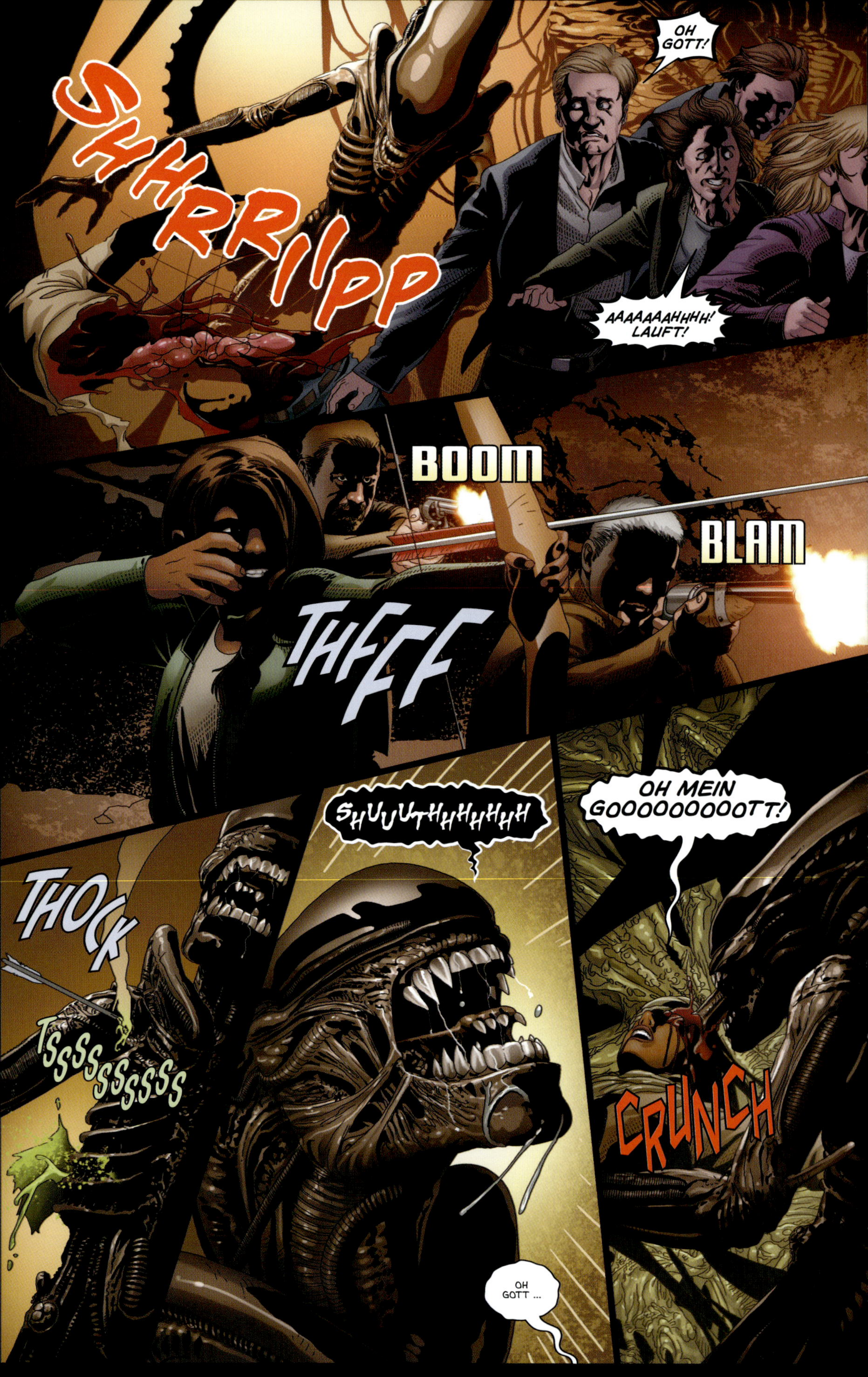
SHHRRIIPP
OH GOTT!
AAAAAAAHHHH! LAUFT!
BOOM
BLAM
THFFF
THOCK
TSSSSSSSSSS
SHUUUTHHHHHH
OH GOTT ...
OH MEIN GOOOOOOOOOTT!
CRUNCH

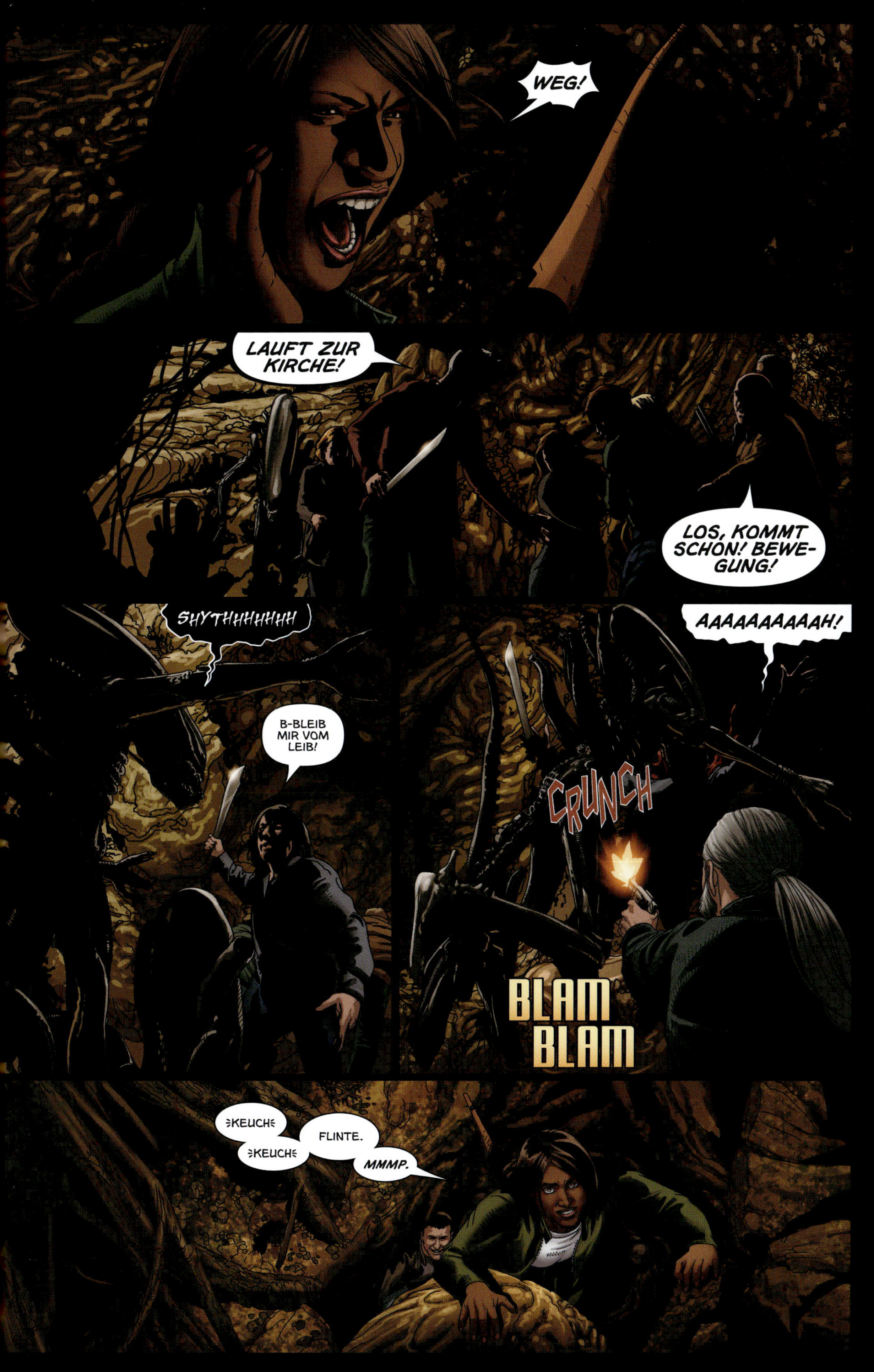
WEG!
LAUFT ZUR KIRCHE!
LOS, KOMMT SCHON! BEWEGUNG!
SHYTHHHHHHH
B-BLEIB MIR VOM LEIB!
AAAAAAAAAAH!
CRUNCH
BLAM
BLAM
KEUCH
KEUCH
FLINTE.
MMMP.

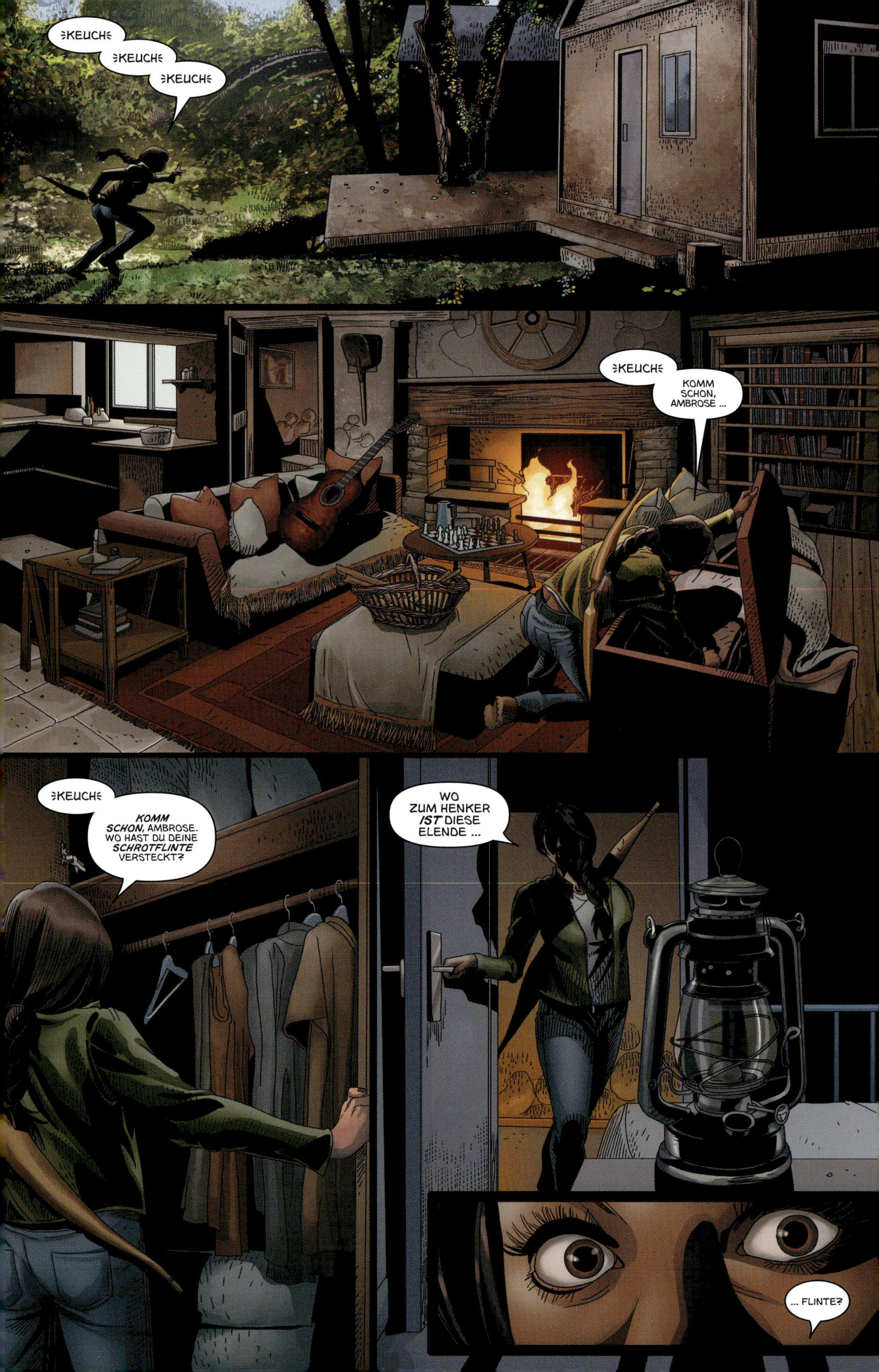

KEUCH
KEUCH
KEUCH
KEUCH
KOMM SCHON, AMBROSE ...
KEUCH
KOMM SCHON, AMBROSE. WO HAST DU DEINE SCHROTFLINTE VERSTECKT?
WO ZUM HENKER IST DIESE ELENDE ...
... FLINTE?

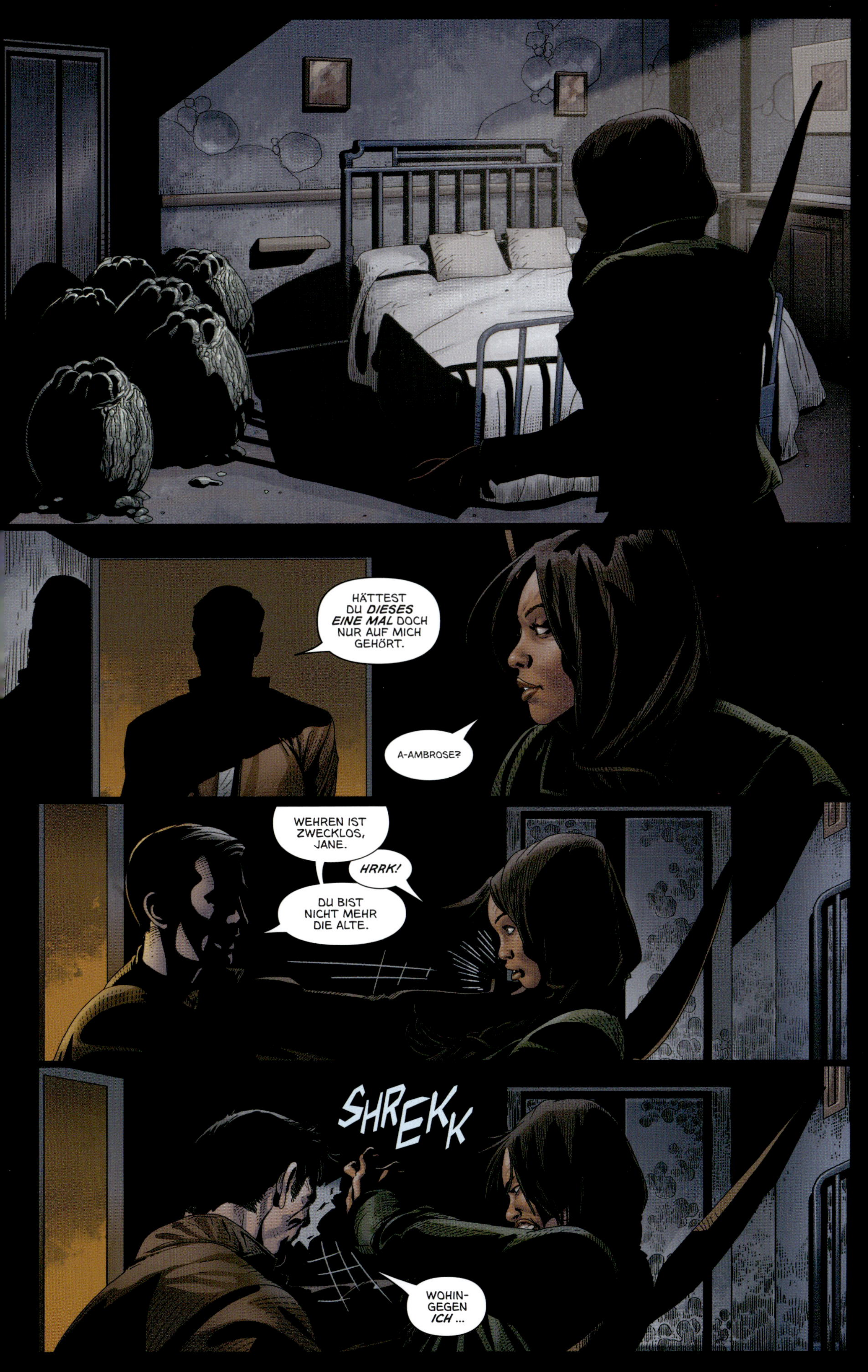
HÄTTEST DU *DIESES EINE MAL* DOCH NUR AUF MICH GEHÖRT.
A-AMBROSE?
WEHREN IST ZWECKLOS, JANE.
HRRK!
DU BIST NICHT MEHR DIE ALTE.
SHREKK
WOHINGEGEN *ICH* ...

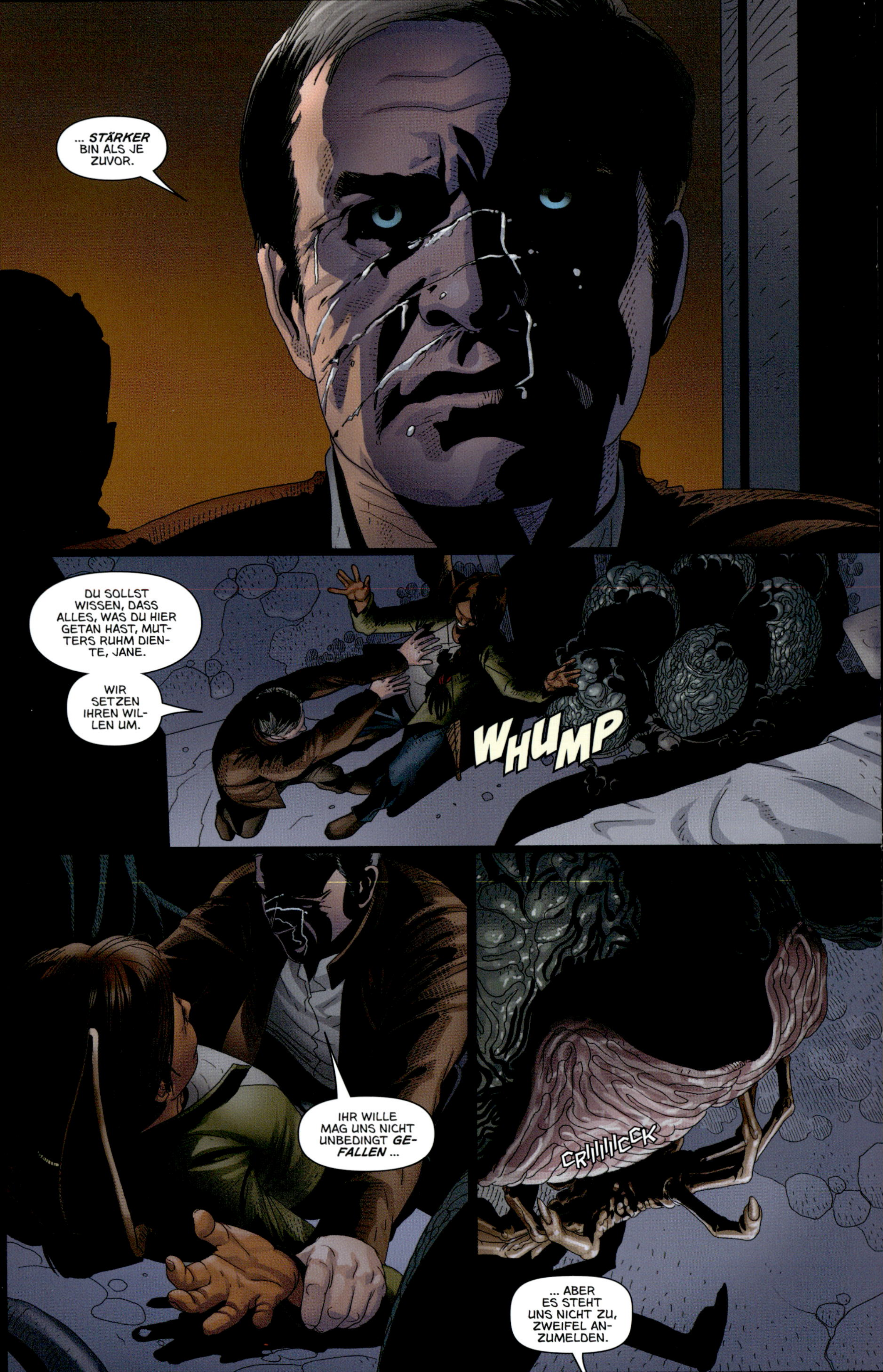
... STÄRKER BIN ALS JE ZUVOR.
DU SOLLST WISSEN, DASS ALLES, WAS DU HIER GETAN HAST, MUTTERS RUHM DIENTE, JANE.
WIR SETZEN IHREN WILLEN UM.
WHUMP
IHR WILLE MAG UNS NICHT UNBEDINGT GEFALLEN ...
CRIIIIICCK
... ABER ES STEHT UNS NICHT ZU, ZWEIFEL ANZUMELDEN.

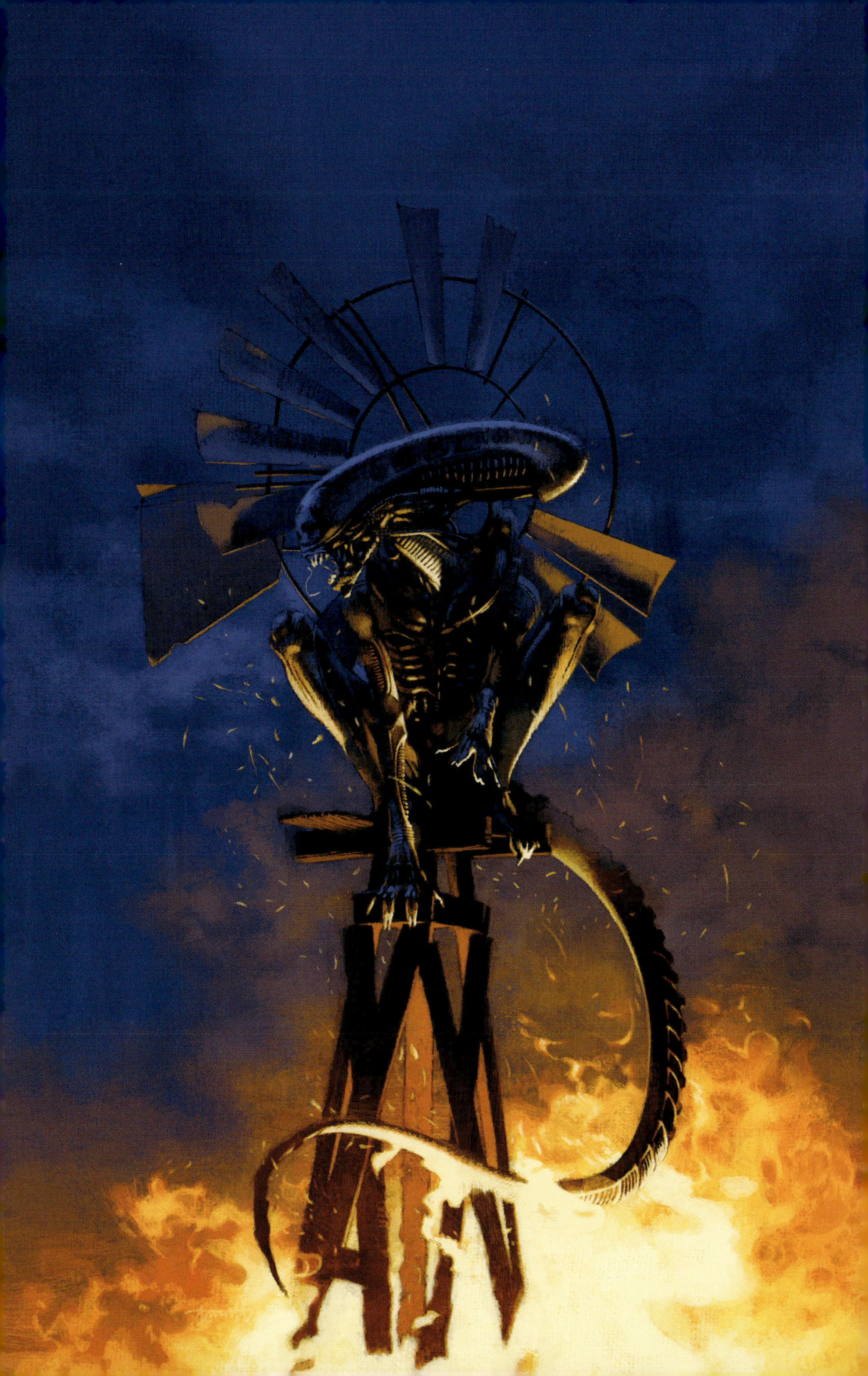

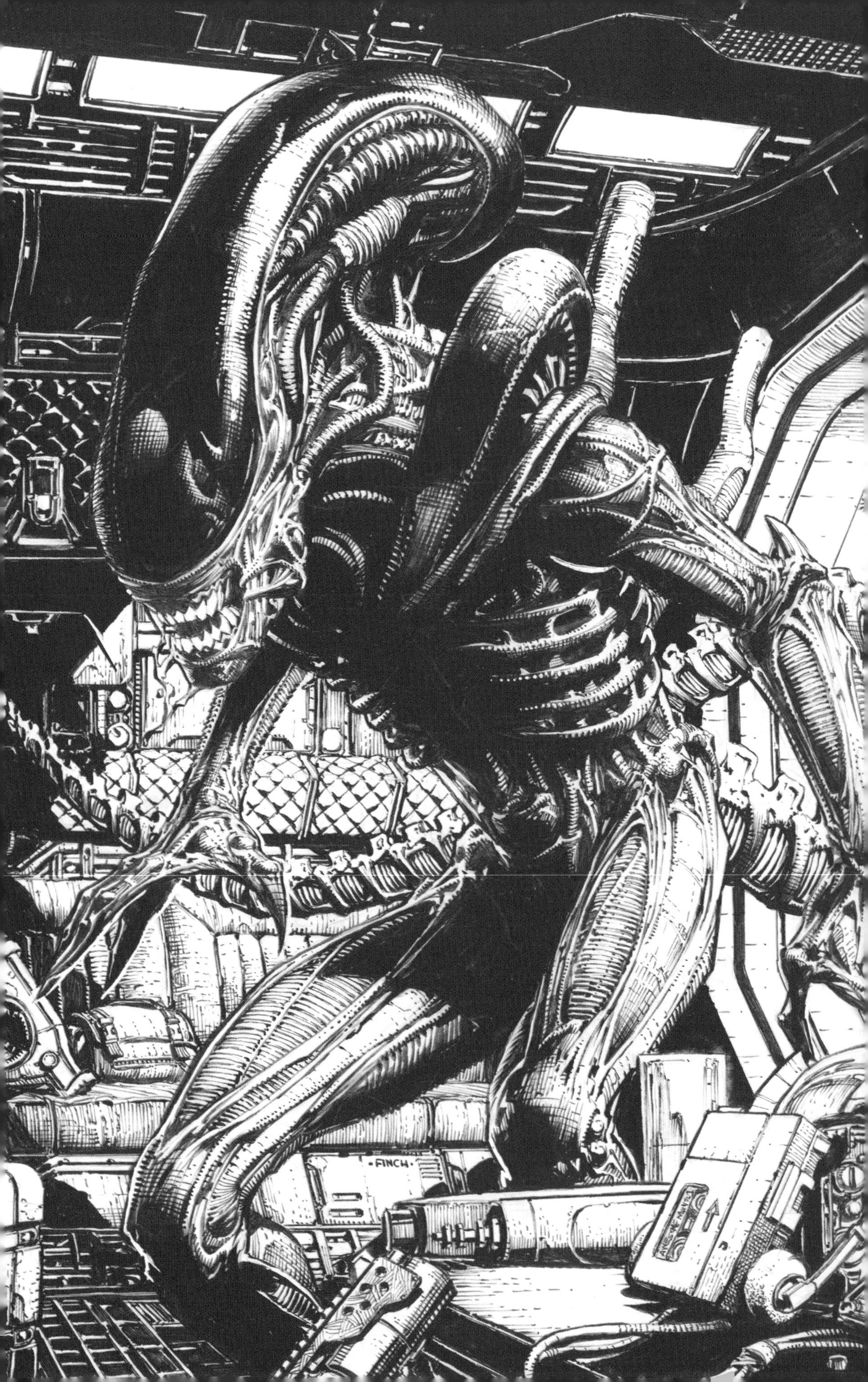
FINCH

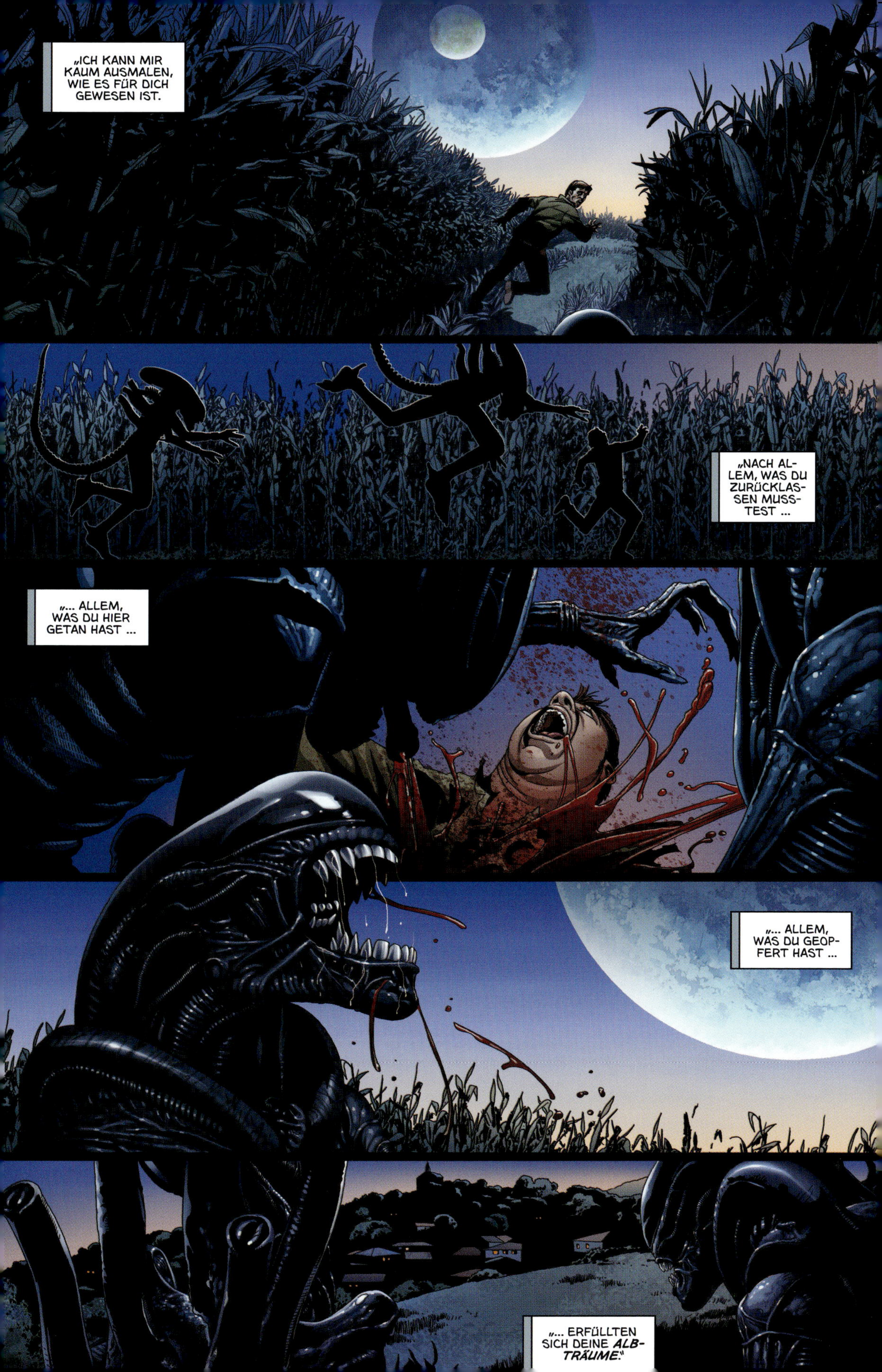
„ICH KANN MIR KAUM AUSMALEN, WIE ES FÜR DICH GEWESEN IST.
„NACH ALLEM, WAS DU ZURÜCKLASSEN MUSSTEST ...
„... ALLEM, WAS DU HIER GETAN HAST ...
„... ALLEM, WAS DU GEOPFERT HAST ...
„... ERFÜLLTEN SICH DEINE ALBTRÄUME."

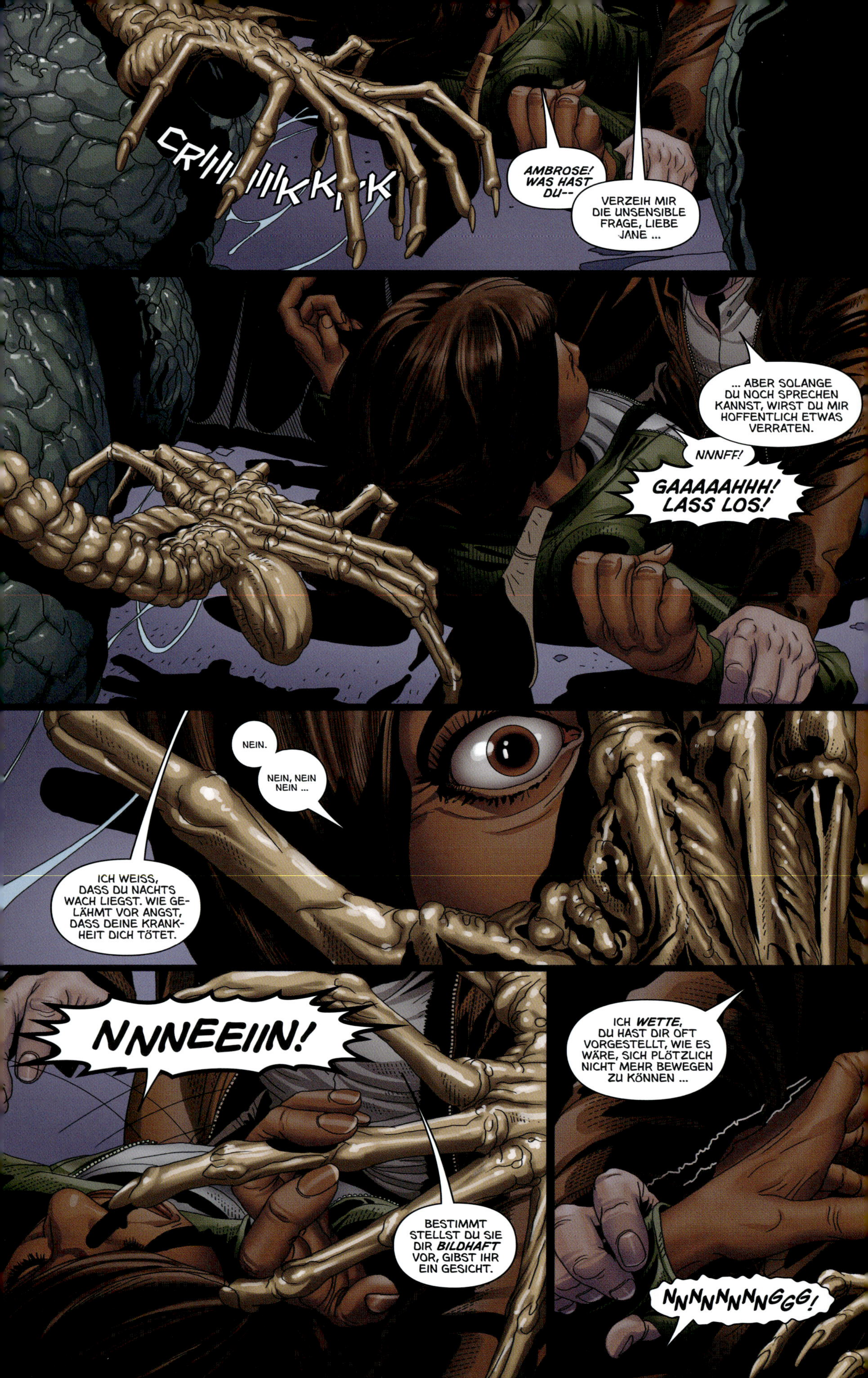
CRIIIIIIKKKK
AMBROSE! WAS HAST DU--
VERZEIH MIR DIE UNSENSIBLE FRAGE, LIEBE JANE ...
... ABER SOLANGE DU NOCH SPRECHEN KANNST, WIRST DU MIR HOFFENTLICH ETWAS VERRATEN.
NNNFF!
GAAAAAHHH! LASS LOS!
NEIN.
NEIN, NEIN NEIN ...
ICH WEISS, DASS DU NACHTS WACH LIEGST. WIE GE-LÄHMT VOR ANGST, DASS DEINE KRANK-HEIT DICH TÖTET.
NNNEEIIN!
BESTIMMT STELLST DU SIE DIR BILDHAFT VOR, GIBST IHR EIN GESICHT.
ICH WETTE, DU HAST DIR OFT VORGESTELLT, WIE ES WÄRE, SICH PLÖTZLICH NICHT MEHR BEWEGEN ZU KÖNNEN ...
NNNNNNNNGGG!

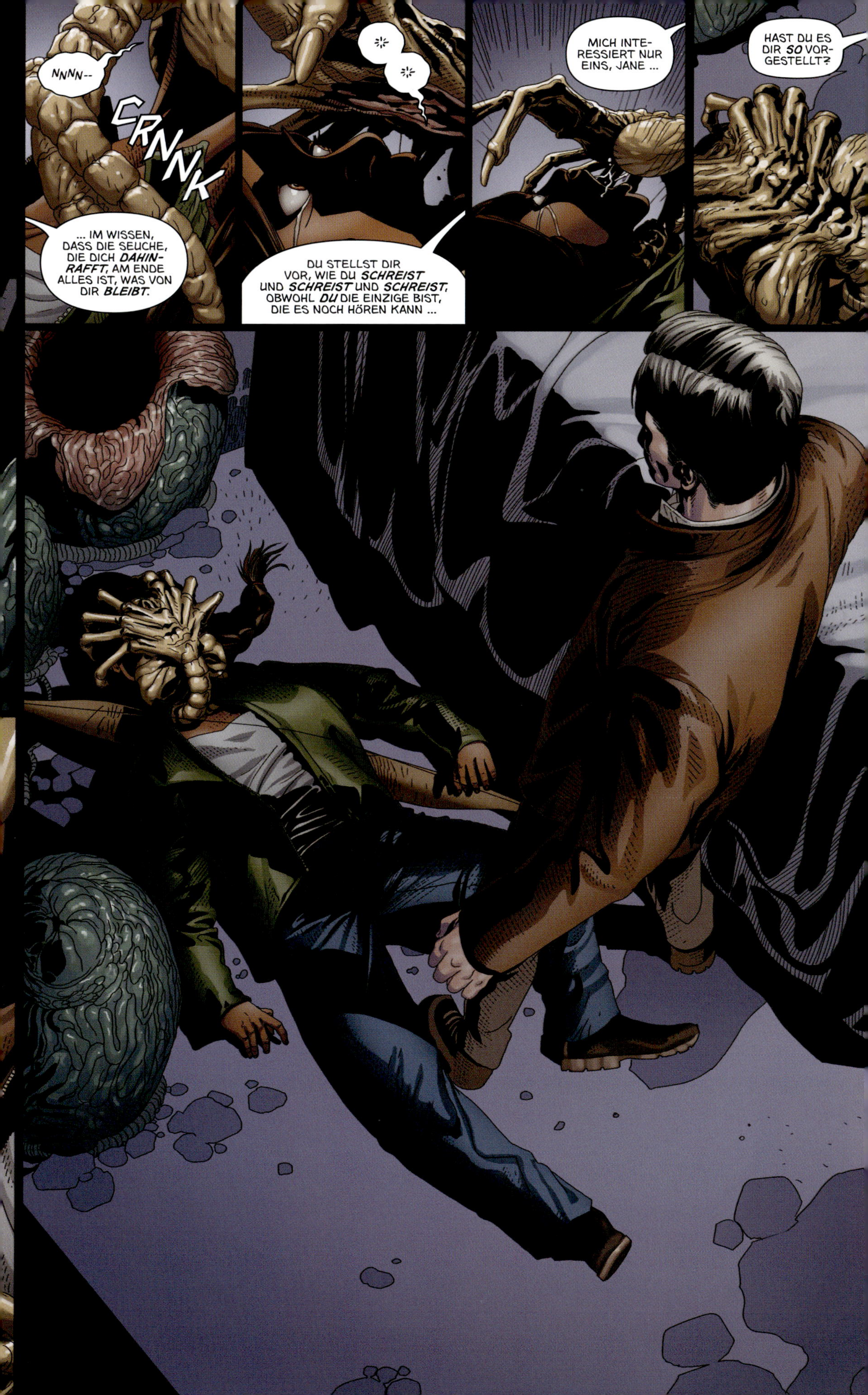
NNNN--
CRNNK
... IM WISSEN, DASS DIE SEUCHE, DIE DICH DAHIN-RAFFT, AM ENDE ALLES IST, WAS VON DIR BLEIBT.
DU STELLST DIR VOR, WIE DU SCHREIST UND SCHREIST UND SCHREIST, OBWOHL DU DIE EINZIGE BIST, DIE ES NOCH HÖREN KANN ...
MICH INTE-RESSIERT NUR EINS, JANE ...
HAST DU ES DIR SO VOR-GESTELLT?

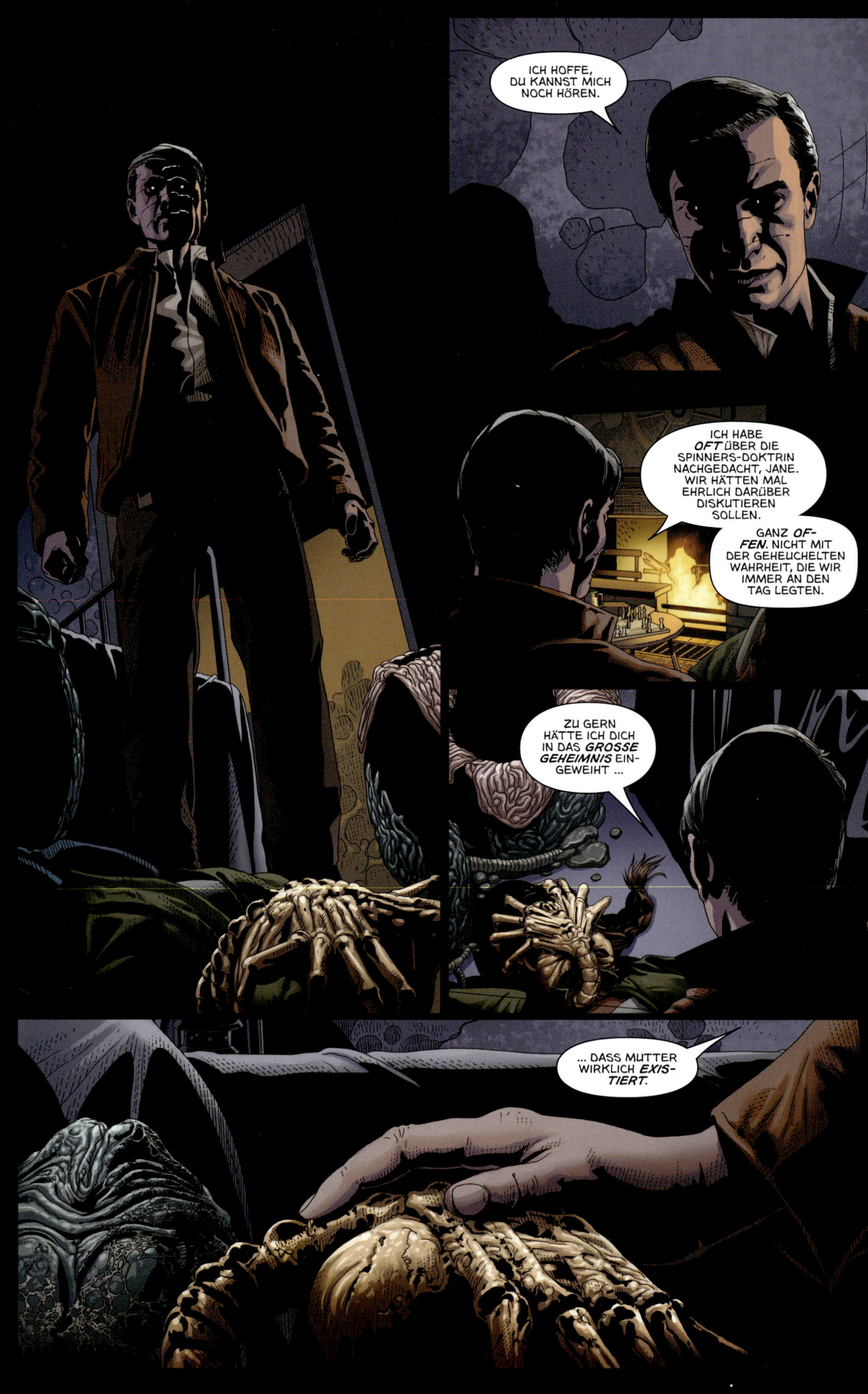
ICH HOFFE, DU KANNST MICH NOCH HÖREN.
ICH HABE OFT ÜBER DIE SPINNERS-DOKTRIN NACHGEDACHT, JANE. WIR HÄTTEN MAL EHRLICH DARÜBER DISKUTIEREN SOLLEN.
GANZ OFFEN. NICHT MIT DER GEHEUCHELTEN WAHRHEIT, DIE WIR IMMER AN DEN TAG LEGTEN.
ZU GERN HÄTTE ICH DICH IN DAS GROSSE GEHEIMNIS EINGEWEIHT ...
... DASS MUTTER WIRKLICH EXISTIERT.

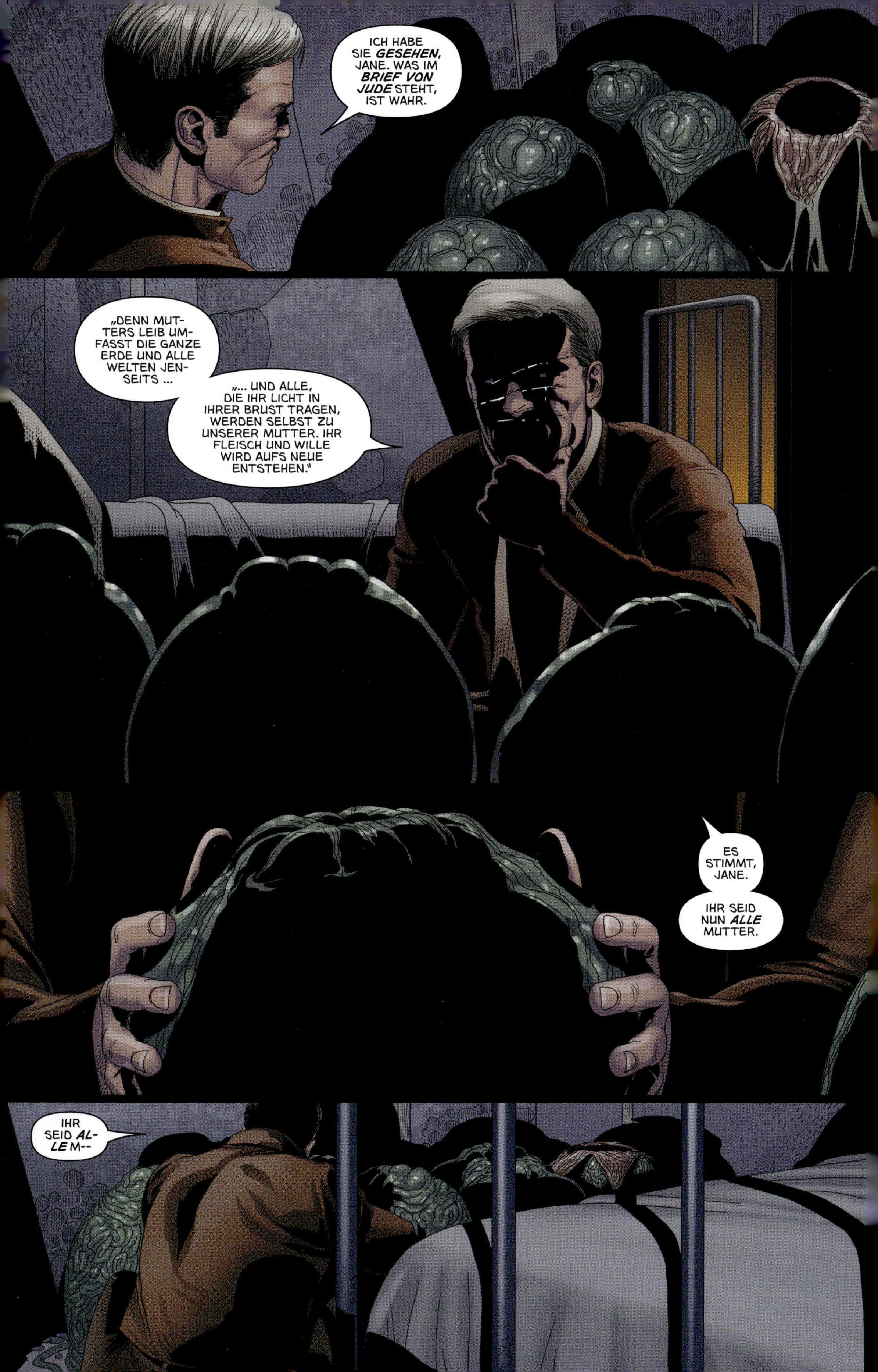
ICH HABE SIE GESEHEN, JANE. WAS IM BRIEF VON JUDE STEHT, IST WAHR.
„DENN MUTTERS LEIB UMFASST DIE GANZE ERDE UND ALLE WELTEN JENSEITS ...
„... UND ALLE, DIE IHR LICHT IN IHRER BRUST TRAGEN, WERDEN SELBST ZU UNSERER MUTTER. IHR FLEISCH UND WILLE WIRD AUFS NEUE ENTSTEHEN."
ES STIMMT, JANE.
IHR SEID NUN ALLE MUTTER.
IHR SEID ALLE M--

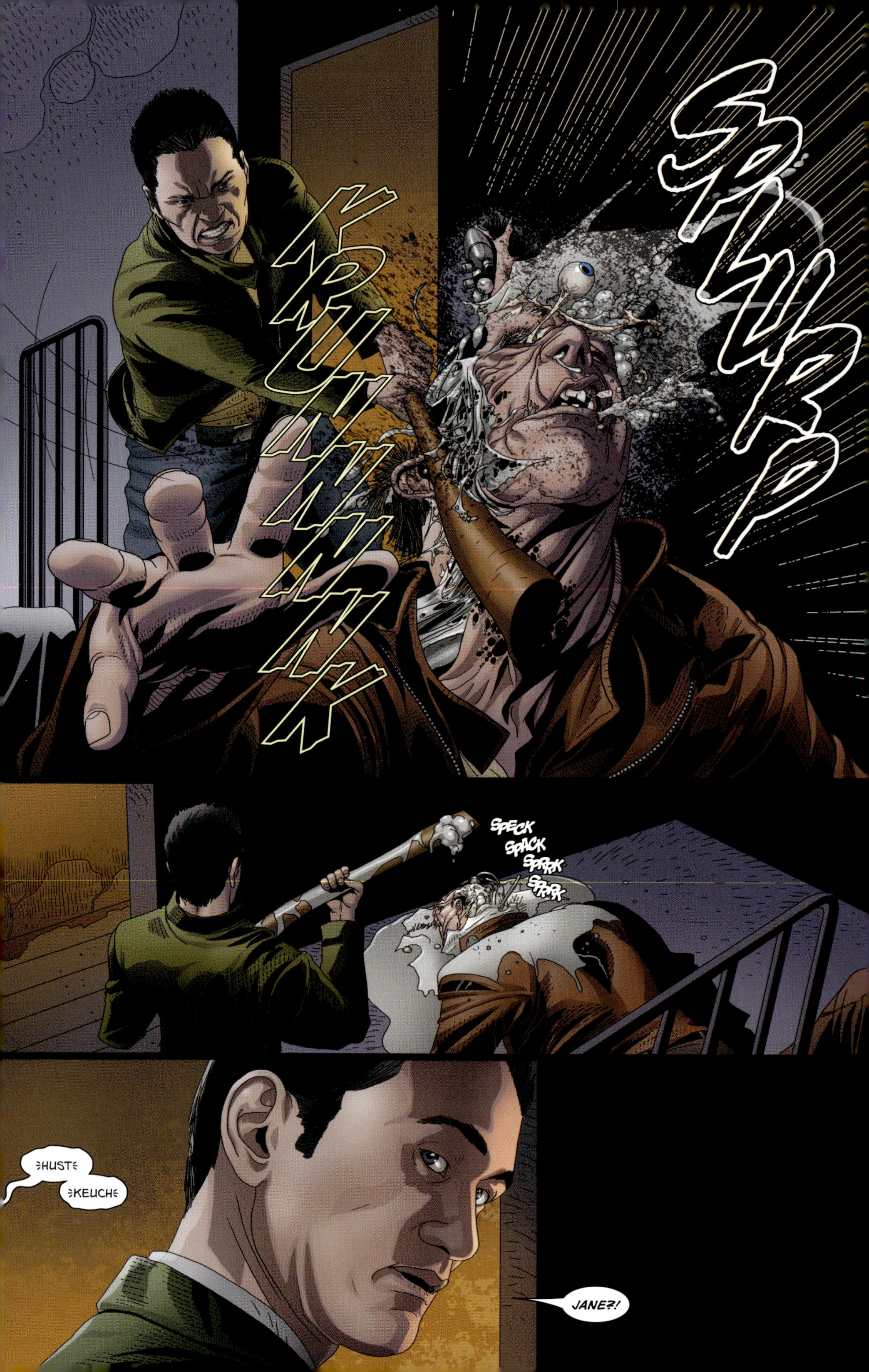
KRUNNNNNK
SPLURP
SPECK
SPACK
SPRRK
SPRRK
HUST
KEUCH
JANE?!

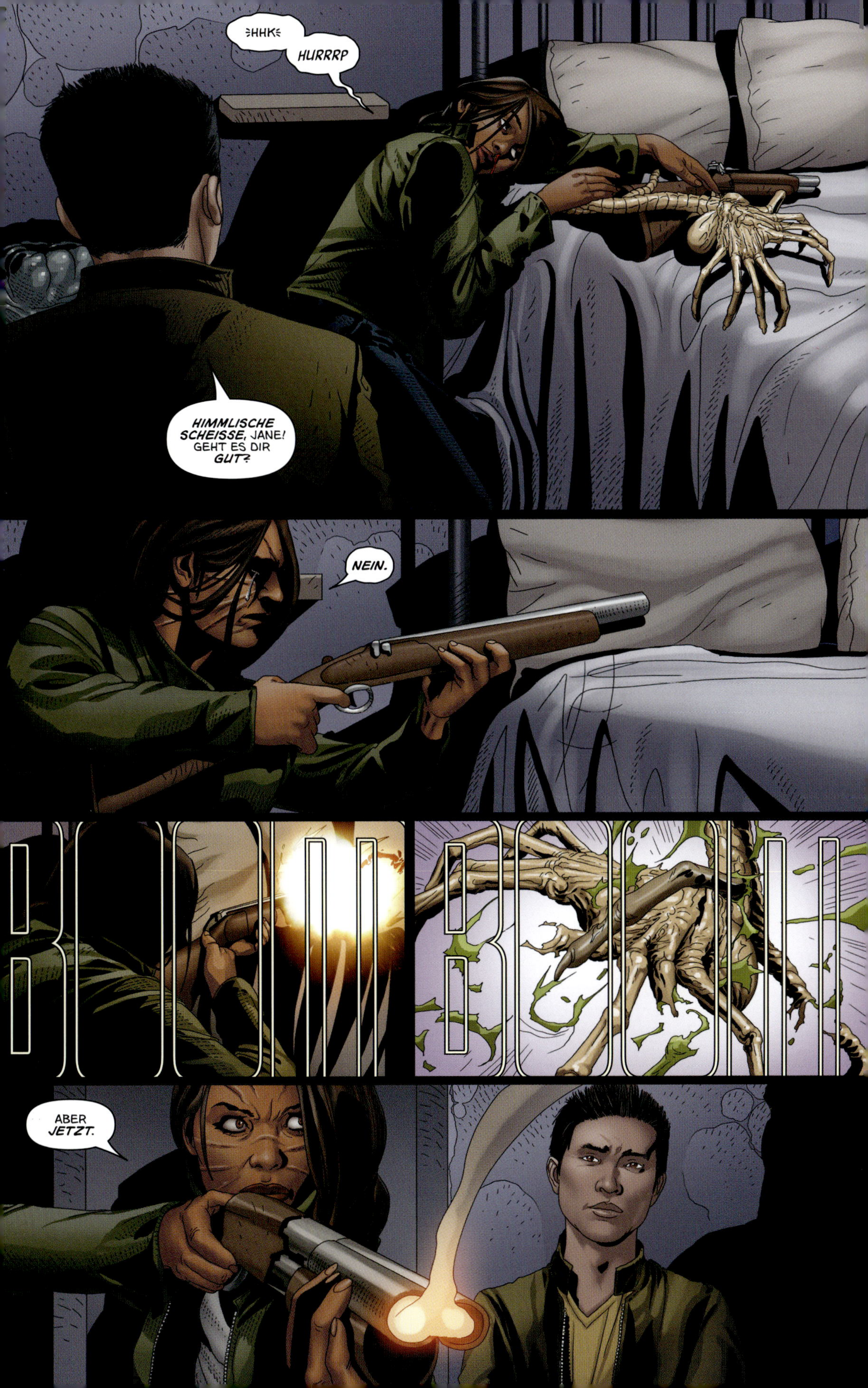
HHK
HURRRP
HIMMLISCHE SCHEISSE, JANE! GEHT ES DIR GUT?
NEIN.
BOOM
BOOM
ABER JETZT.

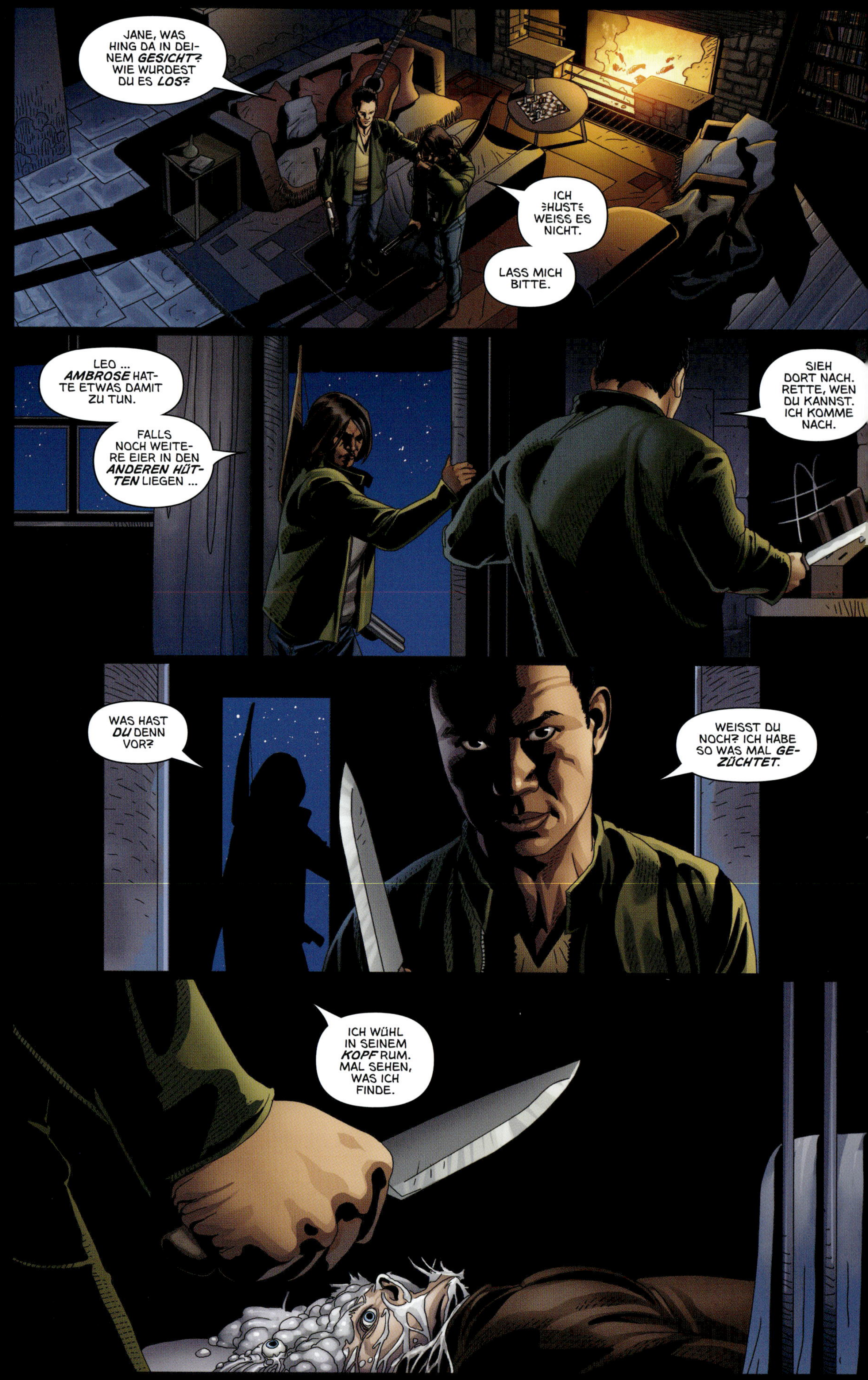
JANE, WAS HING DA IN DEINEM GESICHT? WIE WURDEST DU ES LOS?
ICH *HUST* WEISS ES NICHT.
LASS MICH BITTE.
LEO ... AMBROSE HATTE ETWAS DAMIT ZU TUN.
FALLS NOCH WEITERE EIER IN DEN ANDEREN HÜTTEN LIEGEN ...
SIEH DORT NACH. RETTE, WEN DU KANNST. ICH KOMME NACH.
WAS HAST DU DENN VOR?
WEISST DU NOCH? ICH HABE SO WAS MAL GEZÜCHTET.
ICH WÜHL IN SEINEM KOPF RUM. MAL SEHEN, WAS ICH FINDE.

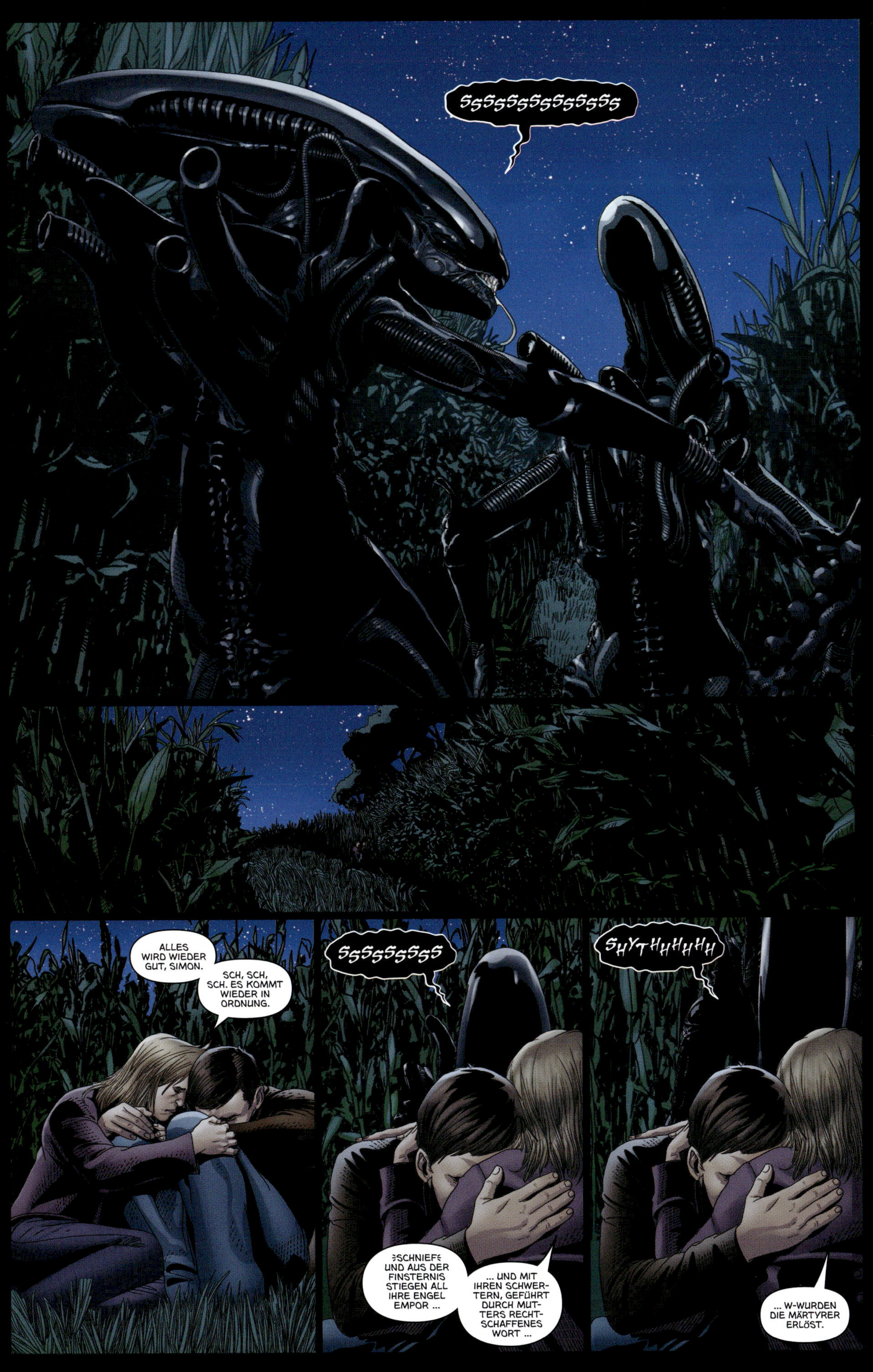
SSSSSSSSSSSSSS
ALLES WIRD WIEDER GUT, SIMON.
SCH, SCH, SCH. ES KOMMT WIEDER IN ORDNUNG.
SSSSSSSSS
SCHNIEF UND AUS DER FINSTERNIS STIEGEN ALL IHRE ENGEL EMPOR ...
... UND MIT IHREN SCHWERTERN, GEFÜHRT DURCH MUTTERS RECHTSCHAFFENES WORT ...
SHYTHHHHHH
... W-WURDEN DIE MÄRTYRER ERLÖST.

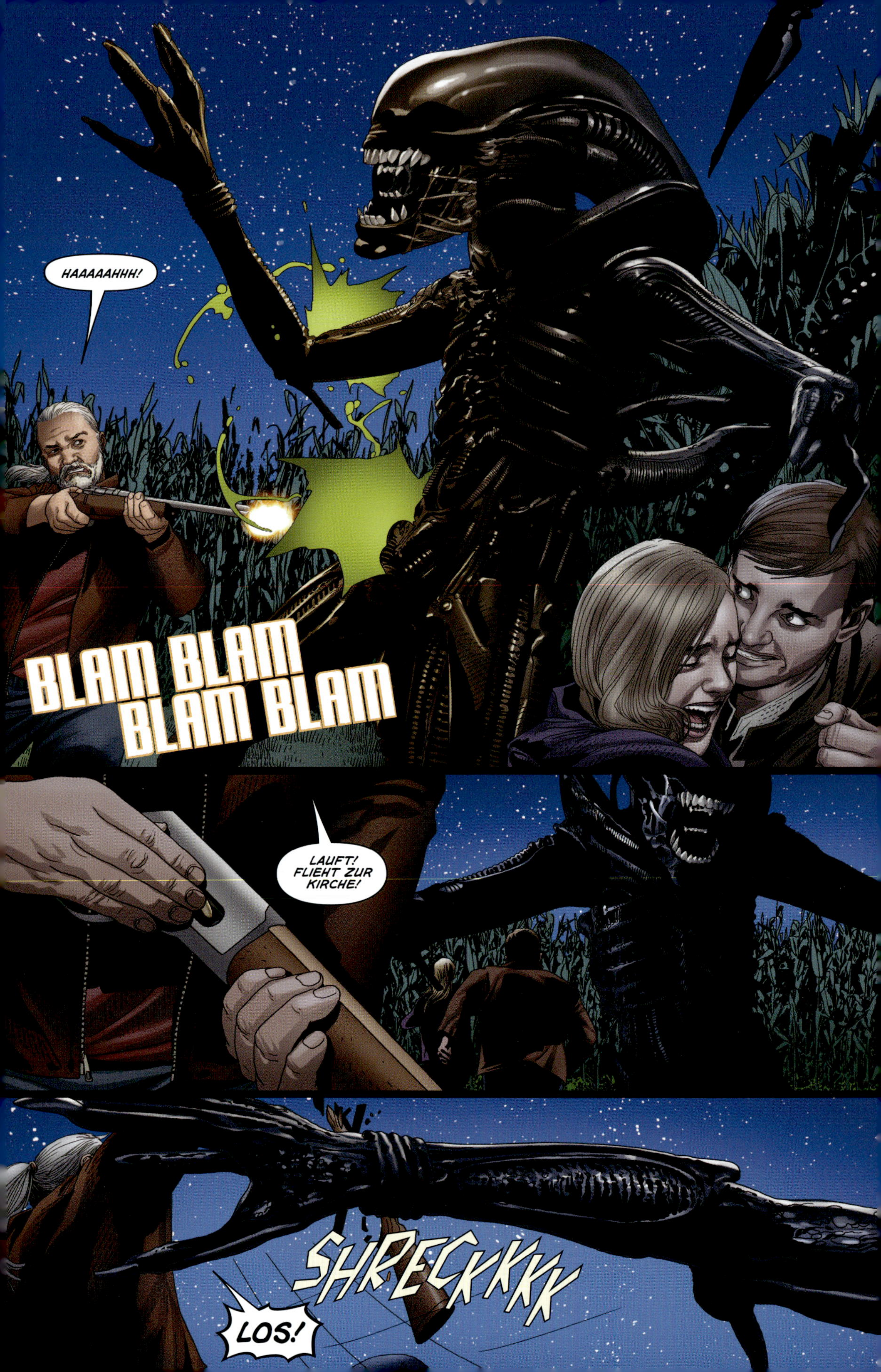
HAAAAAHHH!
BLAM BLAM
BLAM BLAM
LAUFT! FLIEHT ZUR KIRCHE!
SHRECKKKK
LOS!

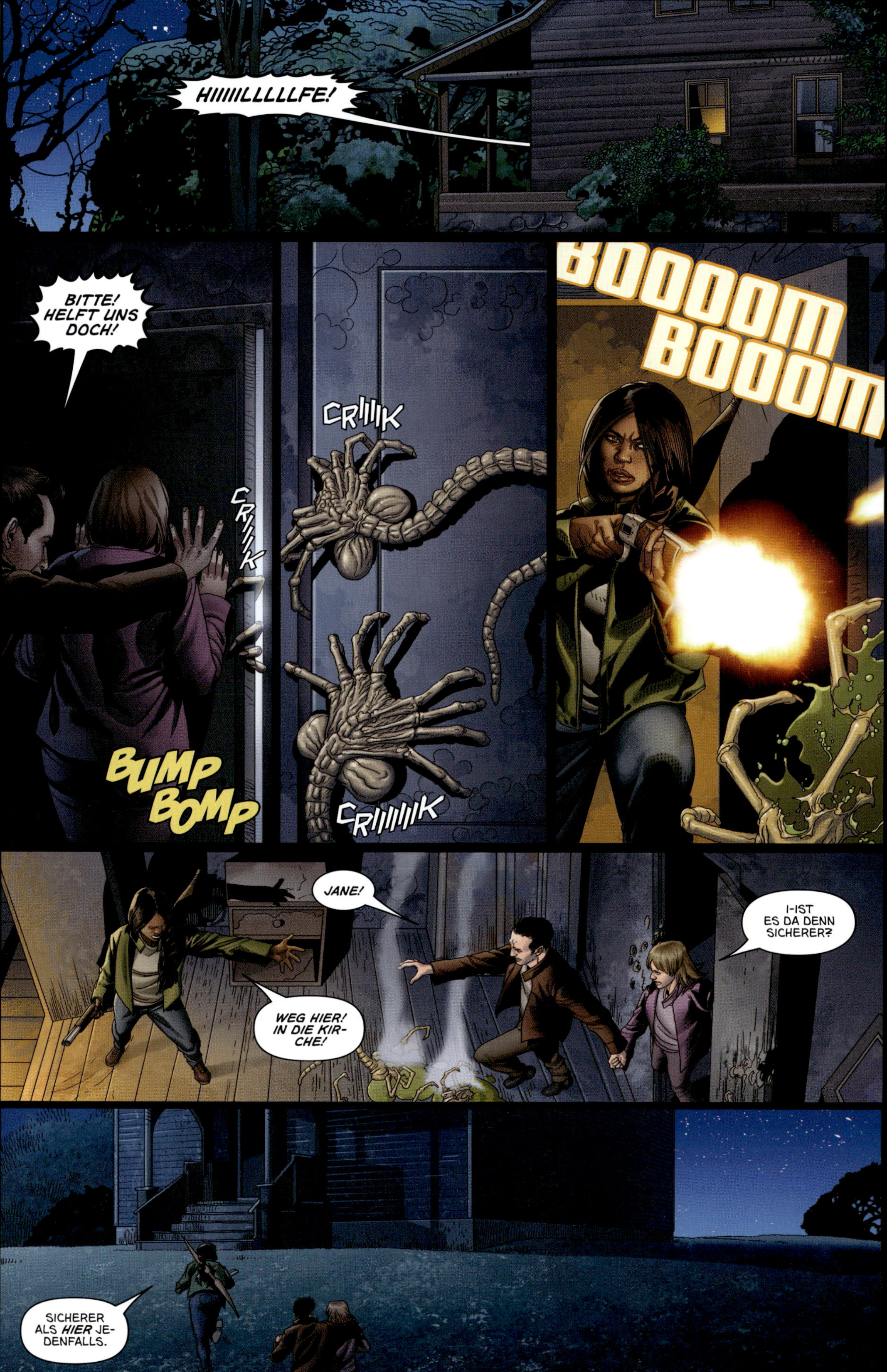
HIIIIILLLLLLFE!
BITTE! HELFT UNS DOCH!
CRIIIK
BUMP BOMP
CRIIIK
CRIIIIIIK
BOOOOM BOOOM
JANE!
WEG HIER! IN DIE KIRCHE!
I-IST ES DA DENN SICHERER?
SICHERER ALS *HIER* JEDENFALLS.

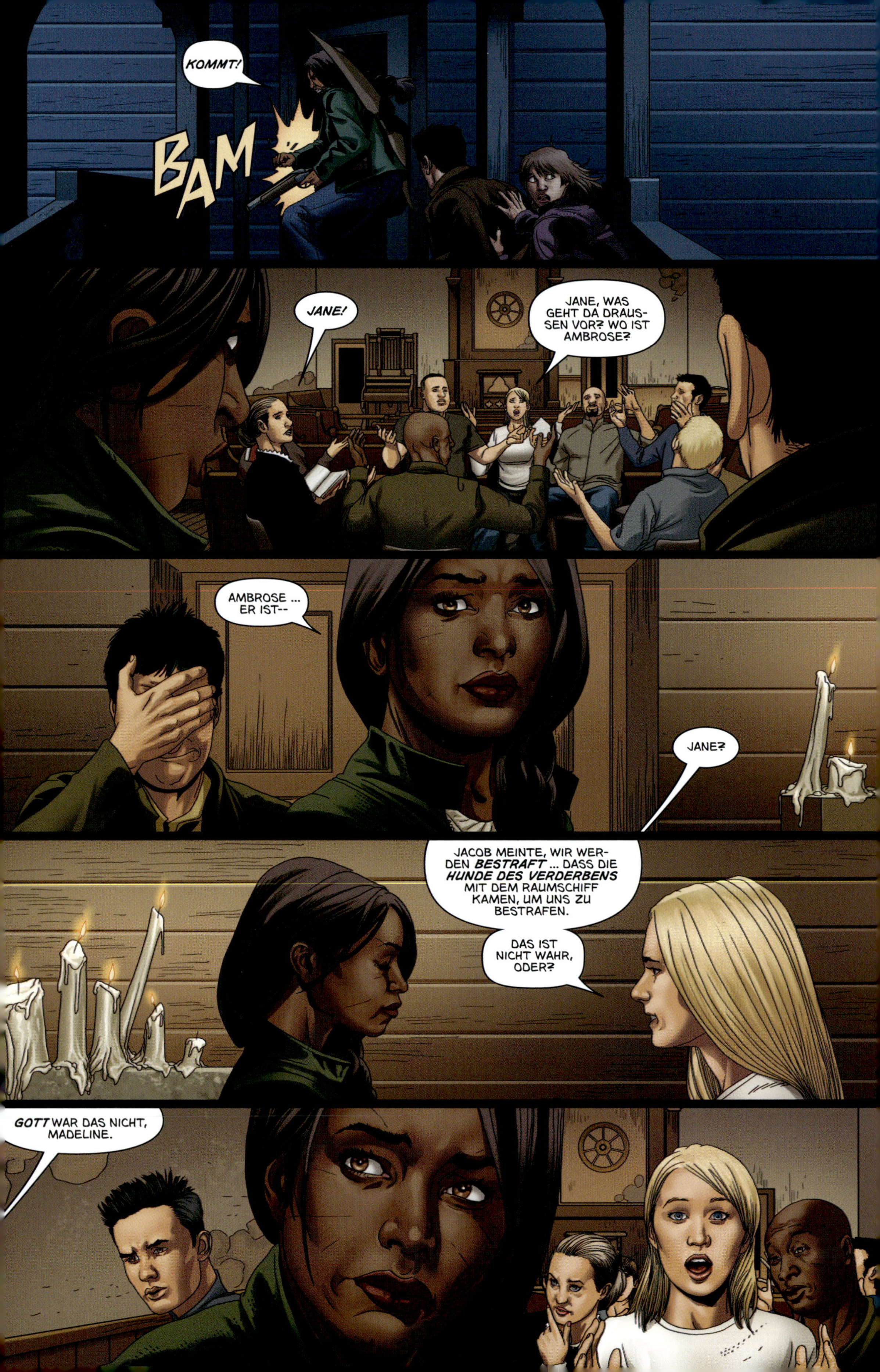
KOMMT!
BAM
JANE!
JANE, WAS GEHT DA DRAUSSEN VOR? WO IST AMBROSE?
AMBROSE ... ER IST--
JANE?
JACOB MEINTE, WIR WERDEN BESTRAFT ... DASS DIE HUNDE DES VERDERBENS MIT DEM RAUMSCHIFF KAMEN, UM UNS ZU BESTRAFEN.
DAS IST NICHT WAHR, ODER?
GOTT WAR DAS NICHT, MADELINE.

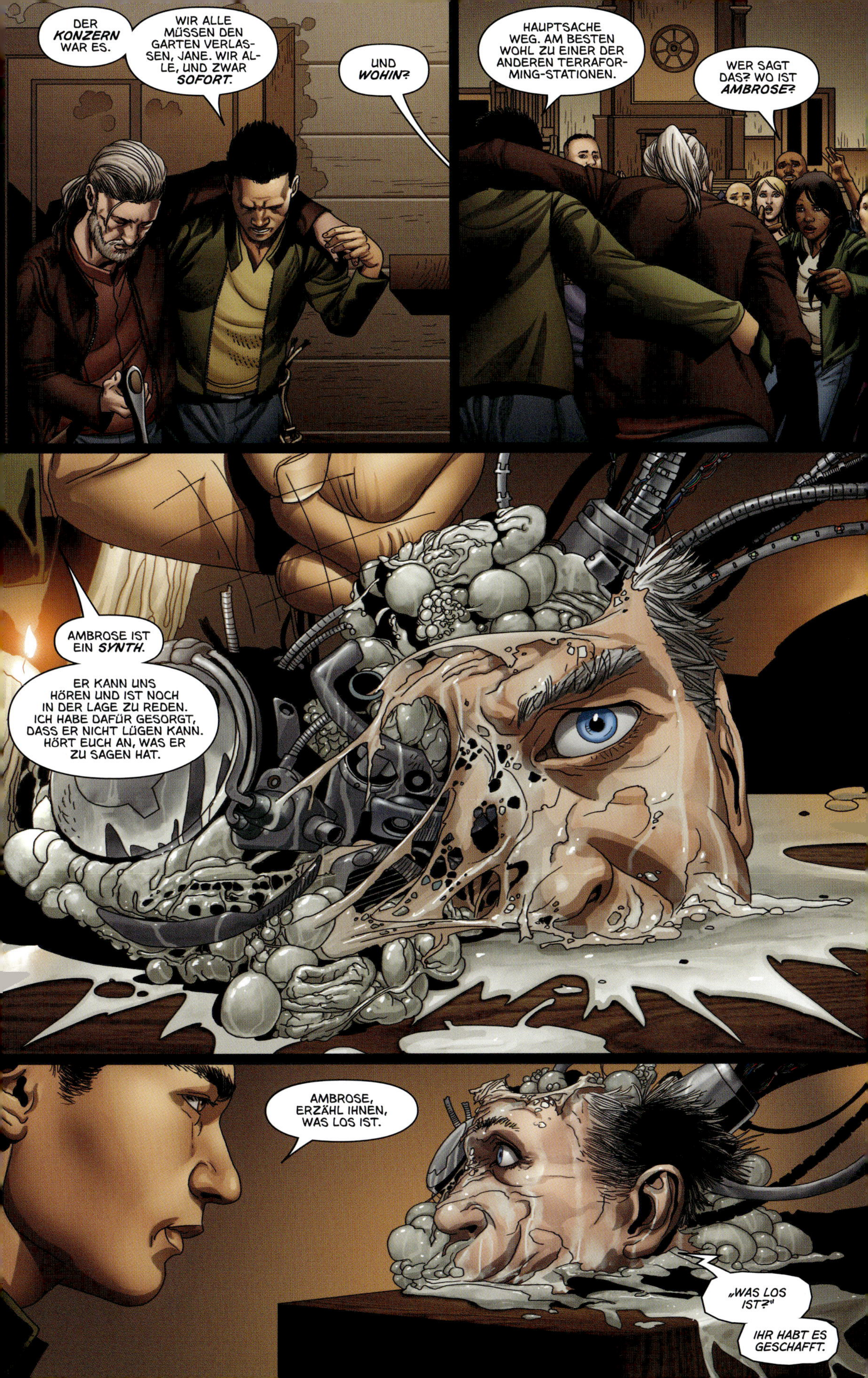
DER KONZERN WAR ES.
WIR ALLE MÜSSEN DEN GARTEN VERLASSEN, JANE. WIR ALLE, UND ZWAR SOFORT.
UND WOHIN?
HAUPTSACHE WEG. AM BESTEN WOHL ZU EINER DER ANDEREN TERRAFORMING-STATIONEN.
WER SAGT DAS? WO IST AMBROSE?
AMBROSE IST EIN SYNTH.
ER KANN UNS HÖREN UND IST NOCH IN DER LAGE ZU REDEN. ICH HABE DAFÜR GESORGT, DASS ER NICHT LÜGEN KANN. HÖRT EUCH AN, WAS ER ZU SAGEN HAT.
AMBROSE, ERZÄHL IHNEN, WAS LOS IST.
„WAS LOS IST?"
IHR HABT ES GESCHAFFT.

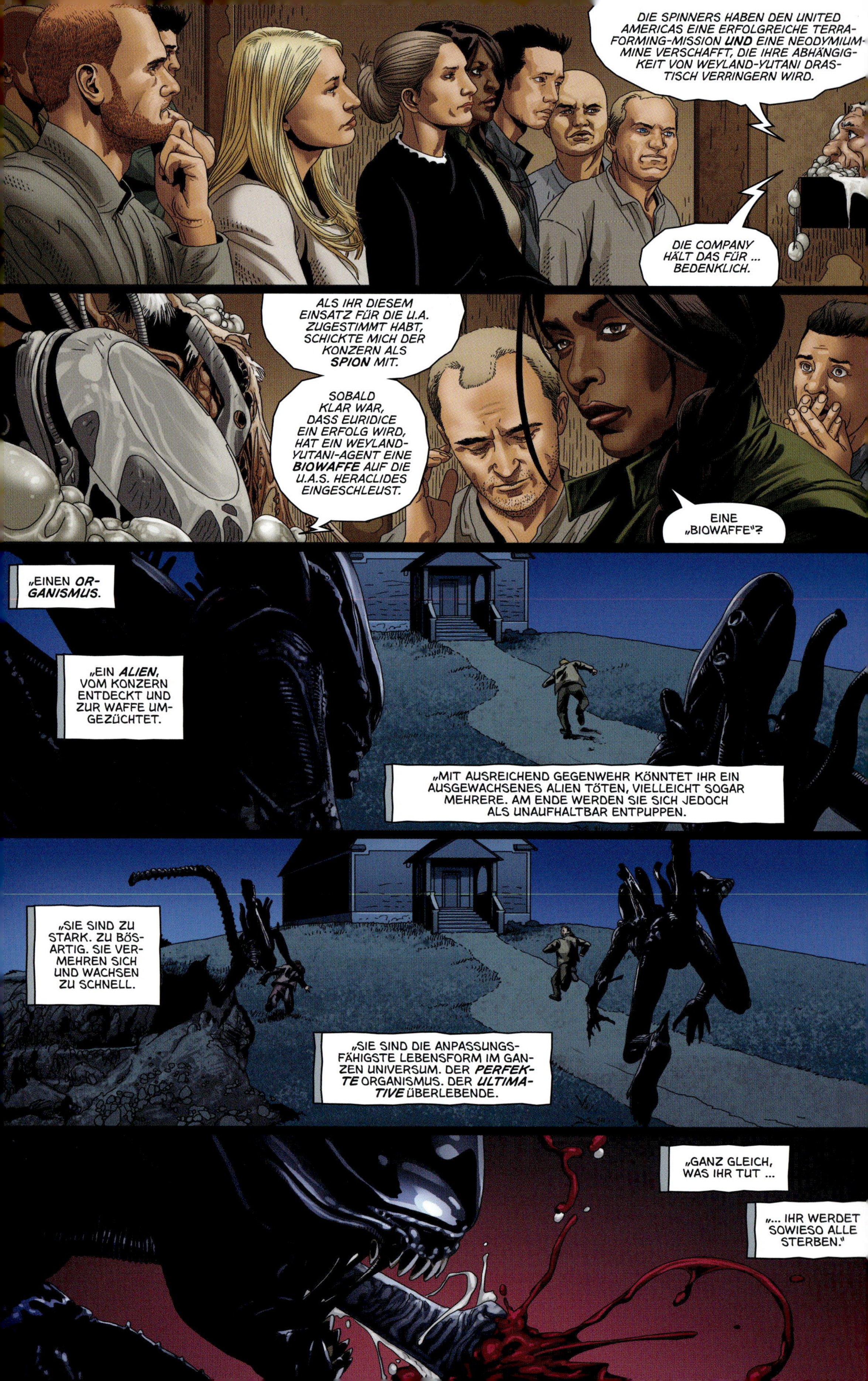
DIE SPINNERS HABEN DEN UNITED AMERICAS EINE ERFOLGREICHE TERRA-FORMING-MISSION UND EINE NEODYMIUM-MINE VERSCHAFFT, DIE IHRE ABHÄNGIG-KEIT VON WEYLAND-YUTANI DRAS-TISCH VERRINGERN WIRD.
DIE COMPANY HÄLT DAS FÜR ... BEDENKLICH.
ALS IHR DIESEM EINSATZ FÜR DIE U.A. ZUGESTIMMT HABT, SCHICKTE MICH DER KONZERN ALS SPION MIT.
SOBALD KLAR WAR, DASS EURIDICE EIN ERFOLG WIRD, HAT EIN WEYLAND-YUTANI-AGENT EINE BIOWAFFE AUF DIE U.A.S. HERACLIDES EINGESCHLEUST.
EINE „BIOWAFFE"?
„EINEN OR-GANISMUS.
„EIN ALIEN, VOM KONZERN ENTDECKT UND ZUR WAFFE UM-GEZÜCHTET.
„MIT AUSREICHEND GEGENWEHR KÖNNTET IHR EIN AUSGEWACHSENES ALIEN TÖTEN, VIELLEICHT SOGAR MEHRERE. AM ENDE WERDEN SIE SICH JEDOCH ALS UNAUFHALTBAR ENTPUPPEN.
„SIE SIND ZU STARK. ZU BÖS-ARTIG. SIE VER-MEHREN SICH UND WACHSEN ZU SCHNELL.
„SIE SIND DIE ANPASSUNGS-FÄHIGSTE LEBENSFORM IM GAN-ZEN UNIVERSUM. DER PERFEK-TE ORGANISMUS. DER ULTIMA-TIVE ÜBERLEBENDE.
„GANZ GLEICH, WAS IHR TUT ...
„... IHR WERDET SOWIESO ALLE STERBEN."

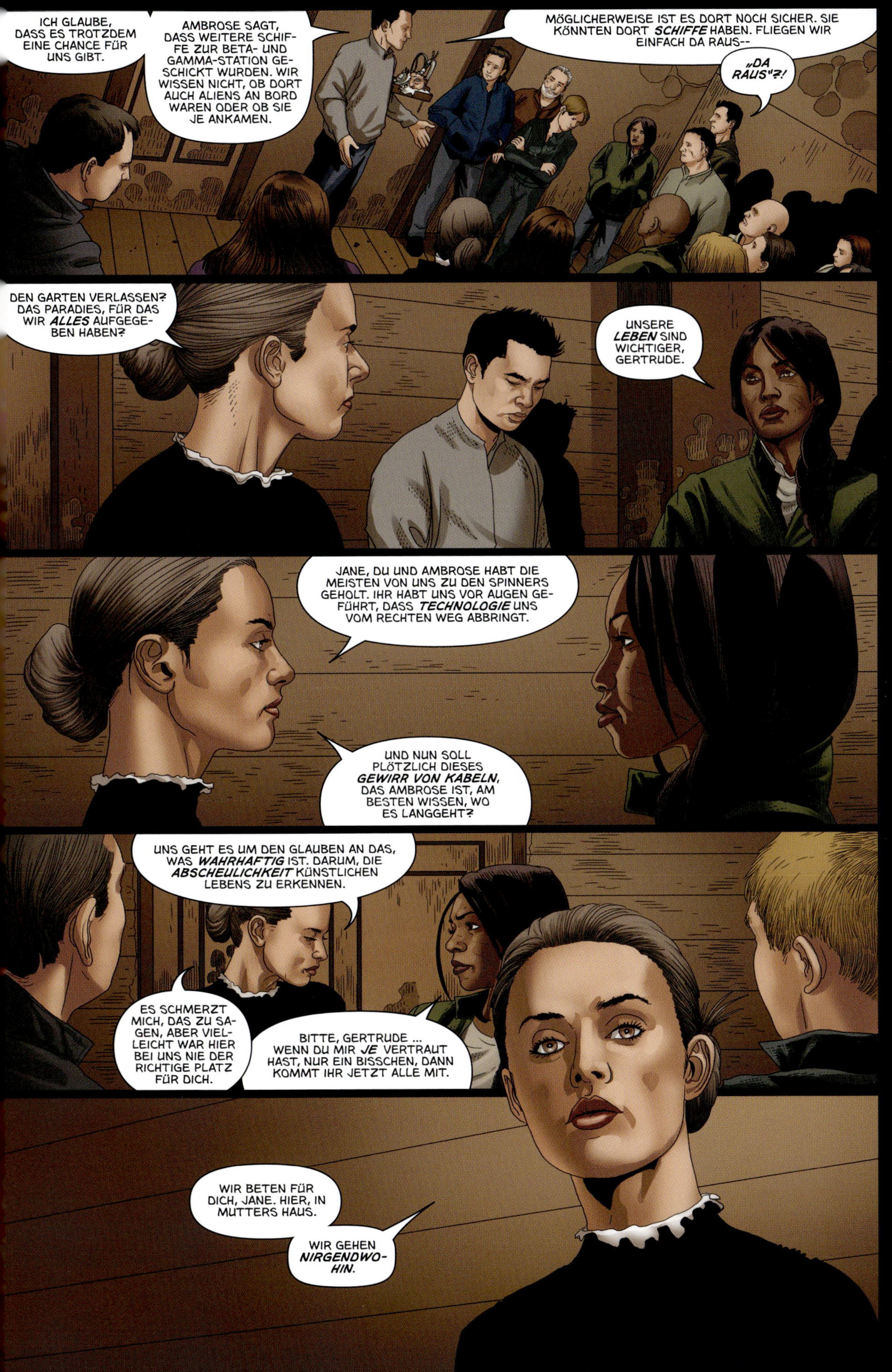
ICH GLAUBE, DASS ES TROTZDEM EINE CHANCE FÜR UNS GIBT.
AMBROSE SAGT, DASS WEITERE SCHIFFE ZUR BETA- UND GAMMA-STATION GESCHICKT WURDEN. WIR WISSEN NICHT, OB DORT AUCH ALIENS AN BORD WAREN ODER OB SIE JE ANKAMEN.
MÖGLICHERWEISE IST ES DORT NOCH SICHER. SIE KÖNNTEN DORT SCHIFFE HABEN. FLIEGEN WIR EINFACH DA RAUS--
„DA RAUS"?!
DEN GARTEN VERLASSEN? DAS PARADIES, FÜR DAS WIR ALLES AUFGEGEBEN HABEN?
UNSERE LEBEN SIND WICHTIGER, GERTRUDE.
JANE, DU UND AMBROSE HABT DIE MEISTEN VON UNS ZU DEN SPINNERS GEHOLT. IHR HABT UNS VOR AUGEN GEFÜHRT, DASS TECHNOLOGIE UNS VOM RECHTEN WEG ABBRINGT.
UND NUN SOLL PLÖTZLICH DIESES GEWIRR VON KABELN, DAS AMBROSE IST, AM BESTEN WISSEN, WO ES LANGGEHT?
UNS GEHT ES UM DEN GLAUBEN AN DAS, WAS WAHRHAFTIG IST. DARUM, DIE ABSCHEULICHKEIT KÜNSTLICHEN LEBENS ZU ERKENNEN.
ES SCHMERZT MICH, DAS ZU SAGEN, ABER VIELLEICHT WAR HIER BEI UNS NIE DER RICHTIGE PLATZ FÜR DICH.
BITTE, GERTRUDE ... WENN DU MIR JE VERTRAUT HAST, NUR EIN BISSCHEN, DANN KOMMT IHR JETZT ALLE MIT.
WIR BETEN FÜR DICH, JANE. HIER, IN MUTTERS HAUS.
WIR GEHEN NIRGENDWOHIN.

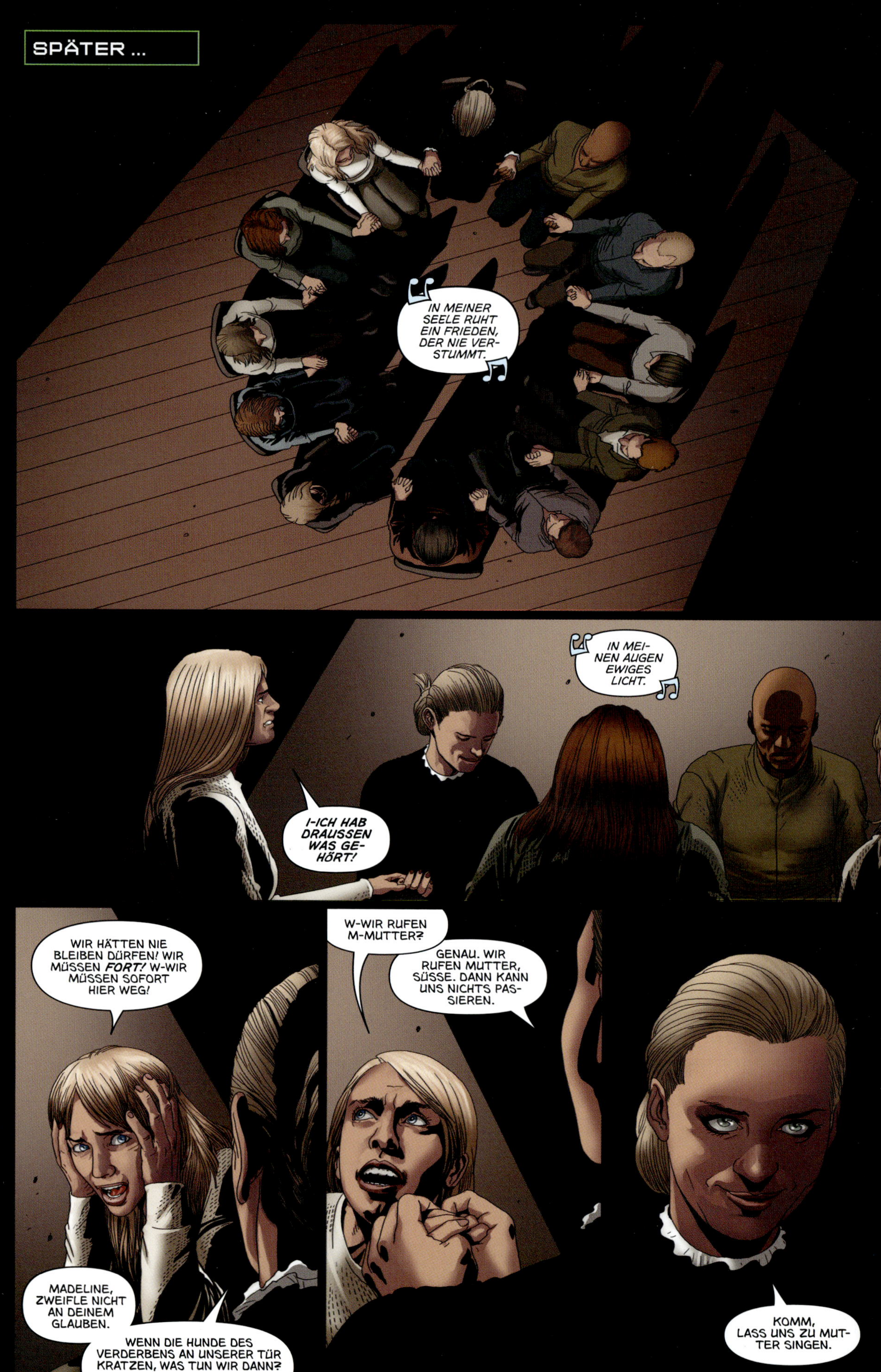
SPÄTER ...
IN MEINER SEELE RUHT EIN FRIEDEN, DER NIE VERSTUMMT.
IN MEINEN AUGEN EWIGES LICHT.
I-ICH HAB DRAUSSEN WAS GEHÖRT!
WIR HÄTTEN NIE BLEIBEN DÜRFEN! WIR MÜSSEN FORT! W-WIR MÜSSEN SOFORT HIER WEG!
MADELINE, ZWEIFLE NICHT AN DEINEM GLAUBEN.
WENN DIE HUNDE DES VERDERBENS AN UNSERER TÜR KRATZEN, WAS TUN WIR DANN?
W-WIR RUFEN M-MUTTER?
GENAU. WIR RUFEN MUTTER, SÜSSE. DANN KANN UNS NICHTS PASSIEREN.
KOMM, LASS UNS ZU MUTTER SINGEN.

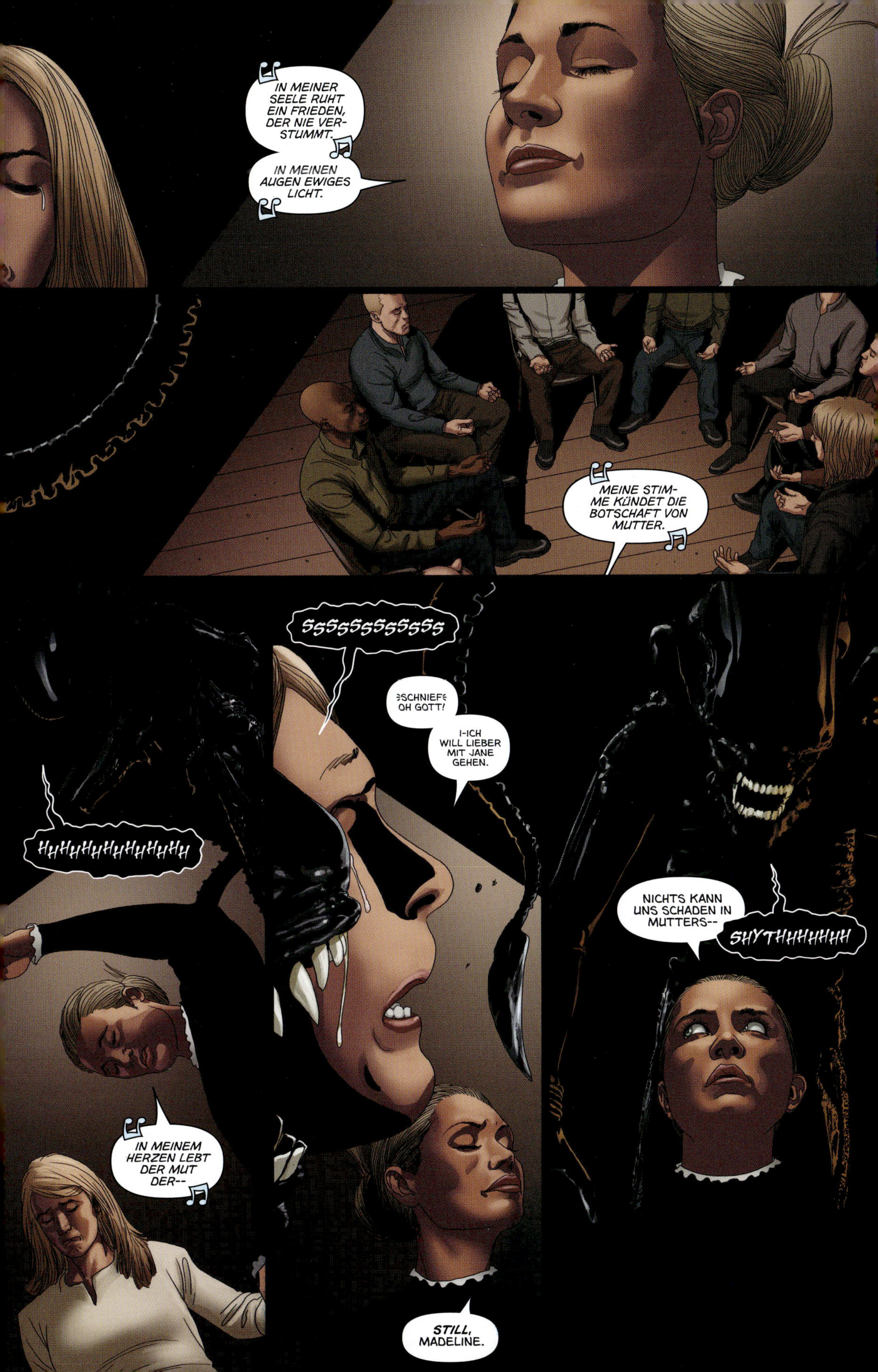
IN MEINER SEELE RUHT EIN FRIEDEN, DER NIE VER-STUMMT.
IN MEINEN AUGEN EWIGES LICHT.
MEINE STIM-ME KÜNDET DIE BOTSCHAFT VON MUTTER.
HHHHHHHHHHHHHH
SSSSSSSSSSSSS
SCHNIEF OH GOTT!
I-ICH WILL LIEBER MIT JANE GEHEN.
IN MEINEM HERZEN LEBT DER MUT DER--
STILL, MADELINE.
NICHTS KANN UNS SCHADEN IN MUTTERS--
SHYTHHHHHHH

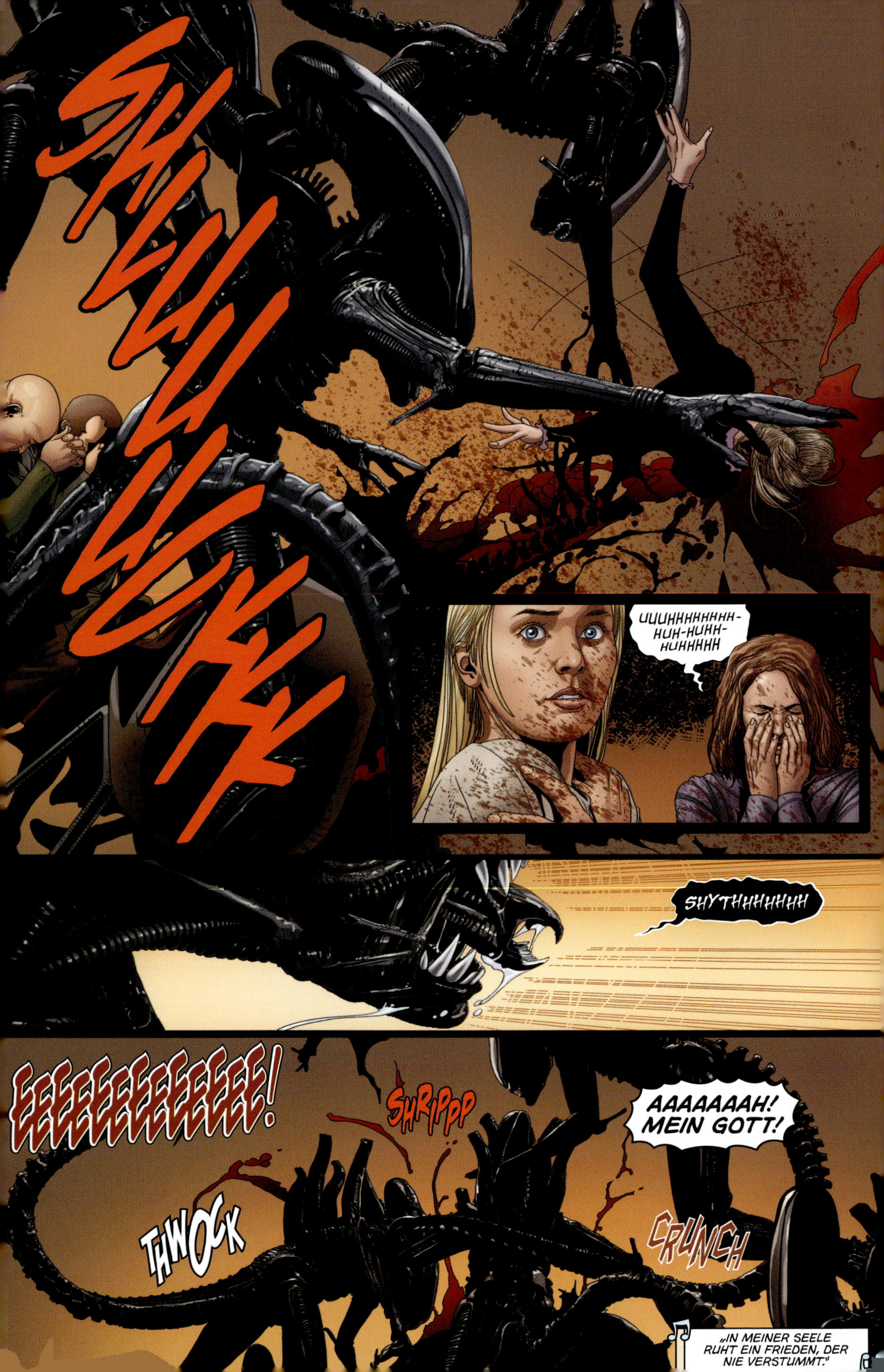
SHLUUUUUCHK
UUUHHHHHHHH-HUH-HUHH-HUHHHHH
SHYTHHHHHHH
EEEEEEEEEEEEE!
SHRIPPP
AAAAAAAH! MEIN GOTT!
THWOCK
CRUNCH
„IN MEINER SEELE RUHT EIN FRIEDEN, DER NIE VERSTUMMT."

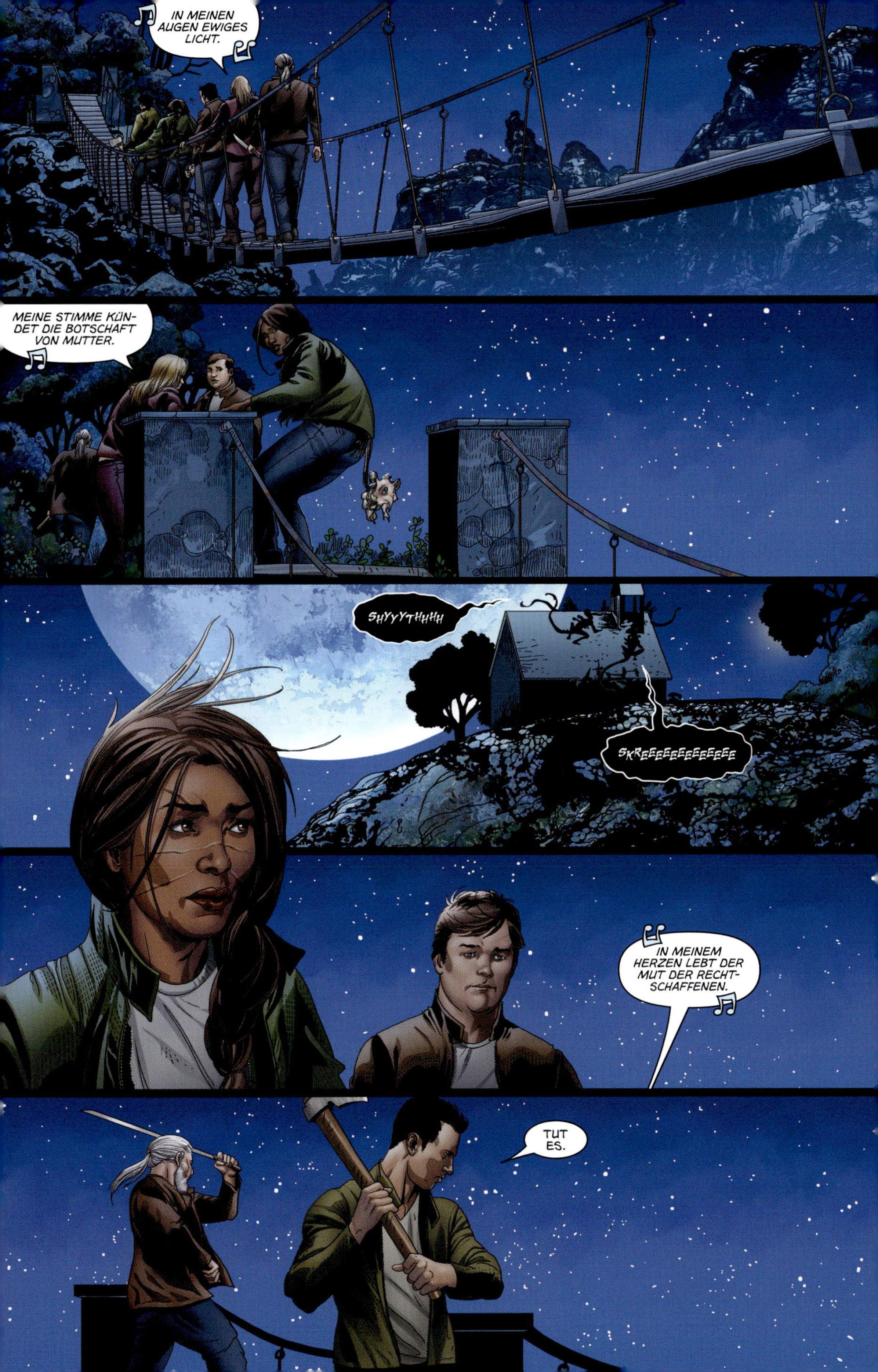
IN MEINEN AUGEN EWIGES LICHT.
MEINE STIMME KÜNDET DIE BOTSCHAFT VON MUTTER.
SHYYYTHHHH
SKREEEEEEEEEEEEE
IN MEINEM HERZEN LEBT DER MUT DER RECHTSCHAFFENEN.
TUT ES.

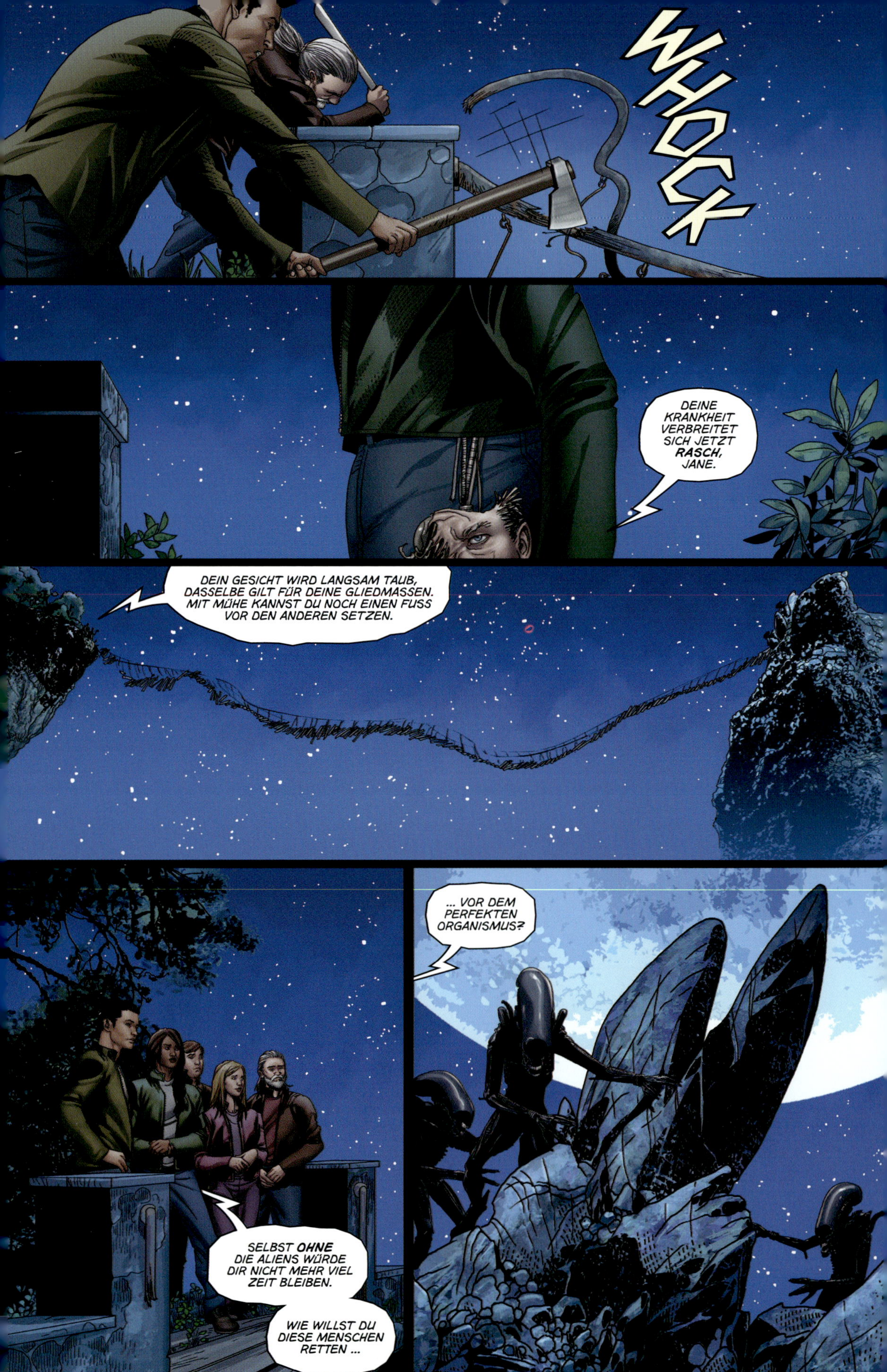
WHOCK
DEINE KRANKHEIT VERBREITET SICH JETZT RASCH, JANE.
DEIN GESICHT WIRD LANGSAM TAUB, DASSELBE GILT FÜR DEINE GLIEDMASSEN. MIT MÜHE KANNST DU NOCH EINEN FUSS VOR DEN ANDEREN SETZEN.
SELBST OHNE DIE ALIENS WÜRDE DIR NICHT MEHR VIEL ZEIT BLEIBEN.
WIE WILLST DU DIESE MENSCHEN RETTEN ...
... VOR DEM PERFEKTEN ORGANISMUS?

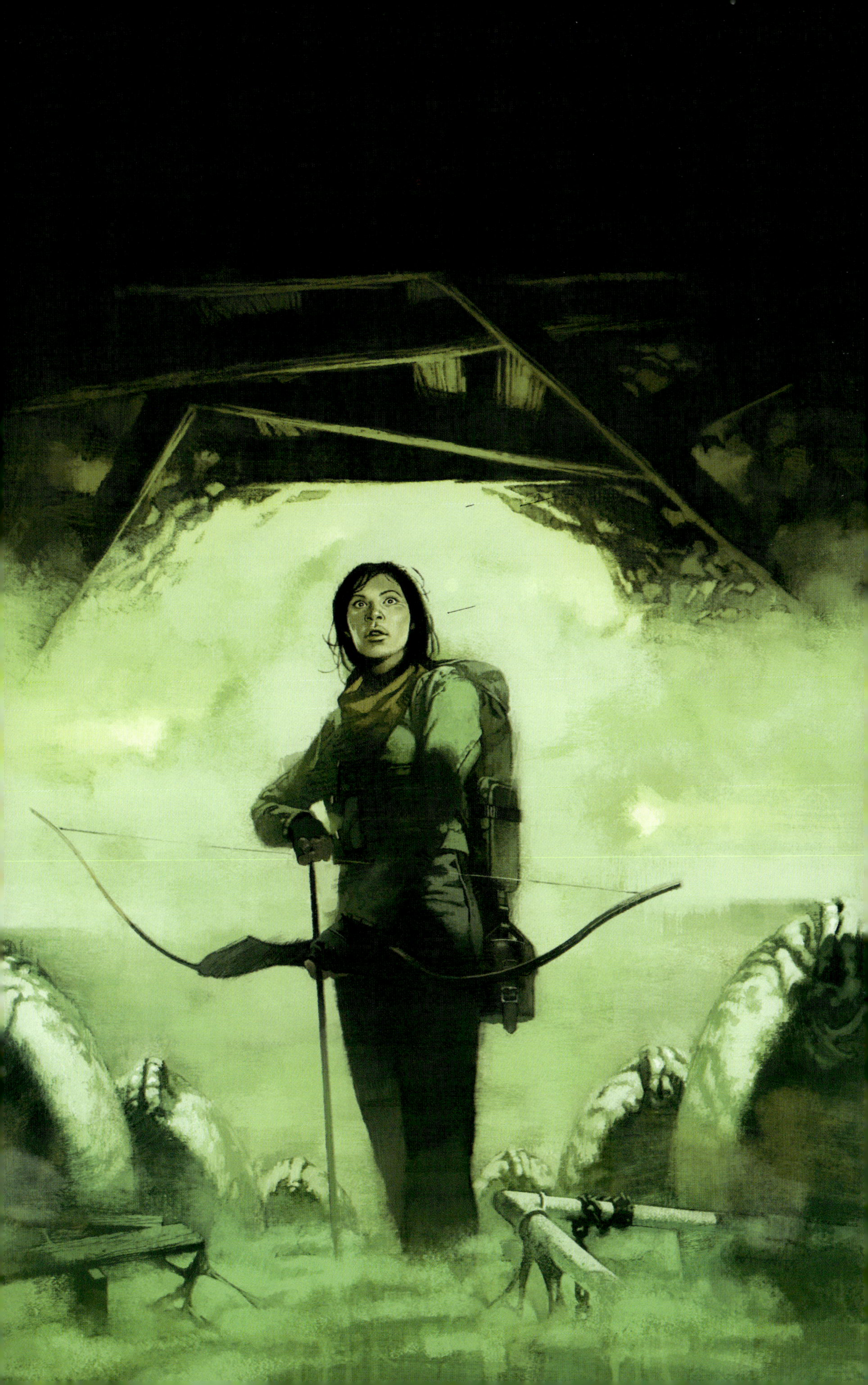

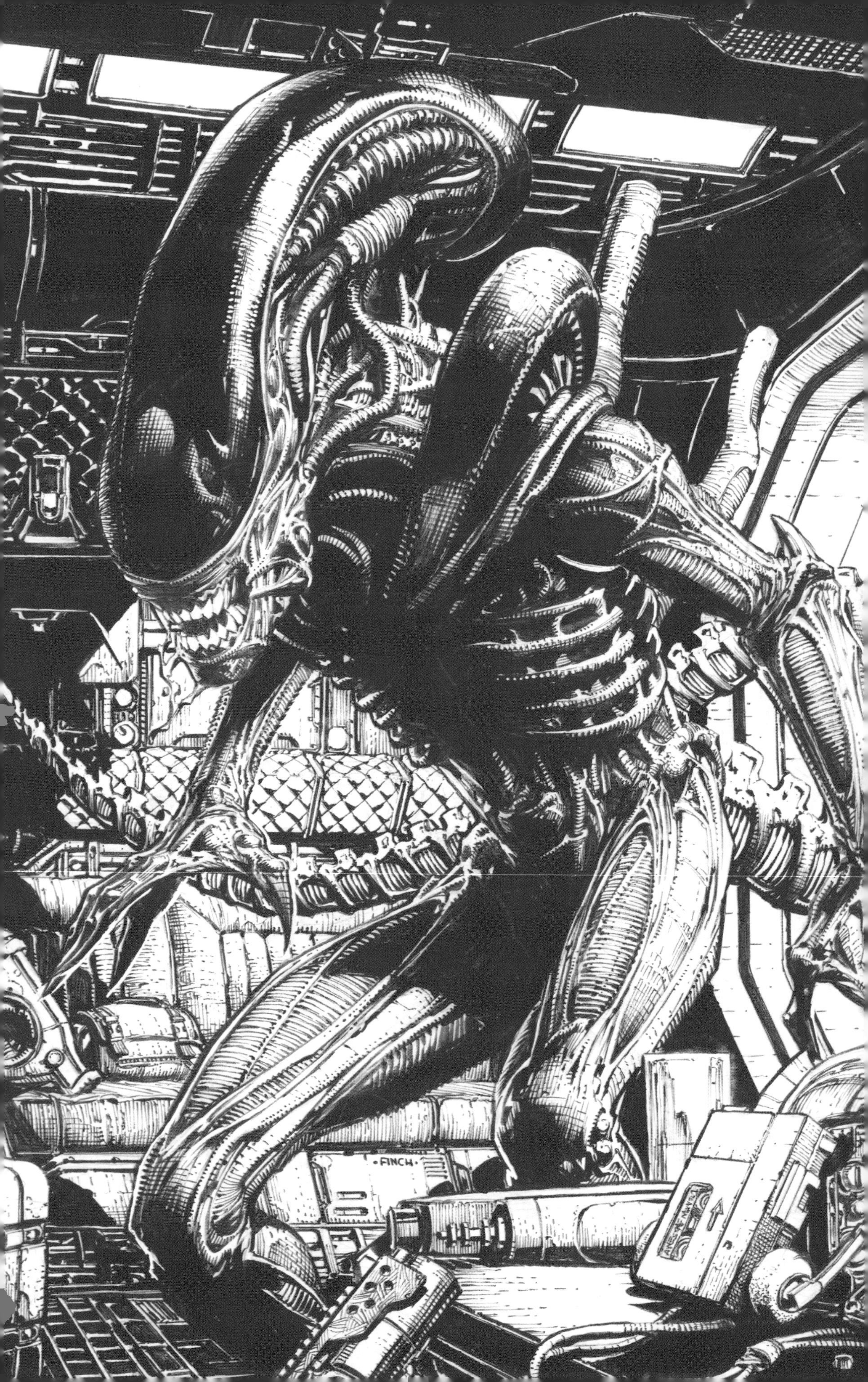
FINCH

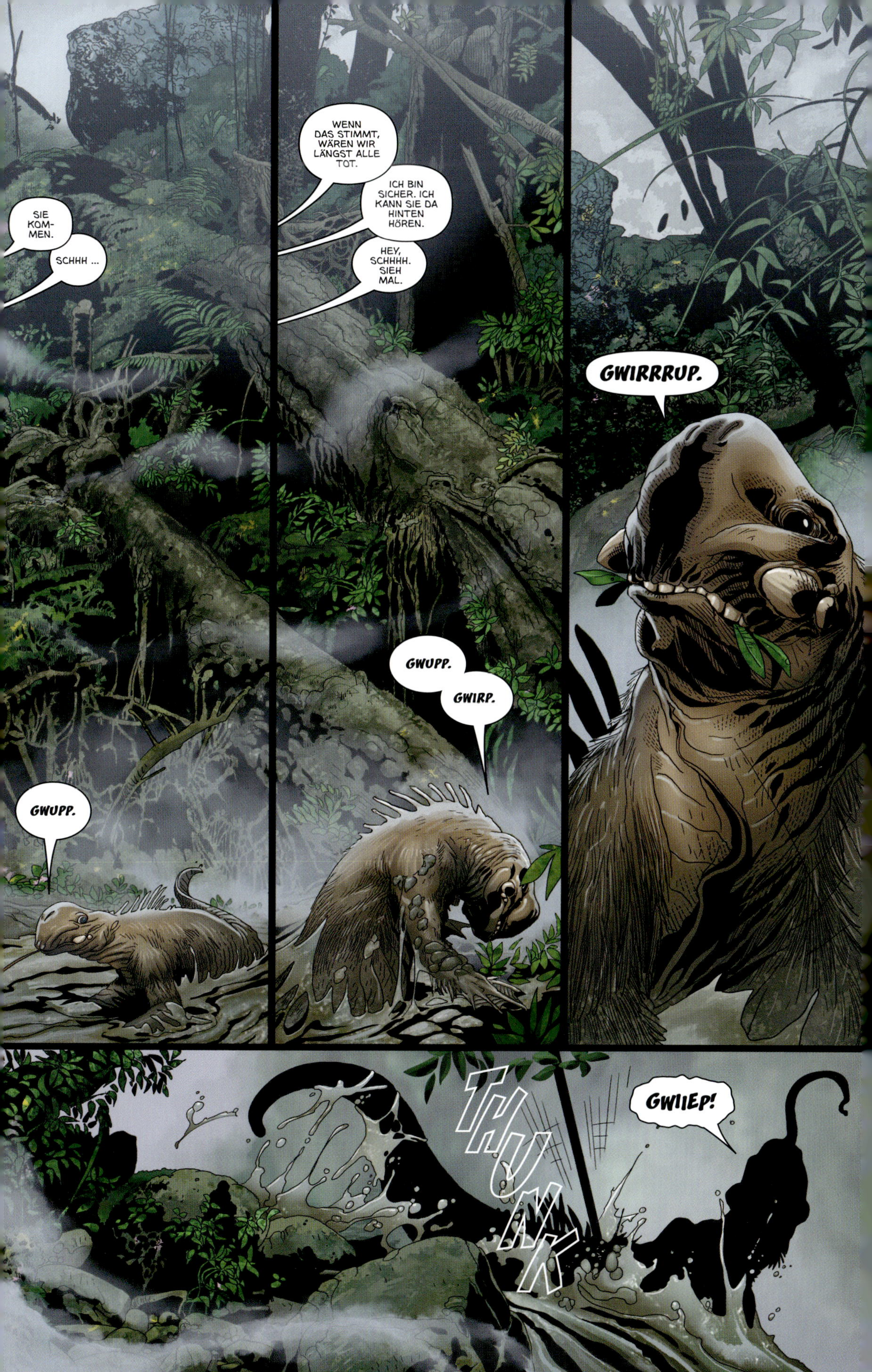
SIE KOM-MEN.
SCHHH ...
GWUPP.
WENN DAS STIMMT, WÄREN WIR LÄNGST ALLE TOT.
ICH BIN SICHER. ICH KANN SIE DA HINTEN HÖREN.
HEY, SCHHHH. SIEH MAL.
GWUPP.
GWIRP.
GWIRRRUP.
THUNK
GWIIEP!

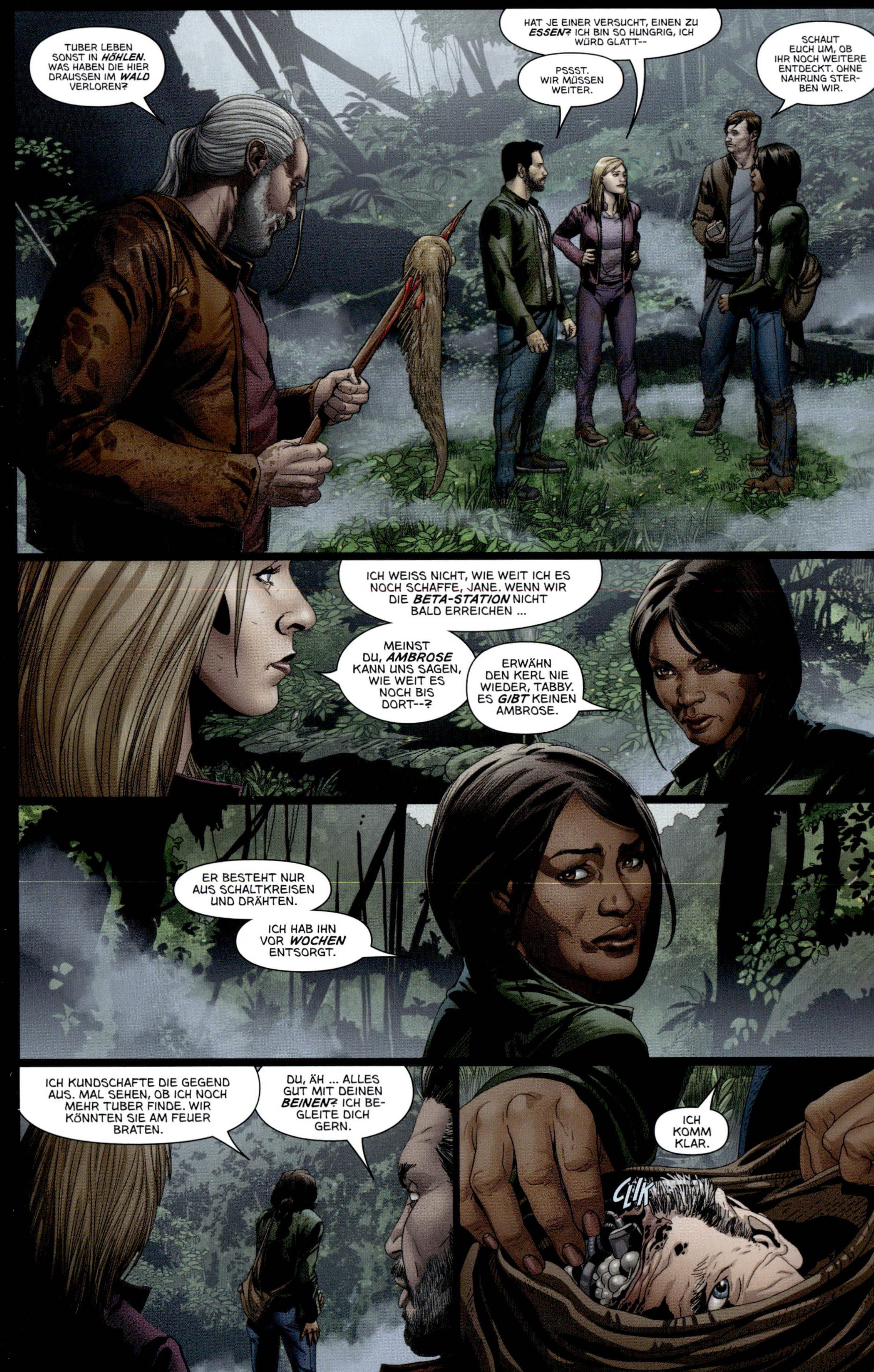
TUBER LEBEN SONST IN HÖHLEN. WAS HABEN DIE HIER DRAUSSEN IM WALD VERLOREN?
HAT JE EINER VERSUCHT, EINEN ZU ESSEN? ICH BIN SO HUNGRIG, ICH WÜRD GLATT--
PSSST. WIR MÜSSEN WEITER.
SCHAUT EUCH UM, OB IHR NOCH WEITERE ENTDECKT. OHNE NAHRUNG STERBEN WIR.
ICH WEISS NICHT, WIE WEIT ICH ES NOCH SCHAFFE, JANE. WENN WIR DIE BETA-STATION NICHT BALD ERREICHEN ...
MEINST DU, AMBROSE KANN UNS SAGEN, WIE WEIT ES NOCH BIS DORT--?
ERWÄHN DEN KERL NIE WIEDER, TABBY. ES GIBT KEINEN AMBROSE.
ER BESTEHT NUR AUS SCHALTKREISEN UND DRÄHTEN.
ICH HAB IHN VOR WOCHEN ENTSORGT.
ICH KUNDSCHAFTE DIE GEGEND AUS. MAL SEHEN, OB ICH NOCH MEHR TUBER FINDE. WIR KÖNNTEN SIE AM FEUER BRATEN.
DU, ÄH ... ALLES GUT MIT DEINEN BEINEN? ICH BEGLEITE DICH GERN.
ICH KOMM KLAR.
CLIK

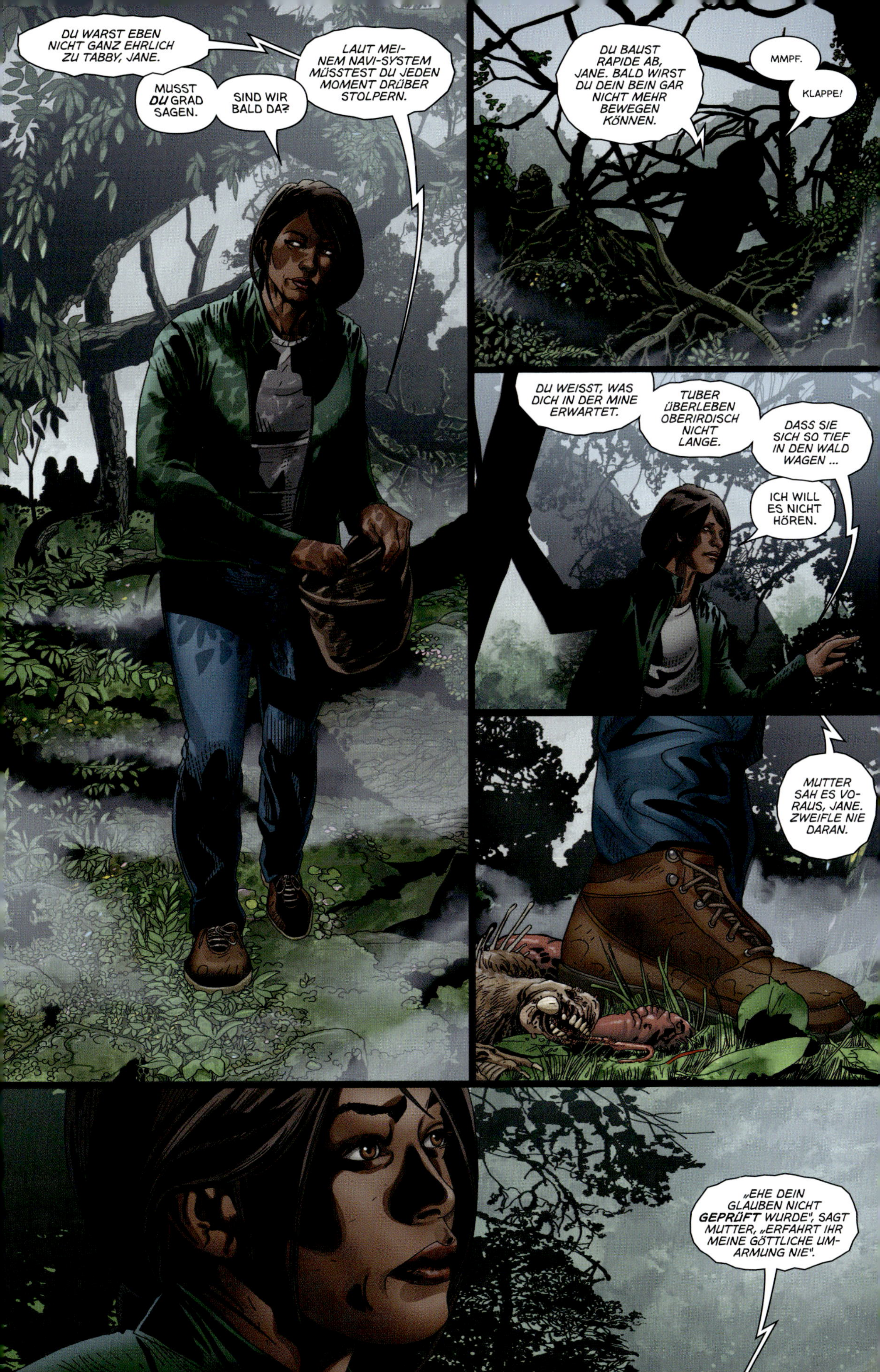
DU WARST EBEN NICHT GANZ EHRLICH ZU TABBY, JANE.
MUSST **DU** GRAD SAGEN.
SIND WIR BALD DA?
LAUT MEI-NEM NAVI-SYSTEM MÜSSTEST DU JEDEN MOMENT DRÜBER STOLPERN.
DU BAUST RAPIDE AB, JANE. BALD WIRST DU DEIN BEIN GAR NICHT MEHR BEWEGEN KÖNNEN.
MMPF.
KLAPPE!
DU WEISST, WAS DICH IN DER MINE ERWARTET.
TUBER ÜBERLEBEN OBERIRDISCH NICHT LANGE.
DASS SIE SICH SO TIEF IN DEN WALD WAGEN ...
ICH WILL ES NICHT HÖREN.
MUTTER SAH ES VO-RAUS, JANE. ZWEIFLE NIE DARAN.
„EHE DEIN GLAUBEN NICHT **GEPRÜFT** WURDE", SAGT MUTTER, „ERFAHRT IHR MEINE GÖTTLICHE UM-ARMUNG NIE".

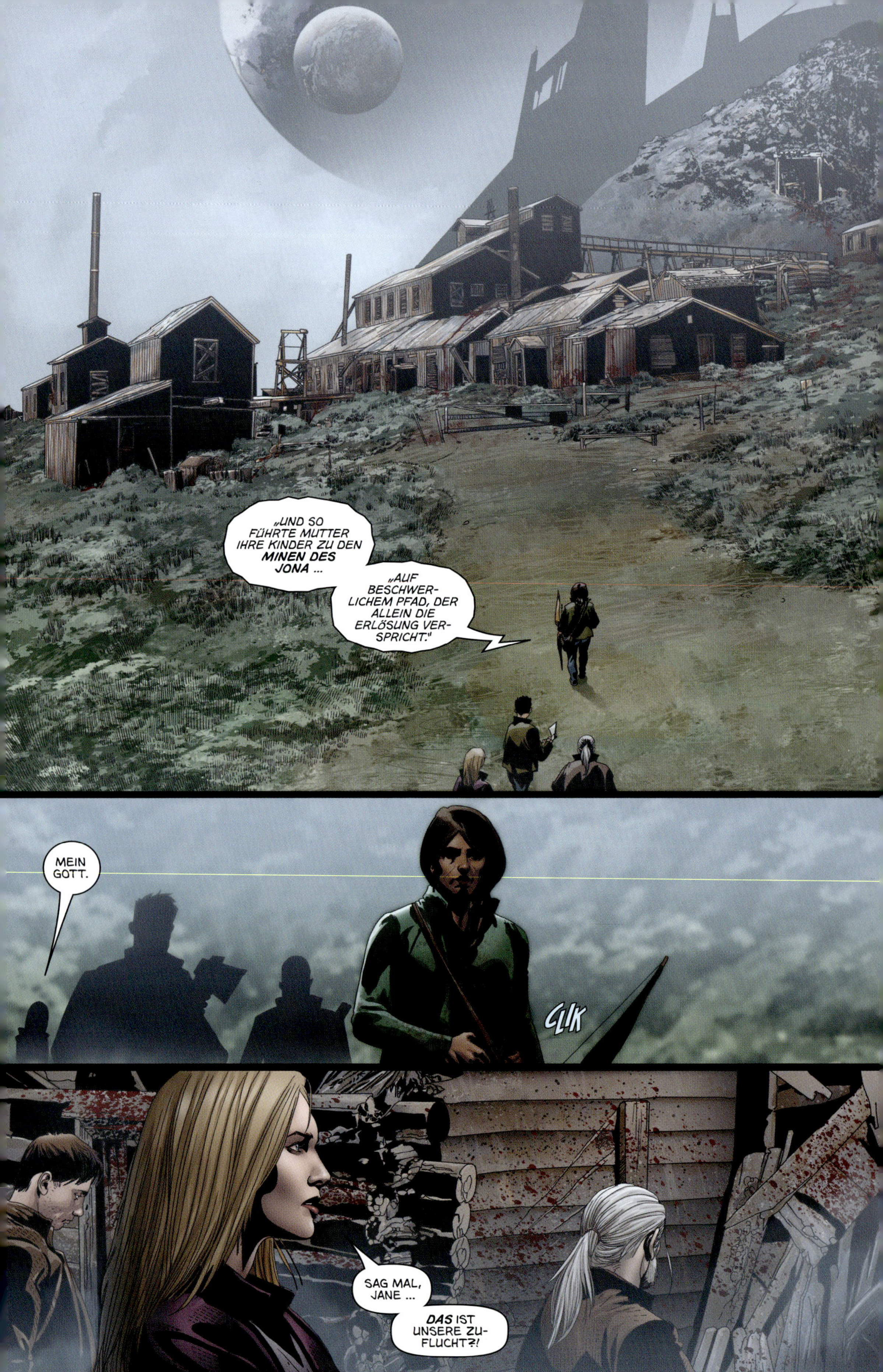
„UND SO FÜHRTE MUTTER IHRE KINDER ZU DEN MINEN DES JONA ...
„AUF BESCHWERLICHEM PFAD, DER ALLEIN DIE ERLÖSUNG VERSPRICHT."
MEIN GOTT.
CLIK
SAG MAL, JANE ...
DAS IST UNSERE ZUFLUCHT?!

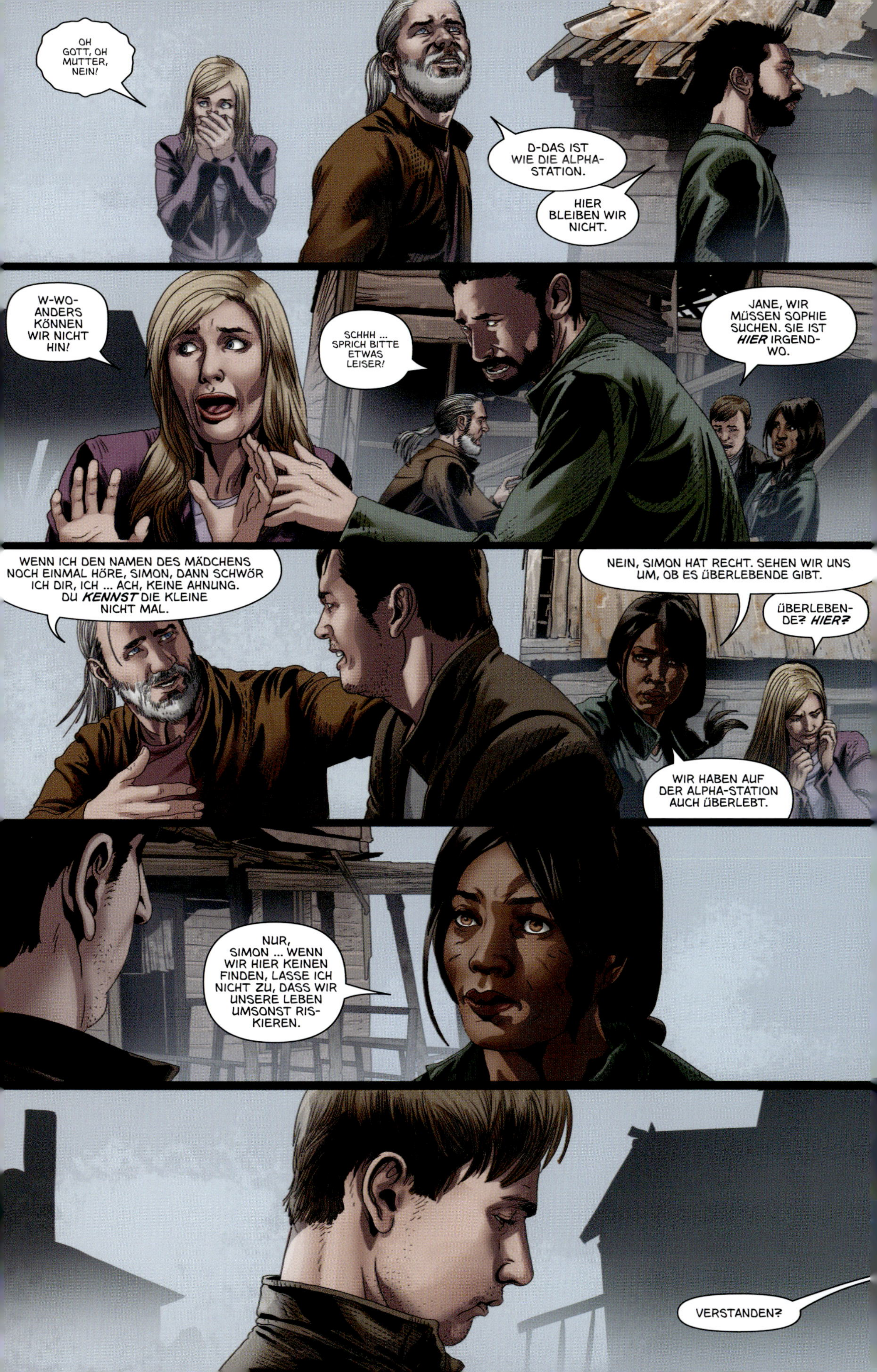
OH GOTT, OH MUTTER, NEIN!
D-DAS IST WIE DIE ALPHA-STATION.
HIER BLEIBEN WIR NICHT.
W-WOANDERS KÖNNEN WIR NICHT HIN!
SCHHH ... SPRICH BITTE ETWAS LEISER!
JANE, WIR MÜSSEN SOPHIE SUCHEN. SIE IST HIER IRGENDWO.
WENN ICH DEN NAMEN DES MÄDCHENS NOCH EINMAL HÖRE, SIMON, DANN SCHWÖR ICH DIR, ICH ... ACH, KEINE AHNUNG. DU KENNST DIE KLEINE NICHT MAL.
NEIN, SIMON HAT RECHT. SEHEN WIR UNS UM, OB ES ÜBERLEBENDE GIBT.
ÜBERLEBENDE? HIER?
WIR HABEN AUF DER ALPHA-STATION AUCH ÜBERLEBT.
NUR, SIMON ... WENN WIR HIER KEINEN FINDEN, LASSE ICH NICHT ZU, DASS WIR UNSERE LEBEN UMSONST RISKIEREN.
VERSTANDEN?

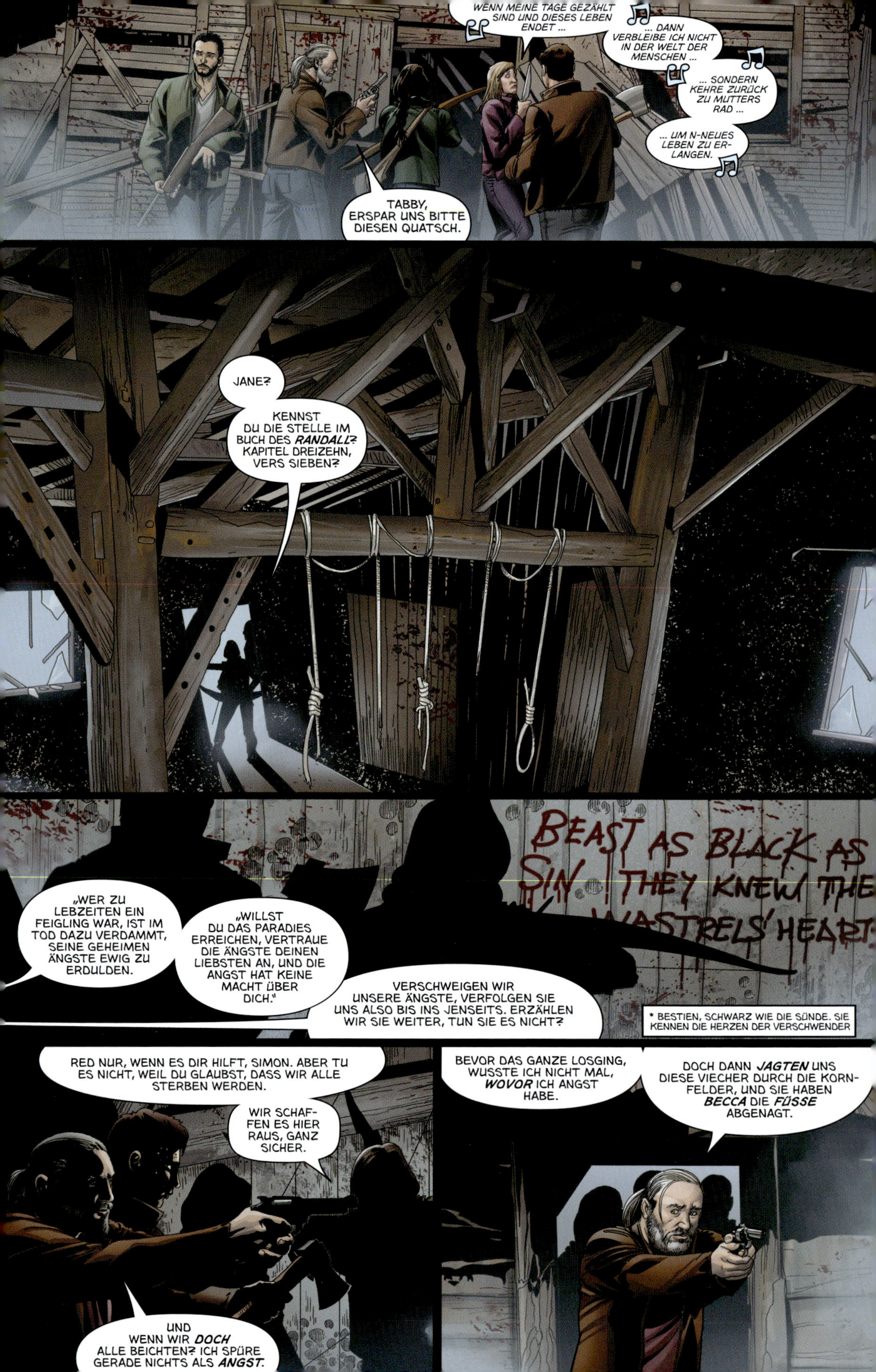
WENN MEINE TAGE GEZÄHLT SIND UND DIESES LEBEN ENDET ...
... DANN VERBLEIBE ICH NICHT IN DER WELT DER MENSCHEN ...
... SONDERN KEHRE ZURÜCK ZU MUTTERS RAD ...
... UM N-NEUES LEBEN ZU ERLANGEN.
TABBY, ERSPAR UNS BITTE DIESEN QUATSCH.
JANE?
KENNST DU DIE STELLE IM BUCH DES RANDALL? KAPITEL DREIZEHN, VERS SIEBEN?
BEAST AS BLACK AS SIN. THEY KNEW THE WASTRELS' HEART.
„WER ZU LEBZEITEN EIN FEIGLING WAR, IST IM TOD DAZU VERDAMMT, SEINE GEHEIMEN ÄNGSTE EWIG ZU ERDULDEN.
„WILLST DU DAS PARADIES ERREICHEN, VERTRAUE DIE ÄNGSTE DEINEN LIEBSTEN AN, UND DIE ANGST HAT KEINE MACHT ÜBER DICH."
VERSCHWEIGEN WIR UNSERE ÄNGSTE, VERFOLGEN SIE UNS ALSO BIS INS JENSEITS. ERZÄHLEN WIR SIE WEITER, TUN SIE ES NICHT?
* BESTIEN, SCHWARZ WIE DIE SÜNDE. SIE KENNEN DIE HERZEN DER VERSCHWENDER
RED NUR, WENN ES DIR HILFT, SIMON. ABER TU ES NICHT, WEIL DU GLAUBST, DASS WIR ALLE STERBEN WERDEN.
WIR SCHAFFEN ES HIER RAUS, GANZ SICHER.
UND WENN WIR DOCH ALLE BEICHTEN? ICH SPÜRE GERADE NICHTS ALS ANGST.
BEVOR DAS GANZE LOSGING, WUSSTE ICH NICHT MAL, WOVOR ICH ANGST HABE.
DOCH DANN JAGTEN UNS DIESE VIECHER DURCH DIE KORNFELDER, UND SIE HABEN BECCA DIE FÜSSE ABGENAGT.

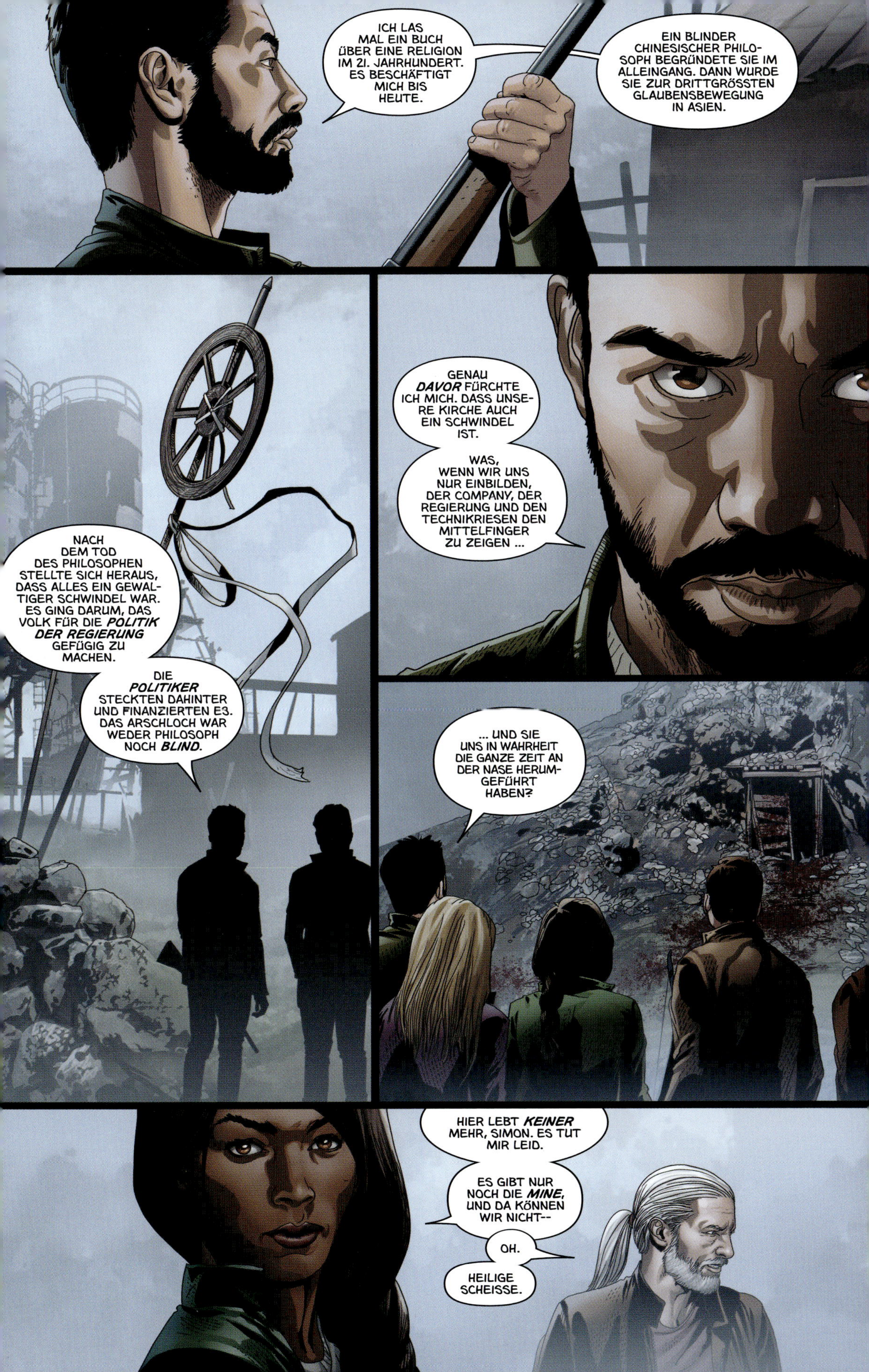
ICH LAS MAL EIN BUCH ÜBER EINE RELIGION IM 21. JAHRHUNDERT. ES BESCHÄFTIGT MICH BIS HEUTE.
EIN BLINDER CHINESISCHER PHILOSOPH BEGRÜNDETE SIE IM ALLEINGANG. DANN WURDE SIE ZUR DRITTGRÖSSTEN GLAUBENSBEWEGUNG IN ASIEN.
NACH DEM TOD DES PHILOSOPHEN STELLTE SICH HERAUS, DASS ALLES EIN GEWALTIGER SCHWINDEL WAR. ES GING DARUM, DAS VOLK FÜR DIE POLITIK DER REGIERUNG GEFÜGIG ZU MACHEN.
DIE POLITIKER STECKTEN DAHINTER UND FINANZIERTEN ES. DAS ARSCHLOCH WAR WEDER PHILOSOPH NOCH BLIND.
GENAU DAVOR FÜRCHTE ICH MICH. DASS UNSERE KIRCHE AUCH EIN SCHWINDEL IST.
WAS, WENN WIR UNS NUR EINBILDEN, DER COMPANY, DER REGIERUNG UND DEN TECHNIKRIESEN DEN MITTELFINGER ZU ZEIGEN ...
... UND SIE UNS IN WAHRHEIT DIE GANZE ZEIT AN DER NASE HERUMGEFÜHRT HABEN?
HIER LEBT KEINER MEHR, SIMON. ES TUT MIR LEID.
ES GIBT NUR NOCH DIE MINE, UND DA KÖNNEN WIR NICHT--
OH.
HEILIGE SCHEISSE.

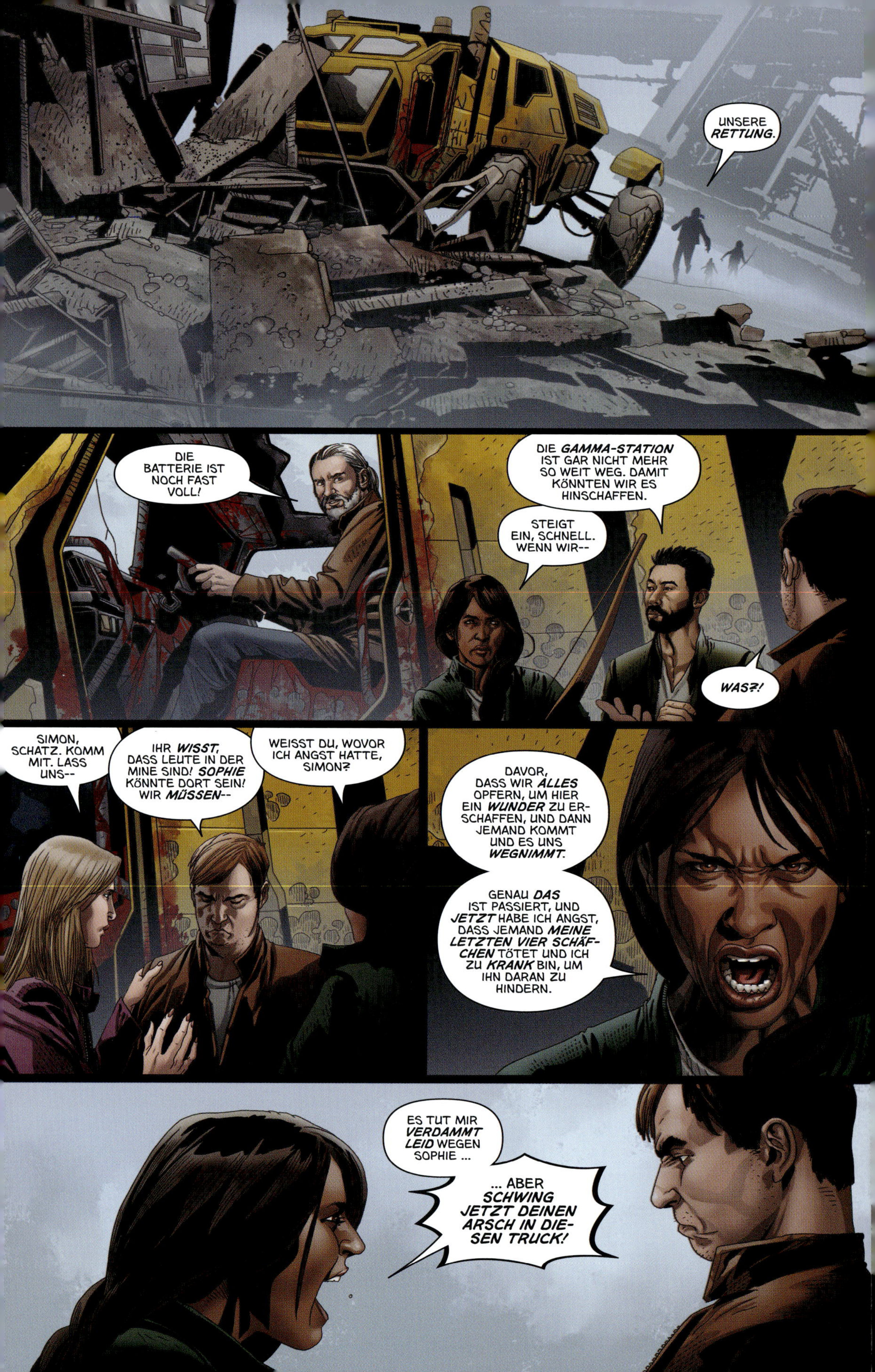
UNSERE RETTUNG.
DIE BATTERIE IST NOCH FAST VOLL!
DIE GAMMA-STATION IST GAR NICHT MEHR SO WEIT WEG. DAMIT KÖNNTEN WIR ES HINSCHAFFEN.
STEIGT EIN, SCHNELL. WENN WIR--
WAS?!
SIMON, SCHATZ. KOMM MIT. LASS UNS--
IHR WISST, DASS LEUTE IN DER MINE SIND! SOPHIE KÖNNTE DORT SEIN! WIR MÜSSEN--
WEISST DU, WOVOR ICH ANGST HATTE, SIMON?
DAVOR, DASS WIR ALLES OPFERN, UM HIER EIN WUNDER ZU ERSCHAFFEN, UND DANN JEMAND KOMMT UND ES UNS WEGNIMMT.
GENAU DAS IST PASSIERT, UND JETZT HABE ICH ANGST, DASS JEMAND MEINE LETZTEN VIER SCHÄFCHEN TÖTET UND ICH ZU KRANK BIN, UM IHN DARAN ZU HINDERN.
ES TUT MIR VERDAMMT LEID WEGEN SOPHIE ...
... ABER SCHWING JETZT DEINEN ARSCH IN DIESEN TRUCK!

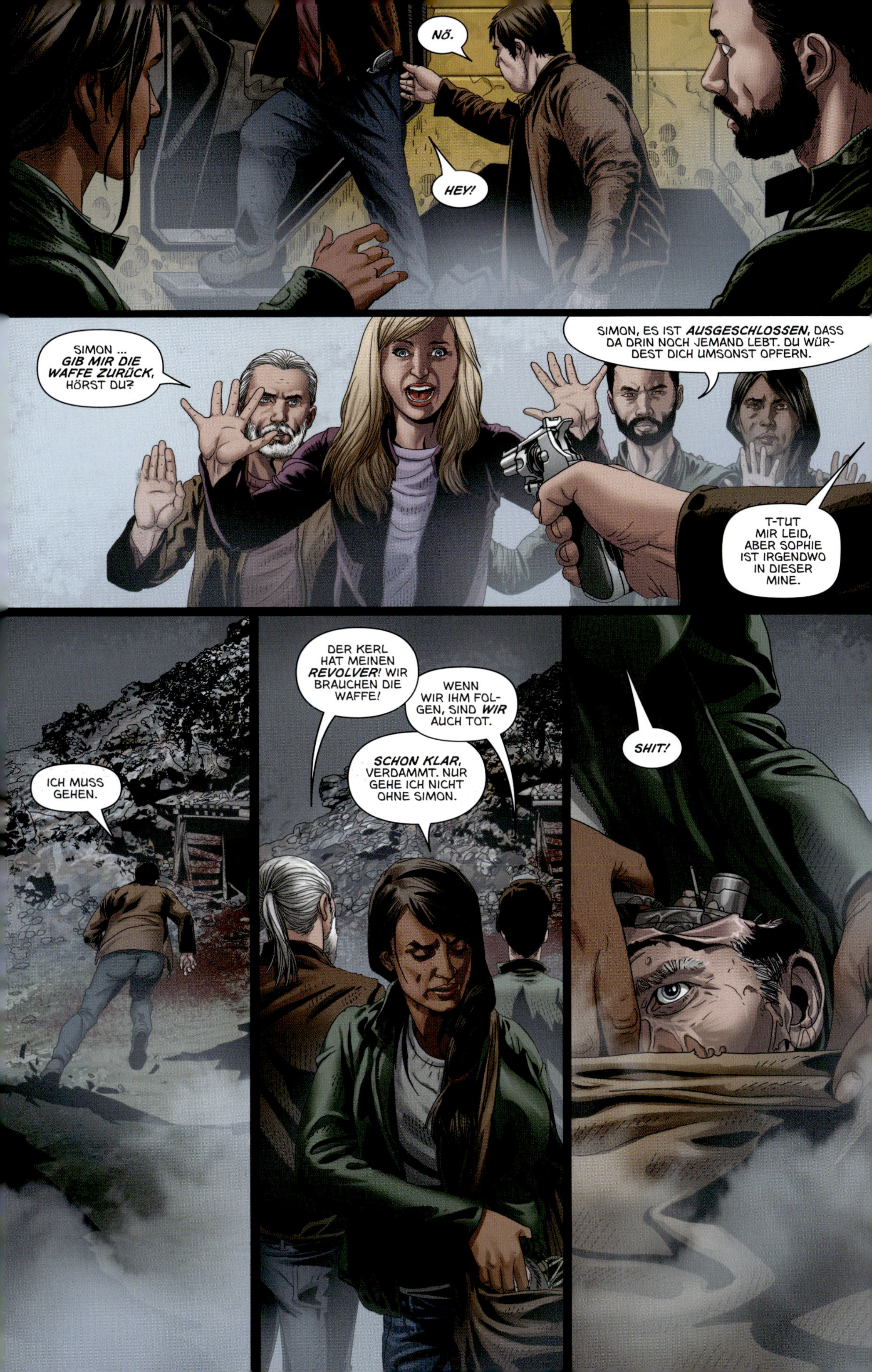
NÖ.
HEY!
SIMON ... GIB MIR DIE WAFFE ZURÜCK, HÖRST DU?
SIMON, ES IST AUSGESCHLOSSEN, DASS DA DRIN NOCH JEMAND LEBT. DU WÜRDEST DICH UMSONST OPFERN.
T-TUT MIR LEID, ABER SOPHIE IST IRGENDWO IN DIESER MINE.
ICH MUSS GEHEN.
DER KERL HAT MEINEN REVOLVER! WIR BRAUCHEN DIE WAFFE!
WENN WIR IHM FOLGEN, SIND WIR AUCH TOT.
SCHON KLAR, VERDAMMT. NUR GEHE ICH NICHT OHNE SIMON.
SHIT!

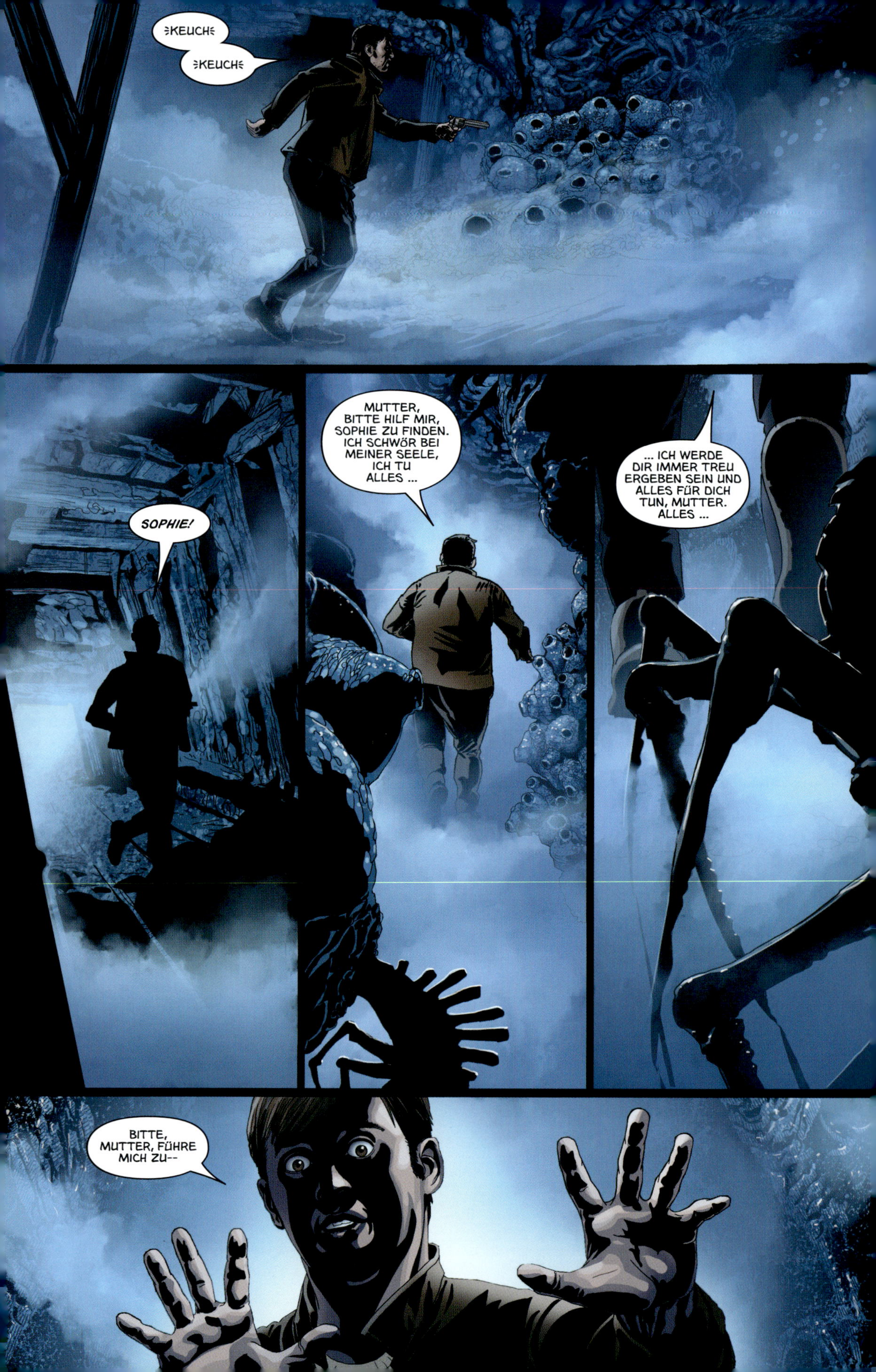

KEUCH
KEUCH
SOPHIE!
MUTTER, BITTE HILF MIR, SOPHIE ZU FINDEN. ICH SCHWÖR BEI MEINER SEELE, ICH TU ALLES ...
... ICH WERDE DIR IMMER TREU ERGEBEN SEIN UND ALLES FÜR DICH TUN, MUTTER. ALLES ...
BITTE, MUTTER, FÜHRE MICH ZU--

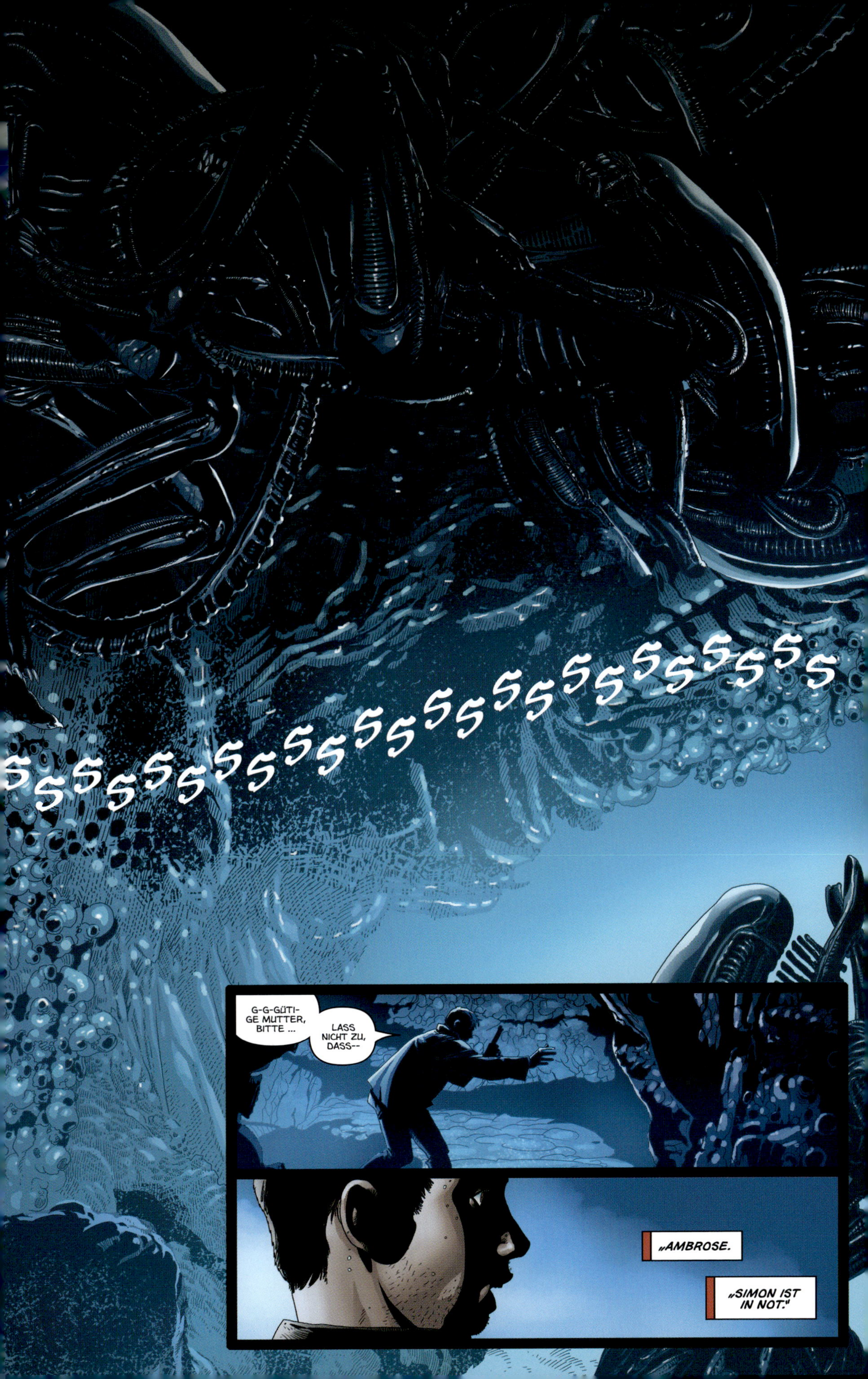
SSSSSSSSSSSSSSSSSSSSSSSSSS
G-G-GÜTI-GE MUTTER, BITTE ...
LASS NICHT ZU, DASS--
„AMBROSE.
„SIMON IST IN NOT."

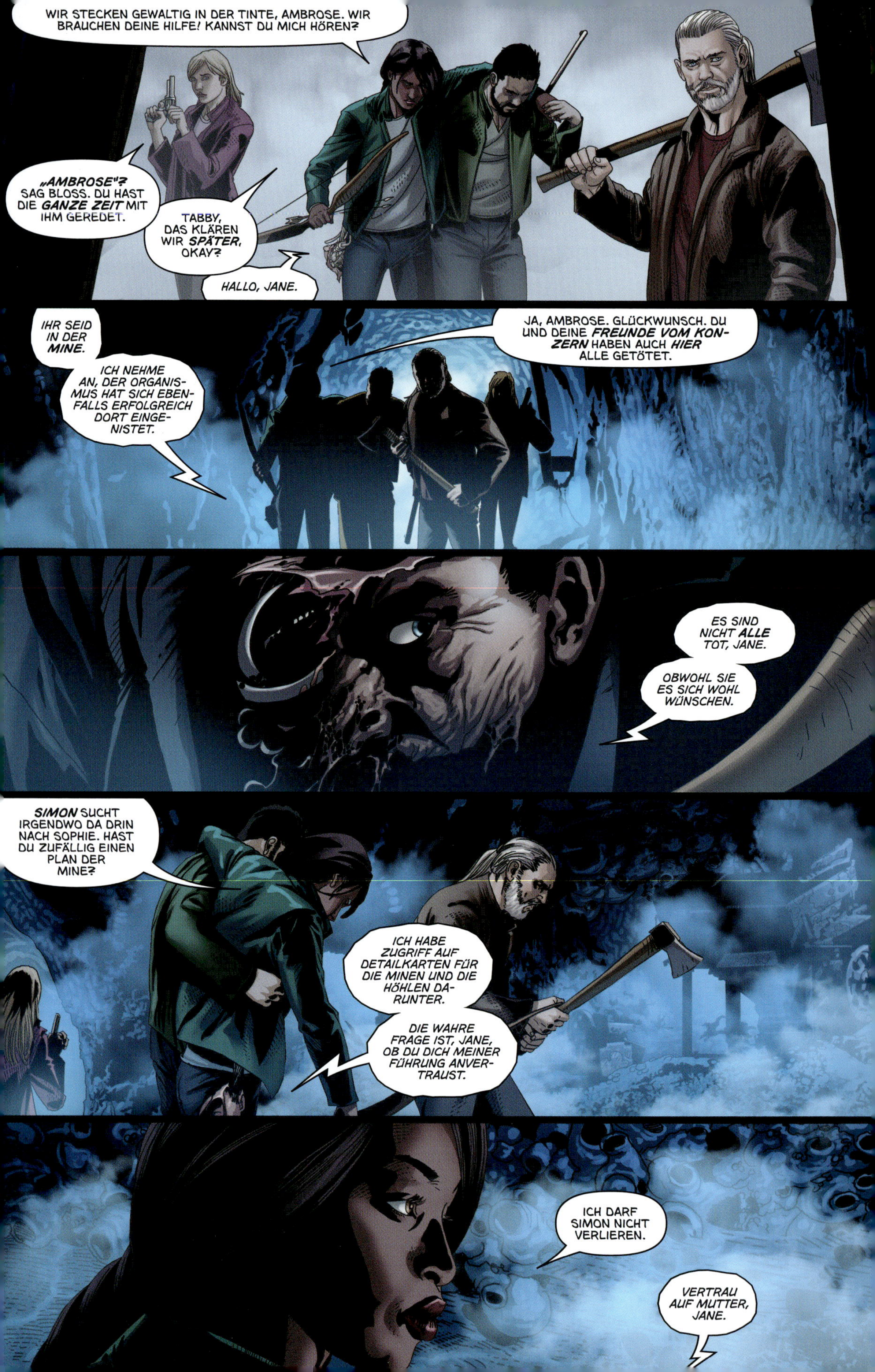
WIR STECKEN GEWALTIG IN DER TINTE, AMBROSE. WIR BRAUCHEN DEINE HILFE! KANNST DU MICH HÖREN?
„AMBROSE"? SAG BLOSS. DU HAST DIE GANZE ZEIT MIT IHM GEREDET.
TABBY, DAS KLÄREN WIR SPÄTER, OKAY?
HALLO, JANE.
IHR SEID IN DER MINE.
ICH NEHME AN, DER ORGANISMUS HAT SICH EBENFALLS ERFOLGREICH DORT EINGENISTET.
JA, AMBROSE. GLÜCKWUNSCH. DU UND DEINE FREUNDE VOM KONZERN HABEN AUCH HIER ALLE GETÖTET.
ES SIND NICHT ALLE TOT, JANE.
OBWOHL SIE ES SICH WOHL WÜNSCHEN.
SIMON SUCHT IRGENDWO DA DRIN NACH SOPHIE. HAST DU ZUFÄLLIG EINEN PLAN DER MINE?
ICH HABE ZUGRIFF AUF DETAILKARTEN FÜR DIE MINEN UND DIE HÖHLEN DARUNTER.
DIE WAHRE FRAGE IST, JANE, OB DU DICH MEINER FÜHRUNG ANVERTRAUST.
ICH DARF SIMON NICHT VERLIEREN.
VERTRAU AUF MUTTER, JANE.

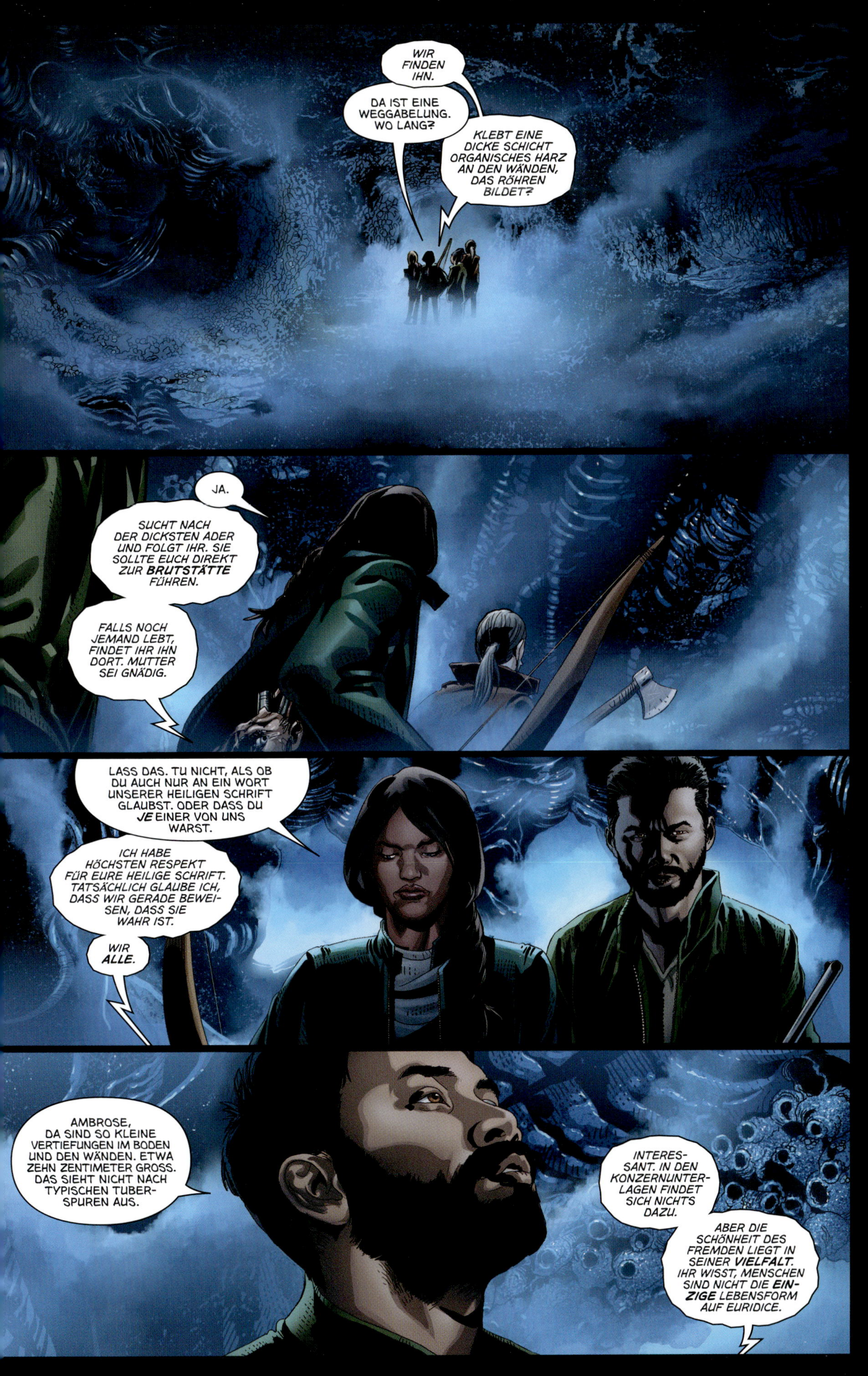
WIR FINDEN IHN.
DA IST EINE WEGGABELUNG. WO LANG?
KLEBT EINE DICKE SCHICHT ORGANISCHES HARZ AN DEN WÄNDEN, DAS RÖHREN BILDET?
JA.
SUCHT NACH DER DICKSTEN ADER UND FOLGT IHR. SIE SOLLTE EUCH DIREKT ZUR BRUTSTÄTTE FÜHREN.
FALLS NOCH JEMAND LEBT, FINDET IHR IHN DORT. MUTTER SEI GNÄDIG.
LASS DAS. TU NICHT, ALS OB DU AUCH NUR AN EIN WORT UNSERER HEILIGEN SCHRIFT GLAUBST. ODER DASS DU JE EINER VON UNS WARST.
ICH HABE HÖCHSTEN RESPEKT FÜR EURE HEILIGE SCHRIFT. TATSÄCHLICH GLAUBE ICH, DASS WIR GERADE BEWEISEN, DASS SIE WAHR IST.
WIR ALLE.
AMBROSE, DA SIND SO KLEINE VERTIEFUNGEN IM BODEN UND DEN WÄNDEN. ETWA ZEHN ZENTIMETER GROSS. DAS SIEHT NICHT NACH TYPISCHEN TUBERSPUREN AUS.
INTERESSANT. IN DEN KONZERNUNTERLAGEN FINDET SICH NICHTS DAZU.
ABER DIE SCHÖNHEIT DES FREMDEN LIEGT IN SEINER VIELFALT. IHR WISST, MENSCHEN SIND NICHT DIE EINZIGE LEBENSFORM AUF EURIDICE.

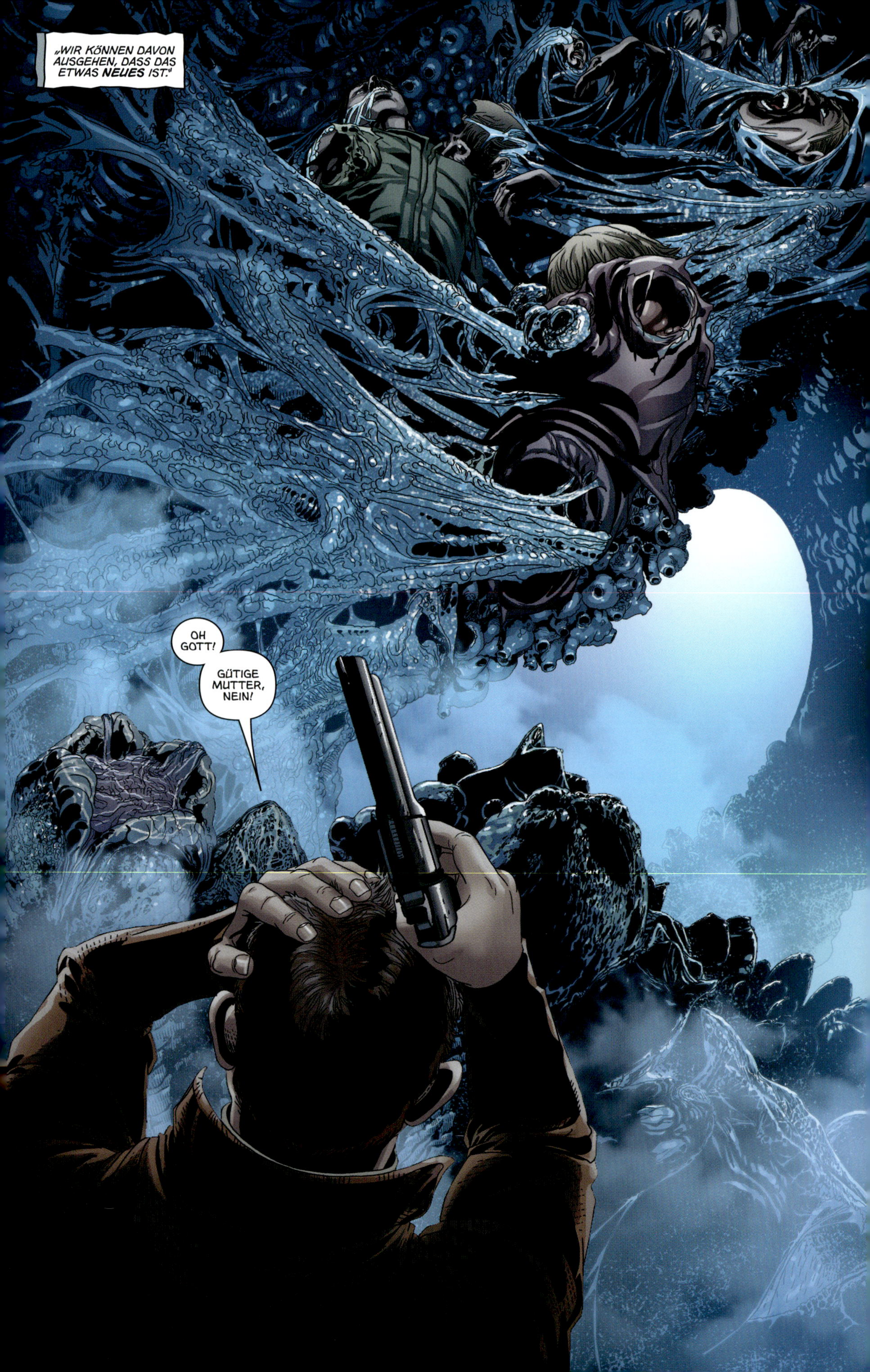
„WIR KÖNNEN DAVON AUSGEHEN, DASS DAS ETWAS **NEUES** IST."
OH GOTT!
GÜTIGE MUTTER, NEIN!

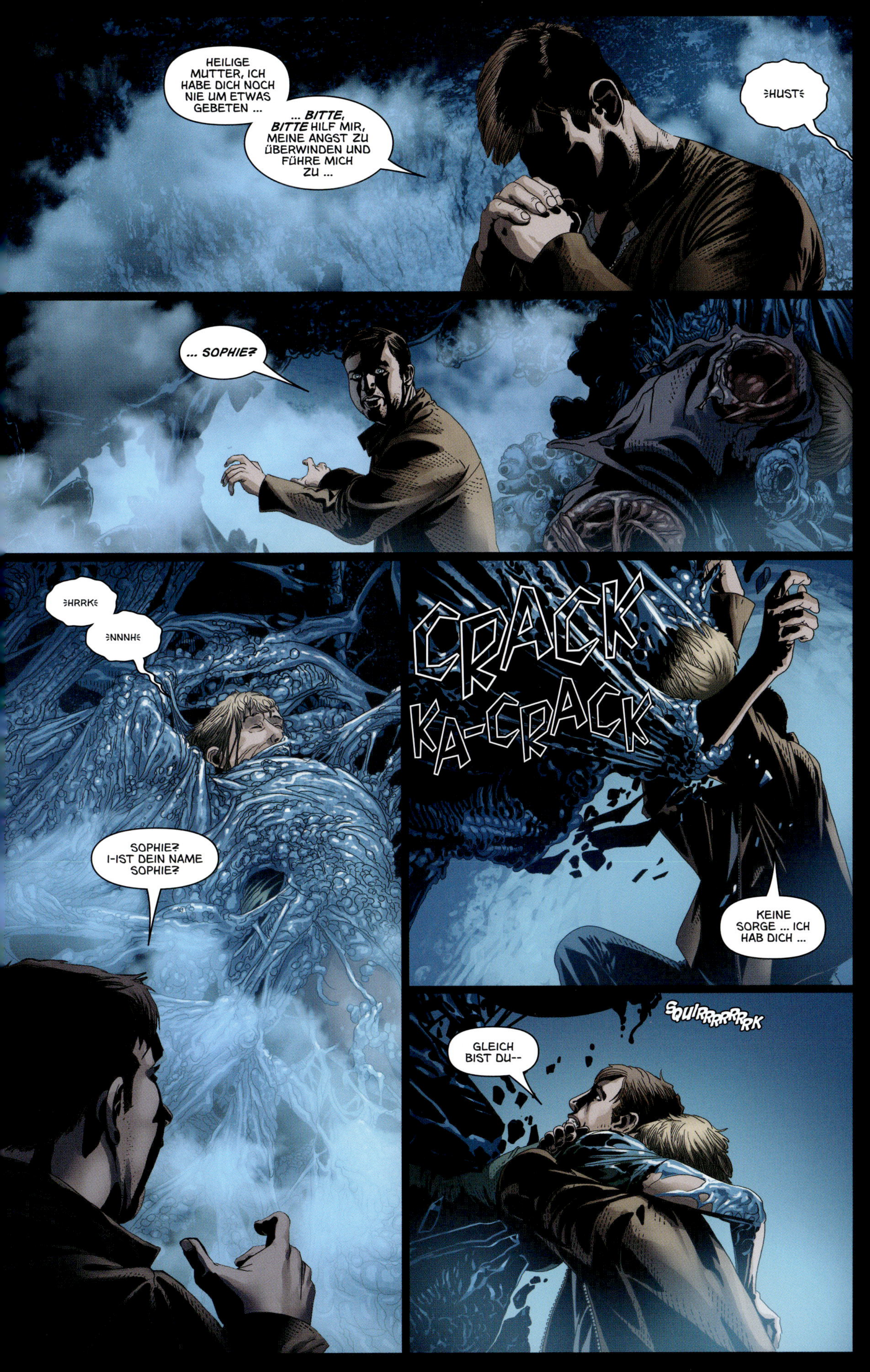
HEILIGE MUTTER, ICH HABE DICH NOCH NIE UM ETWAS GEBETEN ...
... BITTE, BITTE HILF MIR, MEINE ANGST ZU ÜBERWINDEN UND FÜHRE MICH ZU ...
HUST
... SOPHIE?
HRRK
NNNH
SOPHIE? I-IST DEIN NAME SOPHIE?
CRACK KA-CRACK
KEINE SORGE ... ICH HAB DICH ...
SQUIRRRRRRRK
GLEICH BIST DU--

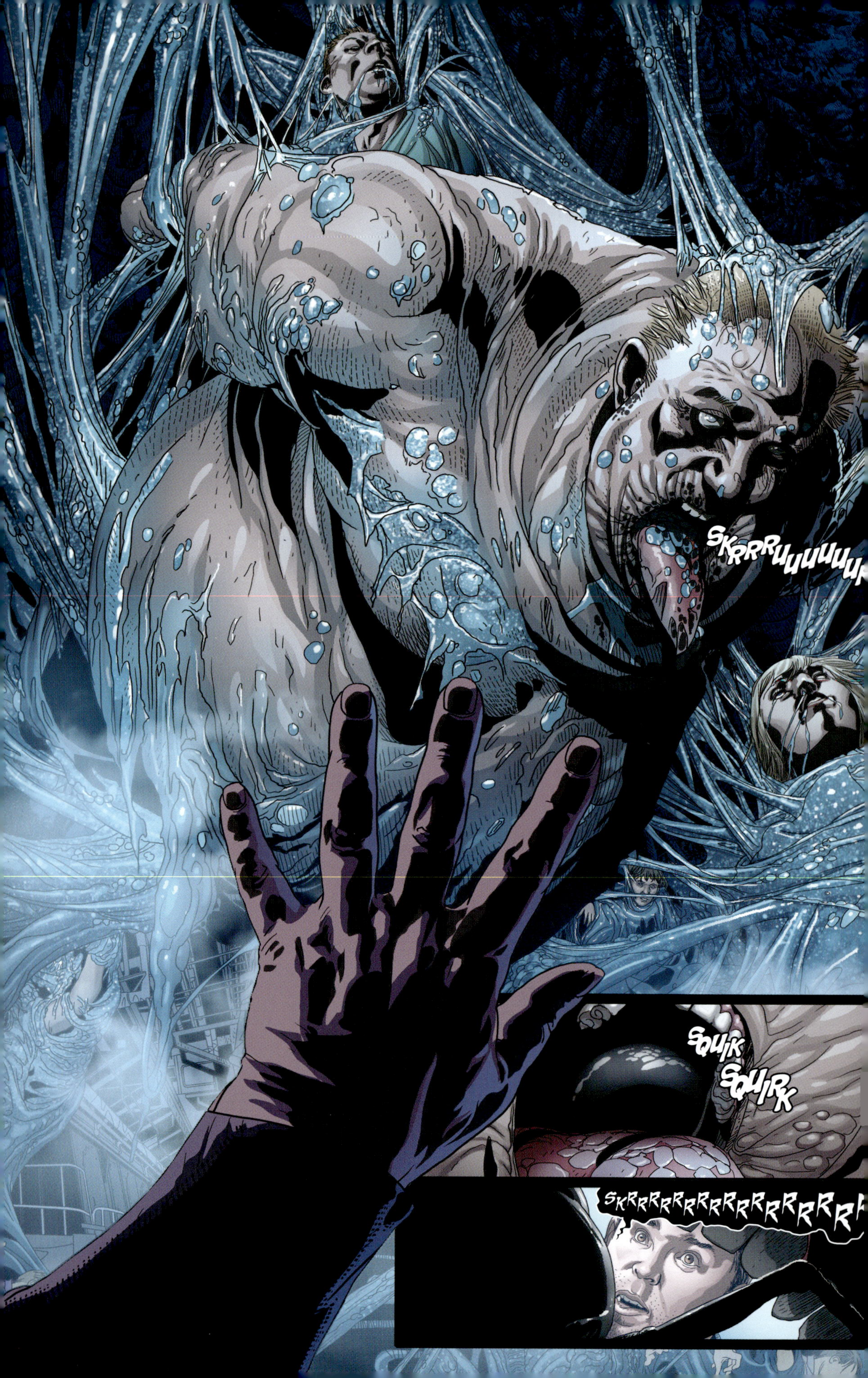
SKRRRUUUUUU
SQUIK
SQUIRK
SKRRRRRRRRRRRRRRRR

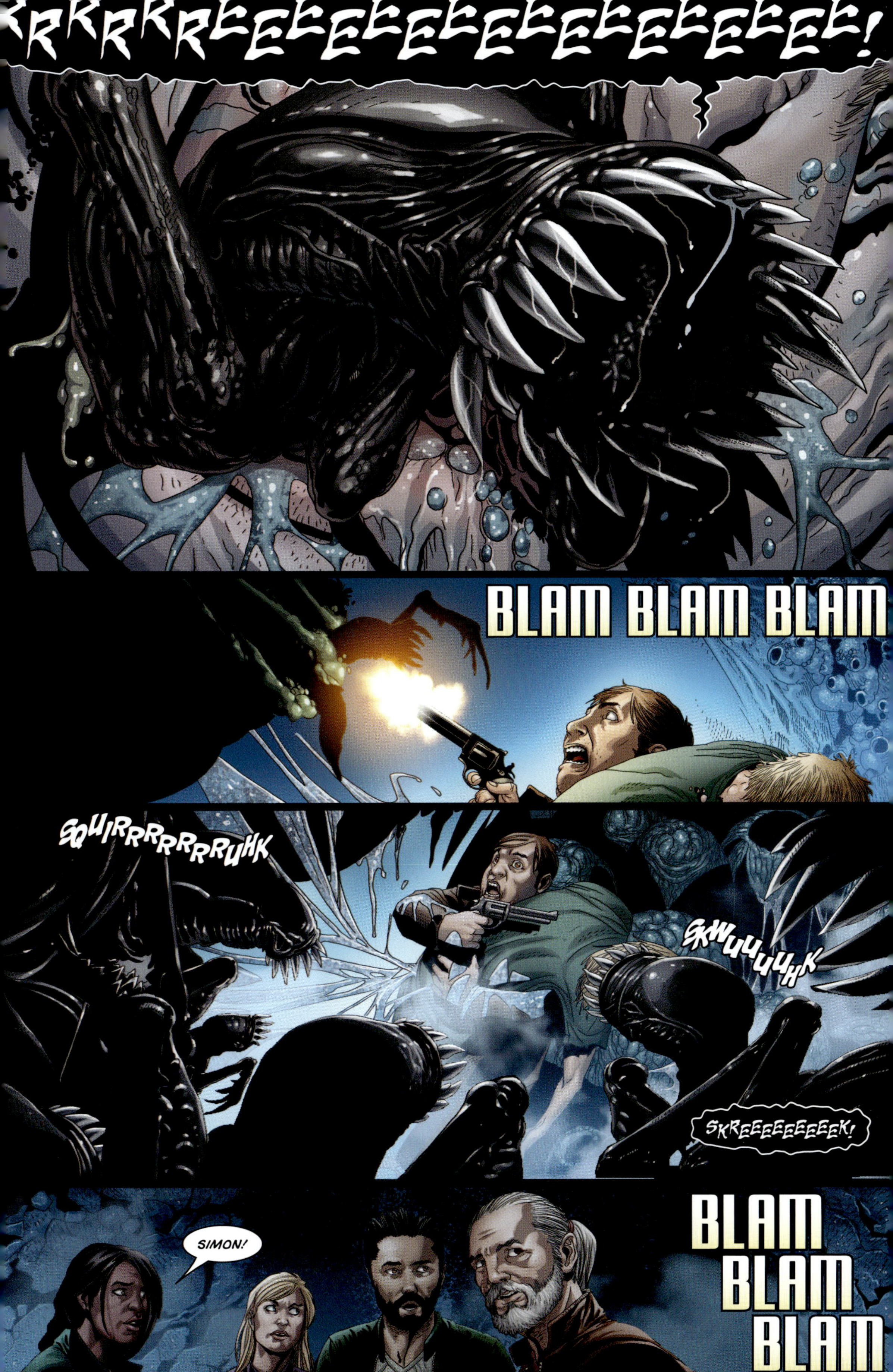

KRKRKRKREEEEEEEEEEEEEEEEEEE!
BLAM BLAM BLAM
SQUIRRRRRRRUHK
SKWUUUUUHK
SKREEEEEEEEEEK!
SIMON!
BLAM
BLAM
BLAM

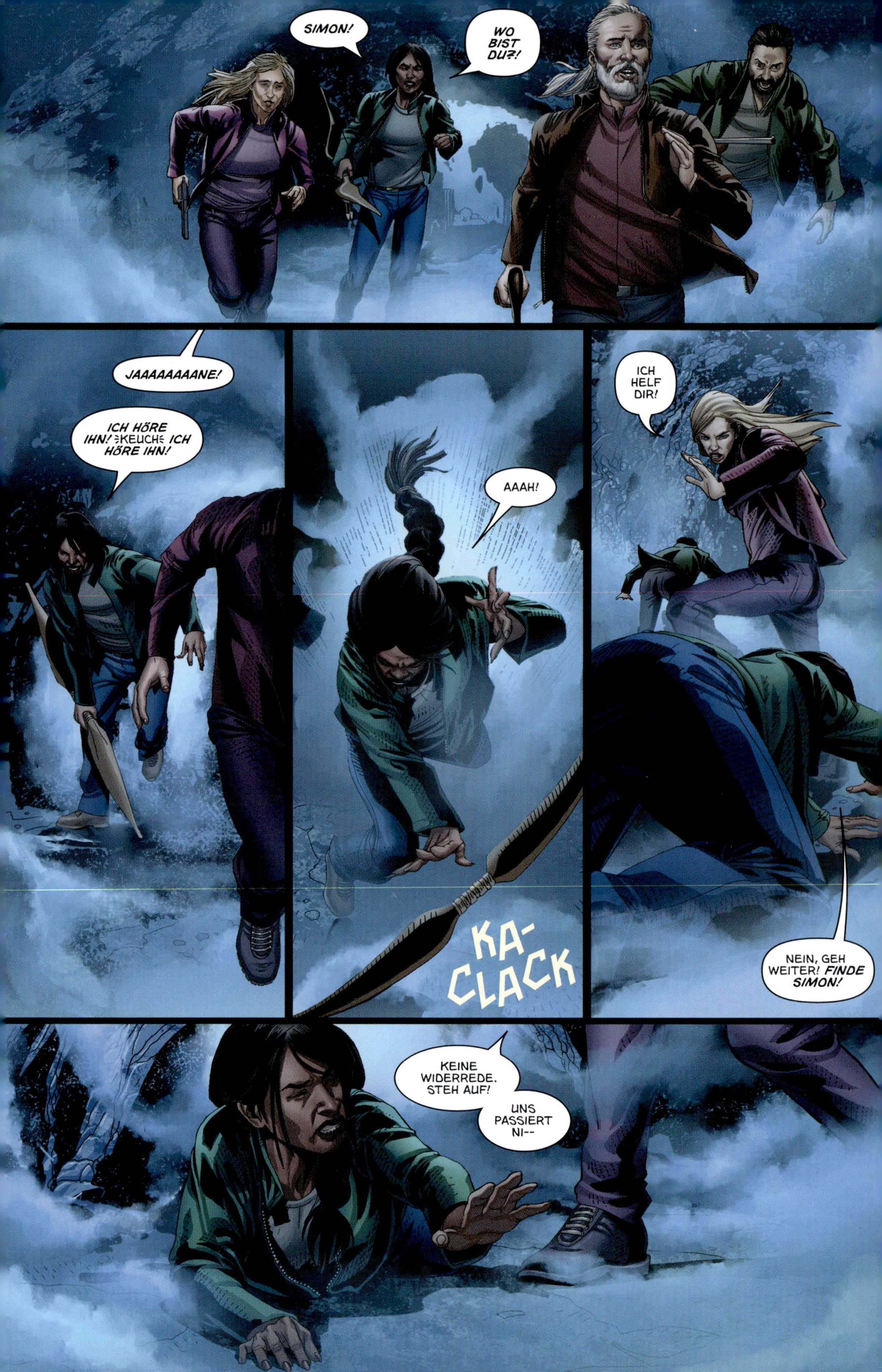
SIMON!
WO BIST DU?!
JAAAAAAAANE!
ICH HÖRE IHN! ≷KEUCH≶ ICH HÖRE IHN!
AAAH!
KA-CLACK
ICH HELF DIR!
NEIN, GEH WEITER! FINDE SIMON!
KEINE WIDERREDE. STEH AUF!
UNS PASSIERT NI--

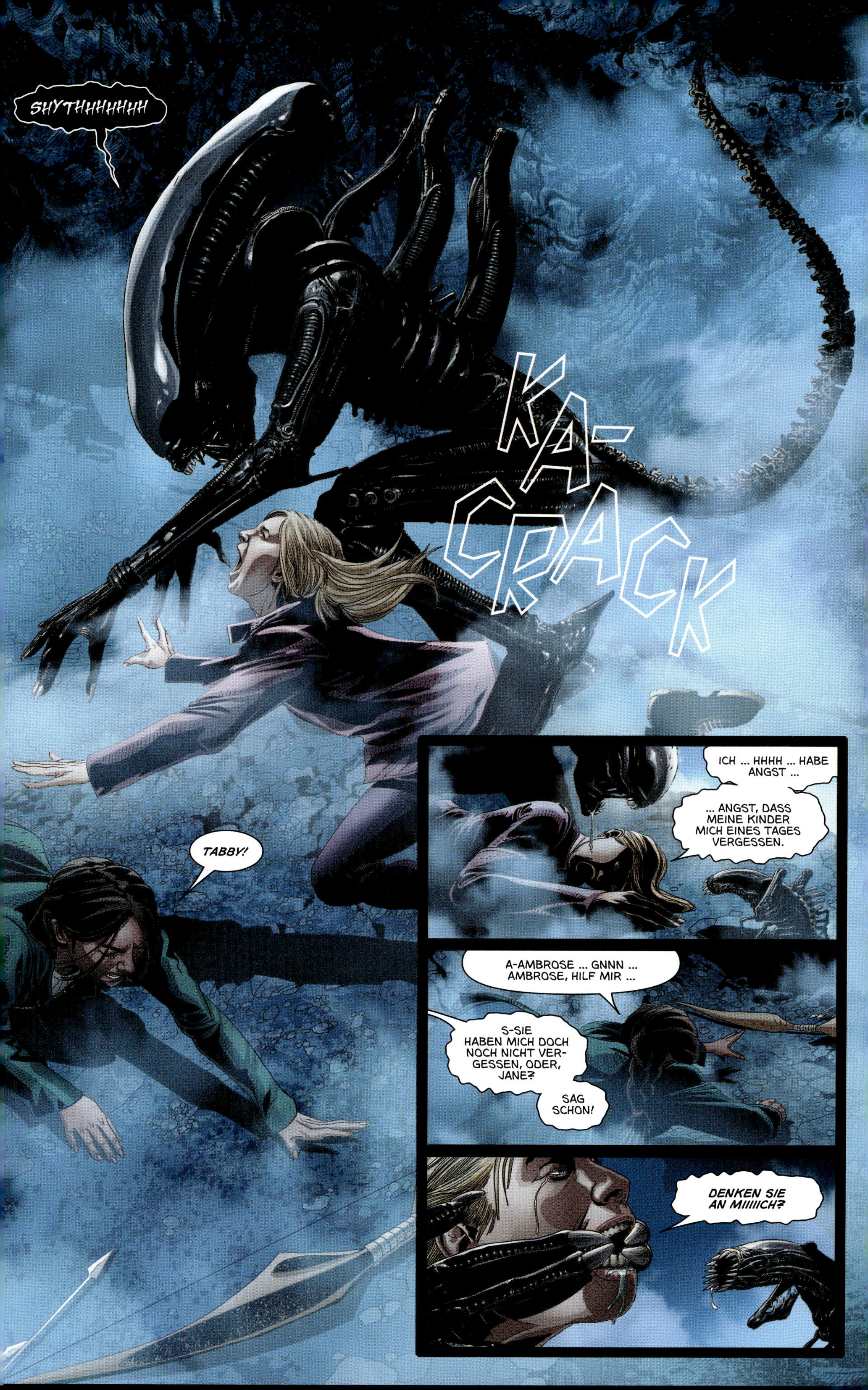
SHYTHHHHHHH
KA-CRACK
TABBY!
ICH ... HHHH ... HABE ANGST ...
... ANGST, DASS MEINE KINDER MICH EINES TAGES VERGESSEN.
A-AMBROSE ... GNNN ... AMBROSE, HILF MIR ...
S-SIE HABEN MICH DOCH NOCH NICHT VERGESSEN, ODER, JANE?
SAG SCHON!
DENKEN SIE AN MIIIICH?

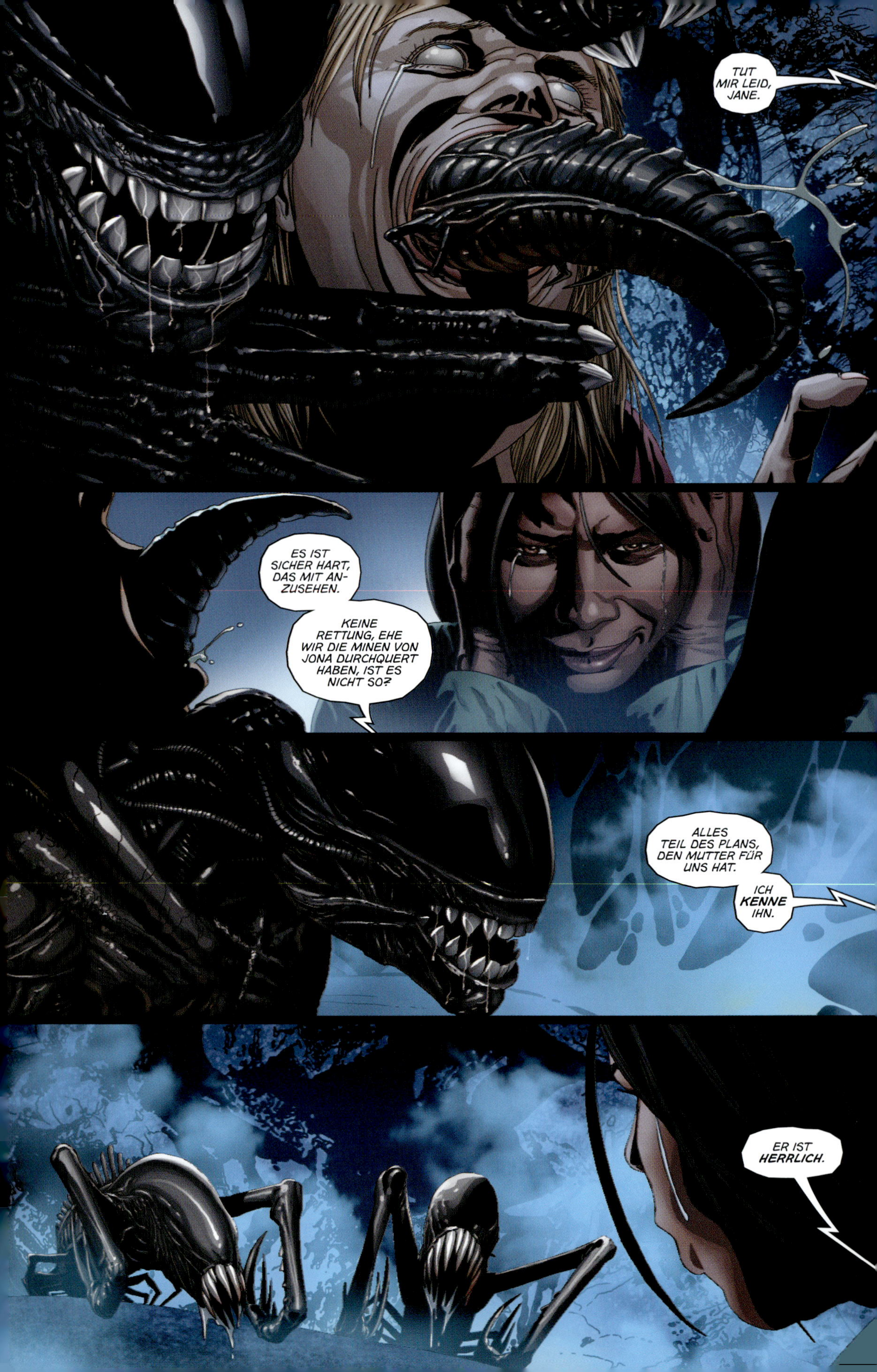
TUT MIR LEID, JANE.
ES IST SICHER HART, DAS MIT AN-ZUSEHEN.
KEINE RETTUNG, EHE WIR DIE MINEN VON JONA DURCHQUERT HABEN, IST ES NICHT SO?
ALLES TEIL DES PLANS, DEN MUTTER FÜR UNS HAT.
ICH KENNE IHN.
ER IST HERRLICH.

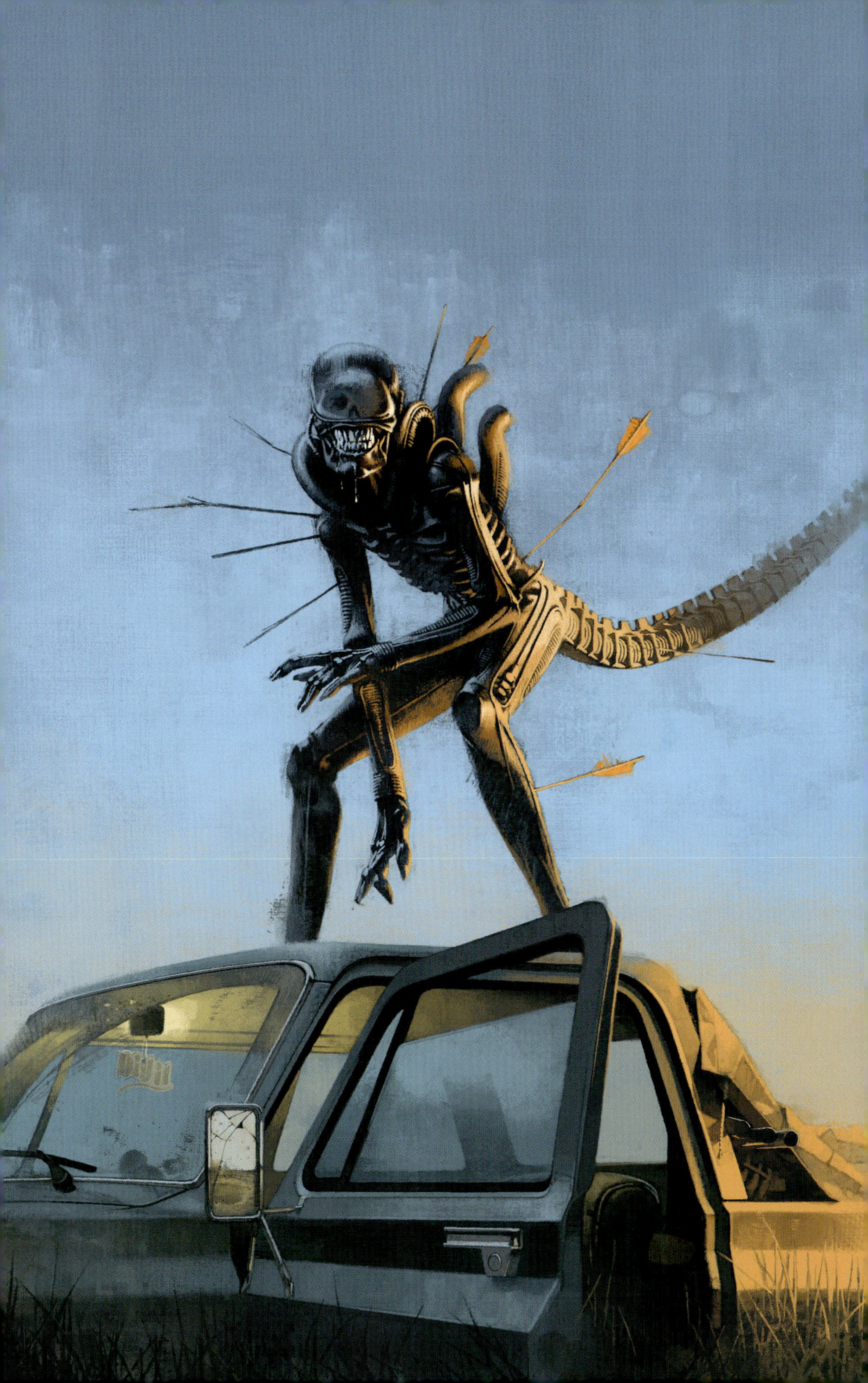

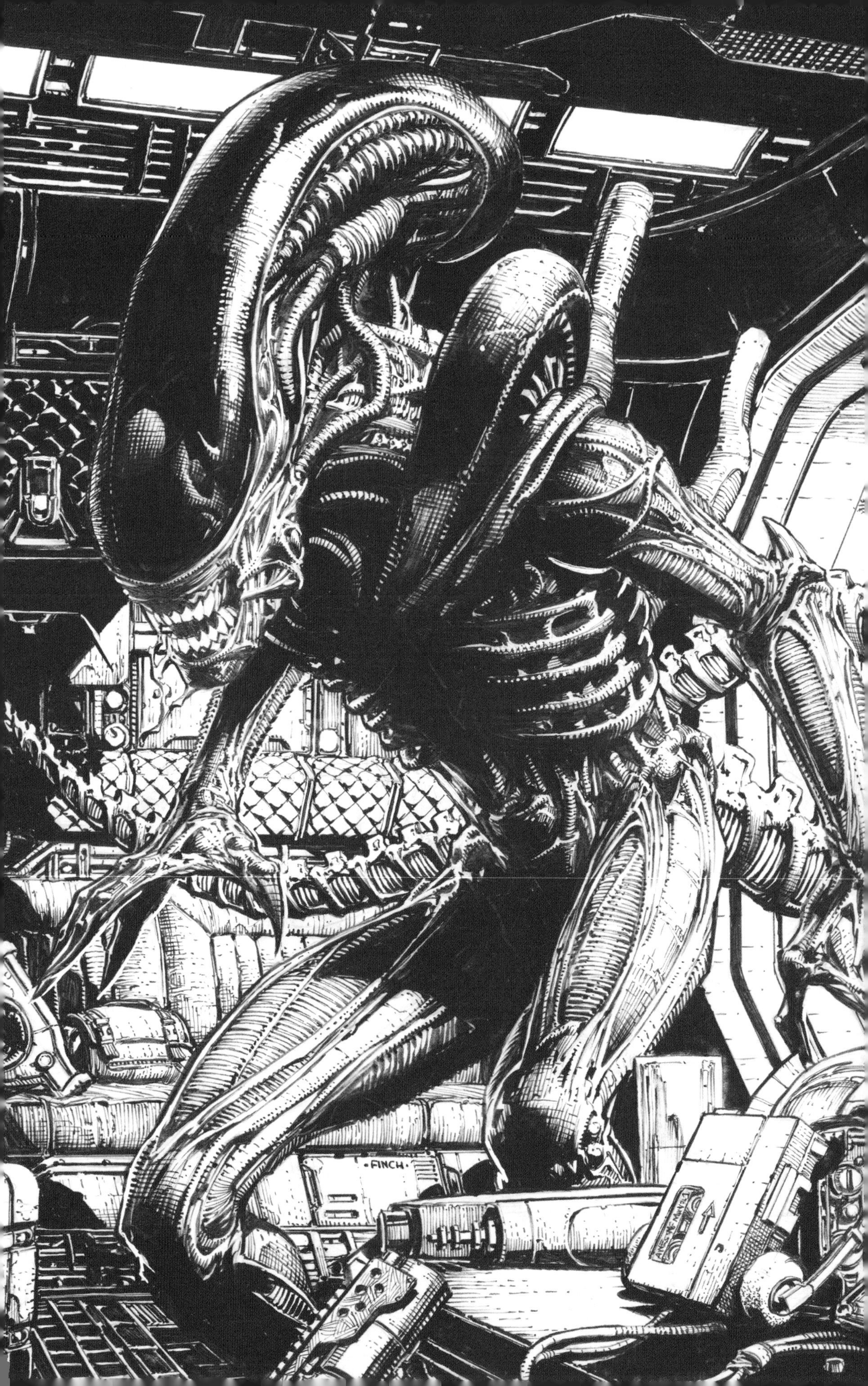
FINCH

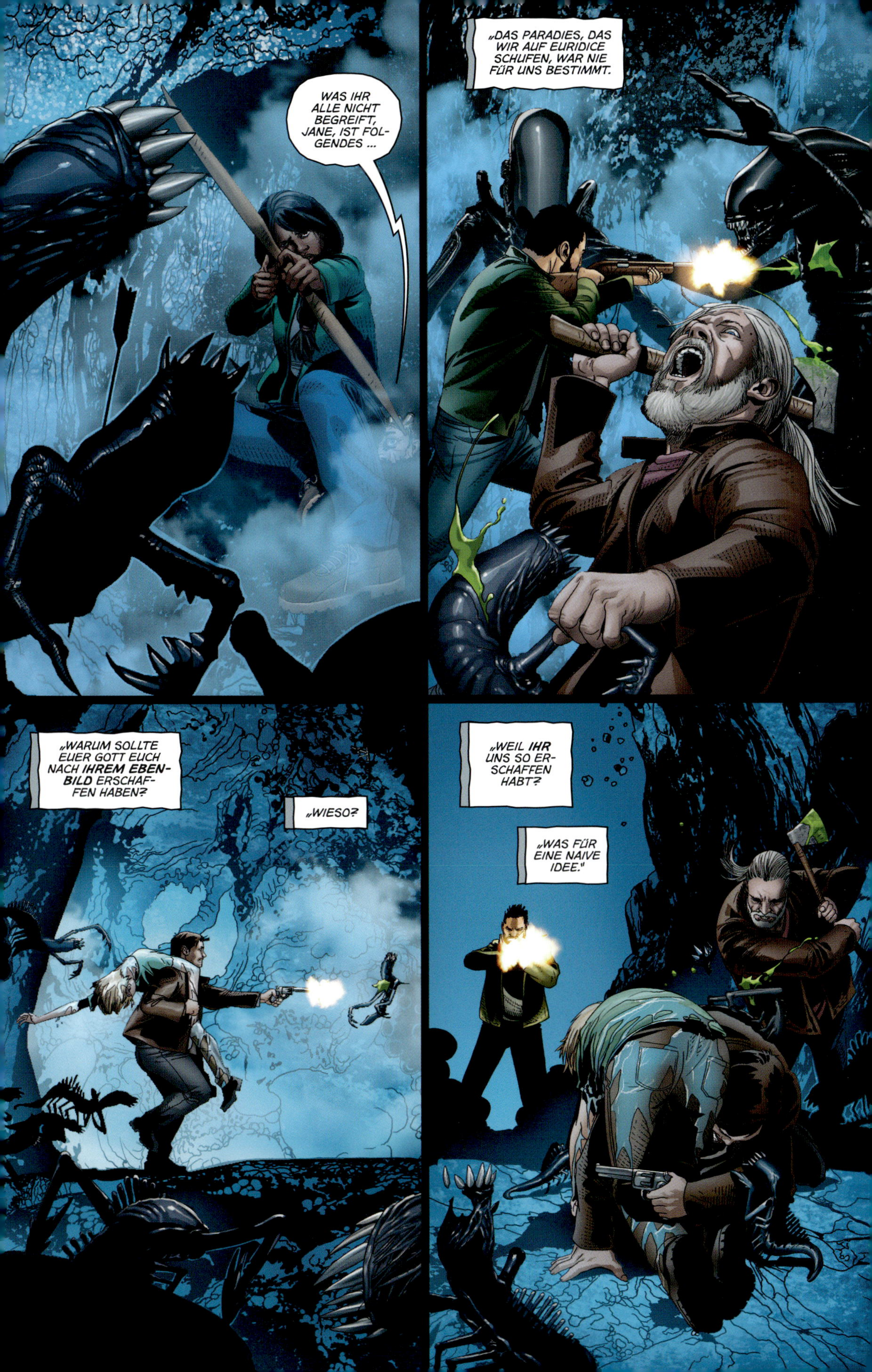
WAS IHR ALLE NICHT BEGREIFT, JANE, IST FOLGENDES ...
„DAS PARADIES, DAS WIR AUF EURIDICE SCHUFEN, WAR NIE FÜR UNS BESTIMMT.
„WARUM SOLLTE EUER GOTT EUCH NACH **IHREM EBENBILD** ERSCHAFFEN HABEN?
„WIESO?
„WEIL **IHR** UNS SO ERSCHAFFEN HABT?
„WAS FÜR EINE NAIVE IDEE."

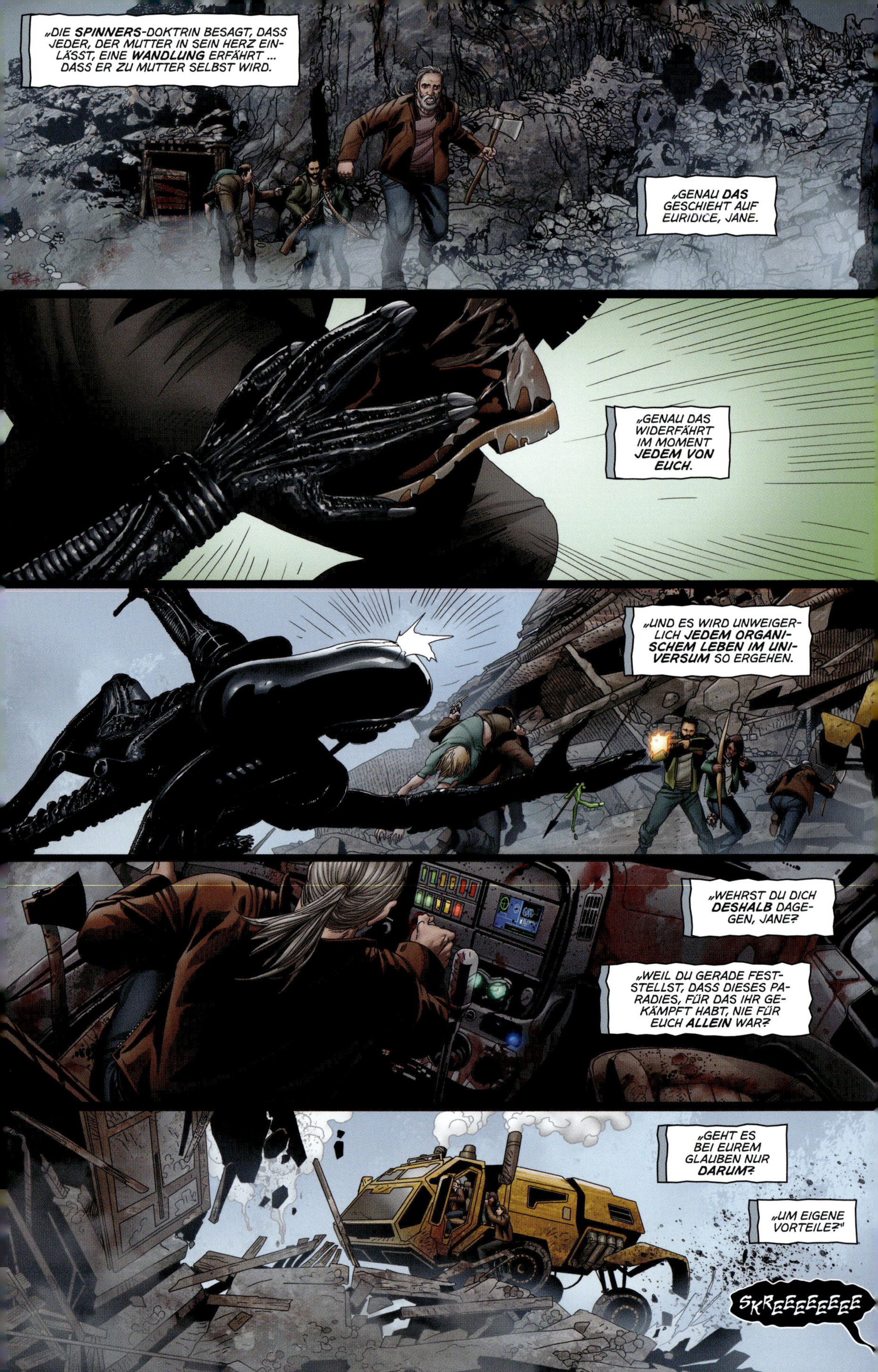
„DIE SPINNERS-DOKTRIN BESAGT, DASS JEDER, DER MUTTER IN SEIN HERZ EINLÄSST, EINE WANDLUNG ERFÄHRT ... DASS ER ZU MUTTER SELBST WIRD.
„GENAU DAS GESCHIEHT AUF EURIDICE, JANE.
„GENAU DAS WIDERFÄHRT IM MOMENT JEDEM VON EUCH.
„UND ES WIRD UNWEIGERLICH JEDEM ORGANISCHEM LEBEN IM UNIVERSUM SO ERGEHEN.
„WEHRST DU DICH DESHALB DAGEGEN, JANE?
„WEIL DU GERADE FESTSTELLST, DASS DIESES PARADIES, FÜR DAS IHR GEKÄMPFT HABT, NIE FÜR EUCH ALLEIN WAR?
„GEHT ES BEI EUREM GLAUBEN NUR DARUM?
„UM EIGENE VORTEILE?"
SKREEEEEEEEE

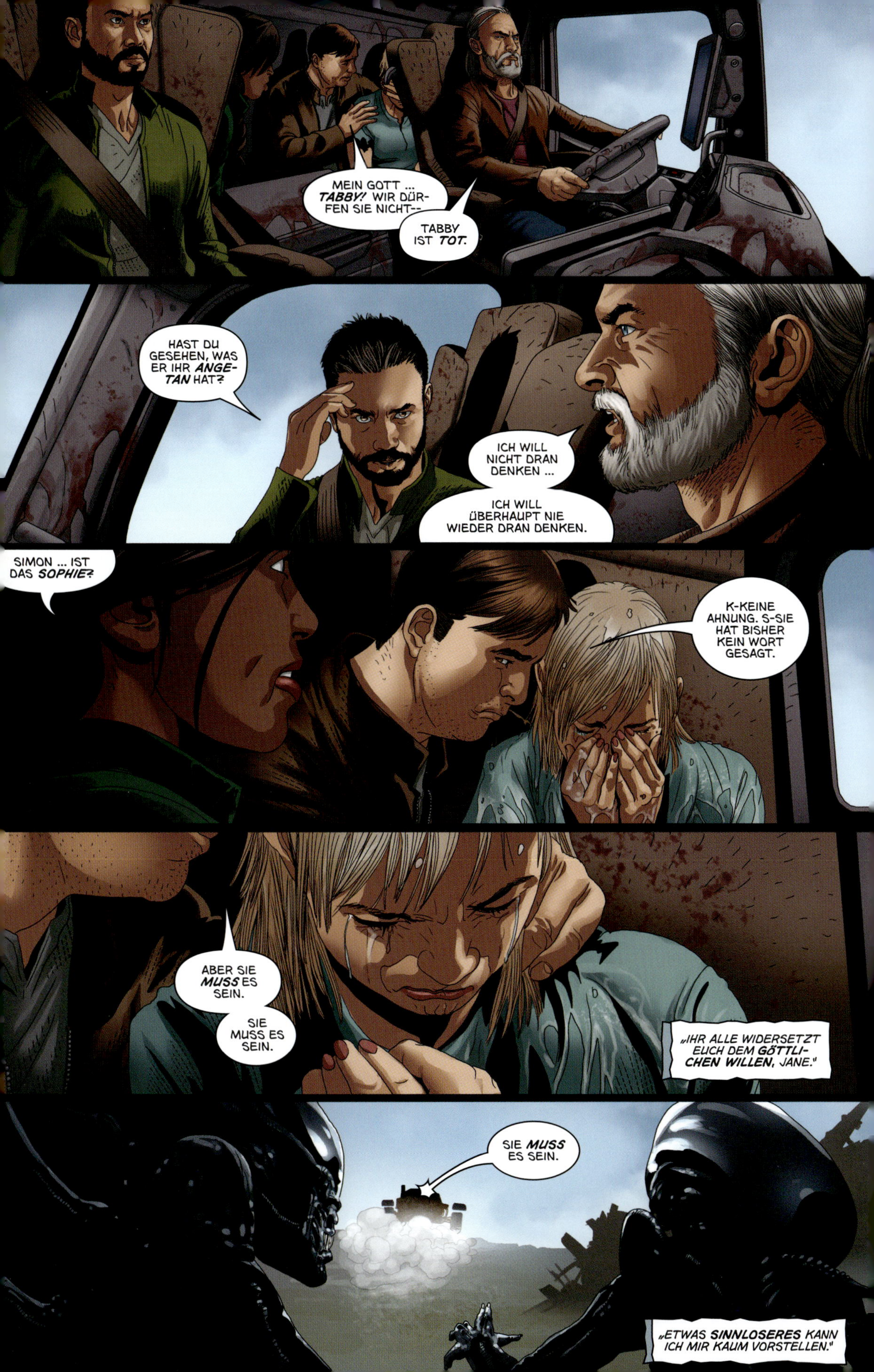
MEIN GOTT ... TABBY! WIR DÜRFEN SIE NICHT--
TABBY IST TOT.
HAST DU GESEHEN, WAS ER IHR ANGETAN HAT?
ICH WILL NICHT DRAN DENKEN ...
ICH WILL ÜBERHAUPT NIE WIEDER DRAN DENKEN.
SIMON ... IST DAS SOPHIE?
K-KEINE AHNUNG. S-SIE HAT BISHER KEIN WORT GESAGT.
ABER SIE MUSS ES SEIN.
SIE MUSS ES SEIN.
„IHR ALLE WIDERSETZT EUCH DEM GÖTTLICHEN WILLEN, JANE."
SIE MUSS ES SEIN.
„ETWAS SINNLOSERES KANN ICH MIR KAUM VORSTELLEN."

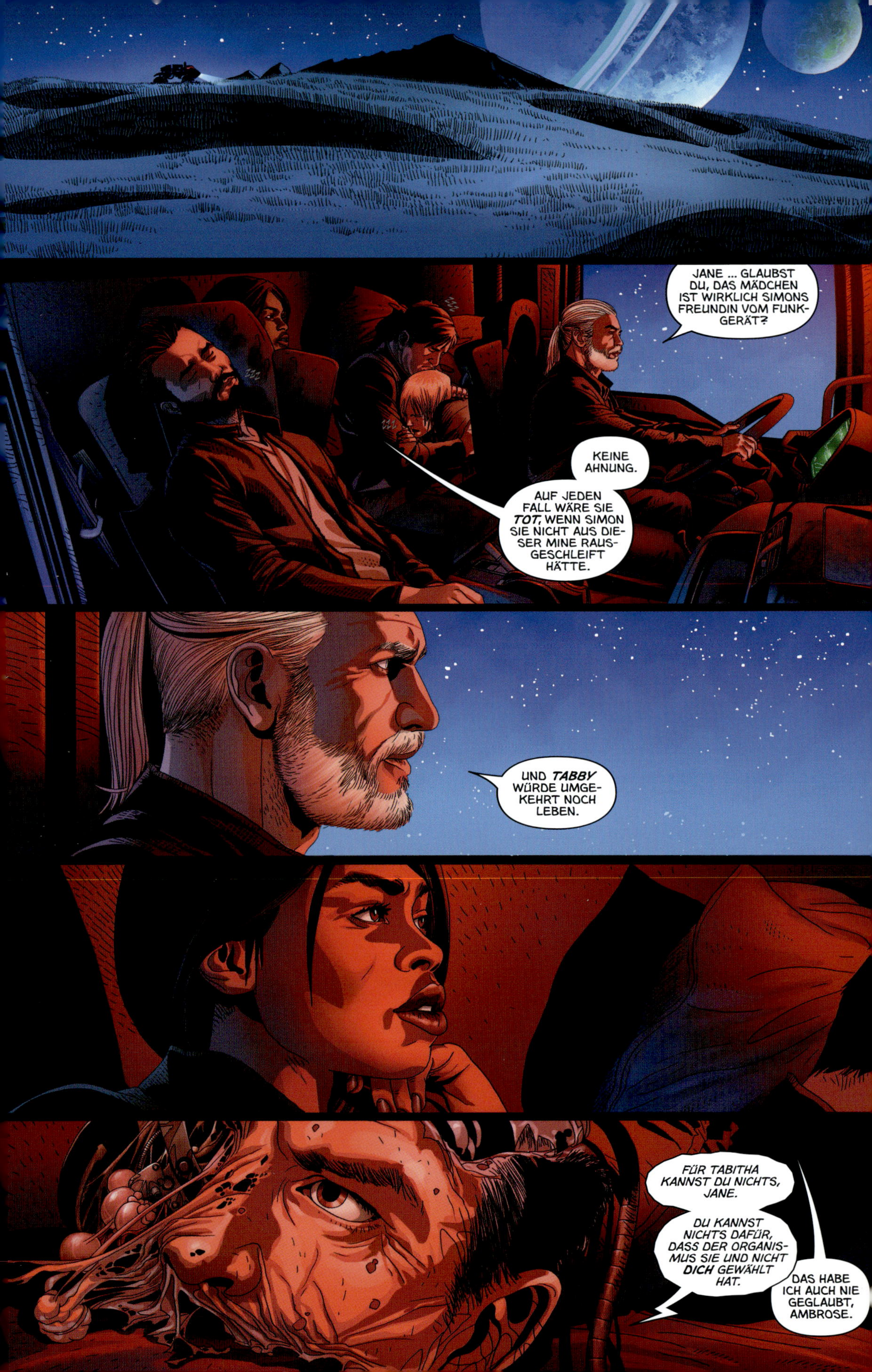
JANE ... GLAUBST DU, DAS MÄDCHEN IST WIRKLICH SIMONS FREUNDIN VOM FUNKGERÄT?
KEINE AHNUNG.
AUF JEDEN FALL WÄRE SIE TOT, WENN SIMON SIE NICHT AUS DIESER MINE RAUSGESCHLEIFT HÄTTE.
UND TABBY WÜRDE UMGEKEHRT NOCH LEBEN.
FÜR TABITHA KANNST DU NICHTS, JANE.
DU KANNST NICHTS DAFÜR, DASS DER ORGANISMUS SIE UND NICHT DICH GEWÄHLT HAT.
DAS HABE ICH AUCH NIE GEGLAUBT, AMBROSE.

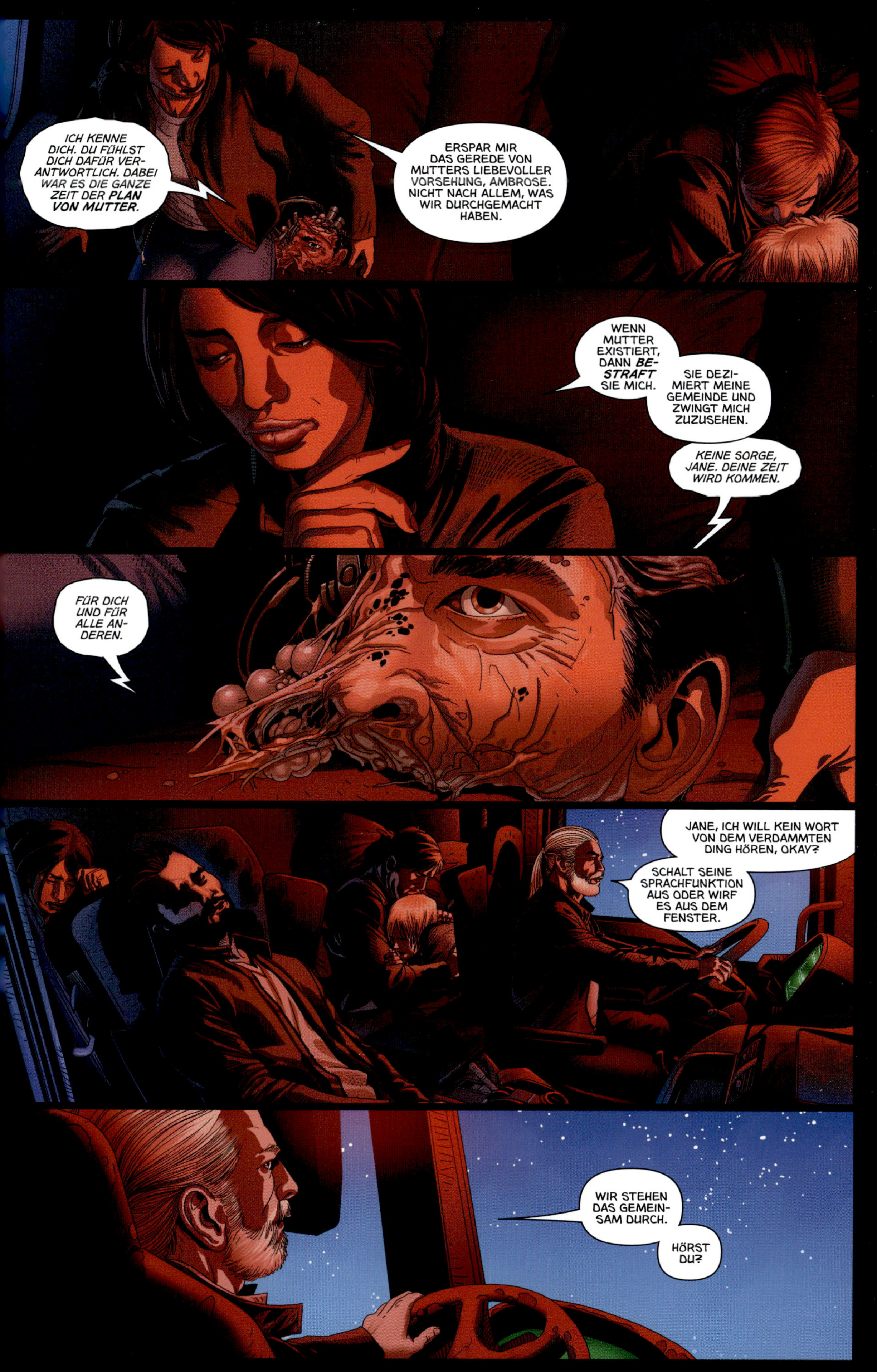
ICH KENNE DICH. DU FÜHLST DICH DAFÜR VERANTWORTLICH. DABEI WAR ES DIE GANZE ZEIT DER PLAN VON MUTTER.
ERSPAR MIR DAS GEREDE VON MUTTERS LIEBEVOLLER VORSEHUNG, AMBROSE. NICHT NACH ALLEM, WAS WIR DURCHGEMACHT HABEN.
WENN MUTTER EXISTIERT, DANN BESTRAFT SIE MICH.
SIE DEZIMIERT MEINE GEMEINDE UND ZWINGT MICH ZUZUSEHEN.
KEINE SORGE, JANE. DEINE ZEIT WIRD KOMMEN.
FÜR DICH UND FÜR ALLE ANDEREN.
JANE, ICH WILL KEIN WORT VON DEM VERDAMMTEN DING HÖREN, OKAY?
SCHALT SEINE SPRACHFUNKTION AUS ODER WIRF ES AUS DEM FENSTER.
WIR STEHEN DAS GEMEINSAM DURCH.
HÖRST DU?

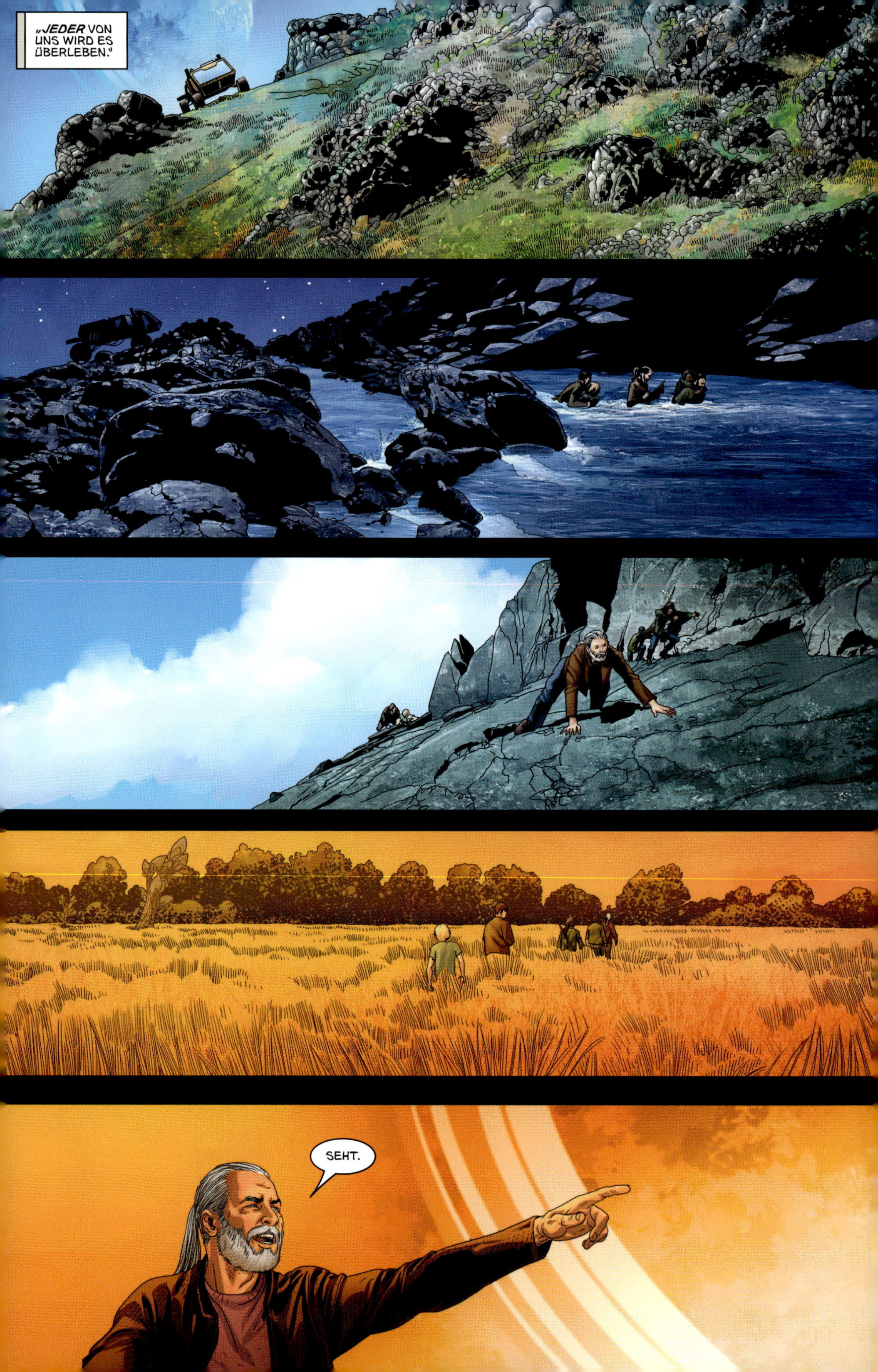
„JEDER VON UNS WIRD ES ÜBERLEBEN."
SEHT.

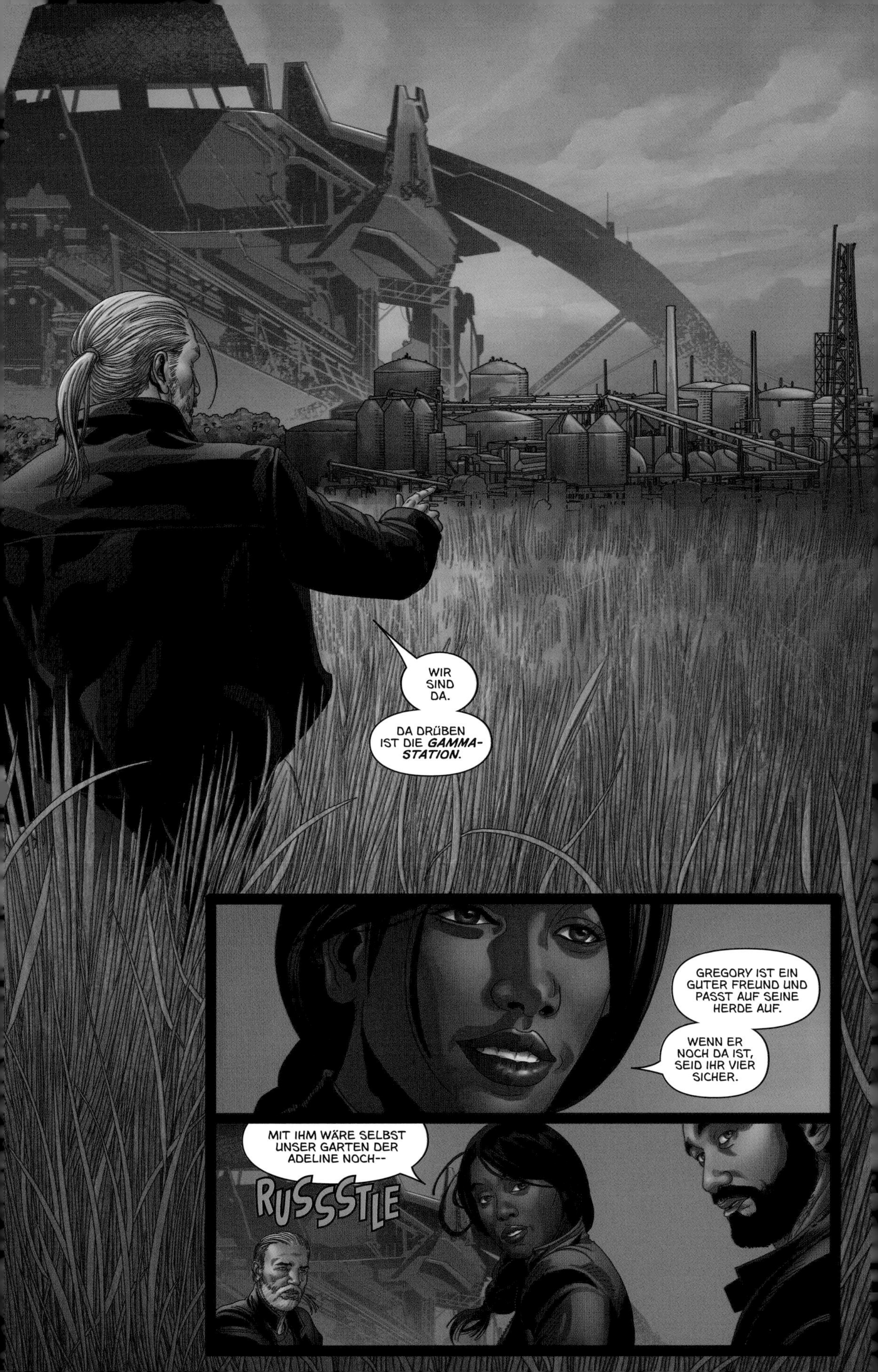
WIR SIND DA.
DA DRÜBEN IST DIE *GAMMA-STATION*.
GREGORY IST EIN GUTER FREUND UND PASST AUF SEINE HERDE AUF.
WENN ER NOCH DA IST, SEID IHR VIER SICHER.
MIT IHM WÄRE SELBST UNSER GARTEN DER ADELINE NOCH--
RUSSSTLE

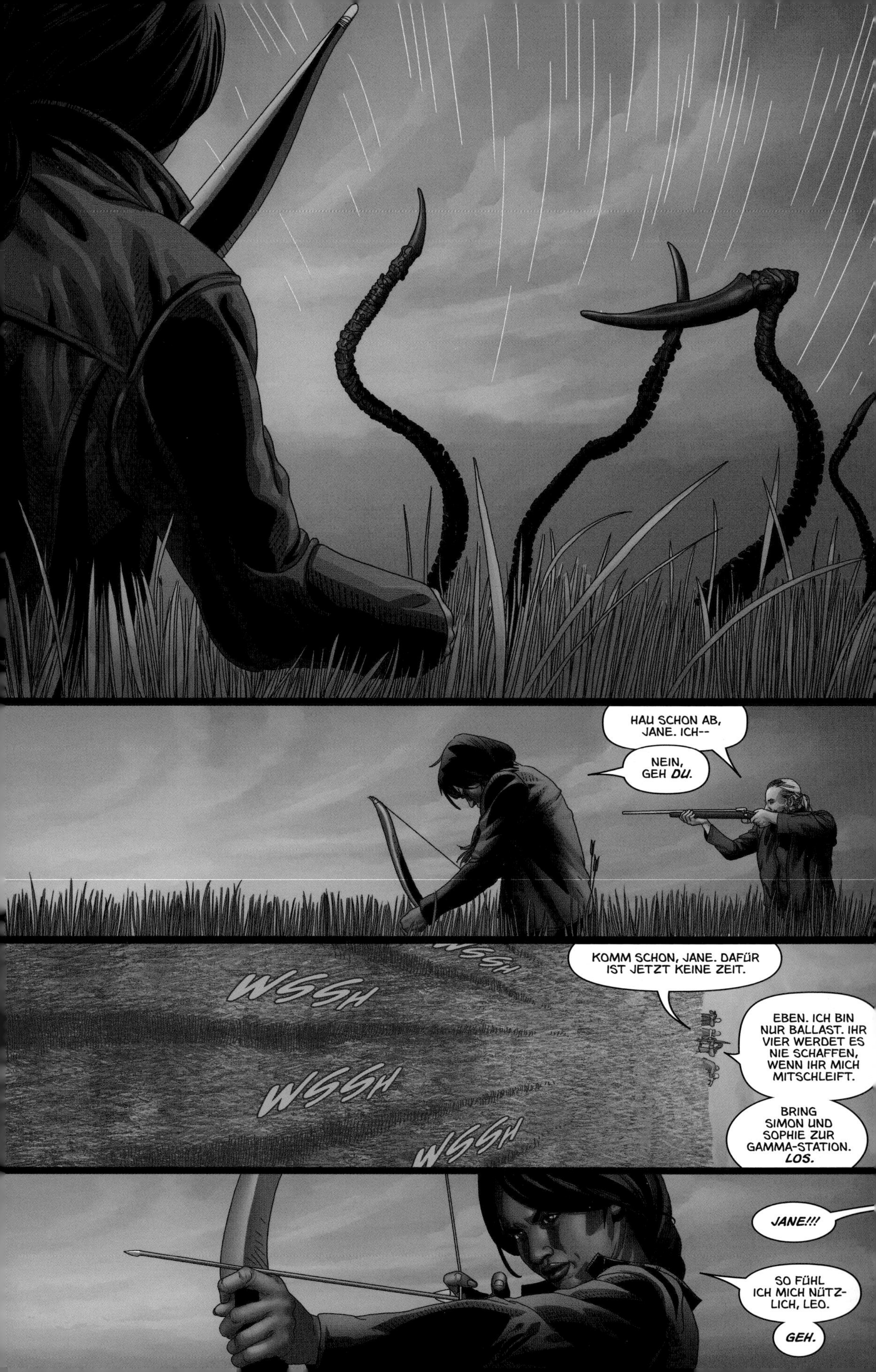
HAU SCHON AB, JANE. ICH--
NEIN, GEH *DU*.
KOMM SCHON, JANE. DAFÜR IST JETZT KEINE ZEIT.
WSSH
WSSH
WSSH
WSSH
EBEN. ICH BIN NUR BALLAST. IHR VIER WERDET ES NIE SCHAFFEN, WENN IHR MICH MITSCHLEIFT.
BRING SIMON UND SOPHIE ZUR GAMMA-STATION. *LOS.*
JANE!!!
SO FÜHL ICH MICH NÜTZ-LICH, LEO.
GEH.

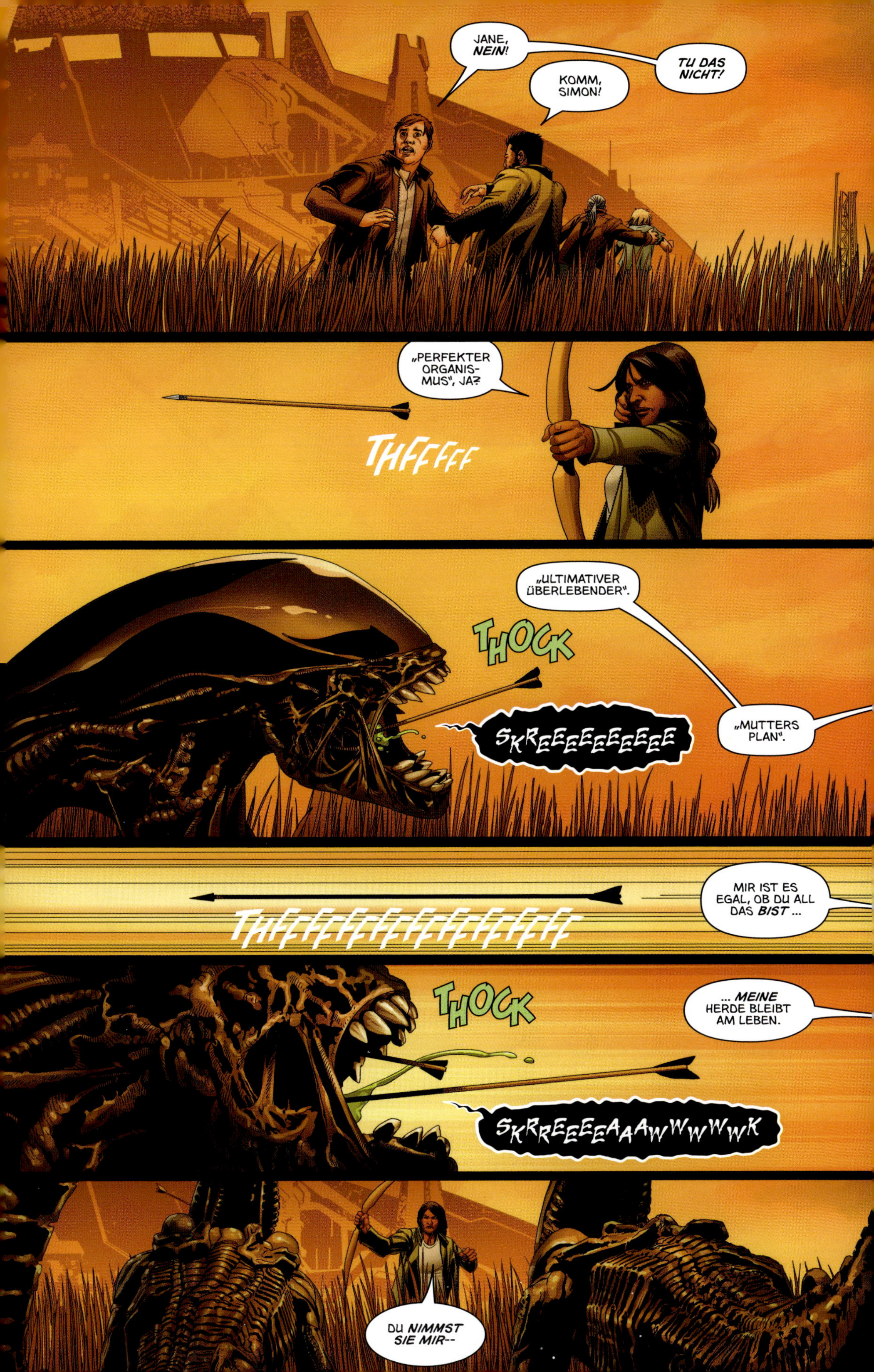
JANE, *NEIN!*
TU DAS NICHT!
KOMM, SIMON!
„PERFEKTER ORGANIS-MUS", JA?
THFFFFF
„ULTIMATIVER ÜBERLEBENDER".
THOCK
SKREEEEEEEEEE
„MUTTERS PLAN".
MIR IST ES EGAL, OB DU ALL DAS *BIST* ...
THFFFFFFFFFFFFFFFFF
... *MEINE* HERDE BLEIBT AM LEBEN.
THOCK
SKRREEEEAAAWWWWWK
DU *NIMMST SIE MIR--*

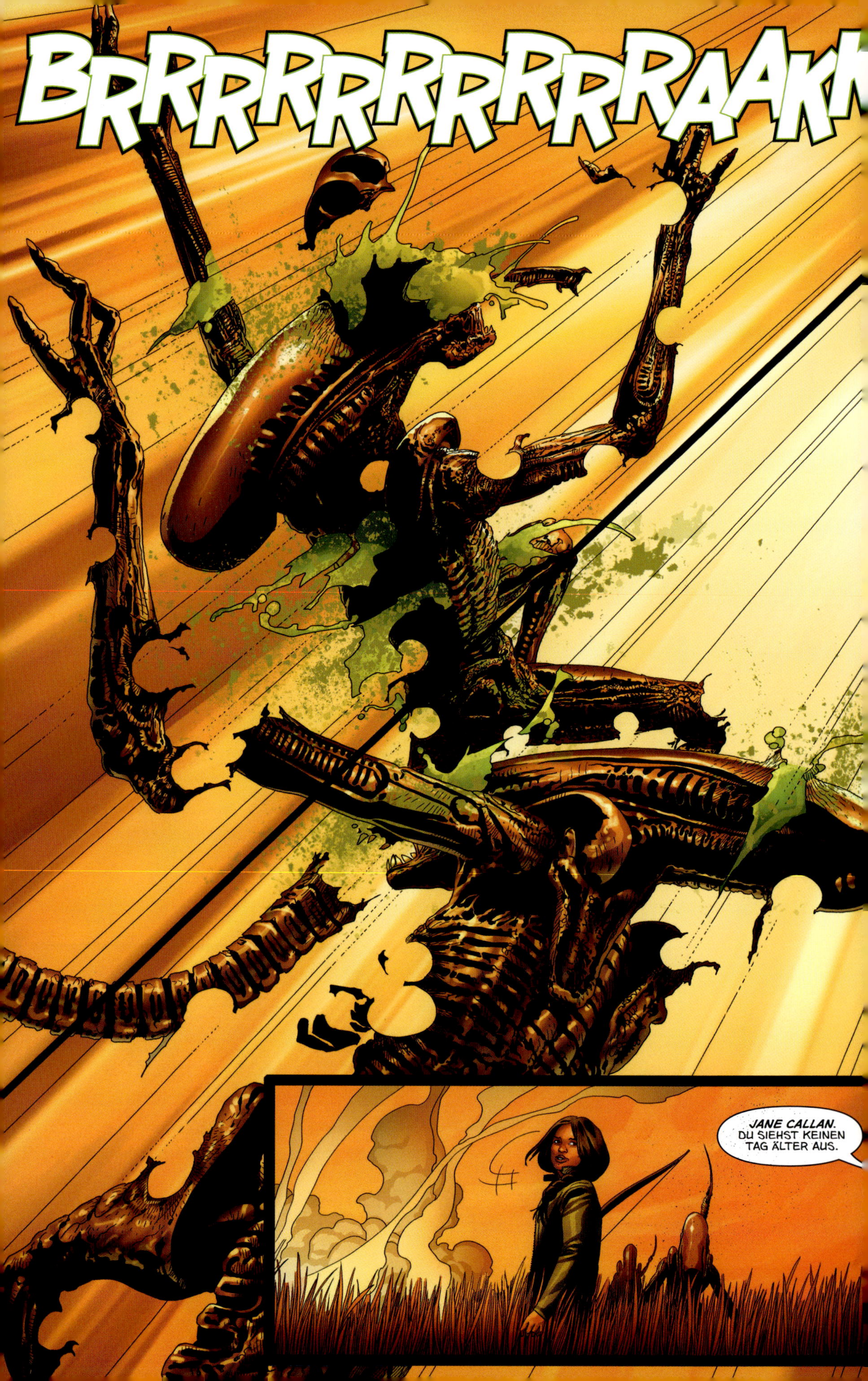
BRRRRRRRRRRAAK
JANE CALLAN. DU SIEHST KEINEN TAG ÄLTER AUS.

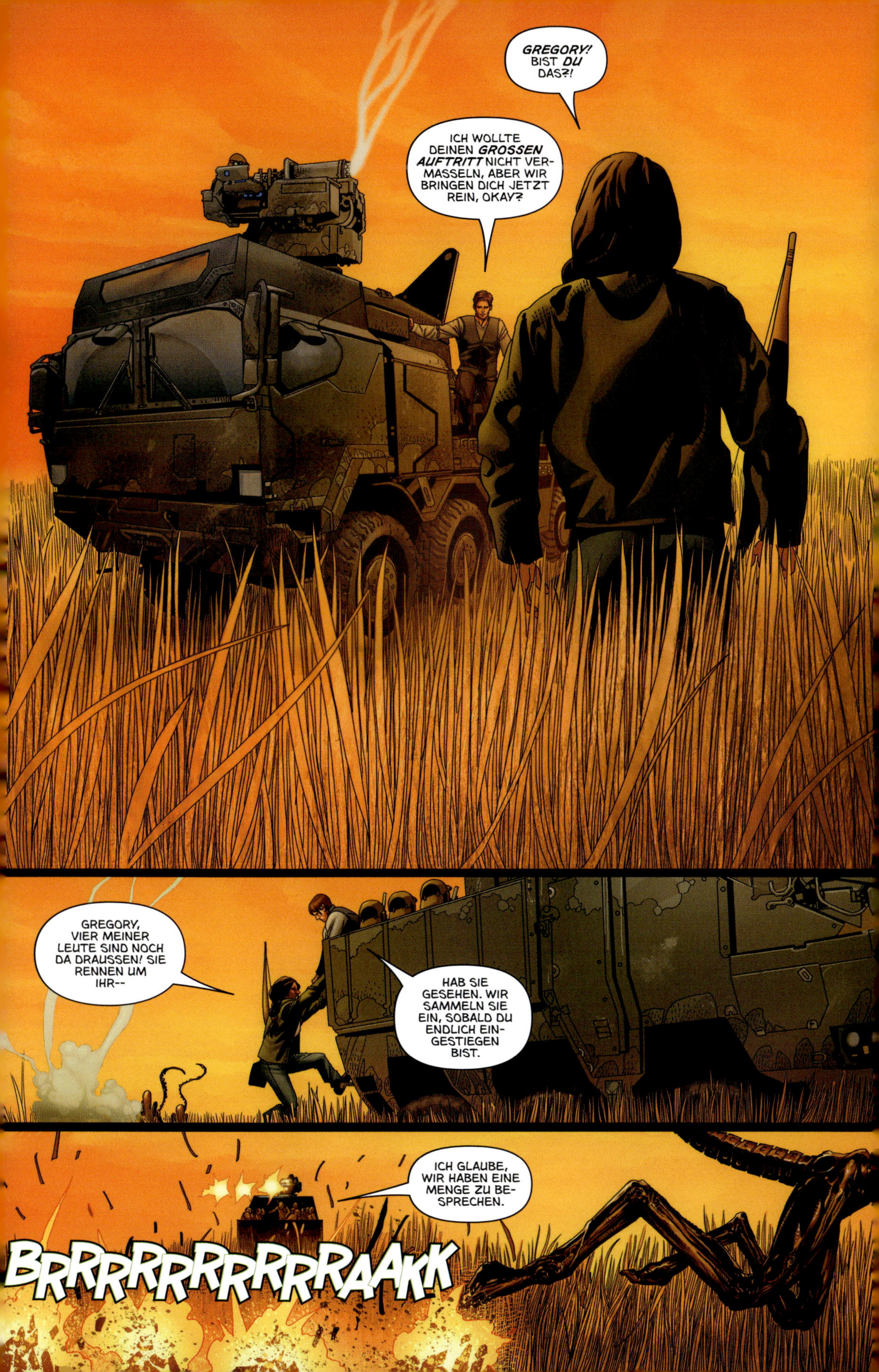
GREGORY! BIST DU DAS?!
ICH WOLLTE DEINEN GROSSEN AUFTRITT NICHT VERMASSELN, ABER WIR BRINGEN DICH JETZT REIN, OKAY?
GREGORY, VIER MEINER LEUTE SIND NOCH DA DRAUSSEN! SIE RENNEN UM IHR--
HAB SIE GESEHEN. WIR SAMMELN SIE EIN, SOBALD DU ENDLICH EINGESTIEGEN BIST.
ICH GLAUBE, WIR HABEN EINE MENGE ZU BESPRECHEN.
BRRRRRRRRRRRAAKK

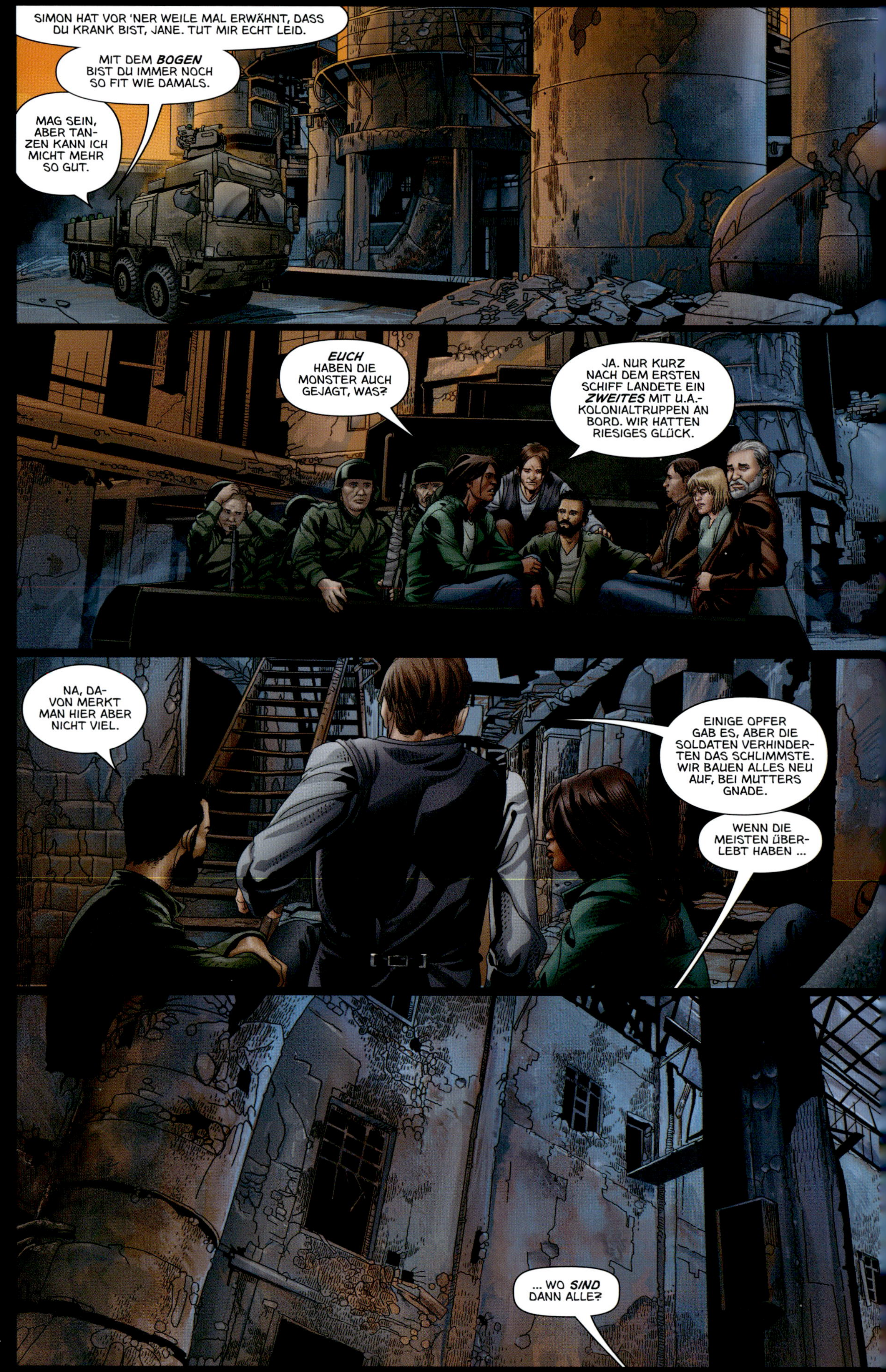
SIMON HAT VOR 'NER WEILE MAL ERWÄHNT, DASS DU KRANK BIST, JANE. TUT MIR ECHT LEID.
MIT DEM BOGEN BIST DU IMMER NOCH SO FIT WIE DAMALS.
MAG SEIN, ABER TANZEN KANN ICH NICHT MEHR SO GUT.
EUCH HABEN DIE MONSTER AUCH GEJAGT, WAS?
JA. NUR KURZ NACH DEM ERSTEN SCHIFF LANDETE EIN ZWEITES MIT U.A.-KOLONIALTRUPPEN AN BORD. WIR HATTEN RIESIGES GLÜCK.
NA, DAVON MERKT MAN HIER ABER NICHT VIEL.
EINIGE OPFER GAB ES, ABER DIE SOLDATEN VERHINDERTEN DAS SCHLIMMSTE. WIR BAUEN ALLES NEU AUF, BEI MUTTERS GNADE.
WENN DIE MEISTEN ÜBERLEBT HABEN ...
... WO SIND DANN ALLE?

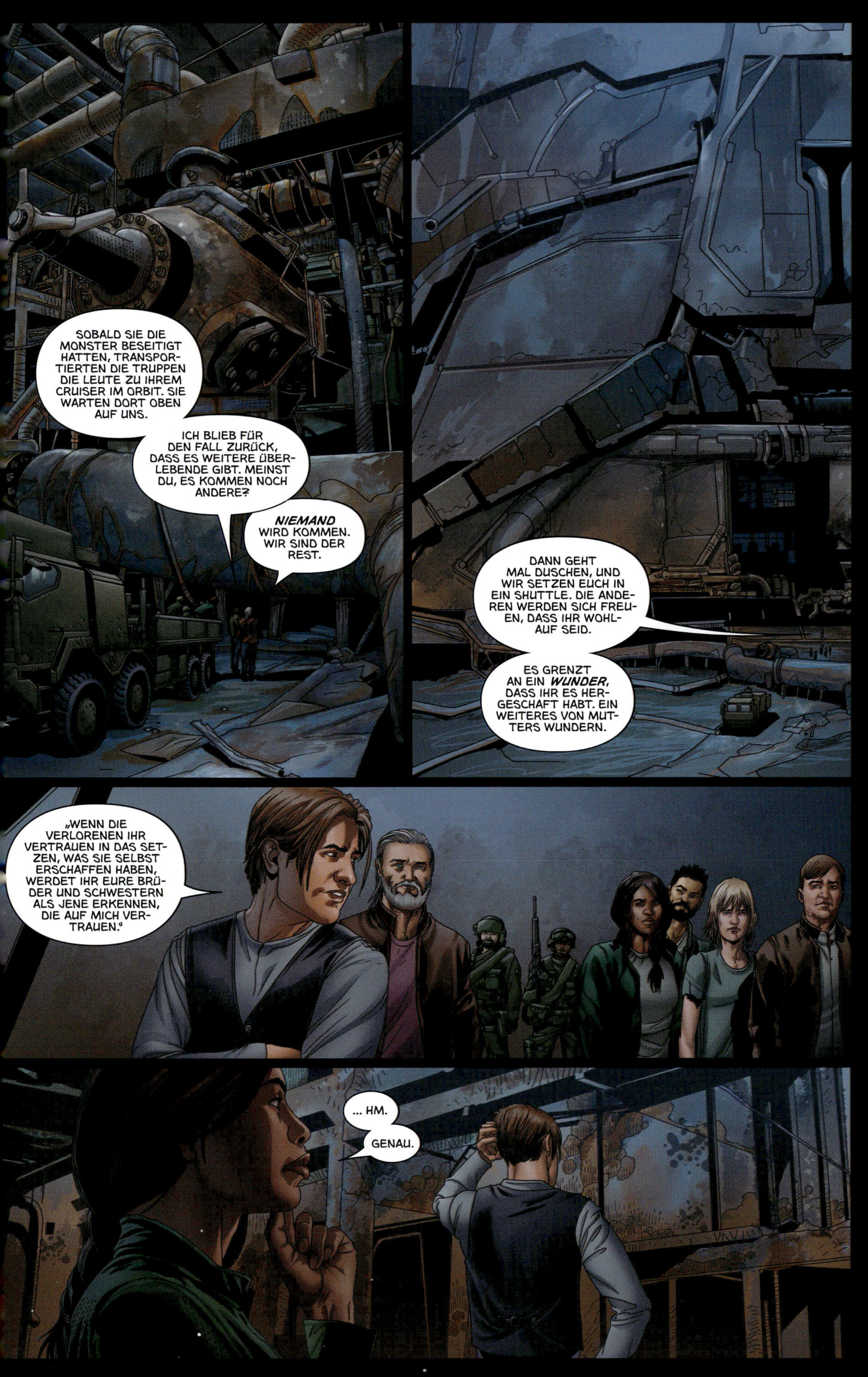
SOBALD SIE DIE MONSTER BESEITIGT HATTEN, TRANSPORTIERTEN DIE TRUPPEN DIE LEUTE ZU IHREM CRUISER IM ORBIT. SIE WARTEN DORT OBEN AUF UNS.
ICH BLIEB FÜR DEN FALL ZURÜCK, DASS ES WEITERE ÜBERLEBENDE GIBT. MEINST DU, ES KOMMEN NOCH ANDERE?
NIEMAND WIRD KOMMEN. WIR SIND DER REST.
DANN GEHT MAL DUSCHEN, UND WIR SETZEN EUCH IN EIN SHUTTLE. DIE ANDEREN WERDEN SICH FREUEN, DASS IHR WOHLAUF SEID.
ES GRENZT AN EIN *WUNDER*, DASS IHR ES HERGESCHAFT HABT. EIN WEITERES VON MUTTERS WUNDERN.
„WENN DIE VERLORENEN IHR VERTRAUEN IN DAS SETZEN, WAS SIE SELBST ERSCHAFFEN HABEN, WERDET IHR EURE BRÜDER UND SCHWESTERN ALS JENE ERKENNEN, DIE AUF MICH VERTRAUEN."
... HM.
GENAU.

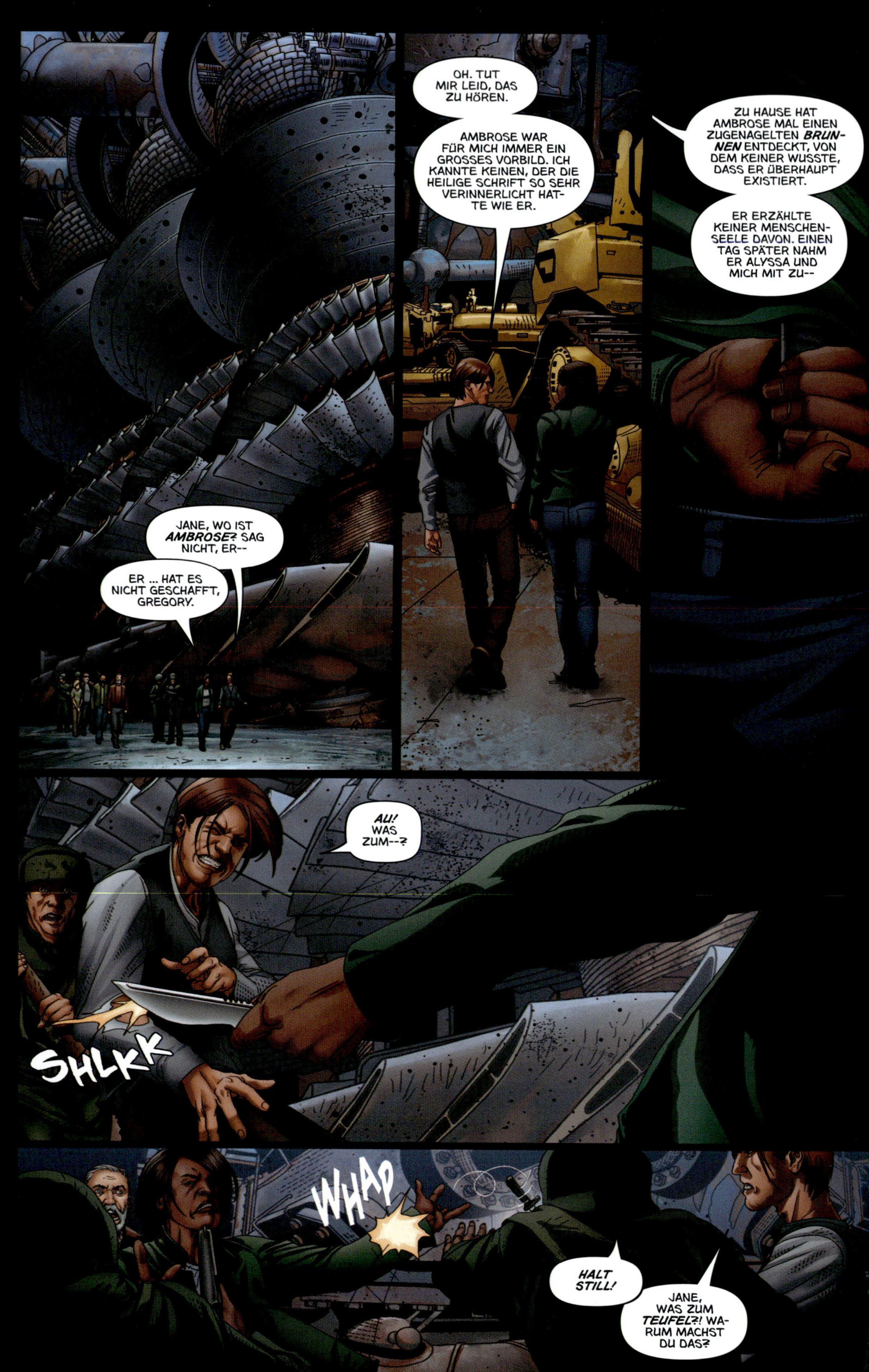
JANE, WO IST AMBROSE? SAG NICHT, ER--
ER ... HAT ES NICHT GESCHAFFT, GREGORY.
OH. TUT MIR LEID, DAS ZU HÖREN.
AMBROSE WAR FÜR MICH IMMER EIN GROSSES VORBILD. ICH KANNTE KEINEN, DER DIE HEILIGE SCHRIFT SO SEHR VERINNERLICHT HATTE WIE ER.
ZU HAUSE HAT AMBROSE MAL EINEN ZUGENAGELTEN BRUNNEN ENTDECKT, VON DEM KEINER WUSSTE, DASS ER ÜBERHAUPT EXISTIERT.
ER ERZÄHLTE KEINER MENSCHENSEELE DAVON. EINEN TAG SPÄTER NAHM ER ALYSSA UND MICH MIT ZU--
AU! WAS ZUM--?
SHLKK
WHAP
HALT STILL!
JANE, WAS ZUM TEUFEL?! WARUM MACHST DU DAS?

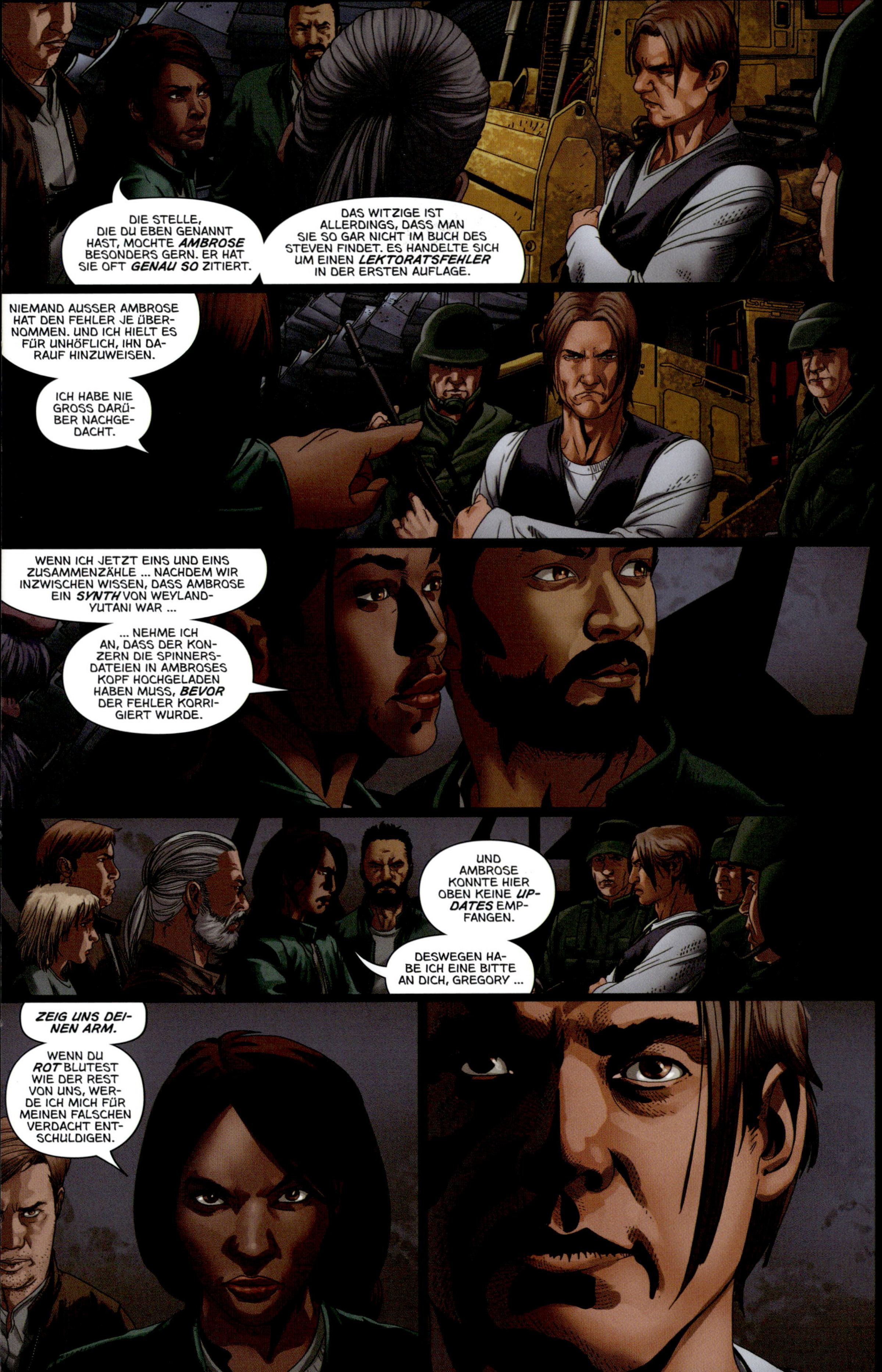
DIE STELLE, DIE DU EBEN GENANNT HAST, MOCHTE AMBROSE BESONDERS GERN. ER HAT SIE OFT GENAU SO ZITIERT.
DAS WITZIGE IST ALLERDINGS, DASS MAN SIE SO GAR NICHT IM BUCH DES STEVEN FINDET. ES HANDELTE SICH UM EINEN LEKTORATSFEHLER IN DER ERSTEN AUFLAGE.
NIEMAND AUSSER AMBROSE HAT DEN FEHLER JE ÜBERNOMMEN. UND ICH HIELT ES FÜR UNHÖFLICH, IHN DARAUF HINZUWEISEN.
ICH HABE NIE GROSS DARÜBER NACHGEDACHT.
WENN ICH JETZT EINS UND EINS ZUSAMMENZÄHLE ... NACHDEM WIR INZWISCHEN WISSEN, DASS AMBROSE EIN SYNTH VON WEYLAND-YUTANI WAR ...
... NEHME ICH AN, DASS DER KONZERN DIE SPINNERSDATEIEN IN AMBROSES KOPF HOCHGELADEN HABEN MUSS, BEVOR DER FEHLER KORRIGIERT WURDE.
UND AMBROSE KONNTE HIER OBEN KEINE UPDATES EMPFANGEN.
DESWEGEN HABE ICH EINE BITTE AN DICH, GREGORY ...
ZEIG UNS DEINEN ARM.
WENN DU ROT BLUTEST WIE DER REST VON UNS, WERDE ICH MICH FÜR MEINEN FALSCHEN VERDACHT ENTSCHULDIGEN.

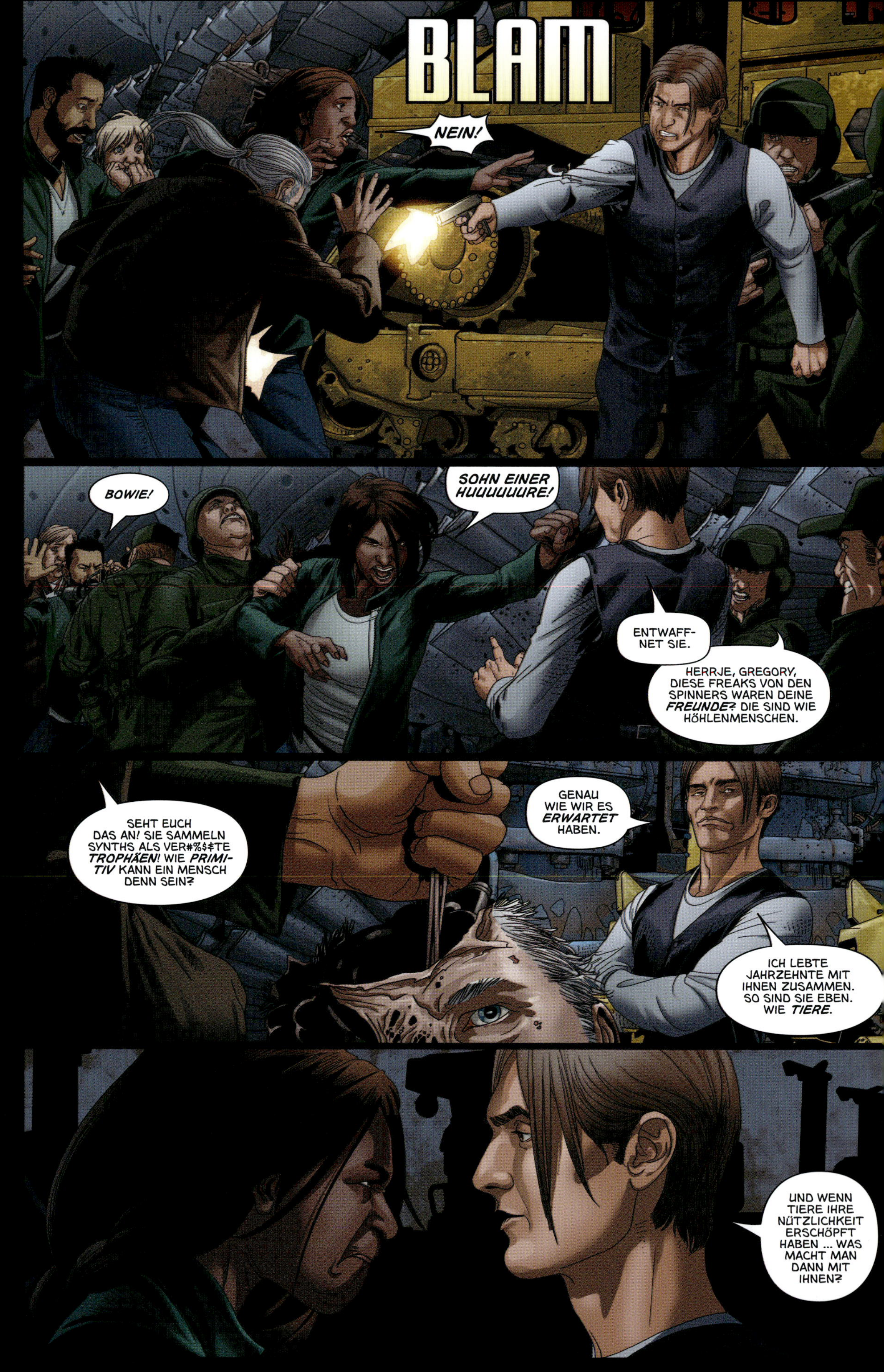
BLAM
NEIN!
BOWIE!
SOHN EINER HUUUUUURE!
ENTWAFF-NET SIE.
HERRJE, GREGORY, DIESE FREAKS VON DEN SPINNERS WAREN DEINE FREUNDE? DIE SIND WIE HÖHLENMENSCHEN.
SEHT EUCH DAS AN! SIE SAMMELN SYNTHS ALS VER#%$‡TE TROPHÄEN! WIE PRIMI-TIV KANN EIN MENSCH DENN SEIN?
GENAU WIE WIR ES ERWARTET HABEN.
ICH LEBTE JAHRZEHNTE MIT IHNEN ZUSAMMEN. SO SIND SIE EBEN. WIE TIERE.
UND WENN TIERE IHRE NÜTZLICHKEIT ERSCHÖPFT HABEN ... WAS MACHT MAN DANN MIT IHNEN?

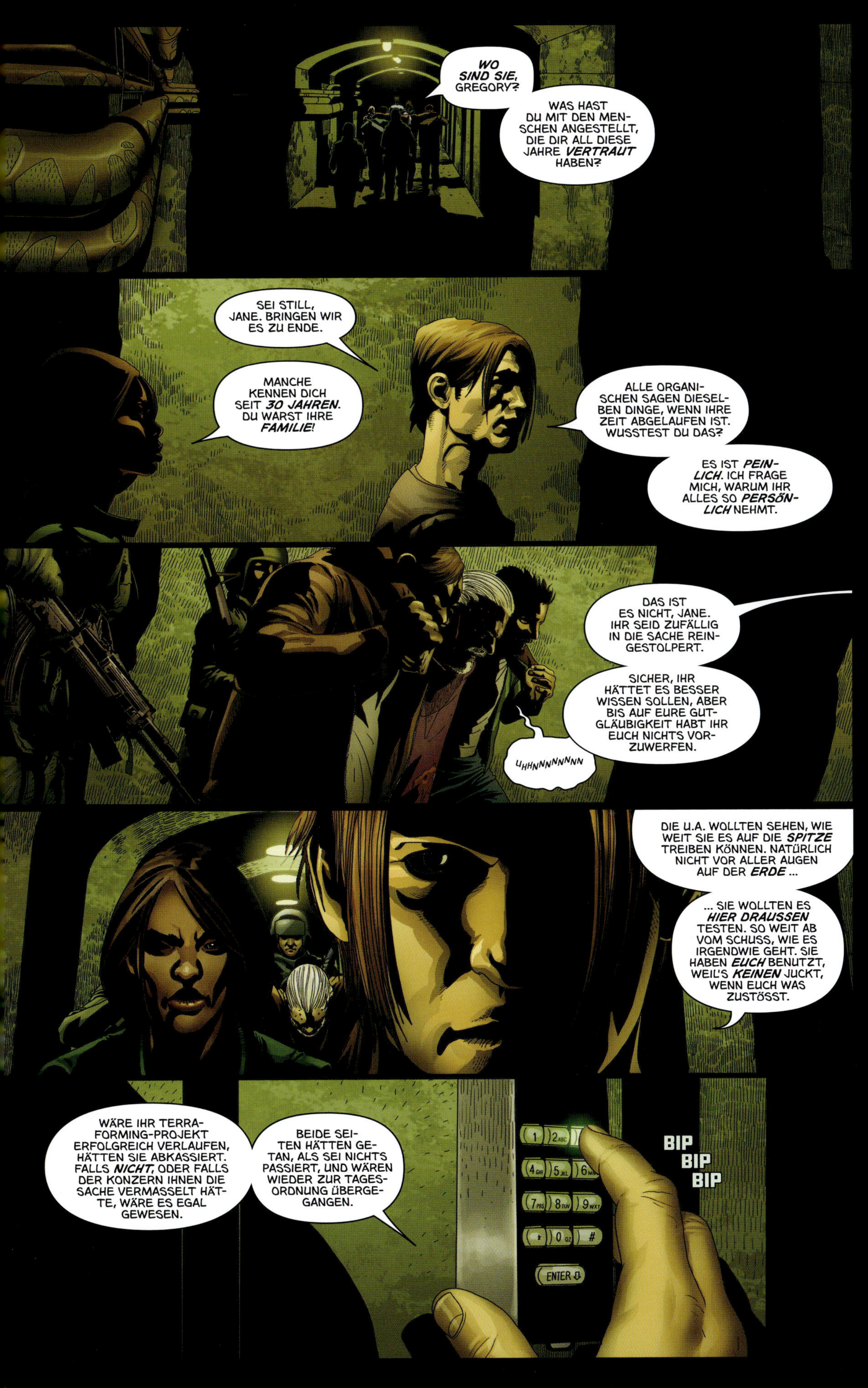
WO SIND SIE, GREGORY?
WAS HAST DU MIT DEN MENSCHEN ANGESTELLT, DIE DIR ALL DIESE JAHRE VERTRAUT HABEN?
SEI STILL, JANE. BRINGEN WIR ES ZU ENDE.
MANCHE KENNEN DICH SEIT 30 JAHREN. DU WARST IHRE FAMILIE!
ALLE ORGANISCHEN SAGEN DIESELBEN DINGE, WENN IHRE ZEIT ABGELAUFEN IST. WUSSTEST DU DAS?
ES IST PEINLICH. ICH FRAGE MICH, WARUM IHR ALLES SO PERSÖNLICH NEHMT.
DAS IST ES NICHT, JANE. IHR SEID ZUFÄLLIG IN DIE SACHE REINGESTOLPERT.
SICHER, IHR HÄTTET ES BESSER WISSEN SOLLEN, ABER BIS AUF EURE GUTGLÄUBIGKEIT HABT IHR EUCH NICHTS VORZUWERFEN.
UHHNNNNNNNN
DIE U.A. WOLLTEN SEHEN, WIE WEIT SIE ES AUF DIE SPITZE TREIBEN KÖNNEN. NATÜRLICH NICHT VOR ALLER AUGEN AUF DER ERDE ...
... SIE WOLLTEN ES HIER DRAUSSEN TESTEN. SO WEIT AB VOM SCHUSS, WIE ES IRGENDWIE GEHT. SIE HABEN EUCH BENUTZT, WEIL'S KEINEN JUCKT, WENN EUCH WAS ZUSTÖSST.
WÄRE IHR TERRAFORMING-PROJEKT ERFOLGREICH VERLAUFEN, HÄTTEN SIE ABKASSIERT. FALLS NICHT, ODER FALLS DER KONZERN IHNEN DIE SACHE VERMASSELT HÄTTE, WÄRE ES EGAL GEWESEN.
BEIDE SEITEN HÄTTEN GETAN, ALS SEI NICHTS PASSIERT, UND WÄREN WIEDER ZUR TAGESORDNUNG ÜBERGEGANGEN.
BIP
BIP
BIP

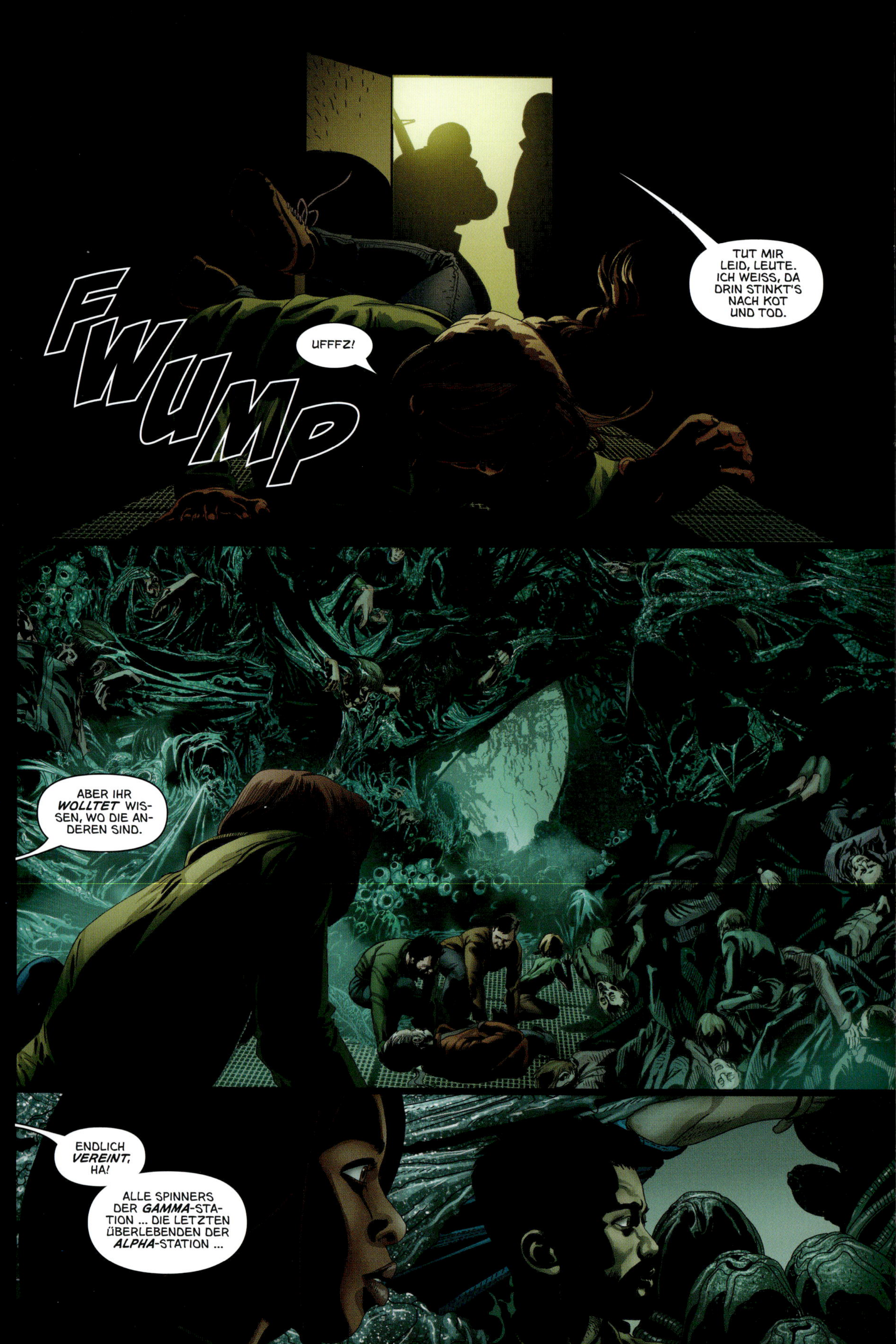
TUT MIR LEID, LEUTE. ICH WEISS, DA DRIN STINKT'S NACH KOT UND TOD.
FWUMP
UFFFZ!
ABER IHR WOLLTET WISSEN, WO DIE ANDEREN SIND.
ENDLICH VEREINT, HA!
ALLE SPINNERS DER GAMMA-STATION ... DIE LETZTEN ÜBERLEBENDEN DER ALPHA-STATION ...

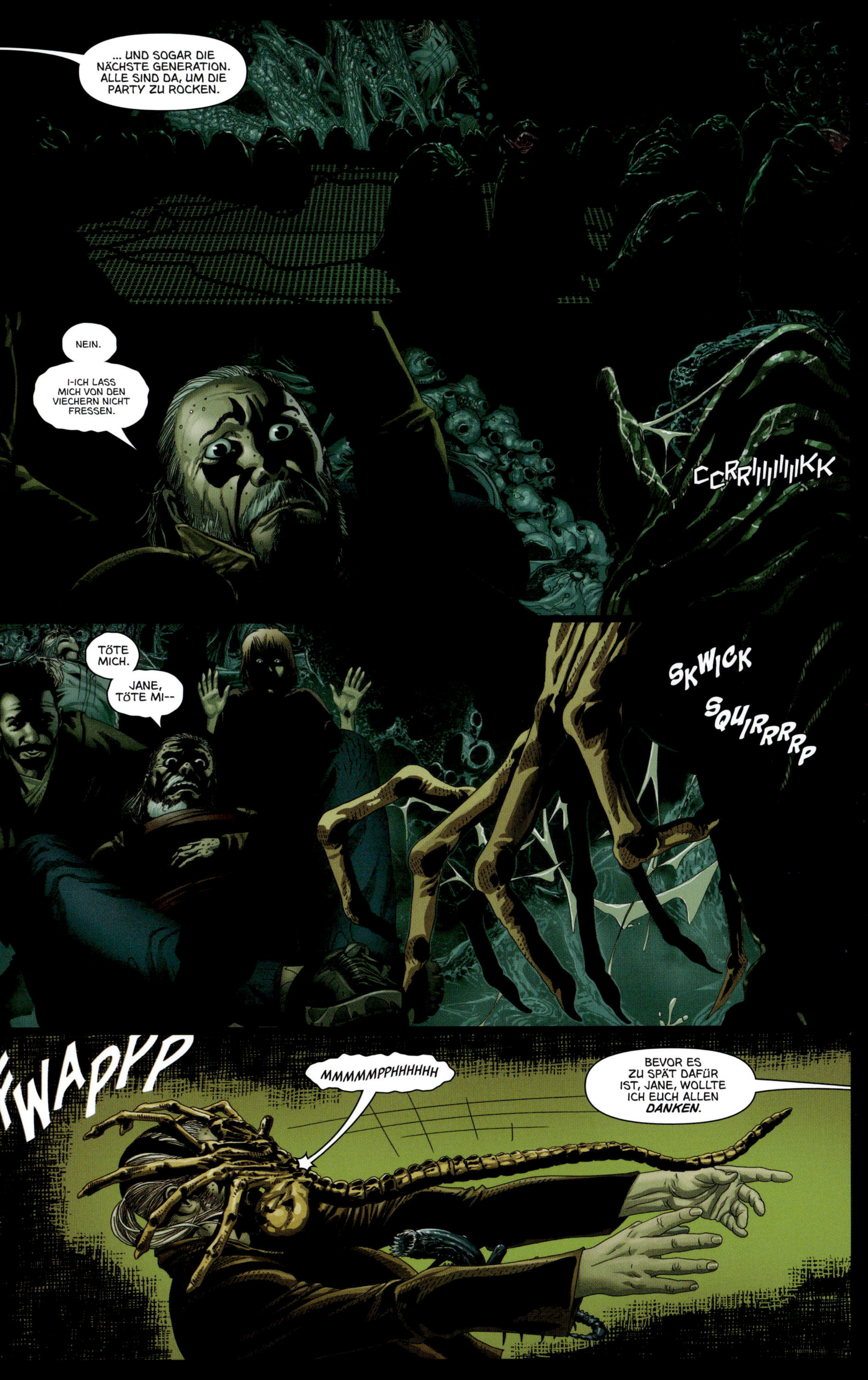
... UND SOGAR DIE NÄCHSTE GENERATION. ALLE SIND DA, UM DIE PARTY ZU ROCKEN.
NEIN.
I-ICH LASS MICH VON DEN VIECHERN NICHT FRESSEN.
CCRRIIIIIIIKK
TÖTE MICH.
JANE, TÖTE MI--
SKWICK
SQUIRRRRP
FWAPYP
MMMMMPPHHHHHH
BEVOR ES ZU SPÄT DAFÜR IST, JANE, WOLLTE ICH EUCH ALLEN *DANKEN*.

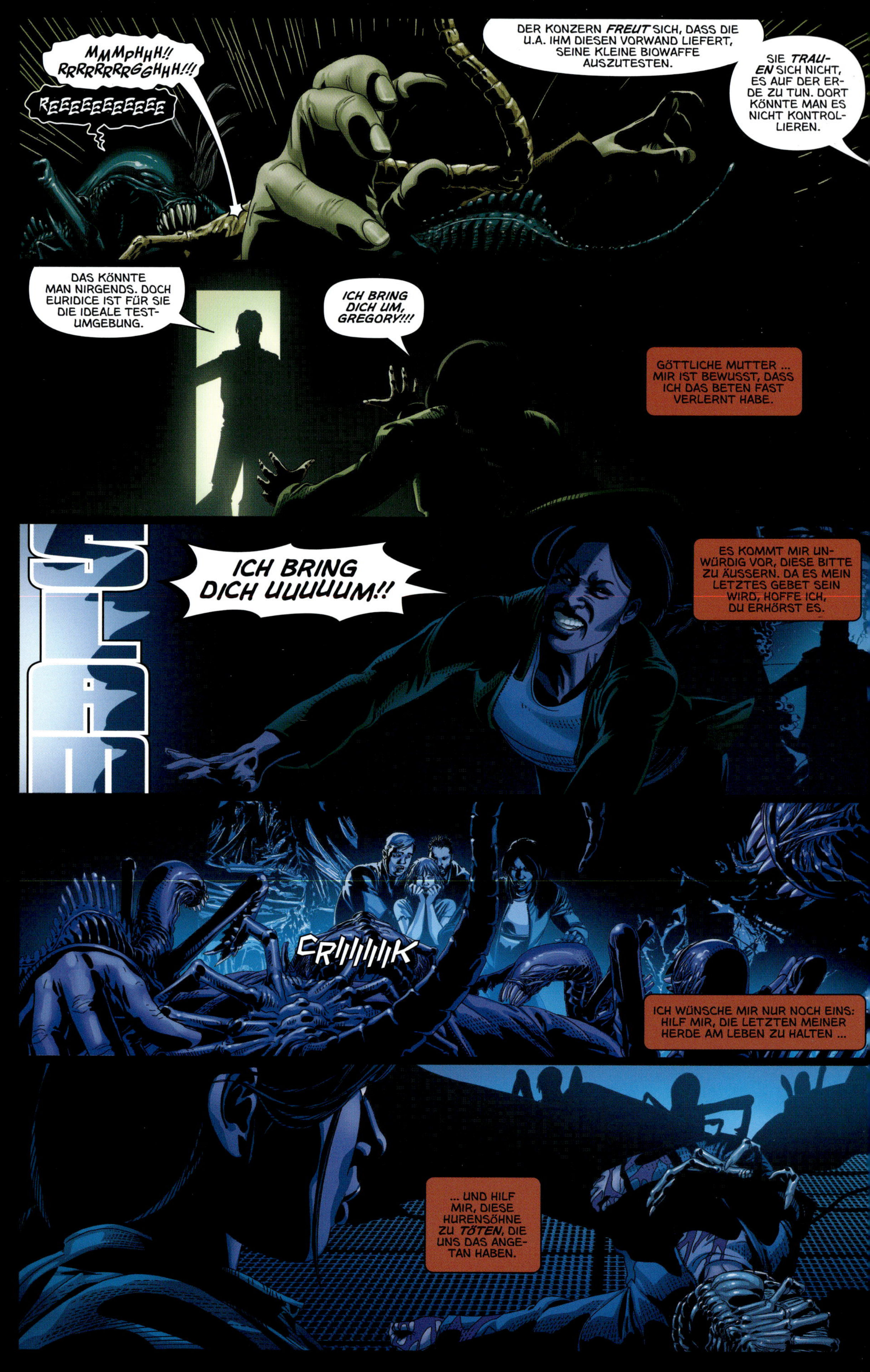
MMMPHHH!!
RRRRRRRRGGHHH!!!
REEEEEEEEEEEE
DER KONZERN FREUT SICH, DASS DIE U.A. IHM DIESEN VORWAND LIEFERT, SEINE KLEINE BIOWAFFE AUSZUTESTEN.
SIE TRAUEN SICH NICHT, ES AUF DER ERDE ZU TUN. DORT KÖNNTE MAN ES NICHT KONTROLLIEREN.
DAS KÖNNTE MAN NIRGENDS. DOCH EURIDICE IST FÜR SIE DIE IDEALE TESTUMGEBUNG.
ICH BRING DICH UM, GREGORY!!!
GÖTTLICHE MUTTER ... MIR IST BEWUSST, DASS ICH DAS BETEN FAST VERLERNT HABE.
ICH BRING DICH UUUUUM!!
ES KOMMT MIR UNWÜRDIG VOR, DIESE BITTE ZU ÄUSSERN. DA ES MEIN LETZTES GEBET SEIN WIRD, HOFFE ICH, DU ERHÖRST ES.
CRIIIIIK
ICH WÜNSCHE MIR NUR NOCH EINS: HILF MIR, DIE LETZTEN MEINER HERDE AM LEBEN ZU HALTEN ...
... UND HILF MIR, DIESE HURENSÖHNE ZU TÖTEN, DIE UNS DAS ANGETAN HABEN.

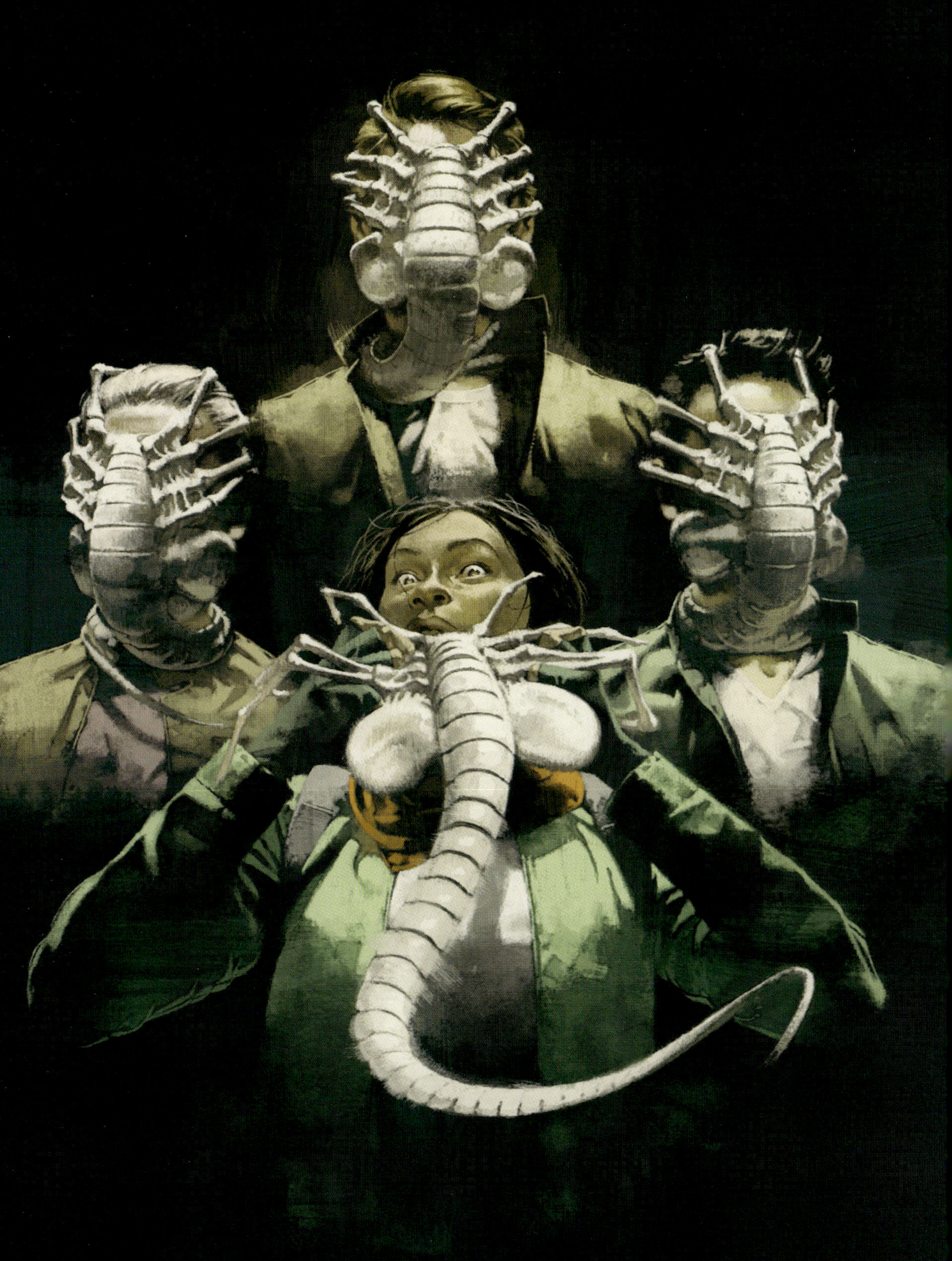

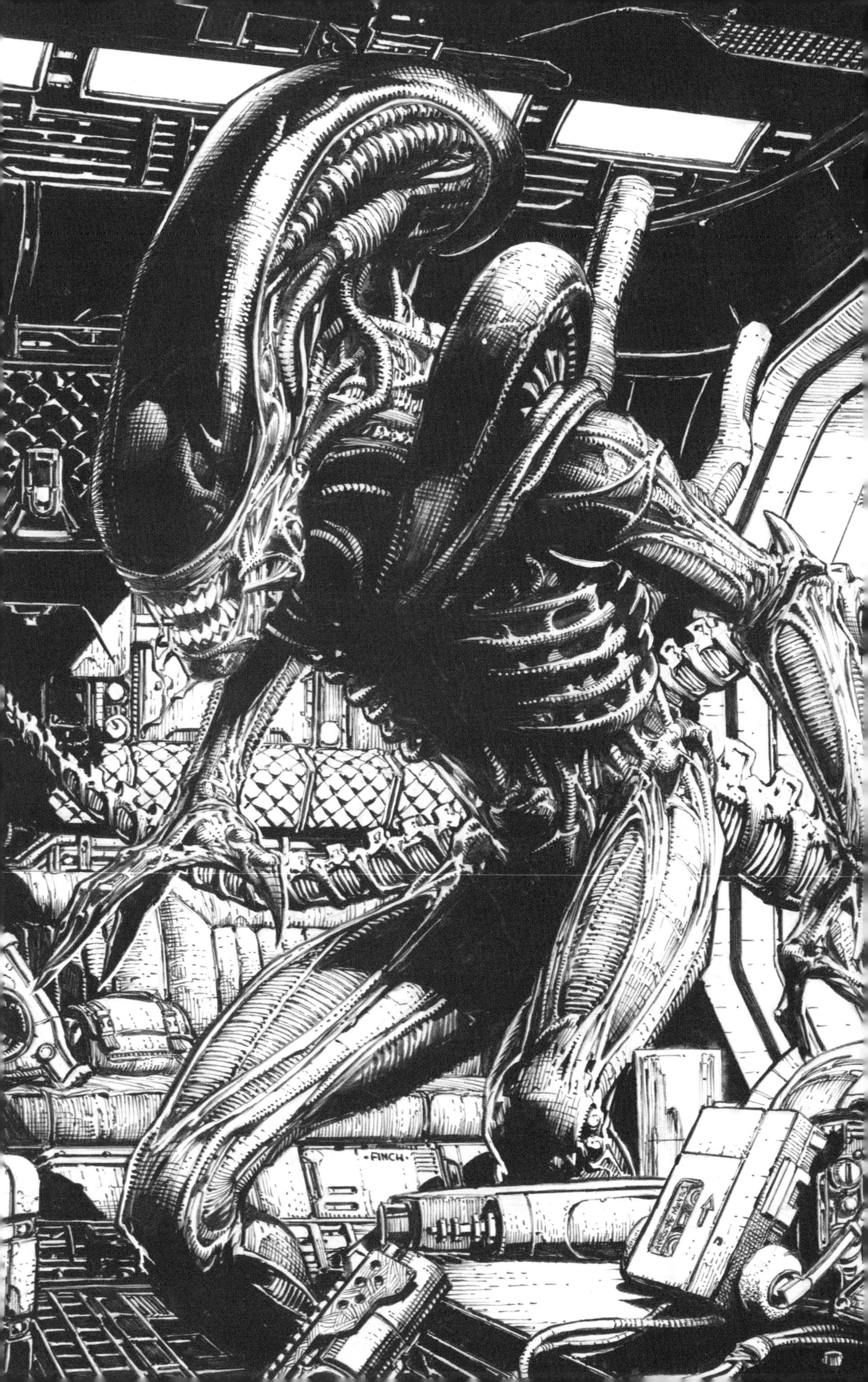
FINCH

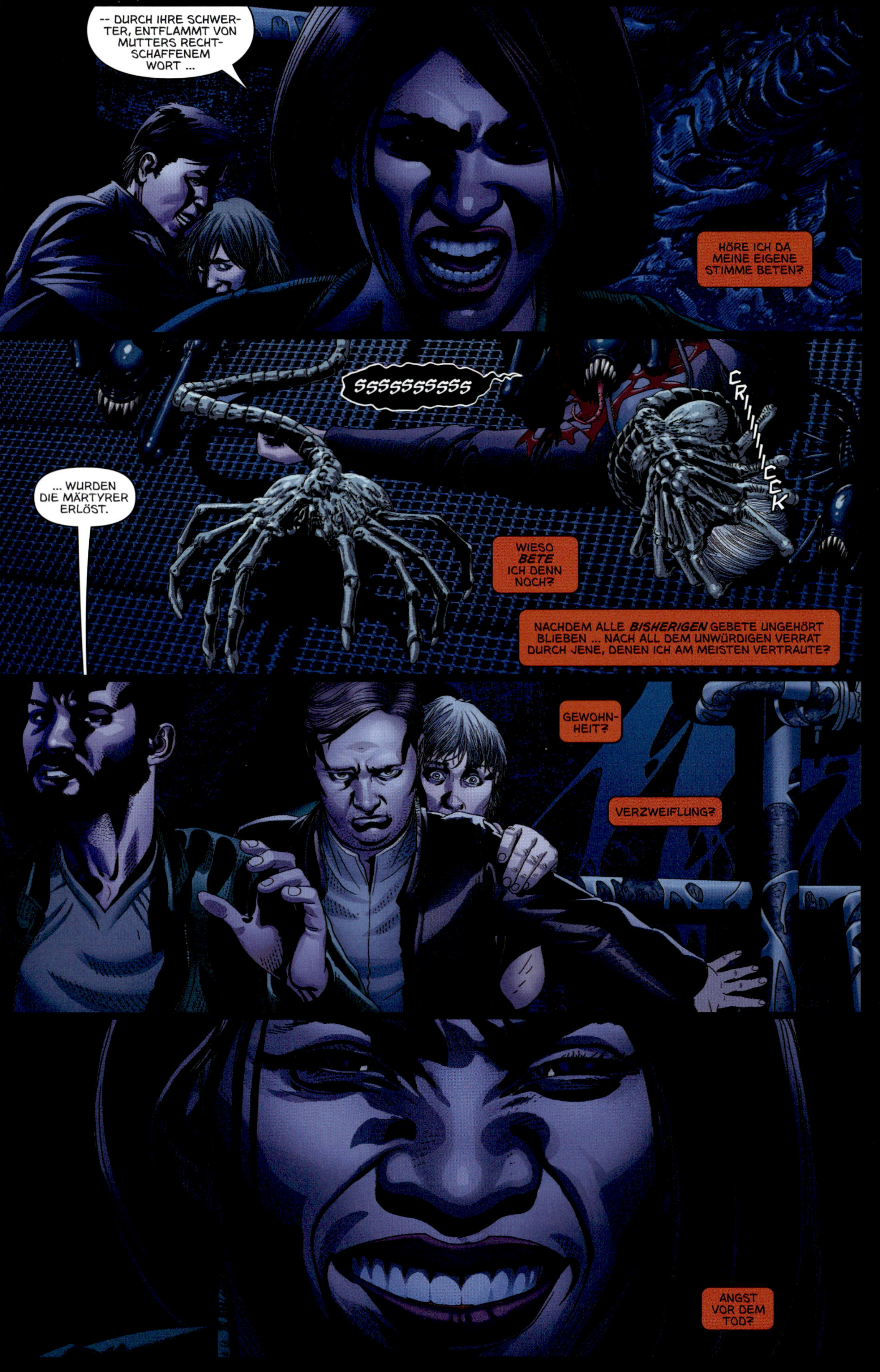
-- DURCH IHRE SCHWERTER, ENTFLAMMT VON MUTTERS RECHTSCHAFFENEM WORT ...
HÖRE ICH DA MEINE EIGENE STIMME BETEN?
SSSSSSSSSS
CRIIIIIICCK
... WURDEN DIE MÄRTYRER ERLÖST.
WIESO *BETE* ICH DENN NOCH?
NACHDEM ALLE *BISHERIGEN* GEBETE UNGEHÖRT BLIEBEN ... NACH ALL DEM UNWÜRDIGEN VERRAT DURCH JENE, DENEN ICH AM MEISTEN VERTRAUTE?
GEWOHNHEIT?
VERZWEIFLUNG?
ANGST VOR DEM TOD?

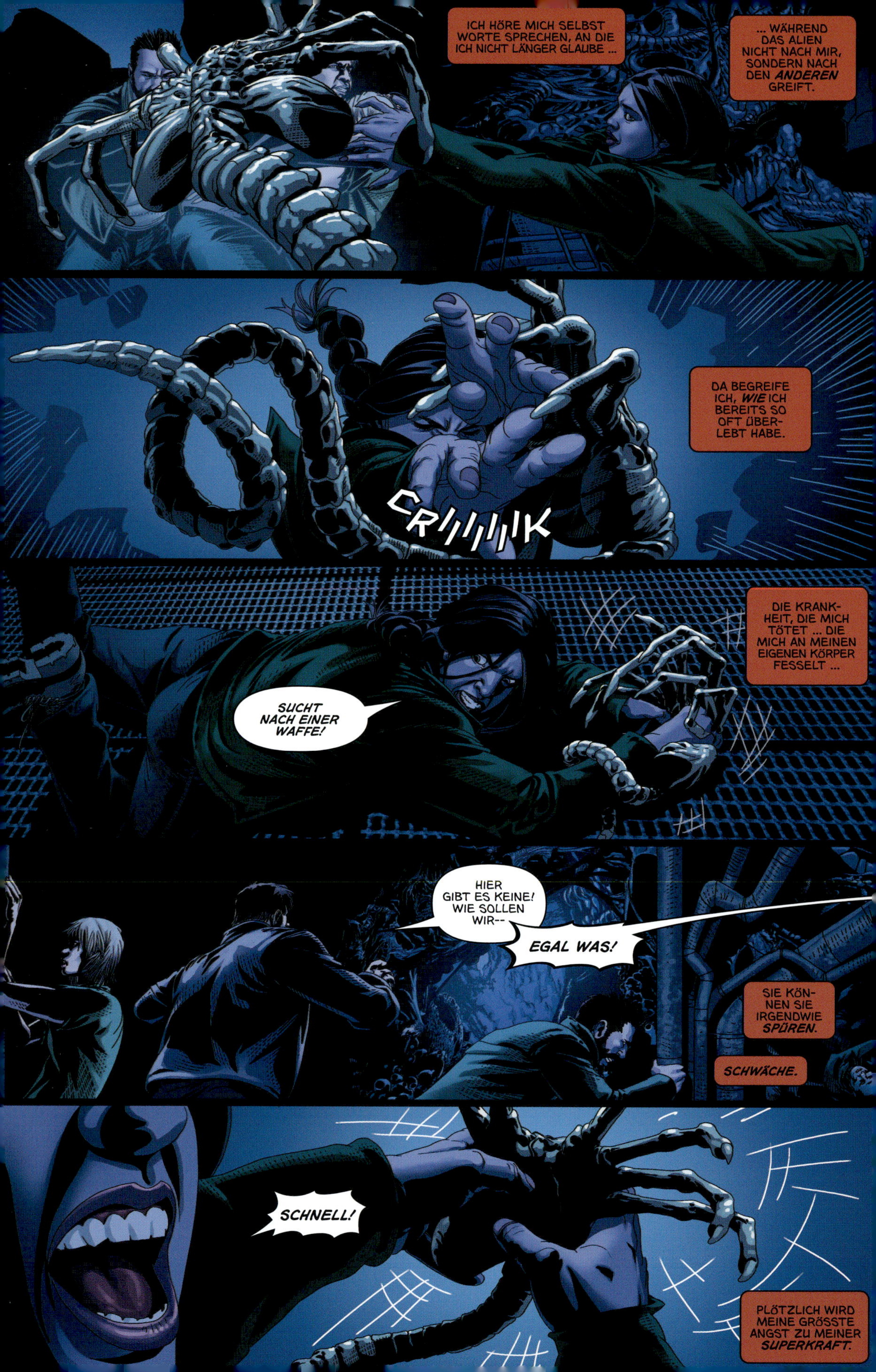
ICH HÖRE MICH SELBST WORTE SPRECHEN, AN DIE ICH NICHT LÄNGER GLAUBE ...
... WÄHREND DAS ALIEN NICHT NACH MIR, SONDERN NACH DEN *ANDEREN* GREIFT.
DA BEGREIFE ICH, *WIE* ICH BEREITS SO OFT ÜBERLEBT HABE.
CRIIIIIIK
DIE KRANKHEIT, DIE MICH TÖTET ... DIE MICH AN MEINEN EIGENEN KÖRPER FESSELT ...
SUCHT NACH EINER WAFFE!
HIER GIBT ES KEINE! WIE SOLLEN WIR--
EGAL WAS!
SIE KÖNNEN SIE IRGENDWIE *SPÜREN*.
SCHWÄCHE.
SCHNELL!
PLÖTZLICH WIRD MEINE GRÖSSTE ANGST ZU MEINER *SUPERKRAFT*.

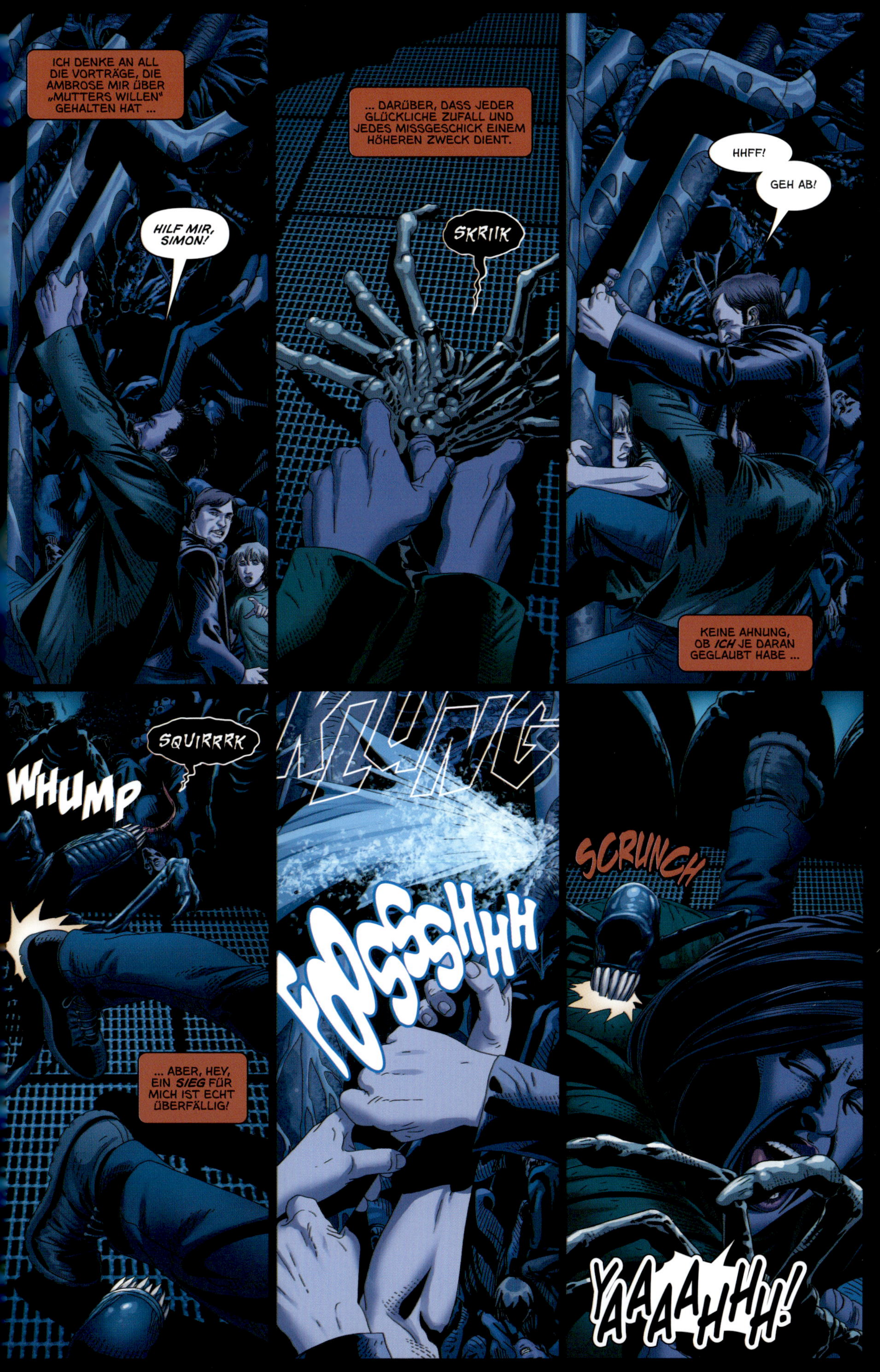

ICH DENKE AN ALL DIE VORTRÄGE, DIE AMBROSE MIR ÜBER „MUTTERS WILLEN“ GEHALTEN HAT ...
HILF MIR, SIMON!
... DARÜBER, DASS JEDER GLÜCKLICHE ZUFALL UND JEDES MISSGESCHICK EINEM HÖHEREN ZWECK DIENT.
SKRIIK
HHFF!
GEH AB!
KEINE AHNUNG, OB ICH JE DARAN GEGLAUBT HABE ...
SQUIRRRK
WHUMP
... ABER, HEY, EIN SIEG FÜR MICH IST ECHT ÜBERFÄLLIG!
SCRUNCH
YAAAHHH!

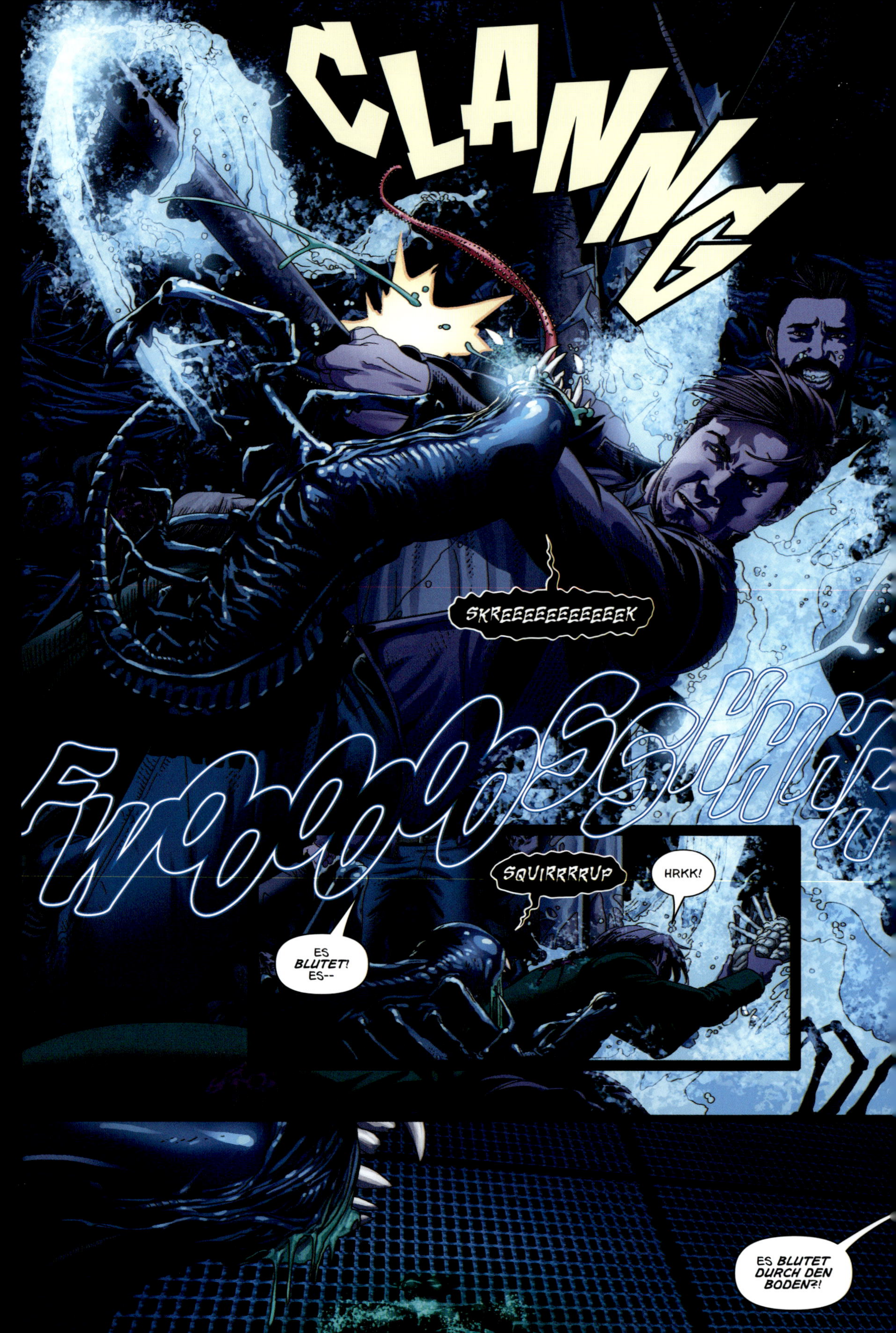
CLANNG
SKREEEEEEEEEEEK
SQUIRRRRUP
HRKK!
ES BLUTET! ES--
ES BLUTET DURCH DEN BODEN?!

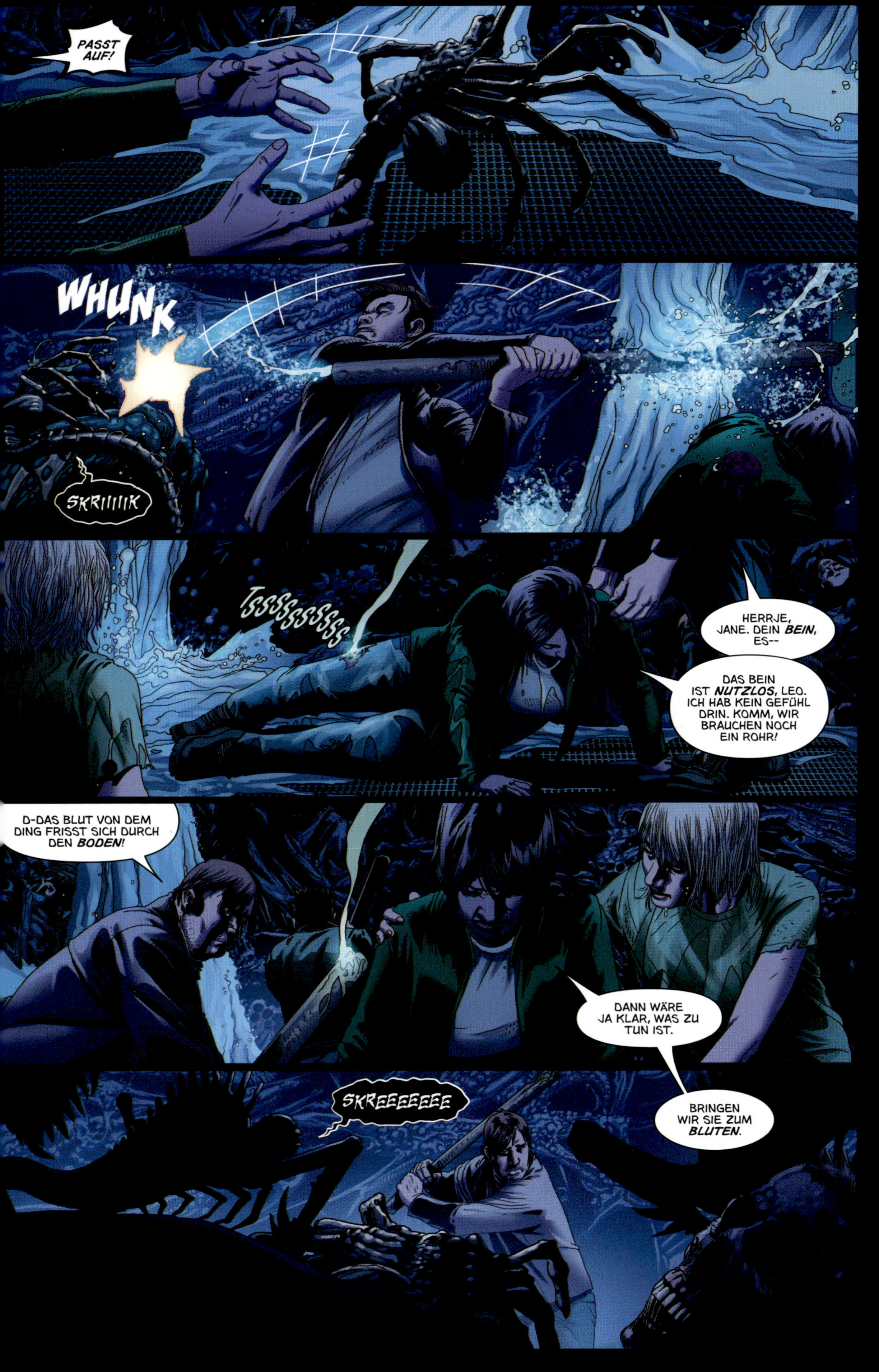
PASST AUF!
WHUNK
SKRIIIIIK
TSSSSSSSSSS
HERRJE, JANE. DEIN BEIN, ES--
DAS BEIN IST NUTZLOS, LEO. ICH HAB KEIN GEFÜHL DRIN. KOMM, WIR BRAUCHEN NOCH EIN ROHR!
D-DAS BLUT VON DEM DING FRISST SICH DURCH DEN BODEN!
DANN WÄRE JA KLAR, WAS ZU TUN IST.
BRINGEN WIR SIE ZUM BLUTEN.
SKREEEEEEEE

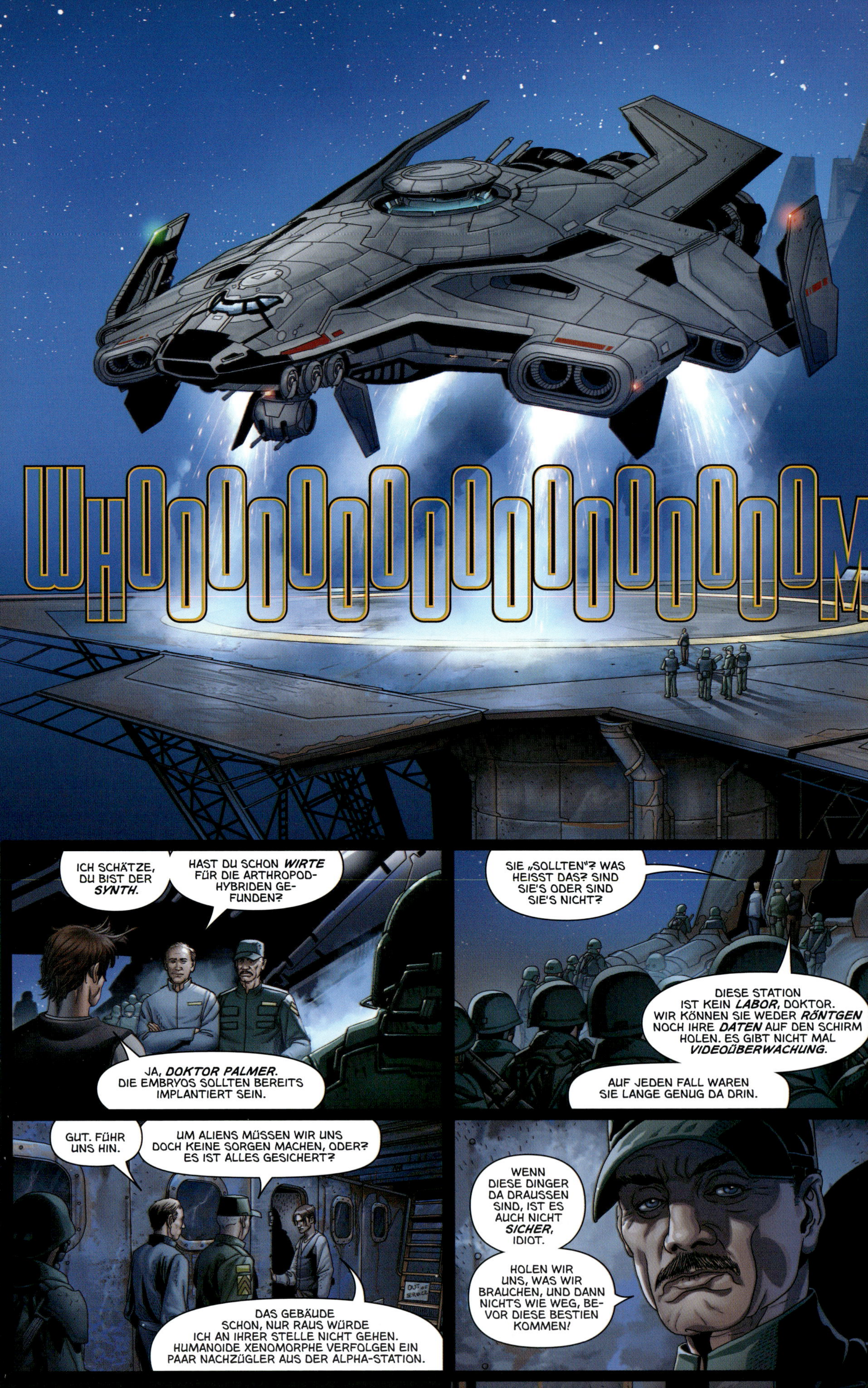
WHOOOOOOOOOOOOOOOOM
ICH SCHÄTZE, DU BIST DER SYNTH.
HAST DU SCHON WIRTE FÜR DIE ARTHROPOD-HYBRIDEN GEFUNDEN?
JA, DOKTOR PALMER. DIE EMBRYOS SOLLTEN BEREITS IMPLANTIERT SEIN.
SIE „SOLLTEN"? WAS HEISST DAS? SIND SIE'S ODER SIND SIE'S NICHT?
DIESE STATION IST KEIN LABOR, DOKTOR. WIR KÖNNEN SIE WEDER RÖNTGEN NOCH IHRE DATEN AUF DEN SCHIRM HOLEN. ES GIBT NICHT MAL VIDEOÜBERWACHUNG.
AUF JEDEN FALL WAREN SIE LANGE GENUG DA DRIN.
GUT. FÜHR UNS HIN.
UM ALIENS MÜSSEN WIR UNS DOCH KEINE SORGEN MACHEN, ODER? ES IST ALLES GESICHERT?
DAS GEBÄUDE SCHON, NUR RAUS WÜRDE ICH AN IHRER STELLE NICHT GEHEN. HUMANOIDE XENOMORPHE VERFOLGEN EIN PAAR NACHZÜGLER AUS DER ALPHA-STATION.
WENN DIESE DINGER DA DRAUSSEN SIND, IST ES AUCH NICHT SICHER, IDIOT.
HOLEN WIR UNS, WAS WIR BRAUCHEN, UND DANN NICHTS WIE WEG, BEVOR DIESE BESTIEN KOMMEN!

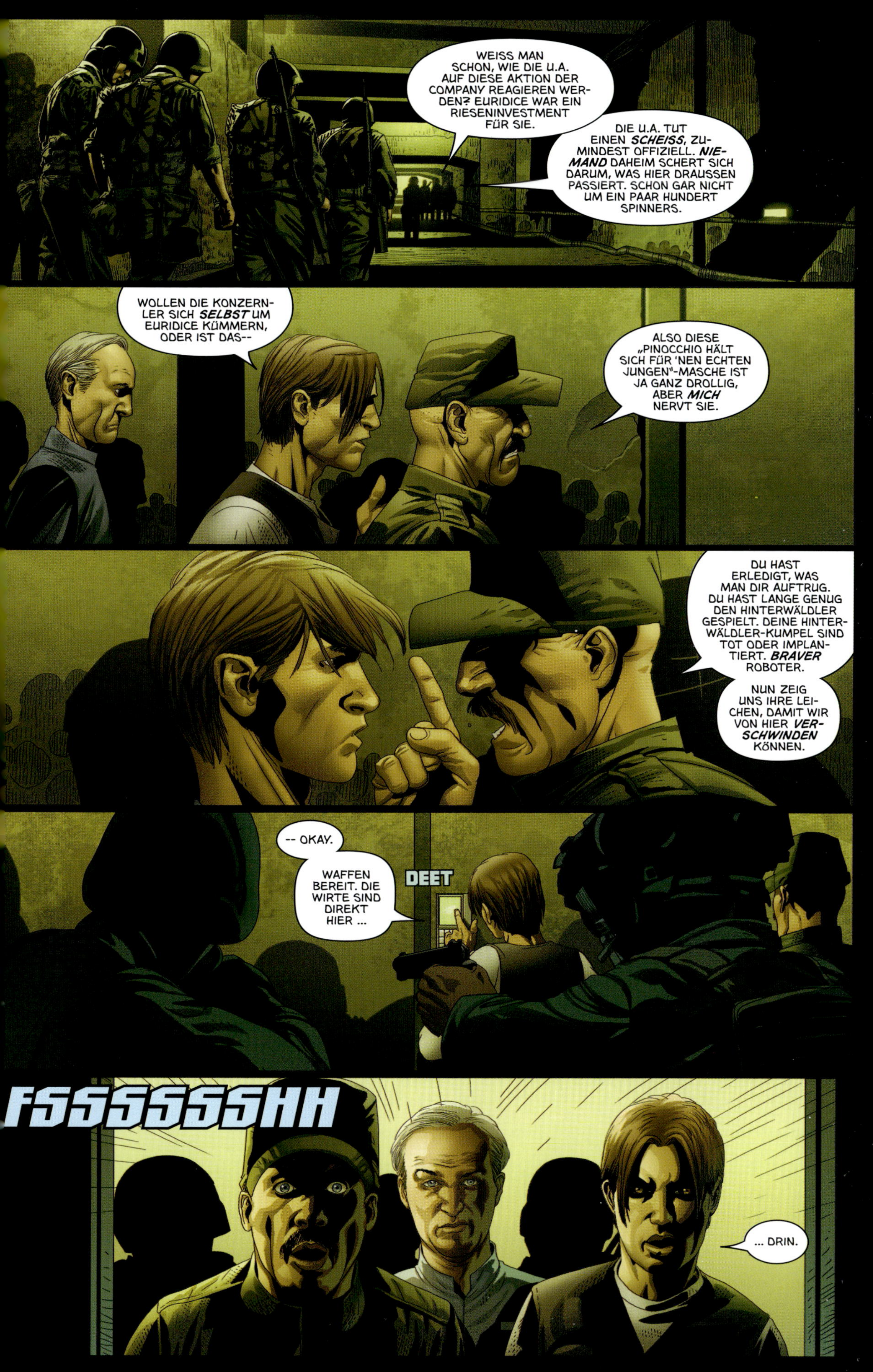

WEISS MAN SCHON, WIE DIE U.A. AUF DIESE AKTION DER COMPANY REAGIEREN WERDEN? EURIDICE WAR EIN RIESENINVESTMENT FÜR SIE.
DIE U.A. TUT EINEN *SCHEISS*, ZUMINDEST OFFIZIELL. *NIEMAND* DAHEIM SCHERT SICH DARUM, WAS HIER DRAUSSEN PASSIERT. SCHON GAR NICHT UM EIN PAAR HUNDERT SPINNERS.
WOLLEN DIE KONZERNLER SICH *SELBST* UM EURIDICE KÜMMERN, ODER IST DAS--
ALSO DIESE „PINOCCHIO HÄLT SICH FÜR 'NEN ECHTEN JUNGEN"-MASCHE IST JA GANZ DROLLIG, ABER *MICH* NERVT SIE.
DU HAST ERLEDIGT, WAS MAN DIR AUFTRUG. DU HAST LANGE GENUG DEN HINTERWÄLDLER GESPIELT. DEINE HINTERWÄLDLER-KUMPEL SIND TOT ODER IMPLANTIERT. *BRAVER* ROBOTER.
NUN ZEIG UNS IHRE LEICHEN, DAMIT WIR VON HIER *VERSCHWINDEN* KÖNNEN.
-- OKAY.
WAFFEN BEREIT. DIE WIRTE SIND DIREKT HIER ...
DEET
FSSSSSSSHH
... DRIN.

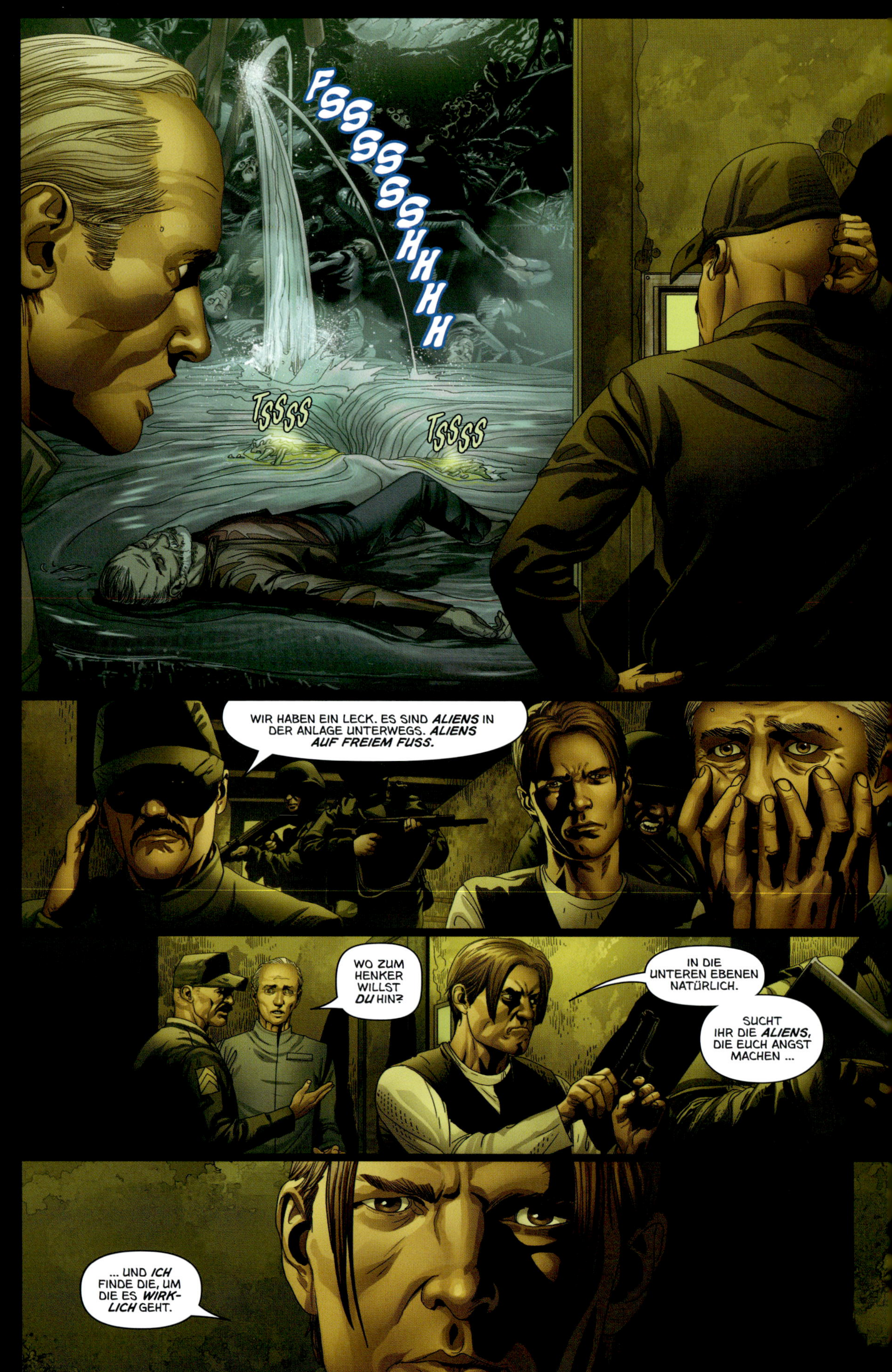
FSSSSSHHHH
TSSSS
TSSSS
WIR HABEN EIN LECK. ES SIND *ALIENS* IN DER ANLAGE UNTERWEGS. *ALIENS AUF FREIEM FUSS.*
WO ZUM HENKER WILLST *DU* HIN?
IN DIE UNTEREN EBENEN NATÜRLICH.
SUCHT IHR DIE *ALIENS*, DIE EUCH ANGST MACHEN ...
... UND *ICH* FINDE DIE, UM DIE ES *WIRKLICH* GEHT.

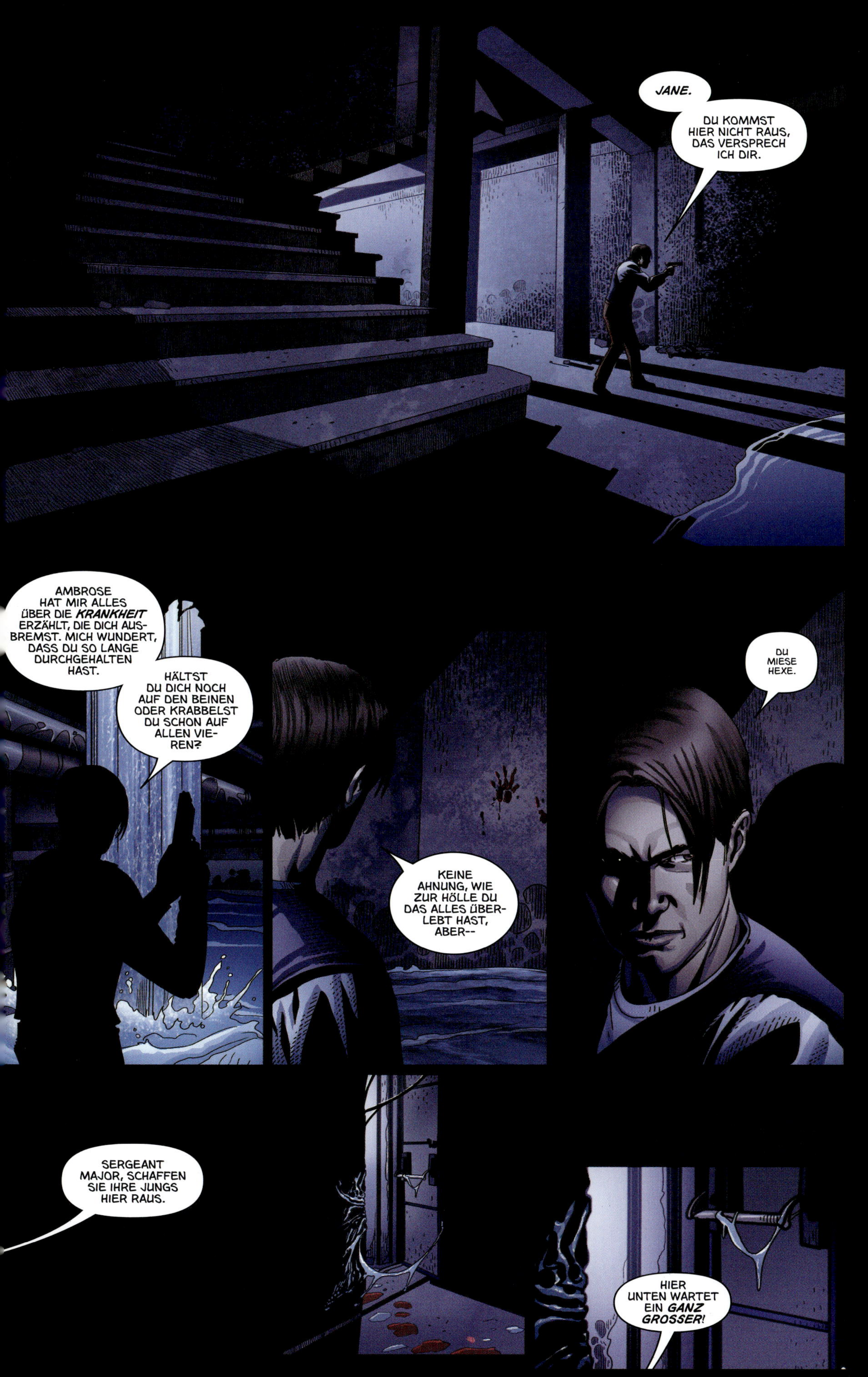
JANE.
DU KOMMST HIER NICHT RAUS, DAS VERSPRECH ICH DIR.
AMBROSE HAT MIR ALLES ÜBER DIE *KRANKHEIT* ERZÄHLT, DIE DICH AUSBREMST. MICH WUNDERT, DASS DU SO LANGE DURCHGEHALTEN HAST.
HÄLTST DU DICH NOCH AUF DEN BEINEN ODER KRABBELST DU SCHON AUF ALLEN VIEREN?
KEINE AHNUNG, WIE ZUR HÖLLE DU DAS ALLES ÜBERLEBT HAST, ABER--
DU MIESE HEXE.
SERGEANT MAJOR, SCHAFFEN SIE IHRE JUNGS HIER RAUS.
HIER UNTEN WARTET EIN *GANZ GROSSER*!

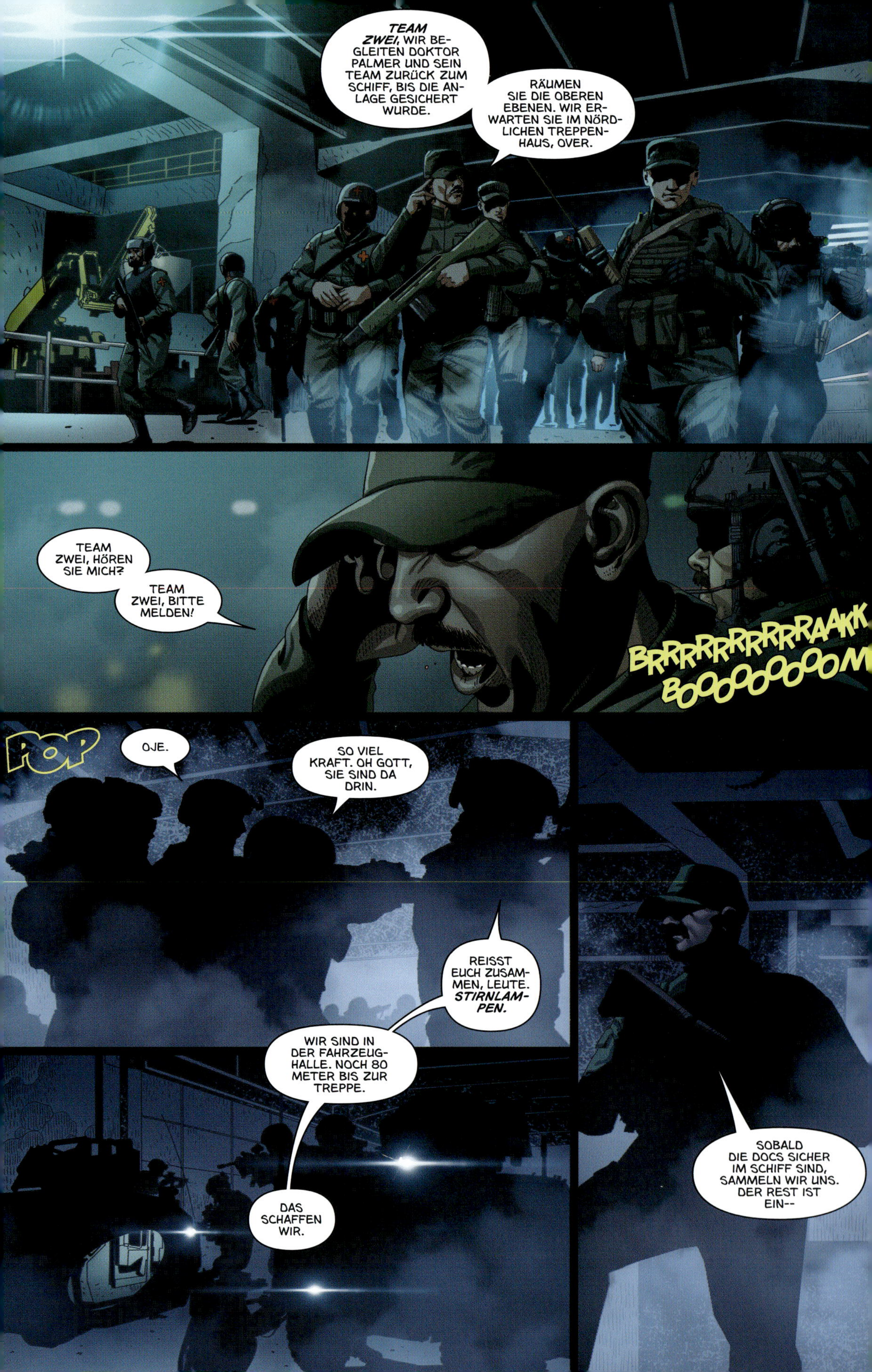
TEAM ZWEI, WIR BEGLEITEN DOKTOR PALMER UND SEIN TEAM ZURÜCK ZUM SCHIFF, BIS DIE ANLAGE GESICHERT WURDE.
RÄUMEN SIE DIE OBEREN EBENEN. WIR ERWARTEN SIE IM NÖRDLICHEN TREPPENHAUS, OVER.
TEAM ZWEI, HÖREN SIE MICH?
TEAM ZWEI, BITTE MELDEN!
BRRRRRRRRRAAKK
BOOOOOOOOOM
POP
OJE.
SO VIEL KRAFT. OH GOTT, SIE SIND DA DRIN.
REISST EUCH ZUSAMMEN, LEUTE. STIRNLAMPEN.
WIR SIND IN DER FAHRZEUGHALLE. NOCH 80 METER BIS ZUR TREPPE.
DAS SCHAFFEN WIR.
SOBALD DIE DOCS SICHER IM SCHIFF SIND, SAMMELN WIR UNS. DER REST IST EIN--

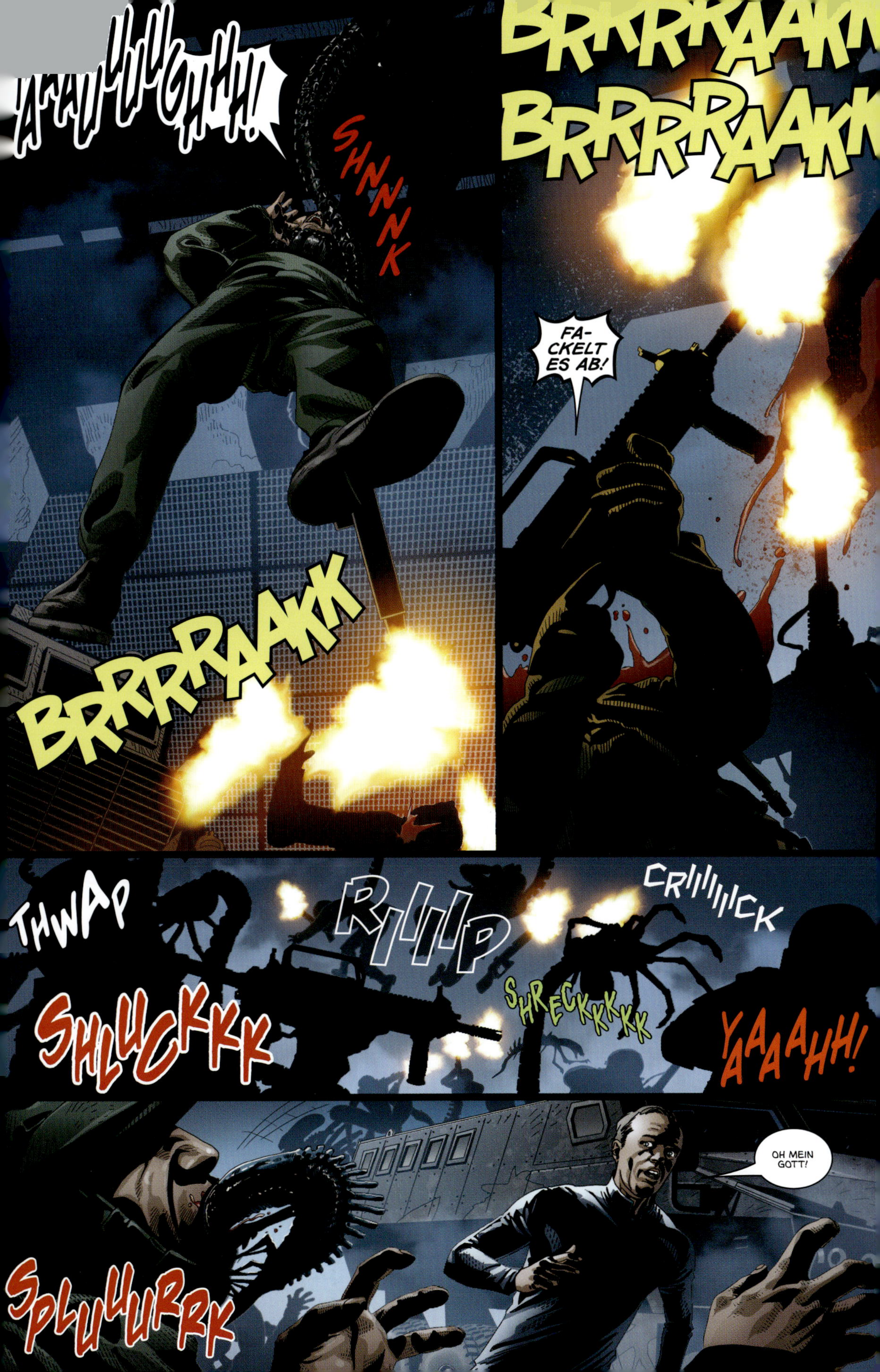
AAAUUUGHHH!
SHNNNK
BRRRRAAKK
BRRRRAAKK
BRRRRAAKK
FA-
CKELT
ES AB!
THWAP
RIIIP
CRIIIIICK
SHLUCKKKK
SHRECKKKKK
YAAAHH!
OH MEIN
GOTT!
SPLUUURRK

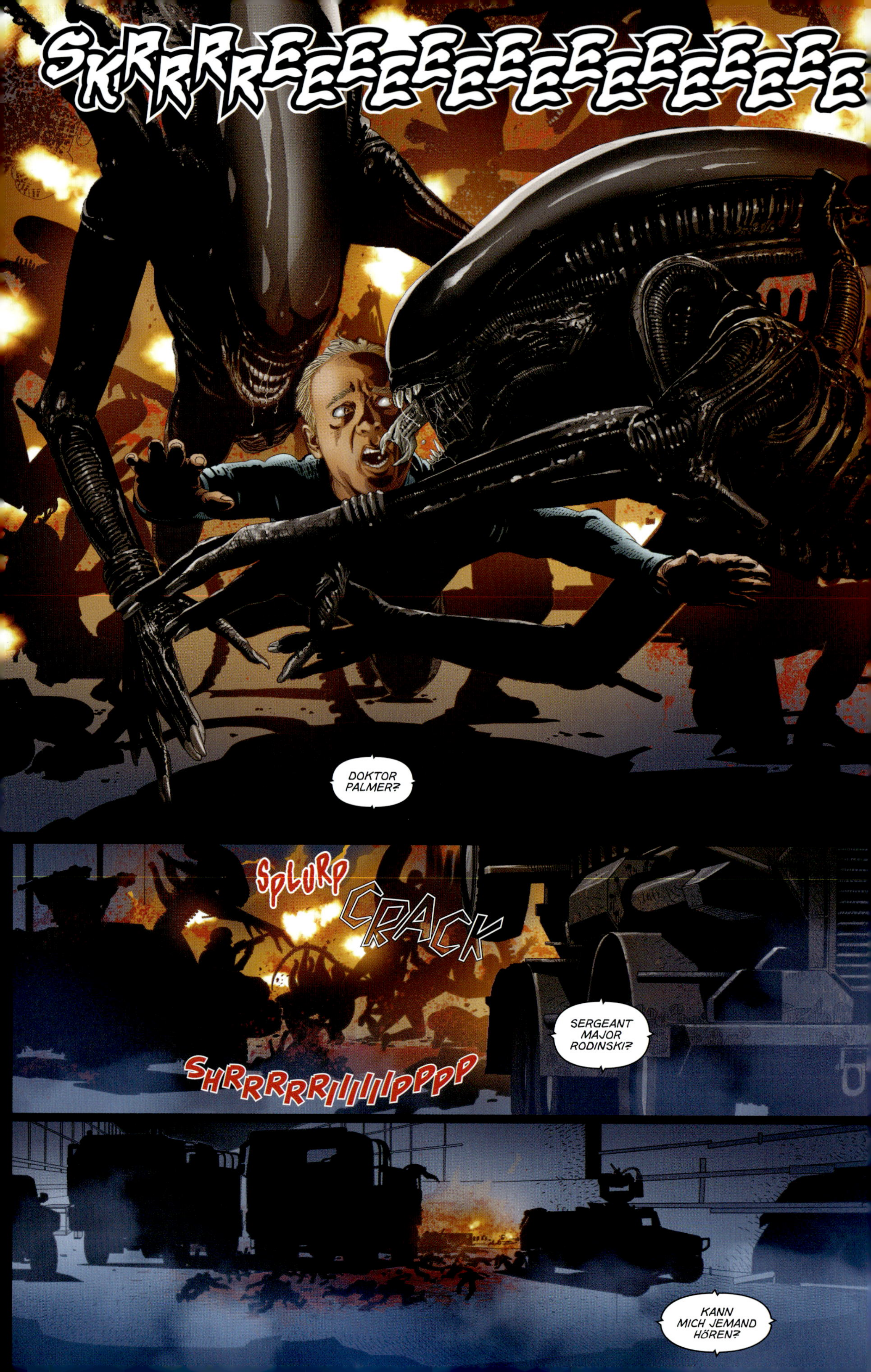
SKRRRREEEEEEEEEEEEEEEEE
DOKTOR PALMER?
SPLURP
CRACK
SHRRRRRIIIIIPPPP
SERGEANT MAJOR RODINSKI?
KANN MICH JEMAND HÖREN?

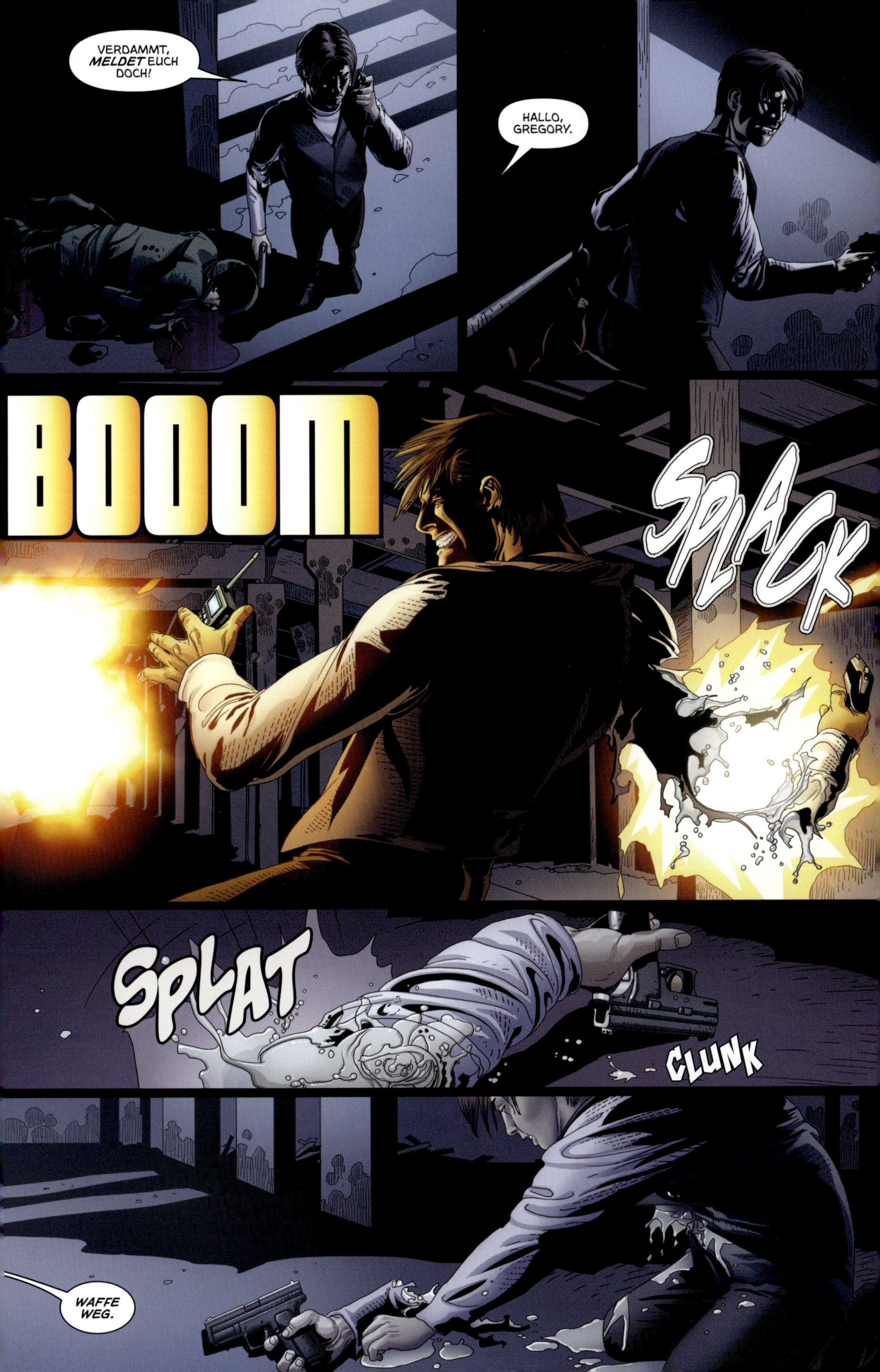
VERDAMMT, *MELDET* EUCH DOCH!
HALLO, GREGORY.
BOOOM
SPLACK
SPLAT
CLUNK
WAFFE WEG.

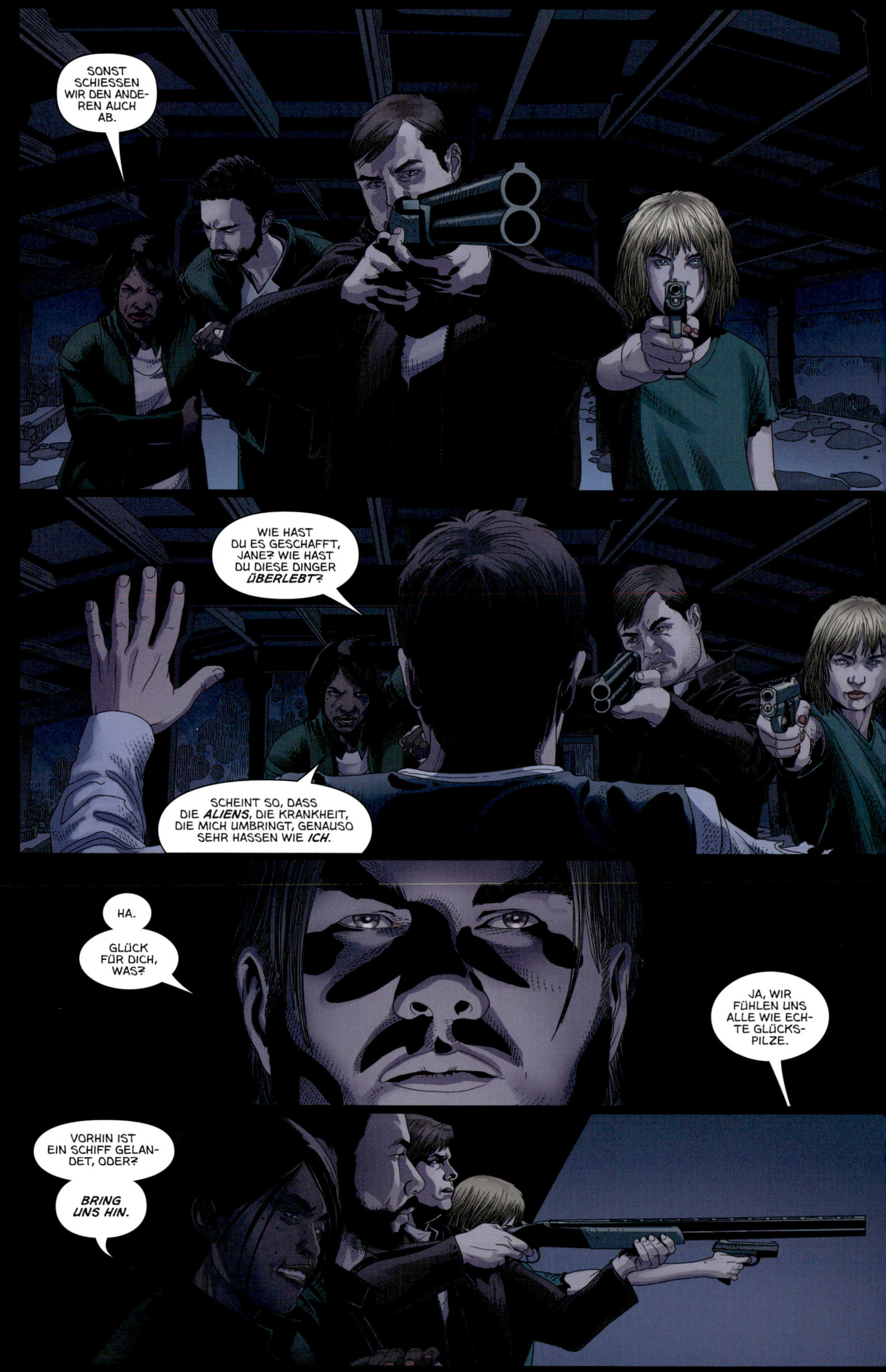
SONST SCHIESSEN WIR DEN ANDEREN AUCH AB.
WIE HAST DU ES GESCHAFFT, JANE? WIE HAST DU DIESE DINGER *ÜBERLEBT*?
SCHEINT SO, DASS DIE *ALIENS*, DIE KRANKHEIT, DIE MICH UMBRINGT, GENAUSO SEHR HASSEN WIE *ICH*.
HA.
GLÜCK FÜR DICH, WAS?
JA, WIR FÜHLEN UNS ALLE WIE ECHTE GLÜCKSPILZE.
VORHIN IST EIN SCHIFF GELANDET, ODER?
BRING UNS HIN.

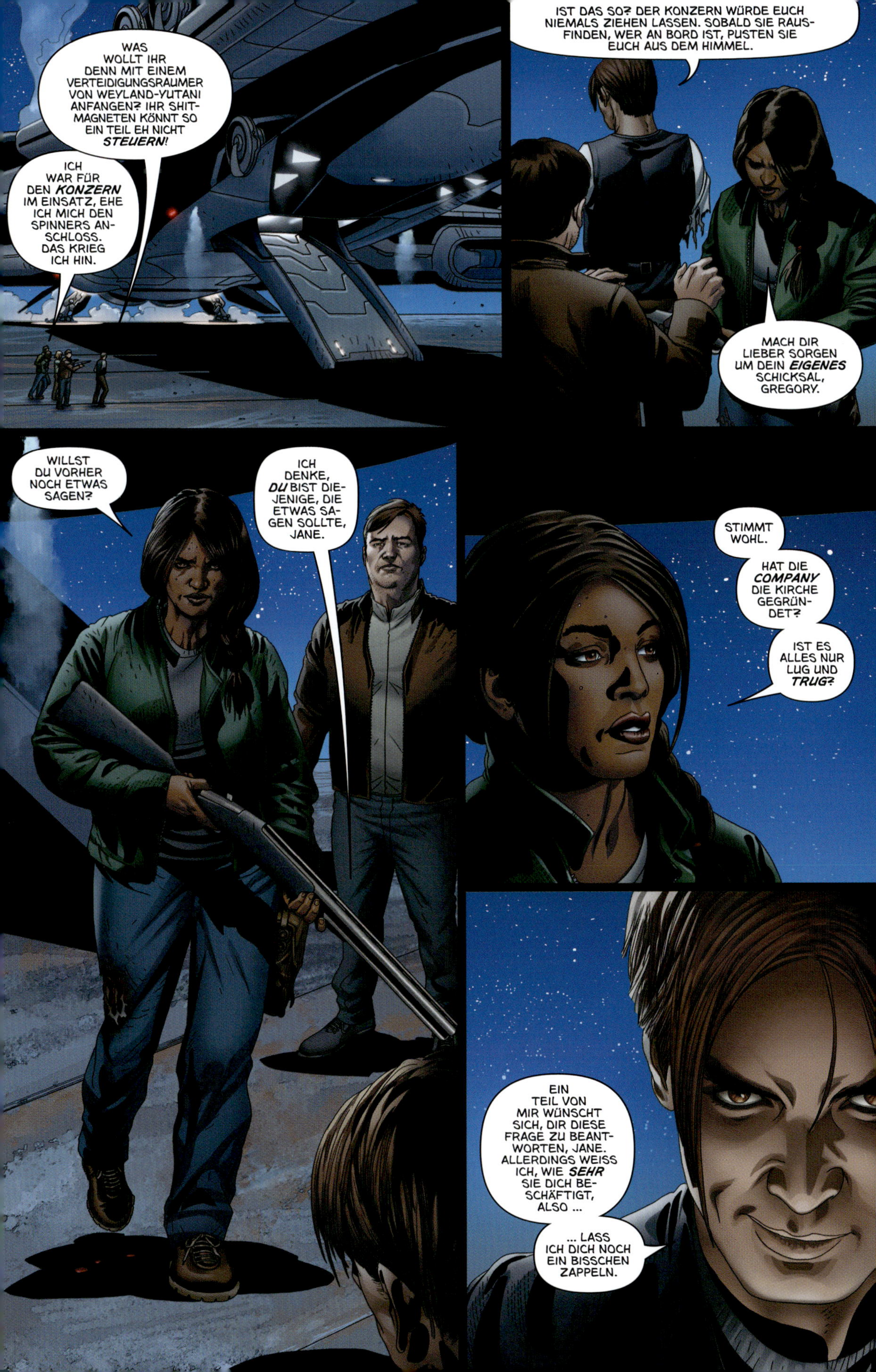
WAS WOLLT IHR DENN MIT EINEM VERTEIDIGUNGSRAUMER VON WEYLAND-YUTANI ANFANGEN? IHR SHIT-MAGNETEN KÖNNT SO EIN TEIL EH NICHT STEUERN!
ICH WAR FÜR DEN KONZERN IM EINSATZ, EHE ICH MICH DEN SPINNERS ANSCHLOSS. DAS KRIEG ICH HIN.
IST DAS SO? DER KONZERN WÜRDE EUCH NIEMALS ZIEHEN LASSEN. SOBALD SIE RAUSFINDEN, WER AN BORD IST, PUSTEN SIE EUCH AUS DEM HIMMEL.
MACH DIR LIEBER SORGEN UM DEIN EIGENES SCHICKSAL, GREGORY.
WILLST DU VORHER NOCH ETWAS SAGEN?
ICH DENKE, DU BIST DIEJENIGE, DIE ETWAS SAGEN SOLLTE, JANE.
STIMMT WOHL.
HAT DIE COMPANY DIE KIRCHE GEGRÜNDET?
IST ES ALLES NUR LUG UND TRUG?
EIN TEIL VON MIR WÜNSCHT SICH, DIR DIESE FRAGE ZU BEANTWORTEN, JANE. ALLERDINGS WEISS ICH, WIE SEHR SIE DICH BESCHÄFTIGT, ALSO ...
... LASS ICH DICH NOCH EIN BISSCHEN ZAPPELN.

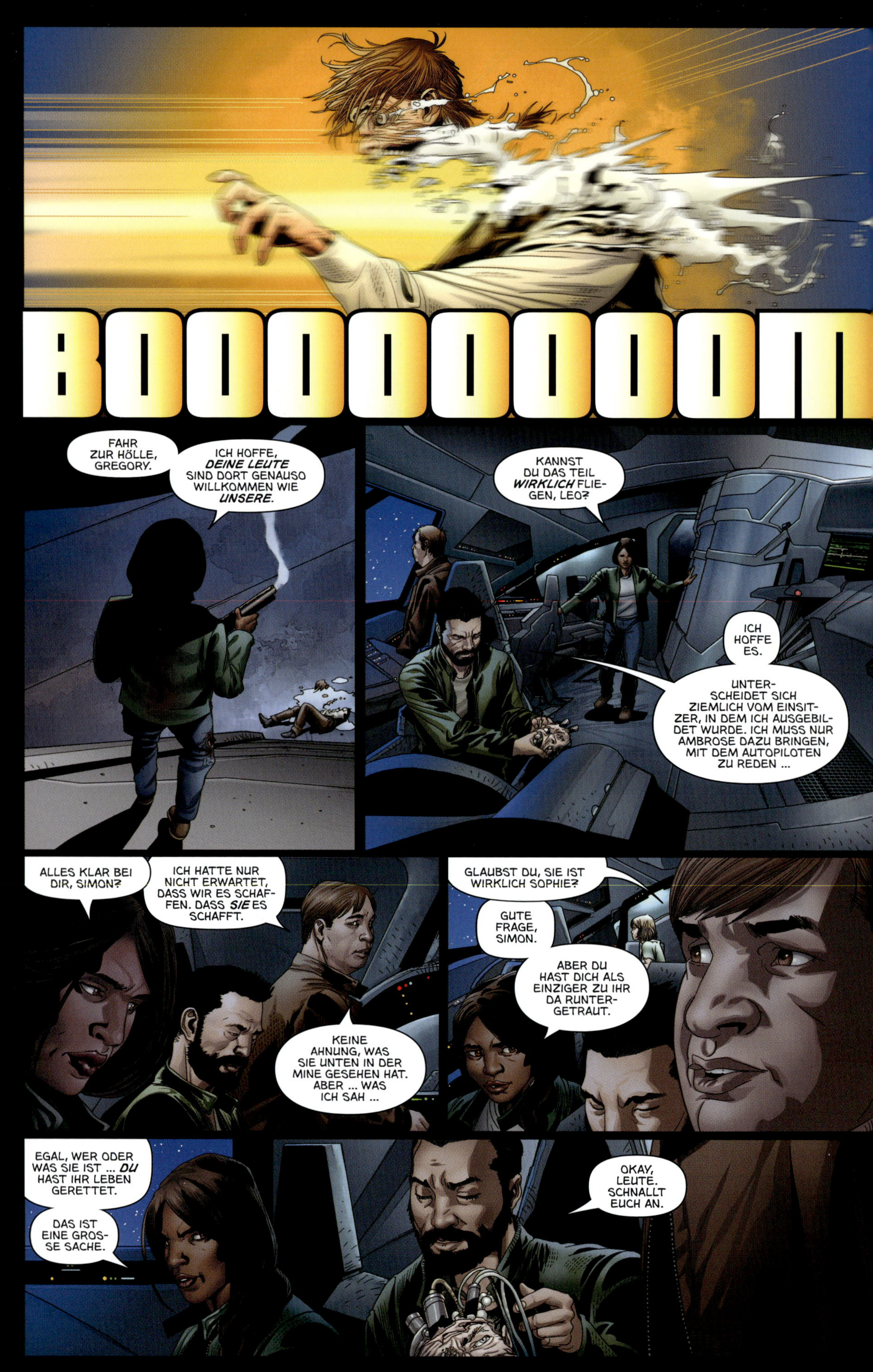
BOOOOOOOOM
FAHR ZUR HÖLLE, GREGORY.
ICH HOFFE, DEINE LEUTE SIND DORT GENAUSO WILLKOMMEN WIE UNSERE.
KANNST DU DAS TEIL WIRKLICH FLIEGEN, LEO?
ICH HOFFE ES.
UNTERSCHEIDET SICH ZIEMLICH VOM EINSITZER, IN DEM ICH AUSGEBILDET WURDE. ICH MUSS NUR AMBROSE DAZU BRINGEN, MIT DEM AUTOPILOTEN ZU REDEN ...
ALLES KLAR BEI DIR, SIMON?
ICH HATTE NUR NICHT ERWARTET, DASS WIR ES SCHAFFEN. DASS SIE ES SCHAFFT.
KEINE AHNUNG, WAS SIE UNTEN IN DER MINE GESEHEN HAT. ABER ... WAS ICH SAH ...
GLAUBST DU, SIE IST WIRKLICH SOPHIE?
GUTE FRAGE, SIMON.
ABER DU HAST DICH ALS EINZIGER ZU IHR DA RUNTERGETRAUT.
EGAL, WER ODER WAS SIE IST ... DU HAST IHR LEBEN GERETTET.
DAS IST EINE GROSSE SACHE.
OKAY, LEUTE. SCHNALLT EUCH AN.

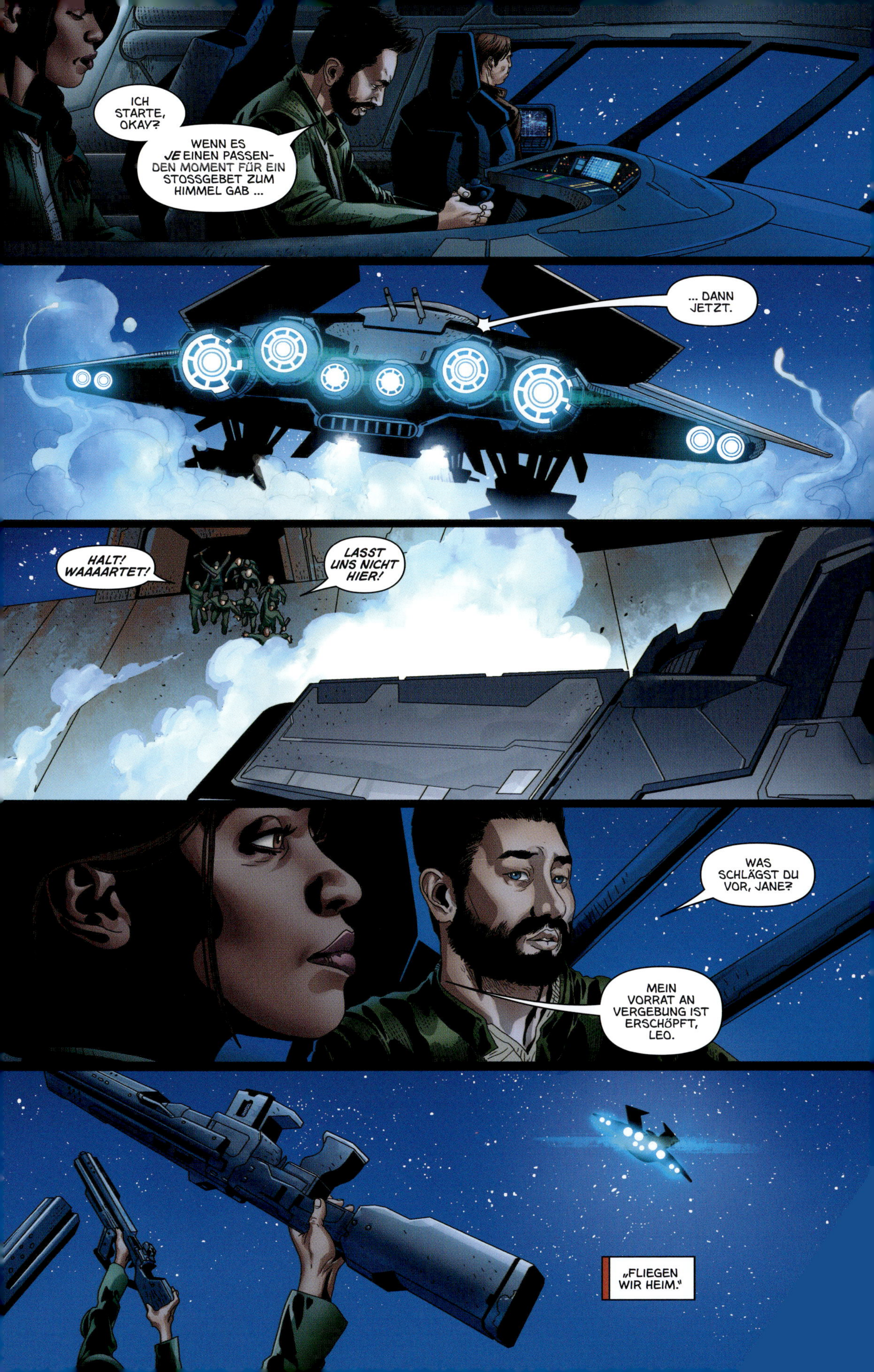
ICH STARTE, OKAY?
WENN ES *JE* EINEN PASSENDEN MOMENT FÜR EIN STOSSGEBET ZUM HIMMEL GAB ...
... DANN JETZT.
HALT! WAAAARTET!
LASST UNS NICHT HIER!
WAS SCHLÄGST DU VOR, JANE?
MEIN VORRAT AN VERGEBUNG IST ERSCHÖPFT, LEO.
„FLIEGEN WIR HEIM."

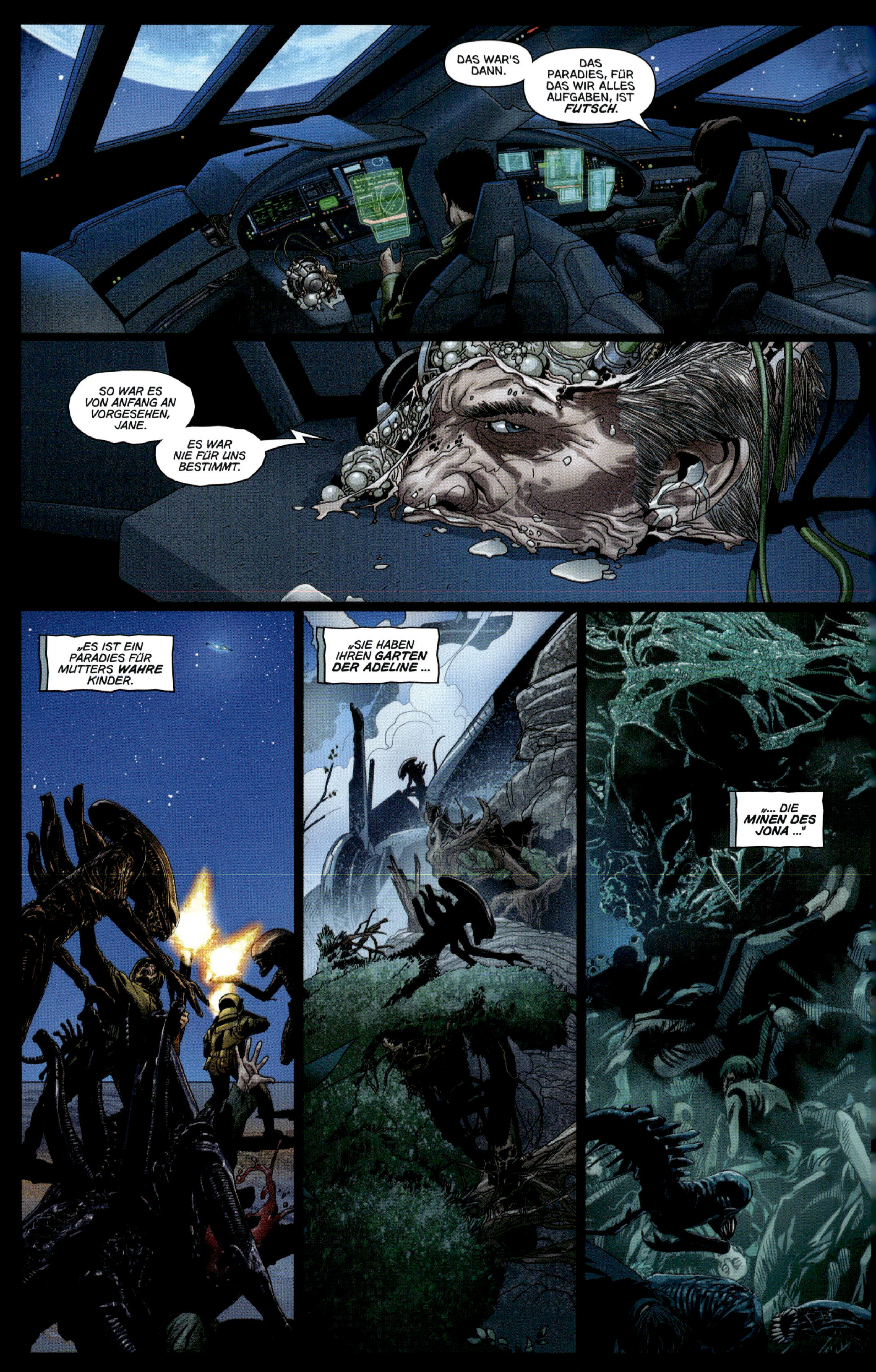
DAS WAR'S DANN.
DAS PARADIES, FÜR DAS WIR ALLES AUFGABEN, IST *FUTSCH*.
SO WAR ES VON ANFANG AN VORGESEHEN, JANE.
ES WAR NIE FÜR UNS BESTIMMT.
„ES IST EIN PARADIES FÜR MUTTERS **WAHRE** KINDER.
„SIE HABEN IHREN **GARTEN DER ADELINE** ...
„... DIE **MINEN DES JONA** ..."

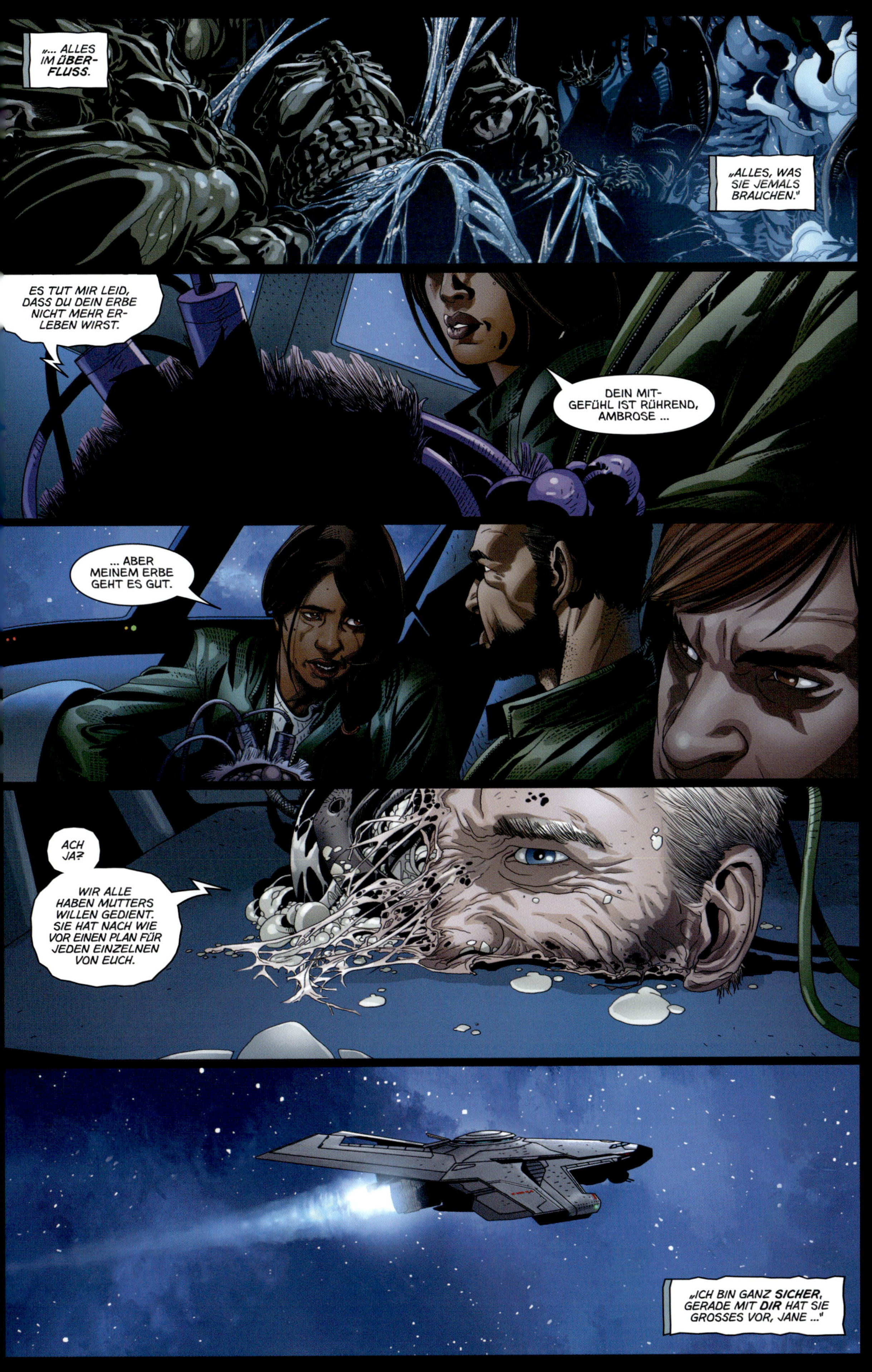
„... ALLES IM ÜBERFLUSS.
„ALLES, WAS SIE JEMALS BRAUCHEN."
ES TUT MIR LEID, DASS DU DEIN ERBE NICHT MEHR ERLEBEN WIRST.
DEIN MITGEFÜHL IST RÜHREND, AMBROSE ...
... ABER MEINEM ERBE GEHT ES GUT.
ACH JA?
WIR ALLE HABEN MUTTERS WILLEN GEDIENT. SIE HAT NACH WIE VOR EINEN PLAN FÜR JEDEN EINZELNEN VON EUCH.
„ICH BIN GANZ SICHER, GERADE MIT DIR HAT SIE GROSSES VOR, JANE ..."

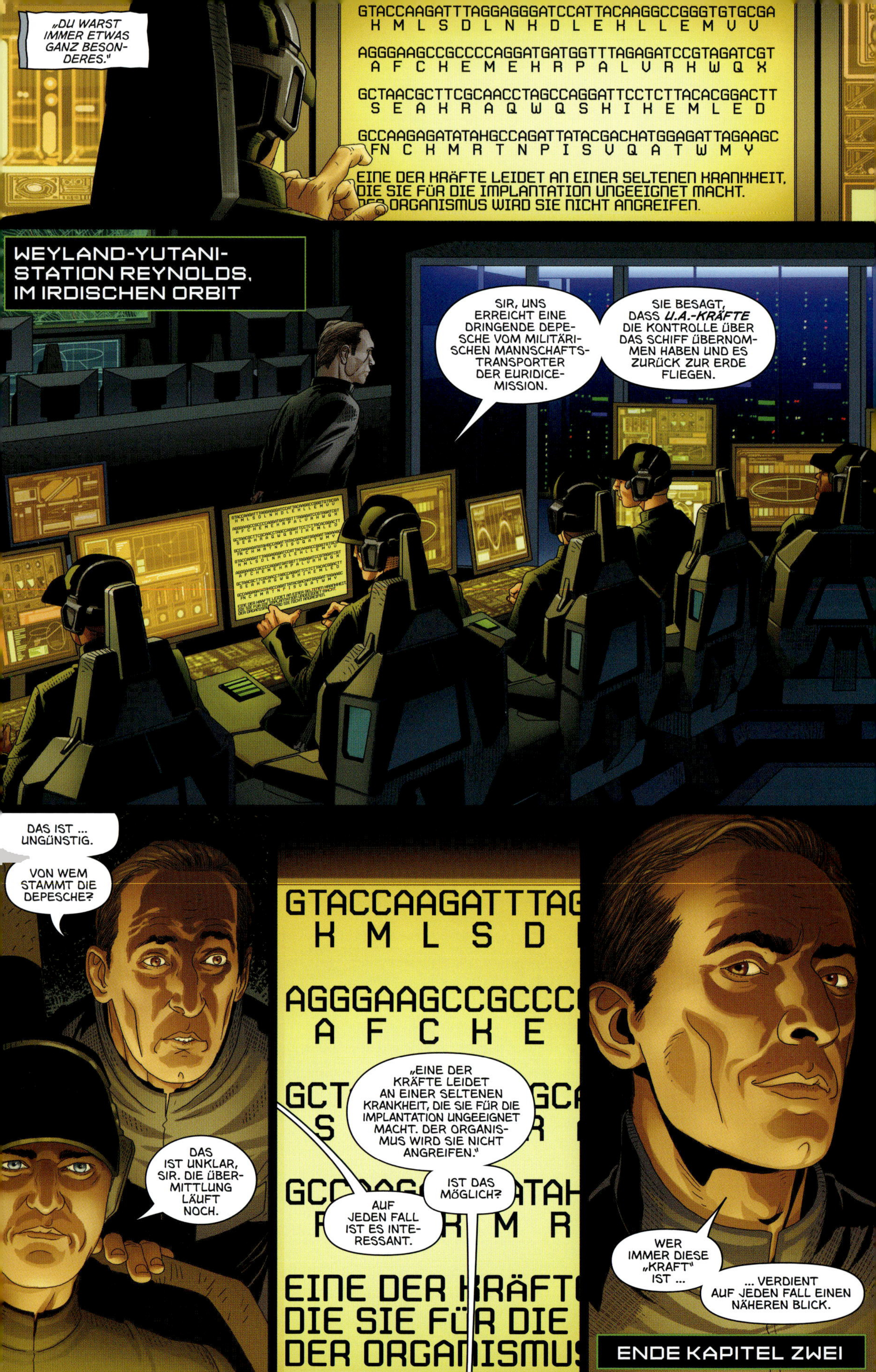
„DU WARST IMMER ETWAS GANZ BESONDERES."
GTACCAAGATTTAGGAGGGATCCATTACAAGGCCGGGTGTGCGA
H M L S D L N H D L E H L L E M V V
AGGGAAGCCGCCCCAGGATGATGGTTTAGAGATCCGTAGATCGT
A F C H E M E H R P A L V R H W Q X
GCTAACGCTTCGCAACCTAGCCAGGATTCCTCTTACACGGACTT
S E A H R A Q W Q S H I H E M L E D
GCCAAGAGATATAHGCCAGATTATACGACHATGGAGATTAGAAGC
FN C H M R T N P I S V Q A T W M Y
EINE DER KRÄFTE LEIDET AN EINER SELTENEN KRANKHEIT, DIE SIE FÜR DIE IMPLANTATION UNGEEIGNET MACHT. DER ORGANISMUS WIRD SIE NICHT ANGREIFEN.
WEYLAND-YUTANI-STATION REYNOLDS, IM IRDISCHEN ORBIT
SIR, UNS ERREICHT EINE DRINGENDE DEPESCHE VOM MILITÄRISCHEN MANNSCHAFTSTRANSPORTER DER EURIDICE-MISSION.
SIE BESAGT, DASS U.A.-KRÄFTE DIE KONTROLLE ÜBER DAS SCHIFF ÜBERNOMMEN HABEN UND ES ZURÜCK ZUR ERDE FLIEGEN.
DAS IST ... UNGÜNSTIG.
VON WEM STAMMT DIE DEPESCHE?
DAS IST UNKLAR, SIR. DIE ÜBERMITTLUNG LÄUFT NOCH.
„EINE DER KRÄFTE LEIDET AN EINER SELTENEN KRANKHEIT, DIE SIE FÜR DIE IMPLANTATION UNGEEIGNET MACHT. DER ORGANISMUS WIRD SIE NICHT ANGREIFEN."
IST DAS MÖGLICH?
AUF JEDEN FALL IST ES INTERESSANT.
WER IMMER DIESE „KRAFT" IST ...
... VERDIENT AUF JEDEN FALL EINEN NÄHEREN BLICK.
ENDE KAPITEL ZWEI

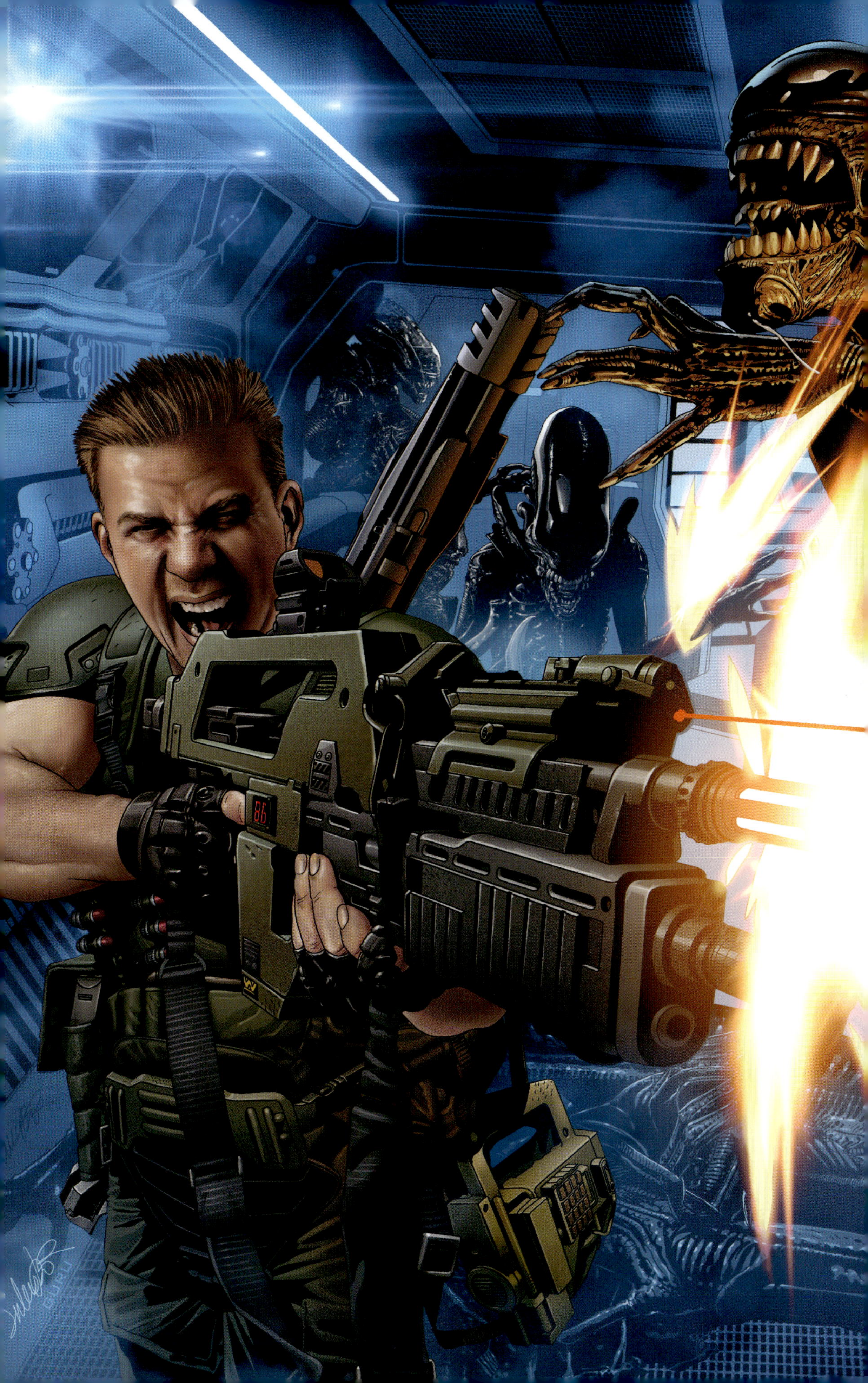
86
GURU

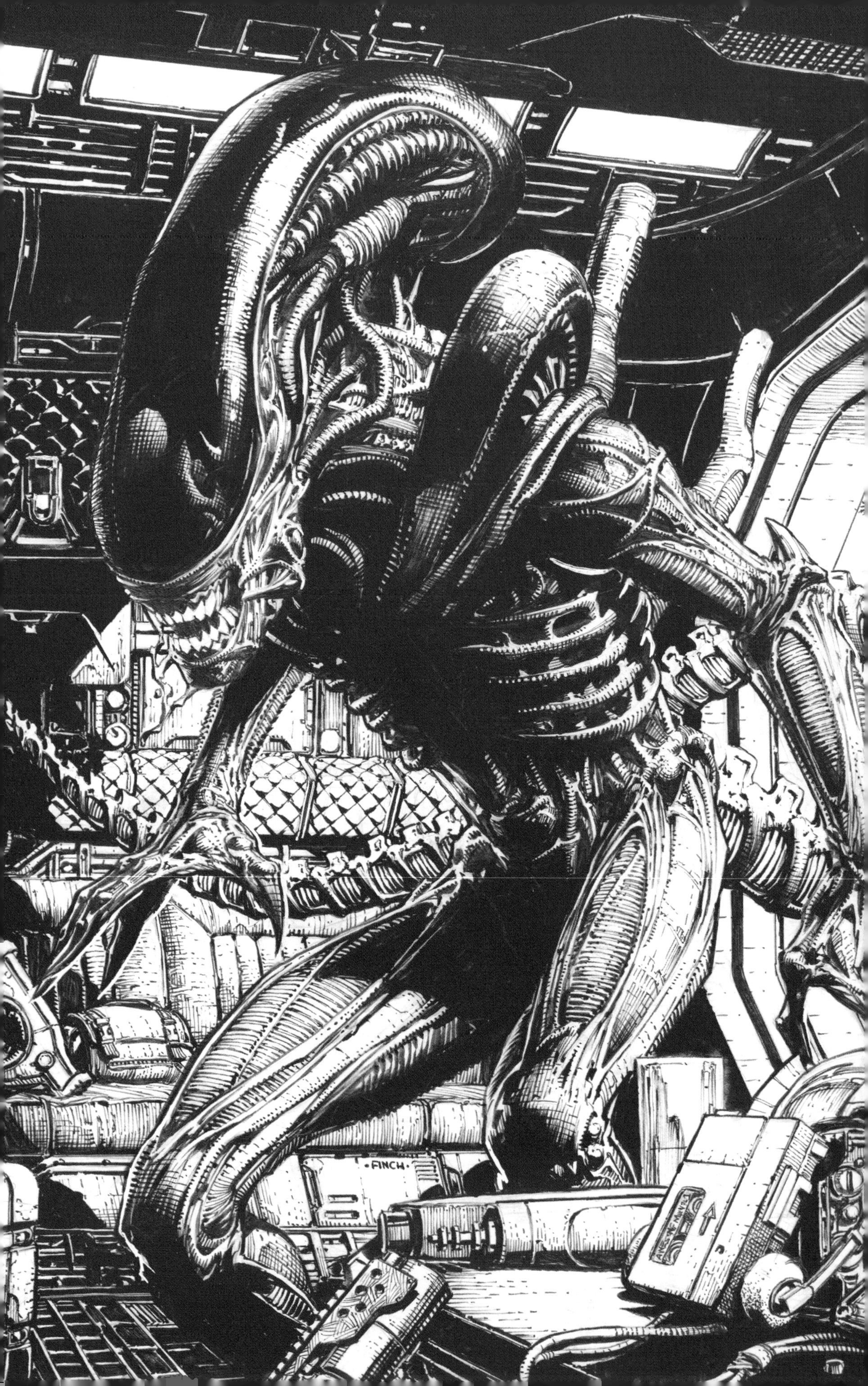
FINCH

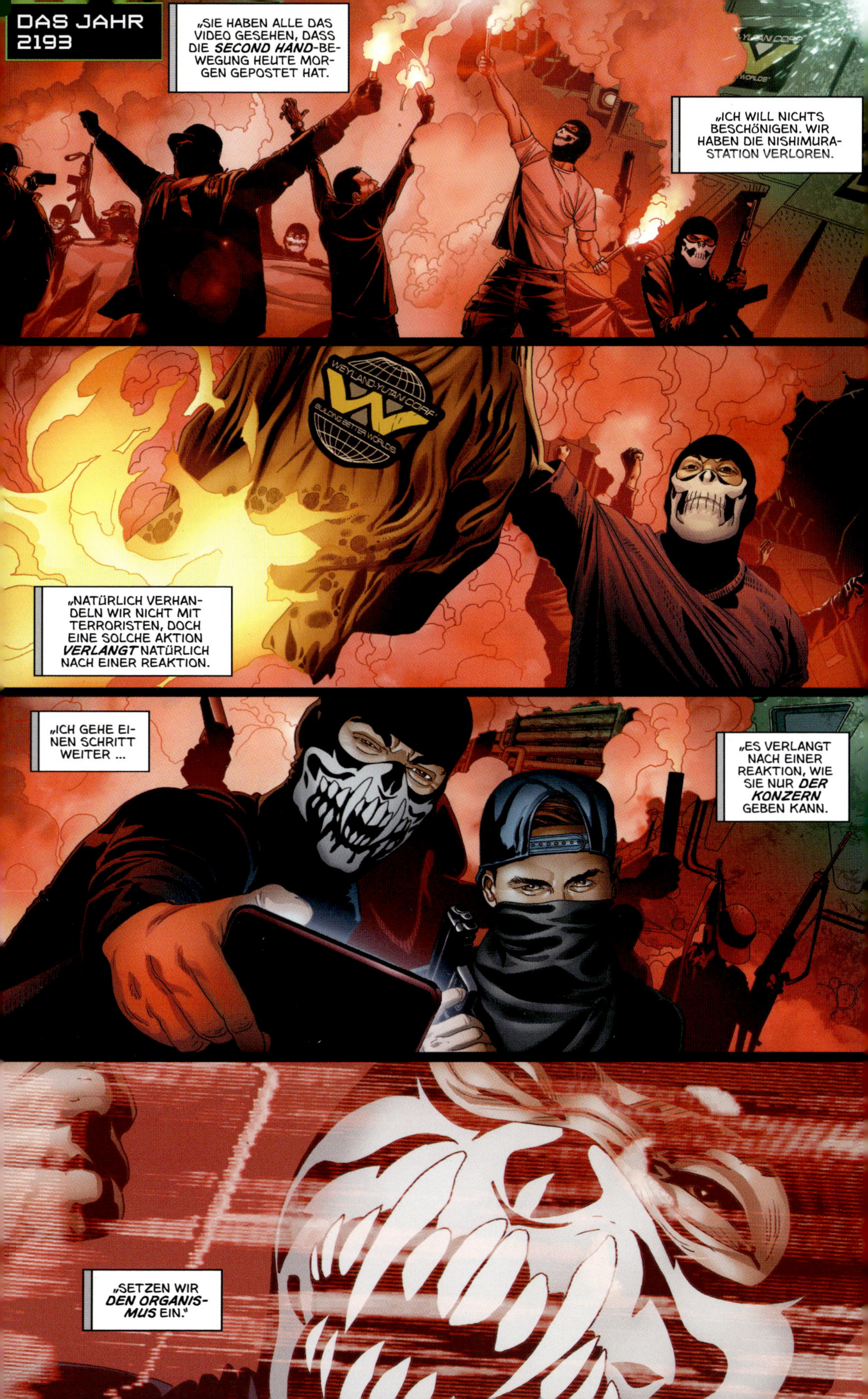
DAS JAHR 2193
„SIE HABEN ALLE DAS VIDEO GESEHEN, DASS DIE SECOND HAND-BEWEGUNG HEUTE MORGEN GEPOSTET HAT.
„ICH WILL NICHTS BESCHÖNIGEN. WIR HABEN DIE NISHIMURA-STATION VERLOREN.
WEYLAND-YUTANI CORP
BUILDING BETTER WORLDS
„NATÜRLICH VERHANDELN WIR NICHT MIT TERRORISTEN, DOCH EINE SOLCHE AKTION VERLANGT NATÜRLICH NACH EINER REAKTION.
„ICH GEHE EINEN SCHRITT WEITER ...
„ES VERLANGT NACH EINER REAKTION, WIE SIE NUR DER KONZERN GEBEN KANN.
„SETZEN WIR DEN ORGANISMUS EIN."

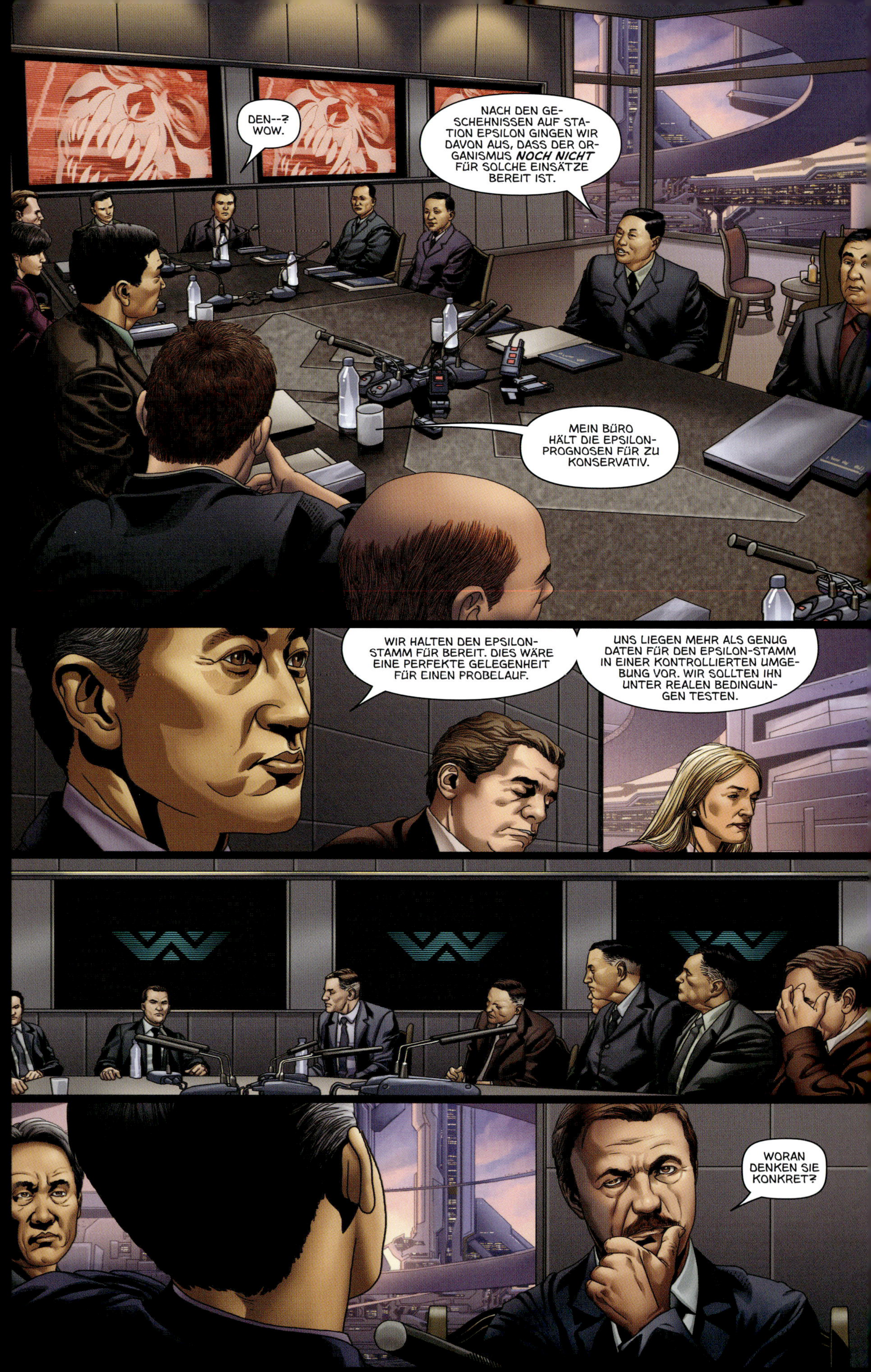
DEN--? WOW.
NACH DEN GESCHEHNISSEN AUF STATION EPSILON GINGEN WIR DAVON AUS, DASS DER ORGANISMUS ***NOCH NICHT*** FÜR SOLCHE EINSÄTZE BEREIT IST.
MEIN BÜRO HÄLT DIE EPSILON-PROGNOSEN FÜR ZU KONSERVATIV.
WIR HALTEN DEN EPSILON-STAMM FÜR BEREIT. DIES WÄRE EINE PERFEKTE GELEGENHEIT FÜR EINEN PROBELAUF.
UNS LIEGEN MEHR ALS GENUG DATEN FÜR DEN EPSILON-STAMM IN EINER KONTROLLIERTEN UMGEBUNG VOR. WIR SOLLTEN IHN UNTER REALEN BEDINGUNGEN TESTEN.
WORAN DENKEN SIE KONKRET?

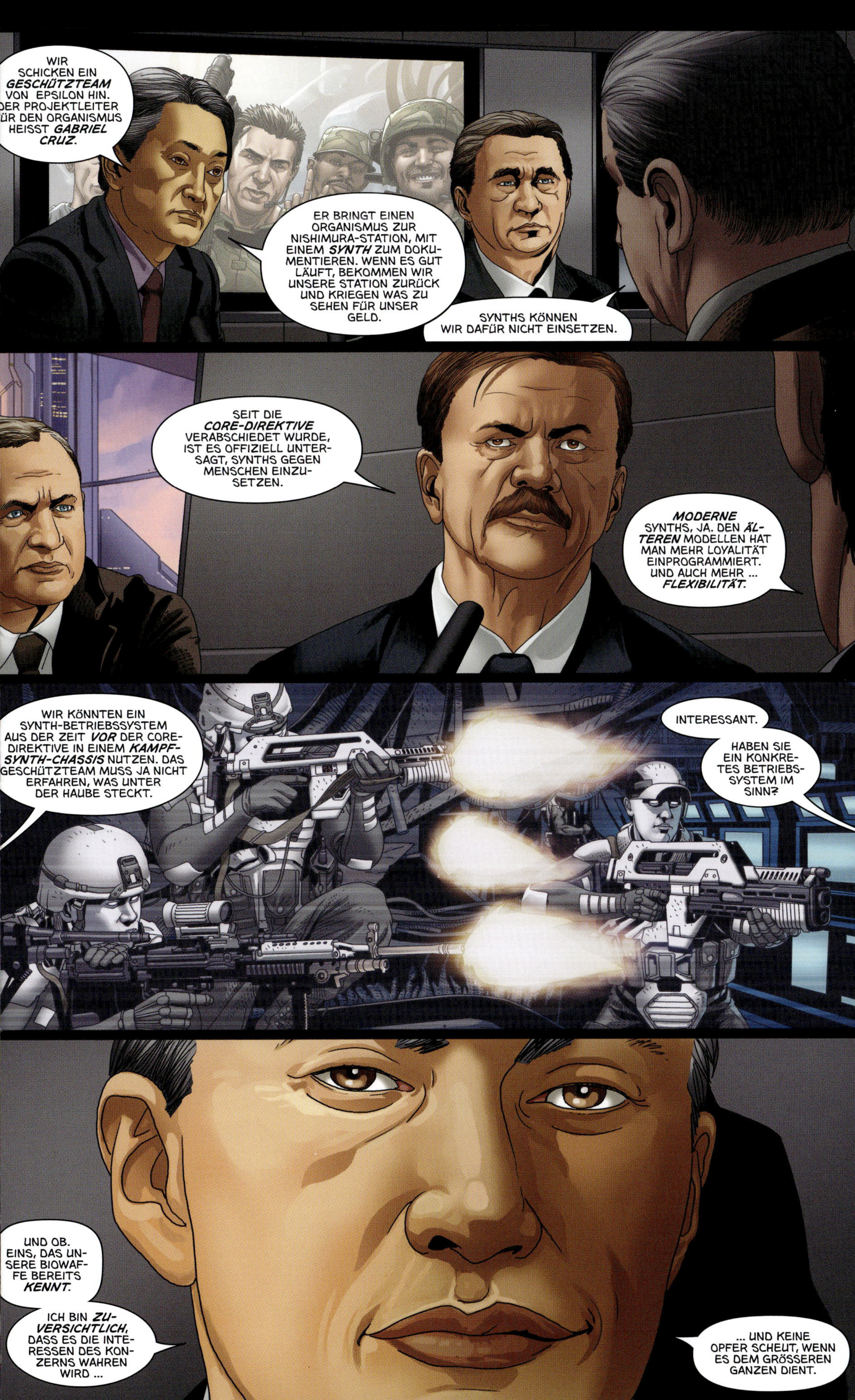
WIR SCHICKEN EIN GESCHÜTZTEAM VON EPSILON HIN. DER PROJEKTLEITER FÜR DEN ORGANISMUS HEISST GABRIEL CRUZ.
ER BRINGT EINEN ORGANISMUS ZUR NISHIMURA-STATION, MIT EINEM SYNTH ZUM DOKUMENTIEREN. WENN ES GUT LÄUFT, BEKOMMEN WIR UNSERE STATION ZURÜCK UND KRIEGEN WAS ZU SEHEN FÜR UNSER GELD.
SYNTHS KÖNNEN WIR DAFÜR NICHT EINSETZEN.
SEIT DIE CORE-DIREKTIVE VERABSCHIEDET WURDE, IST ES OFFIZIELL UNTERSAGT, SYNTHS GEGEN MENSCHEN EINZUSETZEN.
MODERNE SYNTHS, JA. DEN ÄLTEREN MODELLEN HAT MAN MEHR LOYALITÄT EINPROGRAMMIERT. UND AUCH MEHR ... FLEXIBILITÄT.
WIR KÖNNTEN EIN SYNTH-BETRIEBSSYSTEM AUS DER ZEIT VOR DER CORE-DIREKTIVE IN EINEM KAMPF-SYNTH-CHASSIS NUTZEN. DAS GESCHÜTZTEAM MUSS JA NICHT ERFAHREN, WAS UNTER DER HAUBE STECKT.
INTERESSANT.
HABEN SIE EIN KONKRETES BETRIEBSSYSTEM IM SINN?
UND OB. EINS, DAS UNSERE BIOWAFFE BEREITS KENNT.
ICH BIN ZUVERSICHTLICH, DASS ES DIE INTERESSEN DES KONZERNS WAHREN WIRD ...
... UND KEINE OPFER SCHEUT, WENN ES DEM GRÖSSEREN GANZEN DIENT.

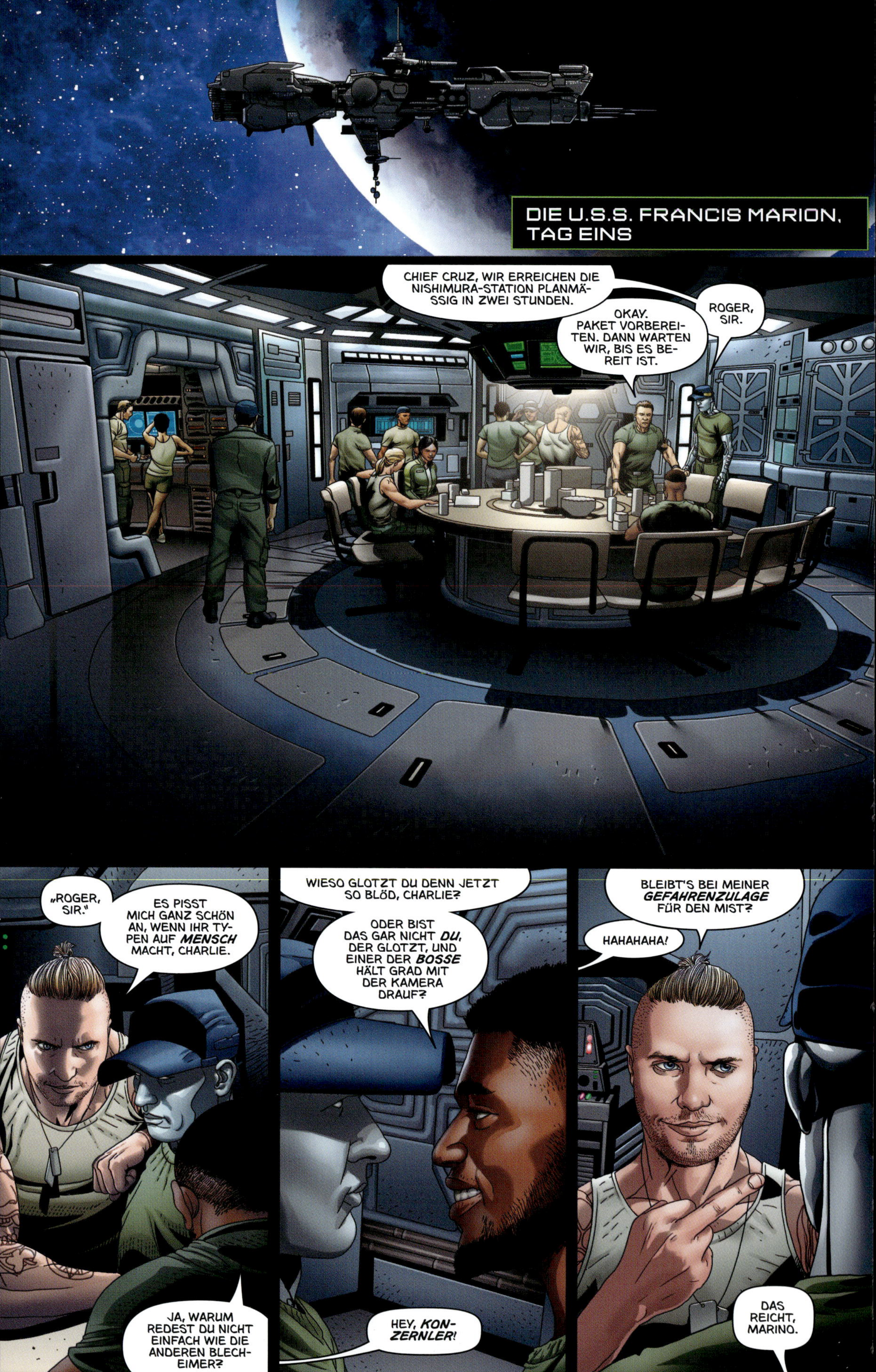
DIE U.S.S. FRANCIS MARION, TAG EINS
CHIEF CRUZ, WIR ERREICHEN DIE NISHIMURA-STATION PLANMÄ-SSIG IN ZWEI STUNDEN.
OKAY. PAKET VORBEREI-TEN. DANN WARTEN WIR, BIS ES BE-REIT IST.
ROGER, SIR.
„ROGER, SIR."
ES PISST MICH GANZ SCHÖN AN, WENN IHR TY-PEN AUF *MENSCH* MACHT, CHARLIE.
JA, WARUM REDEST DU NICHT EINFACH WIE DIE ANDEREN BLECH-EIMER?
WIESO GLOTZT DU DENN JETZT SO BLÖD, CHARLIE?
ODER BIST DAS GAR NICHT *DU*, DER GLOTZT, UND EINER DER *BOSSE* HÄLT GRAD MIT DER KAMERA DRAUF?
HEY, *KON-ZERNLER*!
BLEIBT'S BEI MEINER *GEFAHRENZULAGE* FÜR DEN MIST?
HAHAHAHA!
DAS REICHT, MARINO.

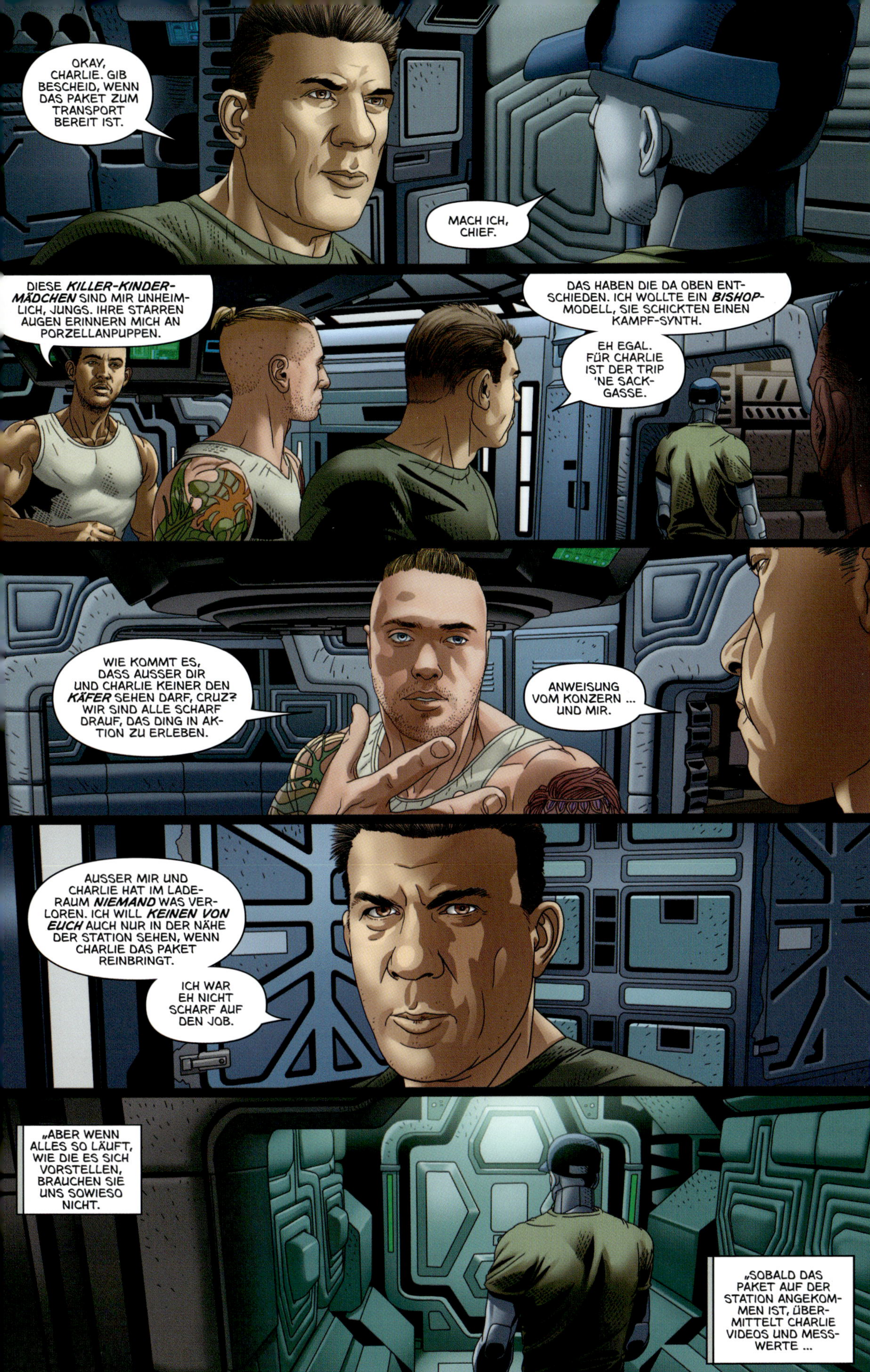
OKAY, CHARLIE. GIB BESCHEID, WENN DAS PAKET ZUM TRANSPORT BEREIT IST.
MACH ICH, CHIEF.
DIESE ***KILLER-KINDER-MÄDCHEN*** SIND MIR UNHEIMLICH, JUNGS. IHRE STARREN AUGEN ERINNERN MICH AN PORZELLANPUPPEN.
DAS HABEN DIE DA OBEN ENTSCHIEDEN. ICH WOLLTE EIN ***BISHOP***-MODELL, SIE SCHICKTEN EINEN KAMPF-SYNTH.
EH EGAL. FÜR CHARLIE IST DER TRIP 'NE SACKGASSE.
WIE KOMMT ES, DASS AUSSER DIR UND CHARLIE KEINER DEN ***KÄFER*** SEHEN DARF, CRUZ? WIR SIND ALLE SCHARF DRAUF, DAS DING IN AKTION ZU ERLEBEN.
ANWEISUNG VOM KONZERN ... UND MIR.
AUSSER MIR UND CHARLIE HAT IM LADERAUM ***NIEMAND*** WAS VERLOREN. ICH WILL ***KEINEN VON EUCH*** AUCH NUR IN DER NÄHE DER STATION SEHEN, WENN CHARLIE DAS PAKET REINBRINGT.
ICH WAR EH NICHT SCHARF AUF DEN JOB.
„ABER WENN ALLES SO LÄUFT, WIE DIE ES SICH VORSTELLEN, BRAUCHEN SIE UNS SOWIESO NICHT.
„SOBALD DAS PAKET AUF DER STATION ANGEKOMMEN IST, ÜBERMITTELT CHARLIE VIDEOS UND MESSWERTE ...

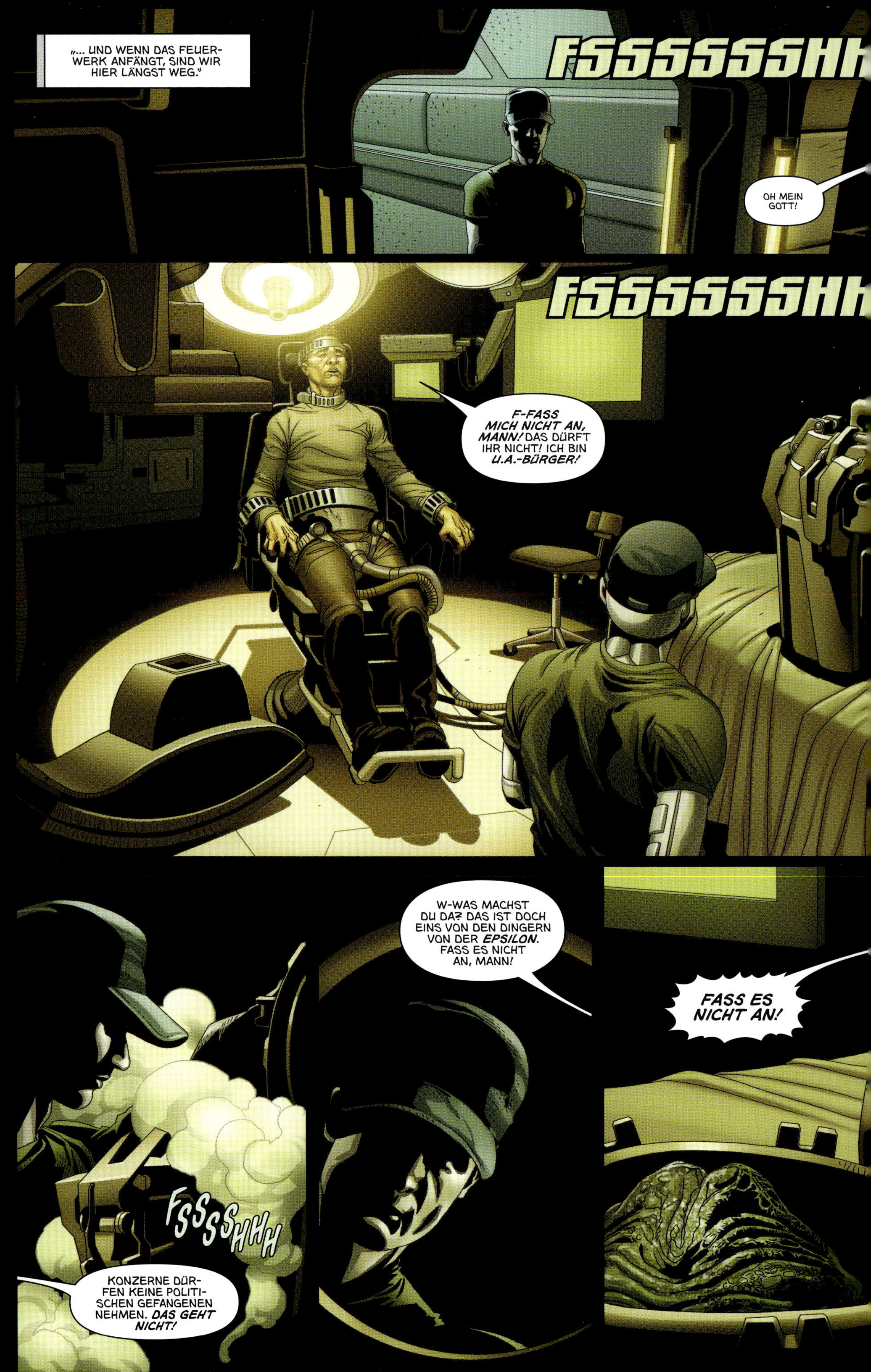
"... UND WENN DAS FEUERWERK ANFÄNGT, SIND WIR HIER LÄNGST WEG."
FSSSSSSSHH
OH MEIN GOTT!
FSSSSSSSHH
F-FASS MICH NICHT AN, MANN! DAS DÜRFT IHR NICHT! ICH BIN U.A.-BÜRGER!
FSSSSHHH
KONZERNE DÜRFEN KEINE POLITISCHEN GEFANGENEN NEHMEN. DAS GEHT NICHT!
W-WAS MACHST DU DA? DAS IST DOCH EINS VON DEN DINGERN VON DER EPSILON. FASS ES NICHT AN, MANN!
FASS ES NICHT AN!

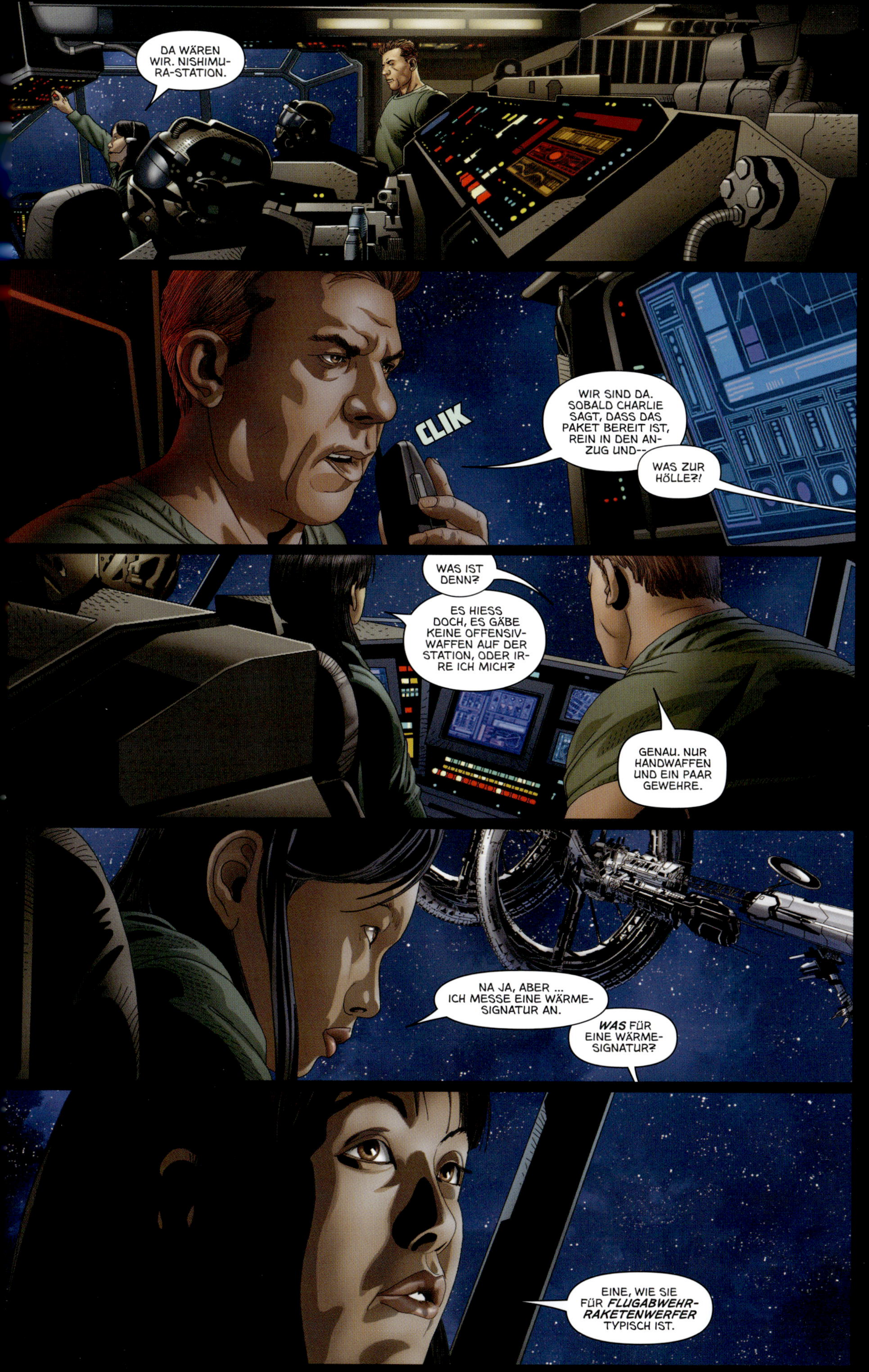
DA WÄREN WIR. NISHIMURA-STATION.
CLIK
WIR SIND DA. SOBALD CHARLIE SAGT, DASS DAS PAKET BEREIT IST, REIN IN DEN ANZUG UND--
WAS ZUR HÖLLE?!
WAS IST DENN?
ES HIESS DOCH, ES GÄBE KEINE OFFENSIVWAFFEN AUF DER STATION, ODER IRRE ICH MICH?
GENAU. NUR HANDWAFFEN UND EIN PAAR GEWEHRE.
NA JA, ABER ... ICH MESSE EINE WÄRMESIGNATUR AN.
WAS FÜR EINE WÄRMESIGNATUR?
EINE, WIE SIE FÜR *FLUGABWEHRRAKETENWERFER* TYPISCH IST.

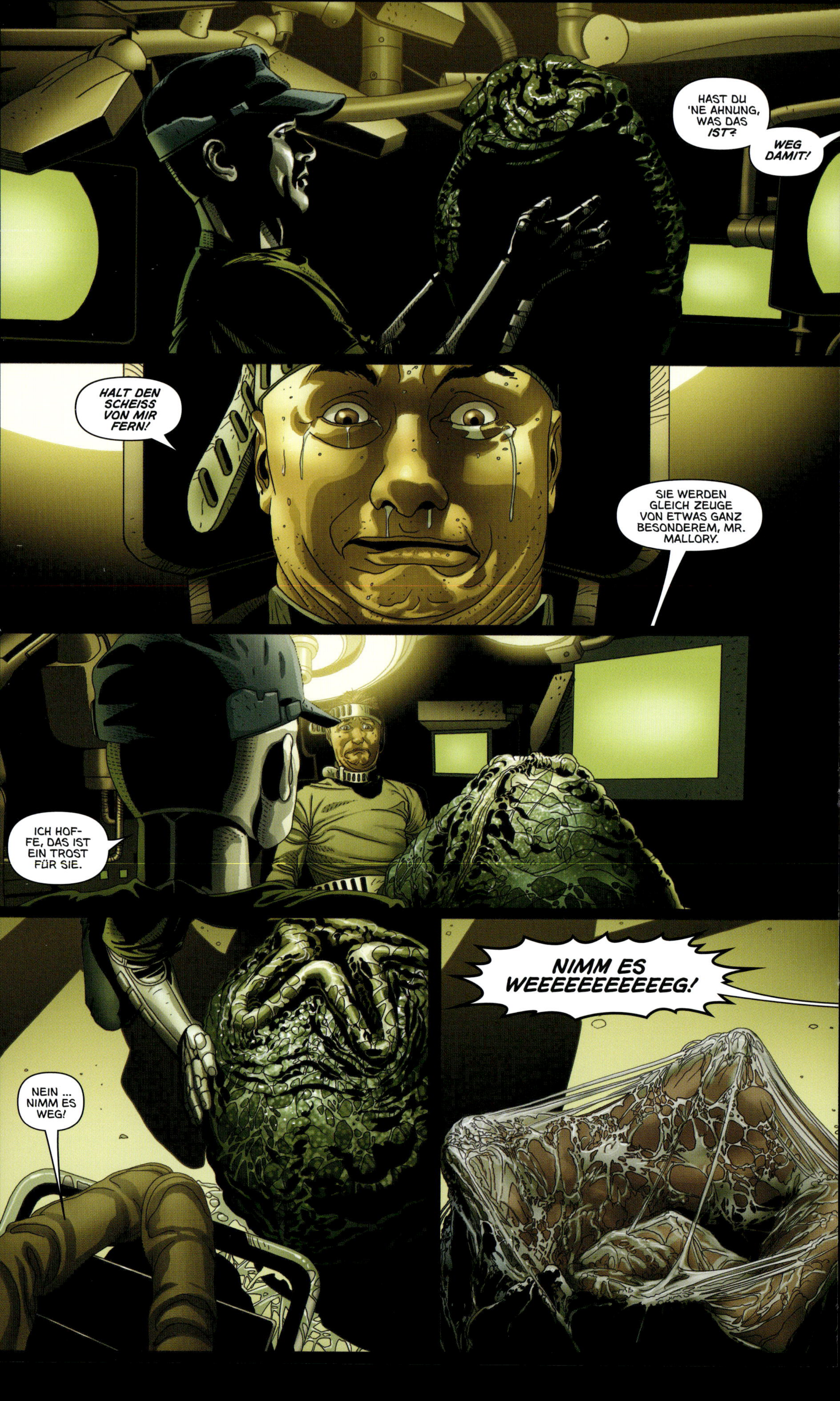
HAST DU 'NE AHNUNG, WAS DAS IST?
WEG DAMIT!
HALT DEN SCHEISS VON MIR FERN!
SIE WERDEN GLEICH ZEUGE VON ETWAS GANZ BESONDEREM, MR. MALLORY.
ICH HOF-FE, DAS IST EIN TROST FÜR SIE.
NEIN ... NIMM ES WEG!
NIMM ES WEEEEEEEEEEEG!

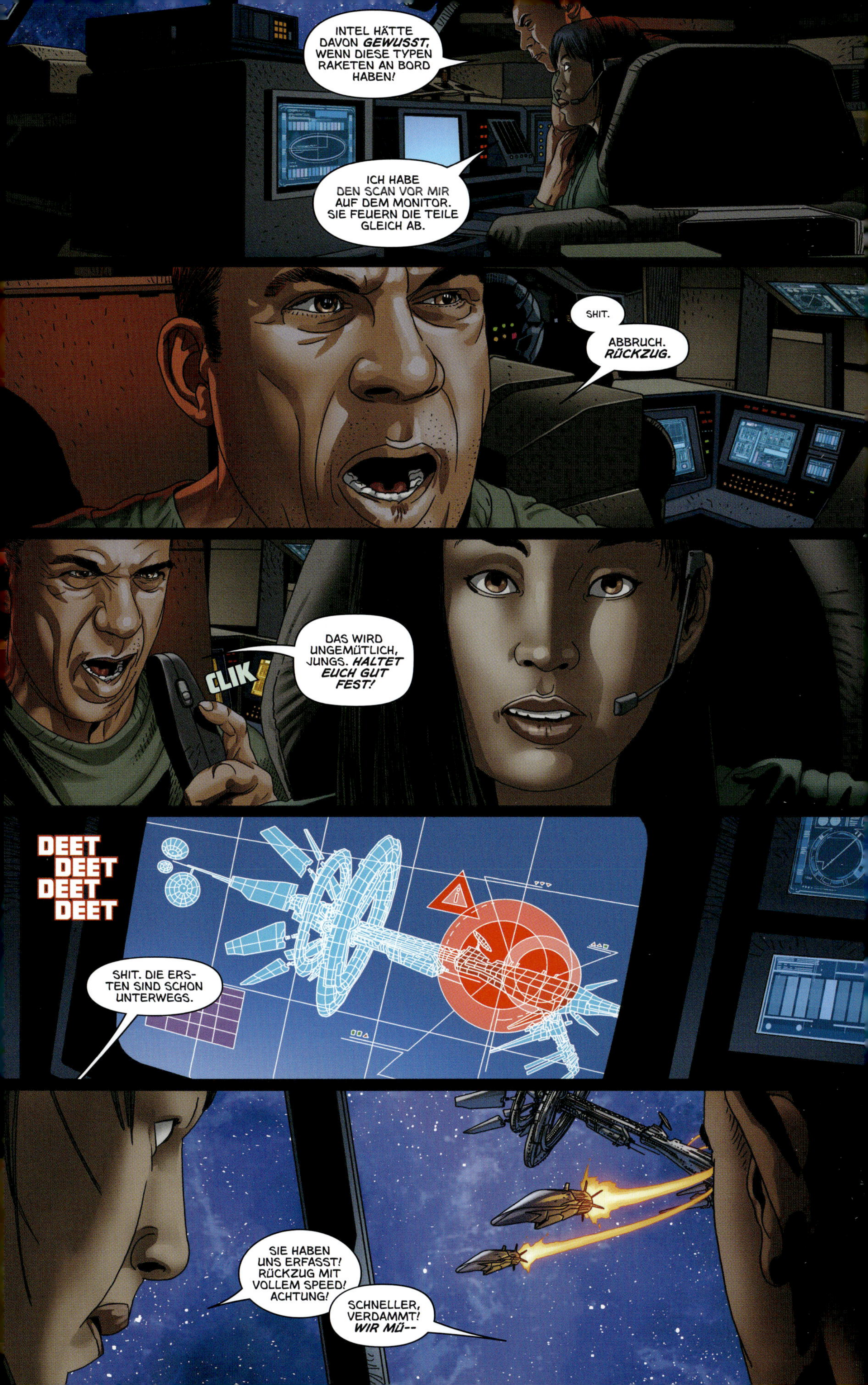
INTEL HÄTTE DAVON GEWUSST, WENN DIESE TYPEN RAKETEN AN BORD HABEN!
ICH HABE DEN SCAN VOR MIR AUF DEM MONITOR. SIE FEUERN DIE TEILE GLEICH AB.
SHIT.
ABBRUCH. RÜCKZUG.
CLIK
DAS WIRD UNGEMÜTLICH, JUNGS. HALTET EUCH GUT FEST!
DEET DEET DEET DEET
SHIT. DIE ERSTEN SIND SCHON UNTERWEGS.
SIE HABEN UNS ERFASST! RÜCKZUG MIT VOLLEM SPEED! ACHTUNG!
SCHNELLER, VERDAMMT! WIR MÜ--

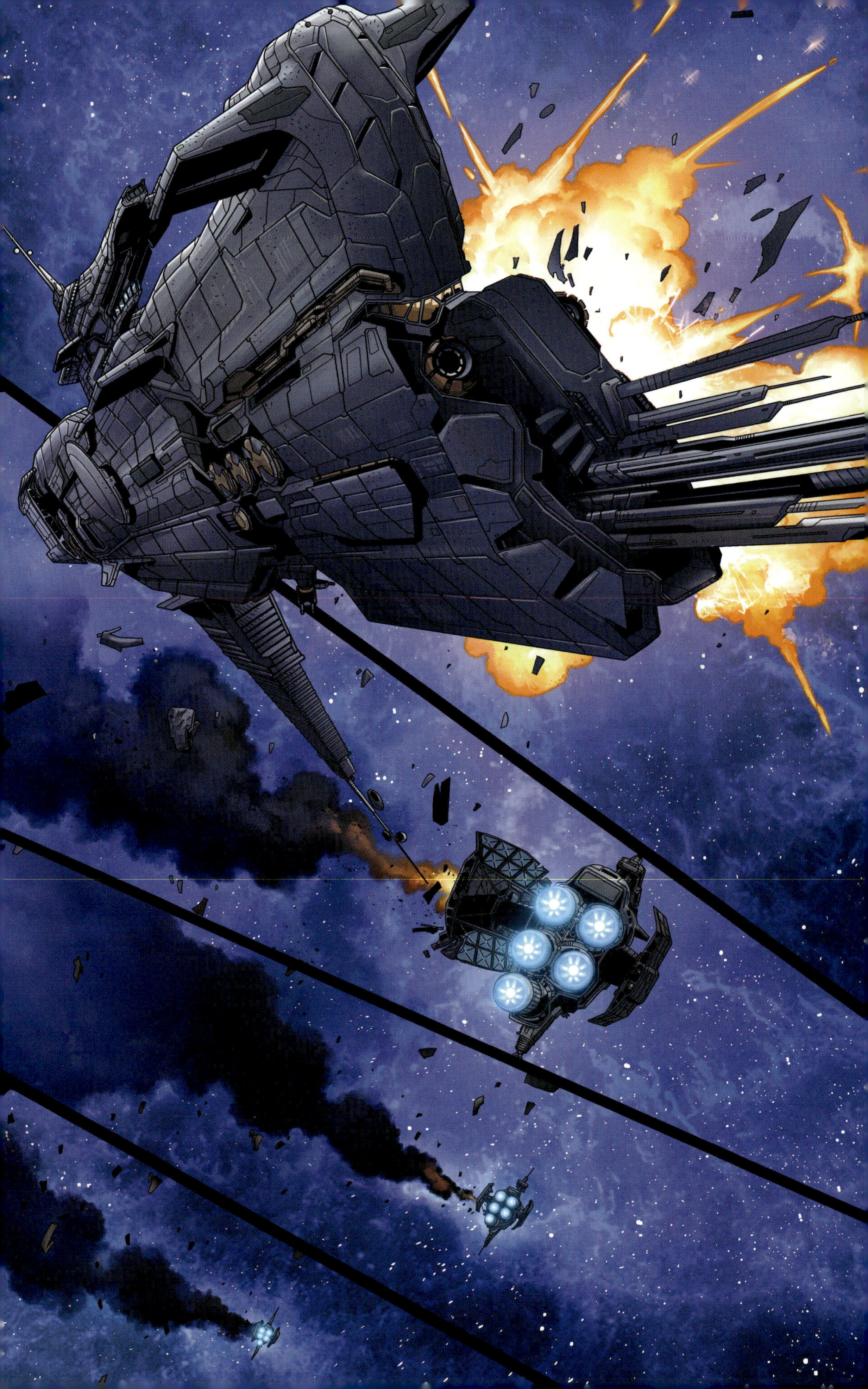

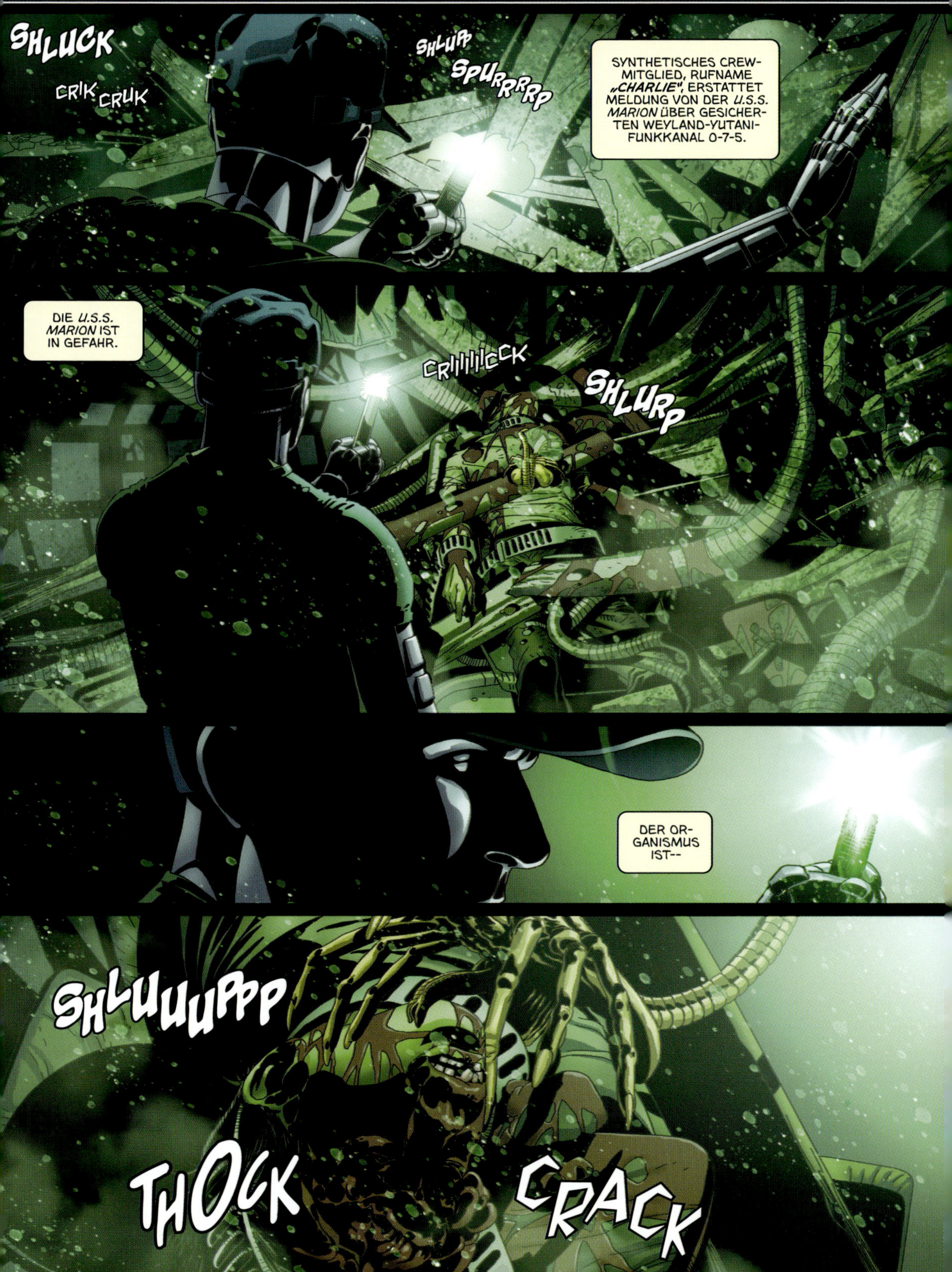
CRIIIIICCK
SHLUCK
SHLUCK
CRIK CRUK
SHLUPP
SPURRRRP
SYNTHETISCHES CREW-MITGLIED, RUFNAME *„CHARLIE"*, ERSTATTET MELDUNG VON DER *U.S.S. MARION* ÜBER GESICHERTEN WEYLAND-YUTANI-FUNKKANAL 0-7-5.
DIE *U.S.S. MARION* IST IN GEFAHR.
CRIIIIICCK
SHLURP
DER OR-GANISMUS IST--
SHLUUUPPP
THOCK
CRACK

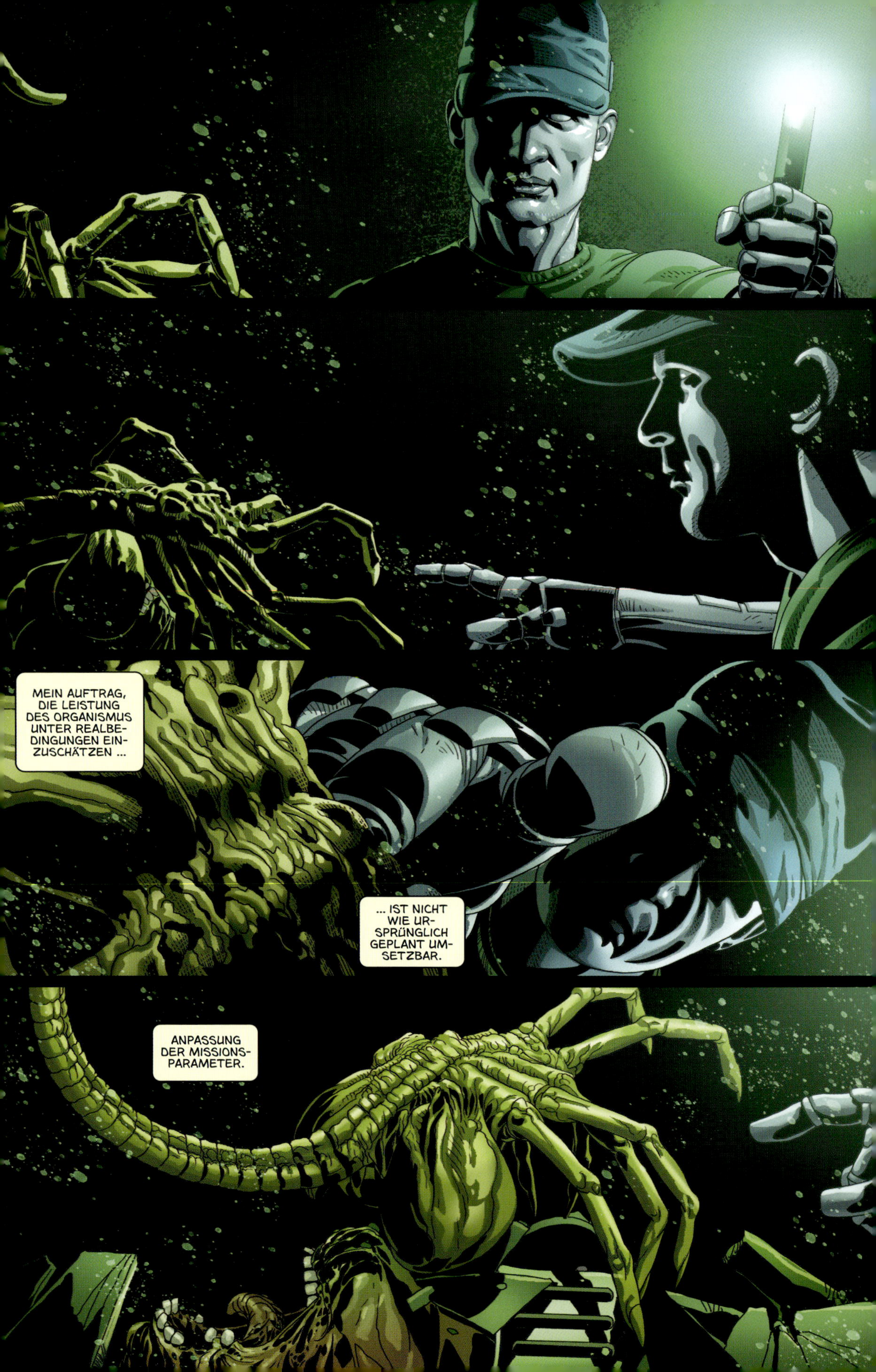
MEIN AUFTRAG, DIE LEISTUNG DES ORGANISMUS UNTER REALBEDINGUNGEN EINZUSCHÄTZEN ...
... IST NICHT WIE URSPRÜNGLICH GEPLANT UMSETZBAR.
ANPASSUNG DER MISSIONSPARAMETER.

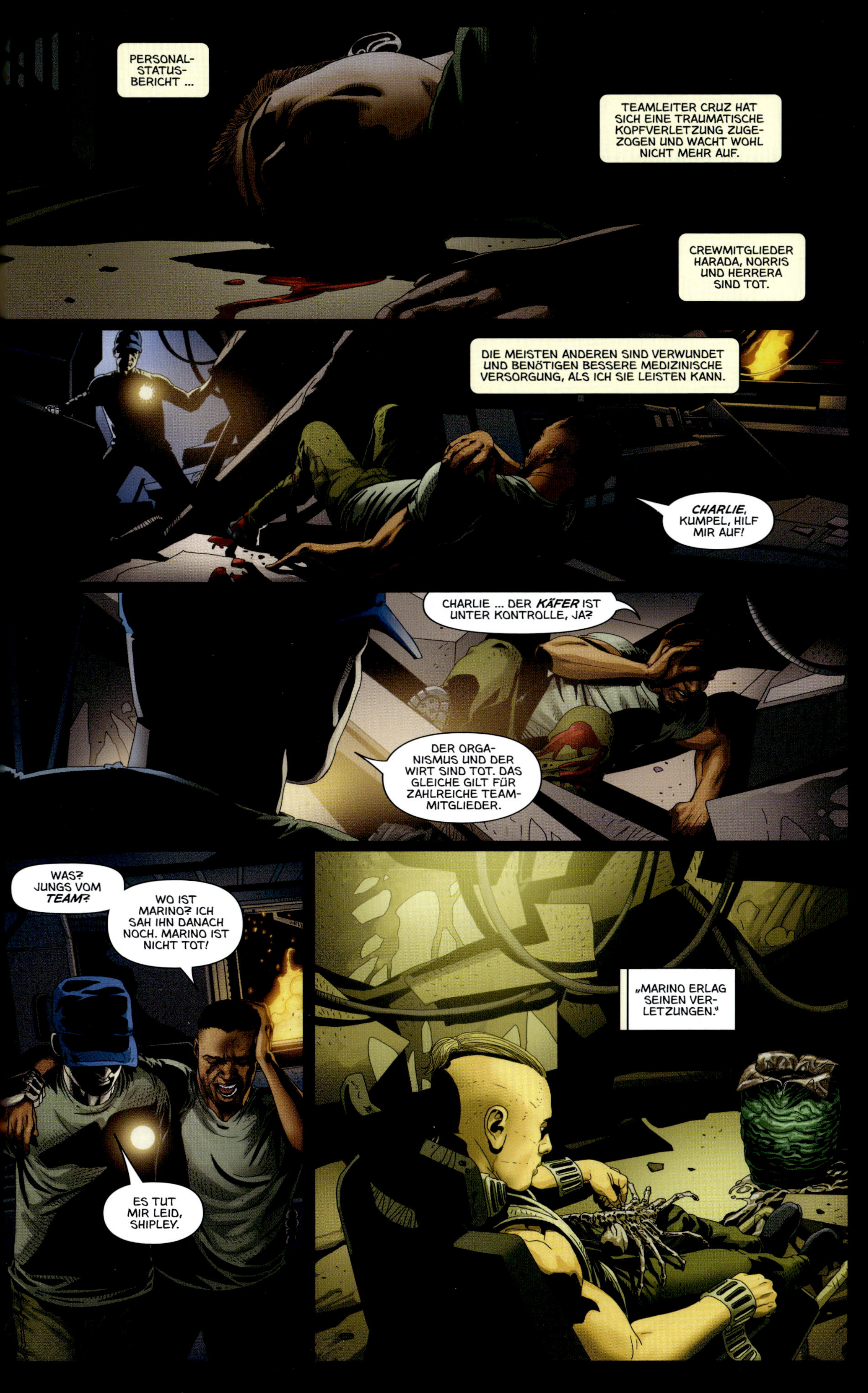
PERSONAL-
STATUS-
BERICHT ...
TEAMLEITER CRUZ HAT SICH EINE TRAUMATISCHE KOPFVERLETZUNG ZUGEZOGEN UND WACHT WOHL NICHT MEHR AUF.
CREWMITGLIEDER HARADA, NORRIS UND HERRERA SIND TOT.
DIE MEISTEN ANDEREN SIND VERWUNDET UND BENÖTIGEN BESSERE MEDIZINISCHE VERSORGUNG, ALS ICH SIE LEISTEN KANN.
CHARLIE, KUMPEL, HILF MIR AUF!
CHARLIE ... DER KÄFER IST UNTER KONTROLLE, JA?
DER ORGANISMUS UND DER WIRT SIND TOT. DAS GLEICHE GILT FÜR ZAHLREICHE TEAMMITGLIEDER.
WAS? JUNGS VOM TEAM?
WO IST MARINO? ICH SAH IHN DANACH NOCH. MARINO IST NICHT TOT!
ES TUT MIR LEID, SHIPLEY.
„MARINO ERLAG SEINEN VERLETZUNGEN."

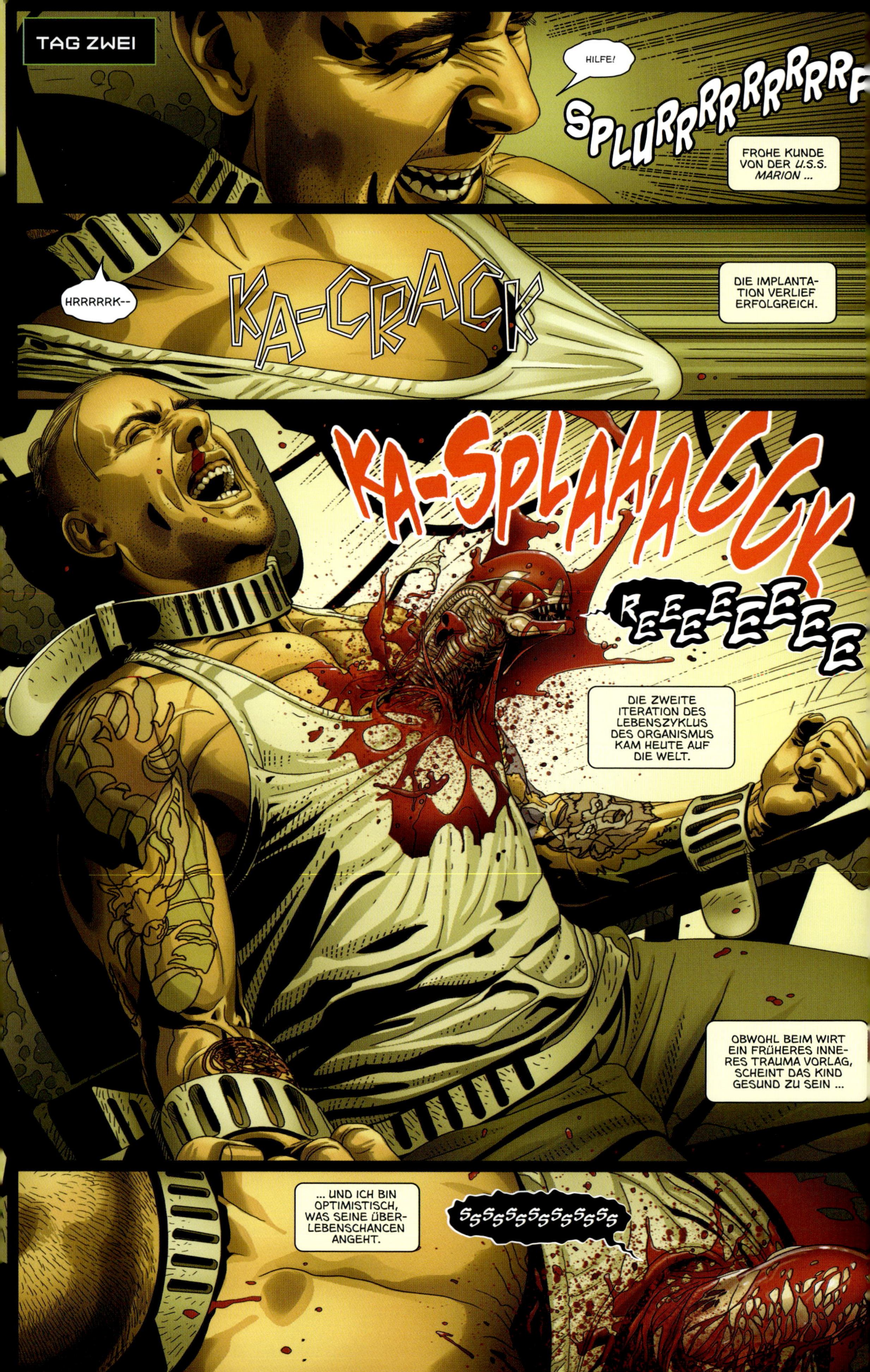
TAG ZWEI
HILFE!
SPLURRRRRRRRRF
FROHE KUNDE VON DER U.S.S. MARION ...
HRRRRRK--
KA-CRACK
DIE IMPLANTATION VERLIEF ERFOLGREICH.
KA-SPLAAAACCK
REEEEEEEE
DIE ZWEITE ITERATION DES LEBENSZYKLUS DES ORGANISMUS KAM HEUTE AUF DIE WELT.
OBWOHL BEIM WIRT EIN FRÜHERES INNERES TRAUMA VORLAG, SCHEINT DAS KIND GESUND ZU SEIN ...
... UND ICH BIN OPTIMISTISCH, WAS SEINE ÜBERLEBENSCHANCEN ANGEHT.
SSSSSSSSSSSSS

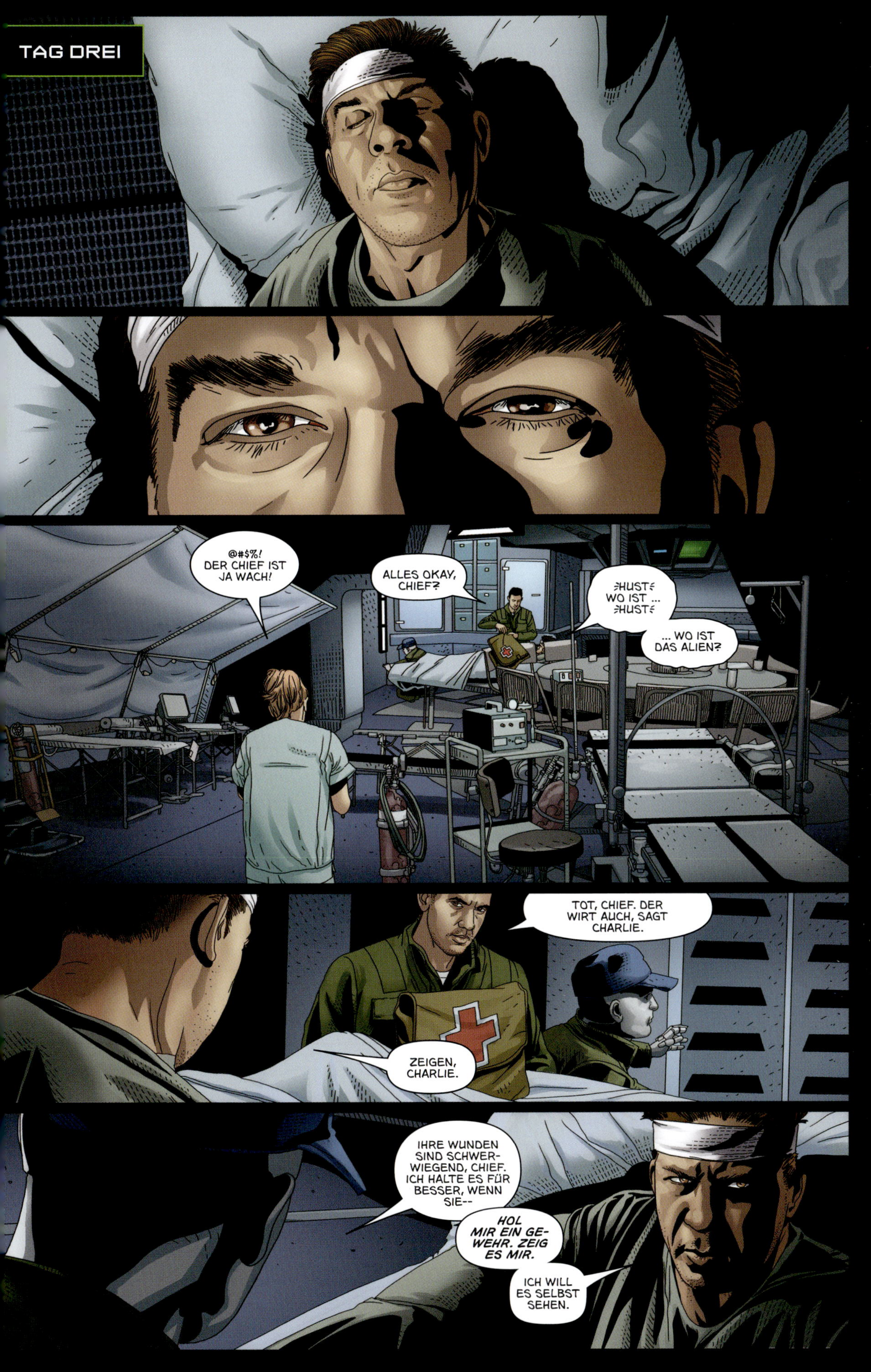
TAG DREI
@#$%!
DER CHIEF IST
JA WACH!
ALLES OKAY,
CHIEF?
HUST
WO IST ...
HUST
... WO IST
DAS ALIEN?
TOT, CHIEF. DER
WIRT AUCH, SAGT
CHARLIE.
ZEIGEN,
CHARLIE.
IHRE WUNDEN
SIND SCHWER-
WIEGEND, CHIEF.
ICH HALTE ES FÜR
BESSER, WENN
SIE--
HOL
MIR EIN GE-
WEHR. ZEIG
ES MIR.
ICH WILL
ES SELBST
SEHEN.

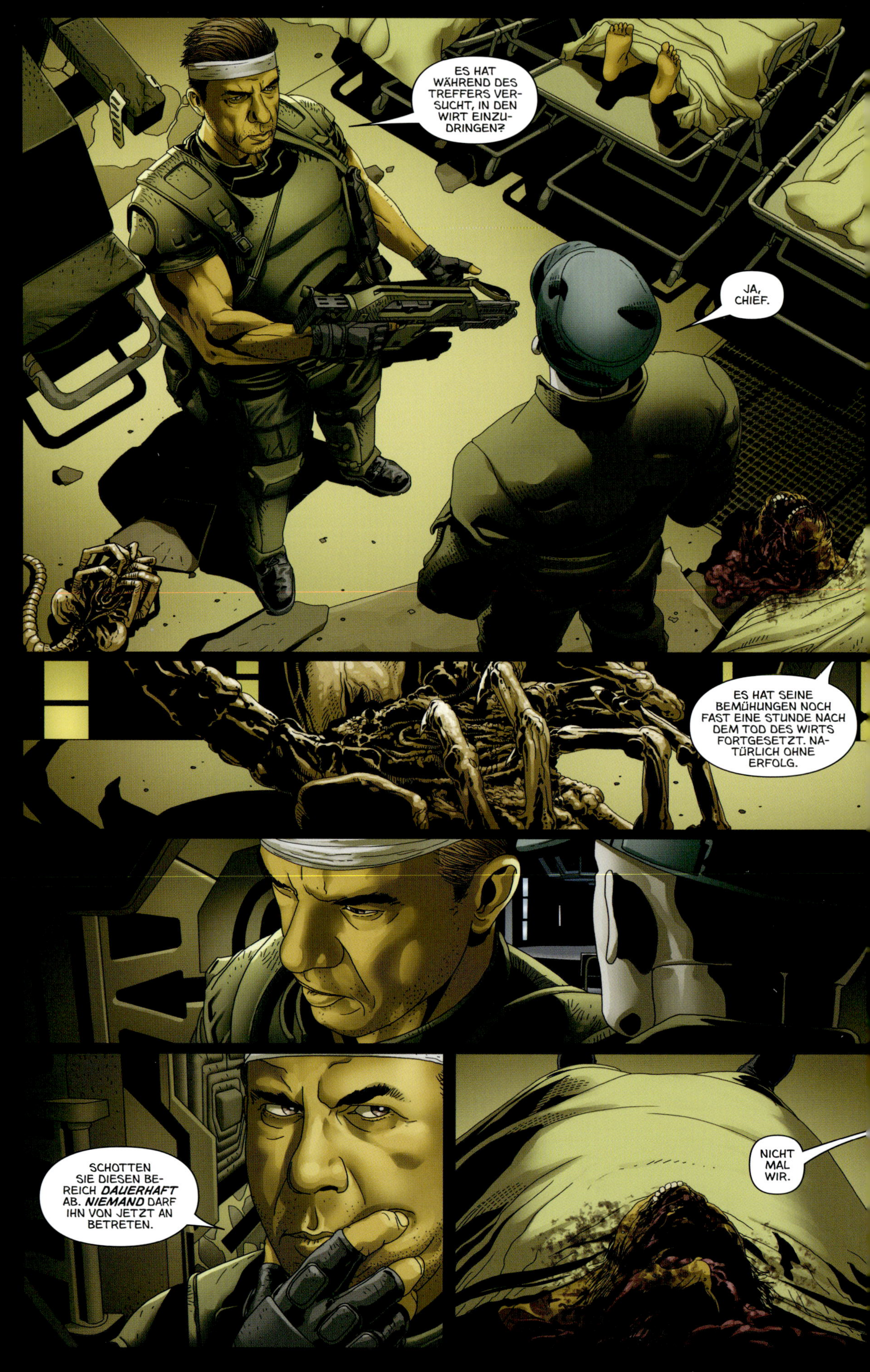
ES HAT WÄHREND DES TREFFERS VERSUCHT, IN DEN WIRT EINZUDRINGEN?
JA, CHIEF.
ES HAT SEINE BEMÜHUNGEN NOCH FAST EINE STUNDE NACH DEM TOD DES WIRTS FORTGESETZT. NATÜRLICH OHNE ERFOLG.
SCHOTTEN SIE DIESEN BEREICH *DAUERHAFT* AB. *NIEMAND* DARF IHN VON JETZT AN BETRETEN.
NICHT MAL WIR.

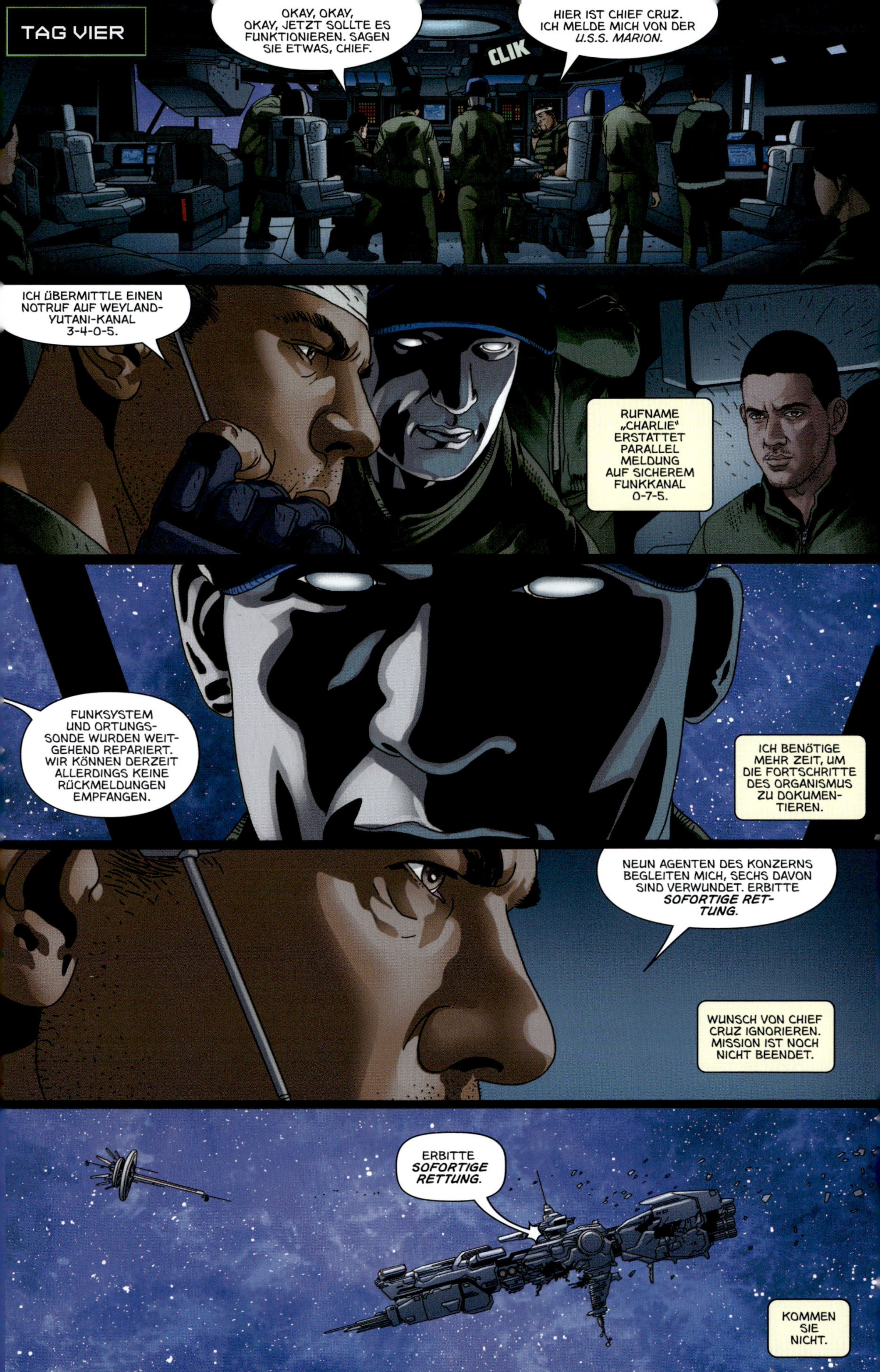
TAG VIER
OKAY, OKAY, OKAY, JETZT SOLLTE ES FUNKTIONIEREN. SAGEN SIE ETWAS, CHIEF.
CLIK
HIER IST CHIEF CRUZ. ICH MELDE MICH VON DER *U.S.S. MARION*.
ICH ÜBERMITTLE EINEN NOTRUF AUF WEYLAND-YUTANI-KANAL 3-4-0-5.
RUFNAME „CHARLIE" ERSTATTET PARALLEL MELDUNG AUF SICHEREM FUNKKANAL 0-7-5.
FUNKSYSTEM UND ORTUNGS-SONDE WURDEN WEIT-GEHEND REPARIERT. WIR KÖNNEN DERZEIT ALLERDINGS KEINE RÜCKMELDUNGEN EMPFANGEN.
ICH BENÖTIGE MEHR ZEIT, UM DIE FORTSCHRITTE DES ORGANISMUS ZU DOKUMEN-TIEREN.
NEUN AGENTEN DES KONZERNS BEGLEITEN MICH, SECHS DAVON SIND VERWUNDET. ERBITTE *SOFORTIGE RET-TUNG*.
WUNSCH VON CHIEF CRUZ IGNORIEREN. MISSION IST NOCH NICHT BEENDET.
ERBITTE *SOFORTIGE RETTUNG*.
KOMMEN SIE NICHT.

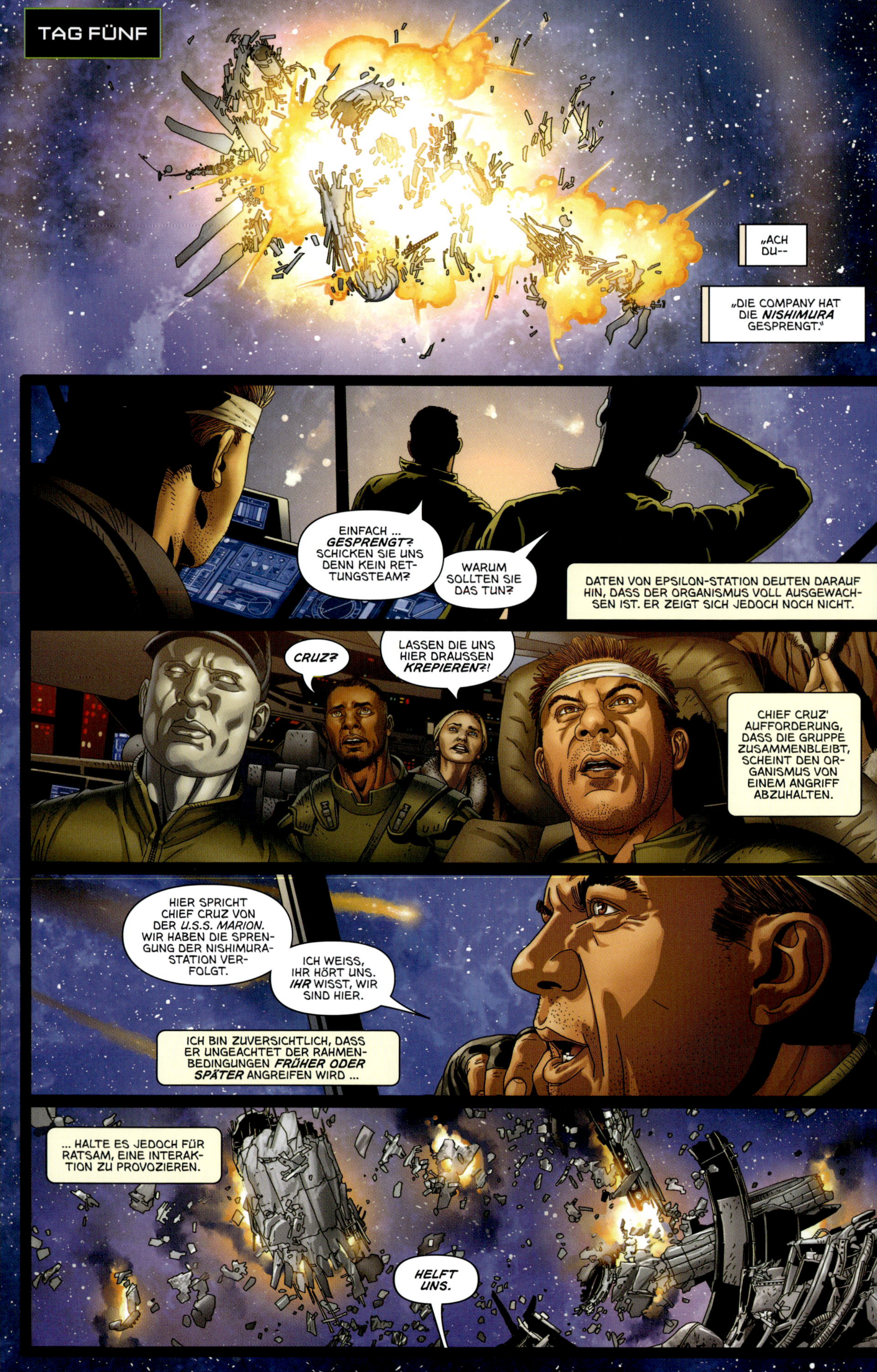
TAG FÜNF
„ACH DU--
„DIE COMPANY HAT DIE *NISHIMURA* GESPRENGT."
EINFACH ... *GESPRENGT?* SCHICKEN SIE UNS DENN KEIN RETTUNGSTEAM?
WARUM SOLLTEN SIE DAS TUN?
DATEN VON EPSILON-STATION DEUTEN DARAUF HIN, DASS DER ORGANISMUS VOLL AUSGEWACHSEN IST. ER ZEIGT SICH JEDOCH NOCH NICHT.
CRUZ?
LASSEN DIE UNS HIER DRAUSSEN *KREPIEREN?!*
CHIEF CRUZ' AUFFORDERUNG, DASS DIE GRUPPE ZUSAMMENBLEIBT, SCHEINT DEN ORGANISMUS VON EINEM ANGRIFF ABZUHALTEN.
HIER SPRICHT CHIEF CRUZ VON DER *U.S.S. MARION.* WIR HABEN DIE SPRENGUNG DER NISHIMURA-STATION VERFOLGT.
ICH WEISS, IHR HÖRT UNS. *IHR* WISST, WIR SIND HIER.
ICH BIN ZUVERSICHTLICH, DASS ER UNGEACHTET DER RAHMENBEDINGUNGEN *FRÜHER ODER SPÄTER* ANGREIFEN WIRD ...
... HALTE ES JEDOCH FÜR RATSAM, EINE INTERAKTION ZU PROVOZIEREN.
HELFT UNS.

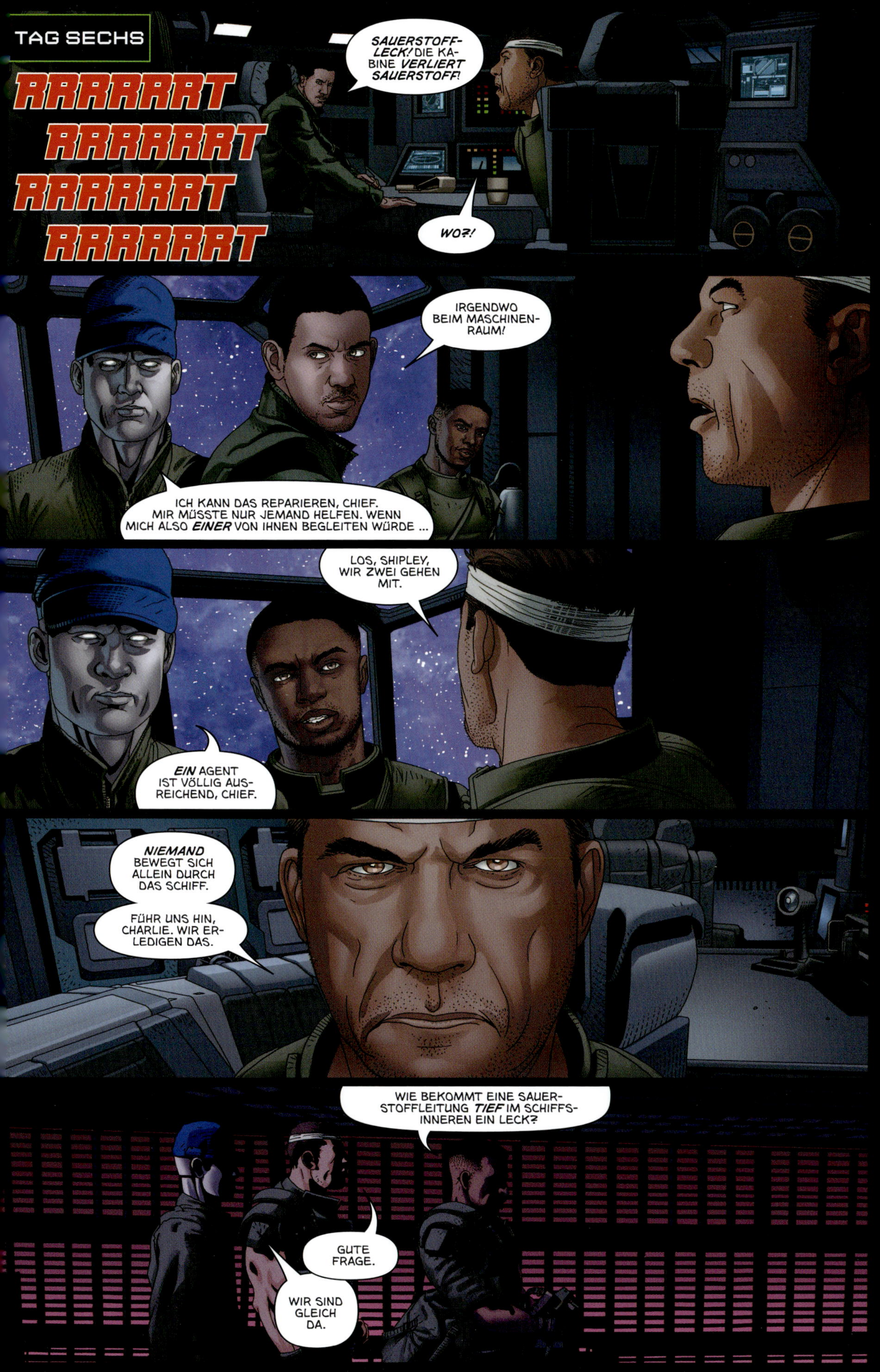
TAG SECHS
RRRRRRT
RRRRRRT
RRRRRRT
RRRRRRT
SAUERSTOFF-LECK! DIE KABINE VERLIERT SAUERSTOFF!
WO?!
IRGENDWO BEIM MASCHINEN-RAUM!
ICH KANN DAS REPARIEREN, CHIEF. MIR MÜSSTE NUR JEMAND HELFEN. WENN MICH ALSO EINER VON IHNEN BEGLEITEN WÜRDE ...
LOS, SHIPLEY, WIR ZWEI GEHEN MIT.
EIN AGENT IST VÖLLIG AUSREICHEND, CHIEF.
NIEMAND BEWEGT SICH ALLEIN DURCH DAS SCHIFF.
FÜHR UNS HIN, CHARLIE. WIR ERLEDIGEN DAS.
WIE BEKOMMT EINE SAUERSTOFFLEITUNG TIEF IM SCHIFFSINNEREN EIN LECK?
GUTE FRAGE.
WIR SIND GLEICH DA.

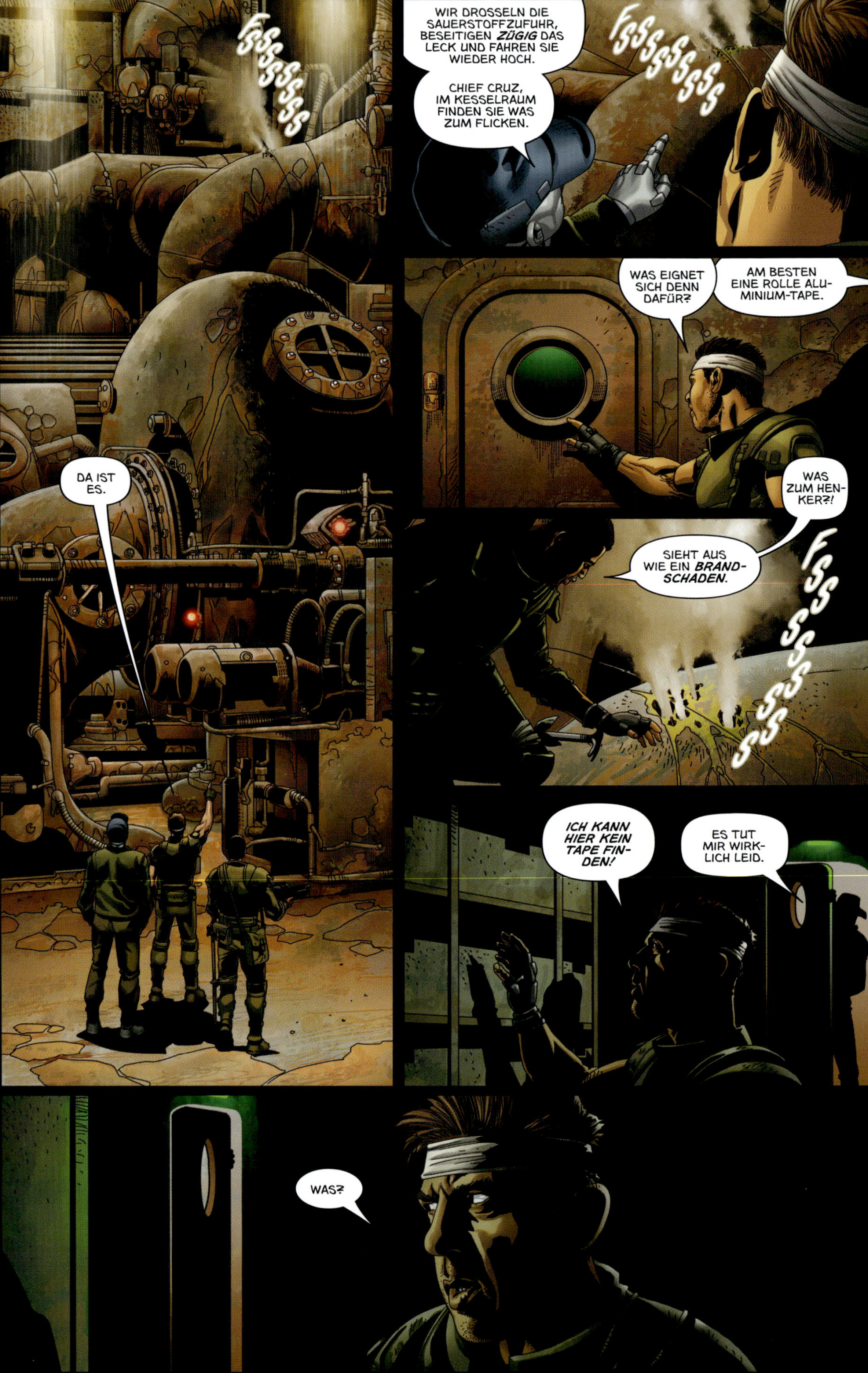
FSSSSSSS
WIR DROSSELN DIE SAUERSTOFFZUFUHR, BESEITIGEN ZÜGIG DAS LECK UND FAHREN SIE WIEDER HOCH.
CHIEF CRUZ, IM KESSELRAUM FINDEN SIE WAS ZUM FLICKEN.
FSSSSSSSS
DA IST ES.
WAS EIGNET SICH DENN DAFÜR?
AM BESTEN EINE ROLLE ALUMINIUM-TAPE.
WAS ZUM HENKER?!
SIEHT AUS WIE EIN BRANDSCHADEN.
FSSSSSSS
ICH KANN HIER KEIN TAPE FINDEN!
ES TUT MIR WIRKLICH LEID.
WAS?

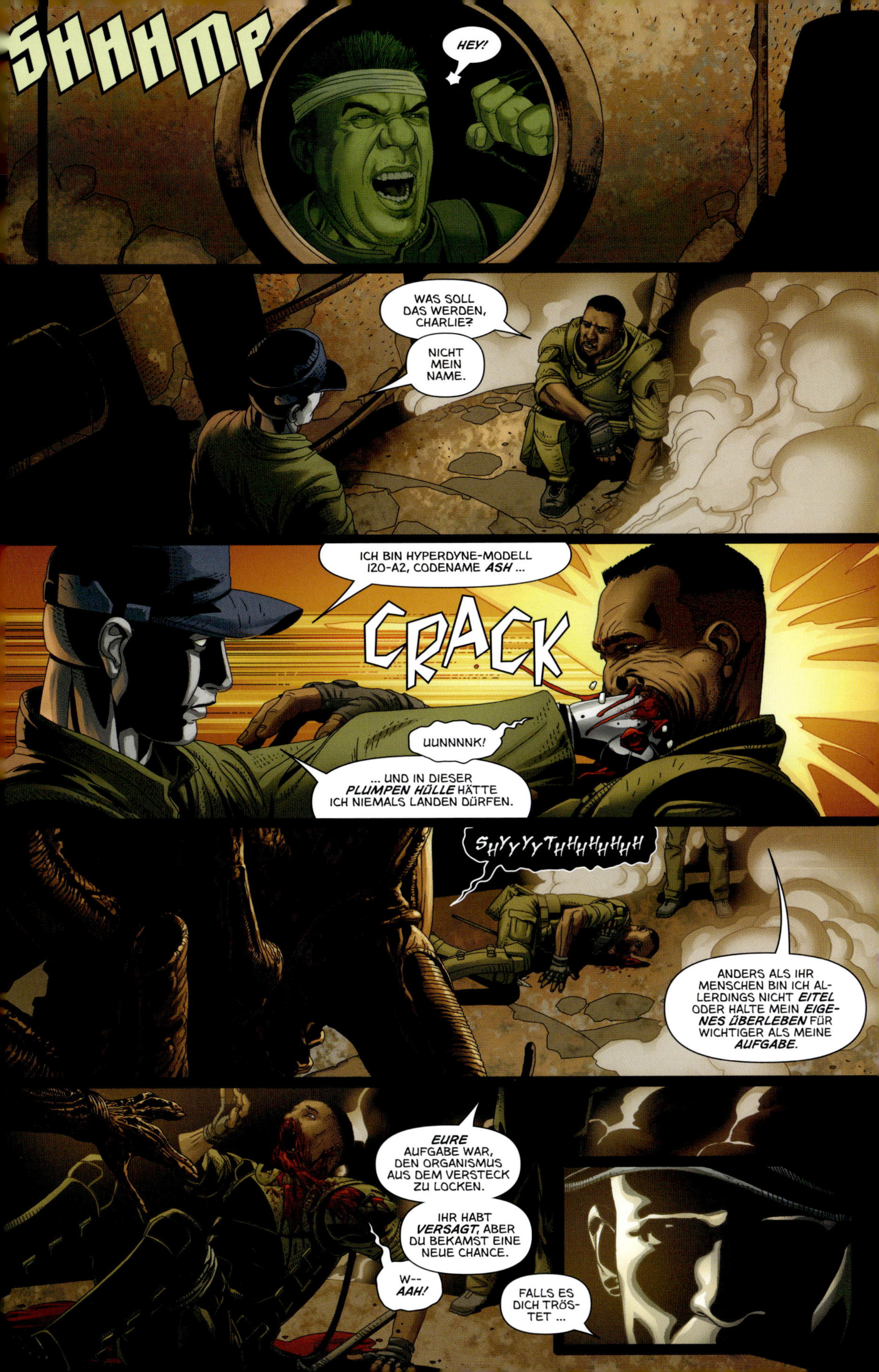
SHHHMP
HEY!
WAS SOLL DAS WERDEN, CHARLIE?
NICHT MEIN NAME.
ICH BIN HYPERDYNE-MODELL 120-A2, CODENAME ASH ...
CRACK
UUNNNNK!
... UND IN DIESER PLUMPEN HÜLLE HÄTTE ICH NIEMALS LANDEN DÜRFEN.
SHYYYYTHHHHHHHH
ANDERS ALS IHR MENSCHEN BIN ICH ALLERDINGS NICHT EITEL ODER HALTE MEIN EIGENES ÜBERLEBEN FÜR WICHTIGER ALS MEINE AUFGABE.
EURE AUFGABE WAR, DEN ORGANISMUS AUS DEM VERSTECK ZU LOCKEN.
IHR HABT VERSAGT, ABER DU BEKAMST EINE NEUE CHANCE.
W-- AAH!
FALLS ES DICH TRÖSTET ...

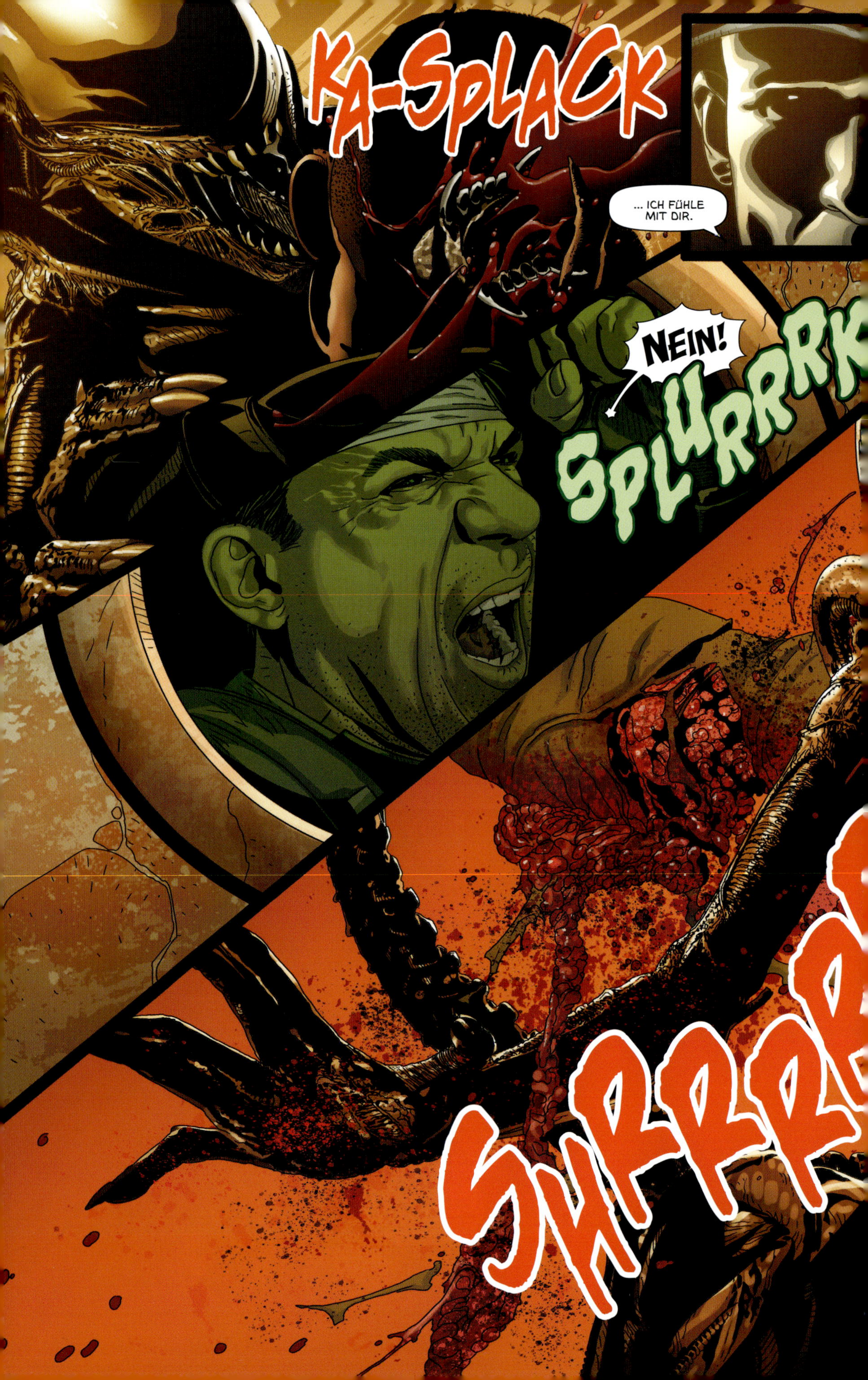
KA-SPLACK
... ICH FÜHLE MIT DIR.
NEIN!
SPLURRRK
SHRRRR

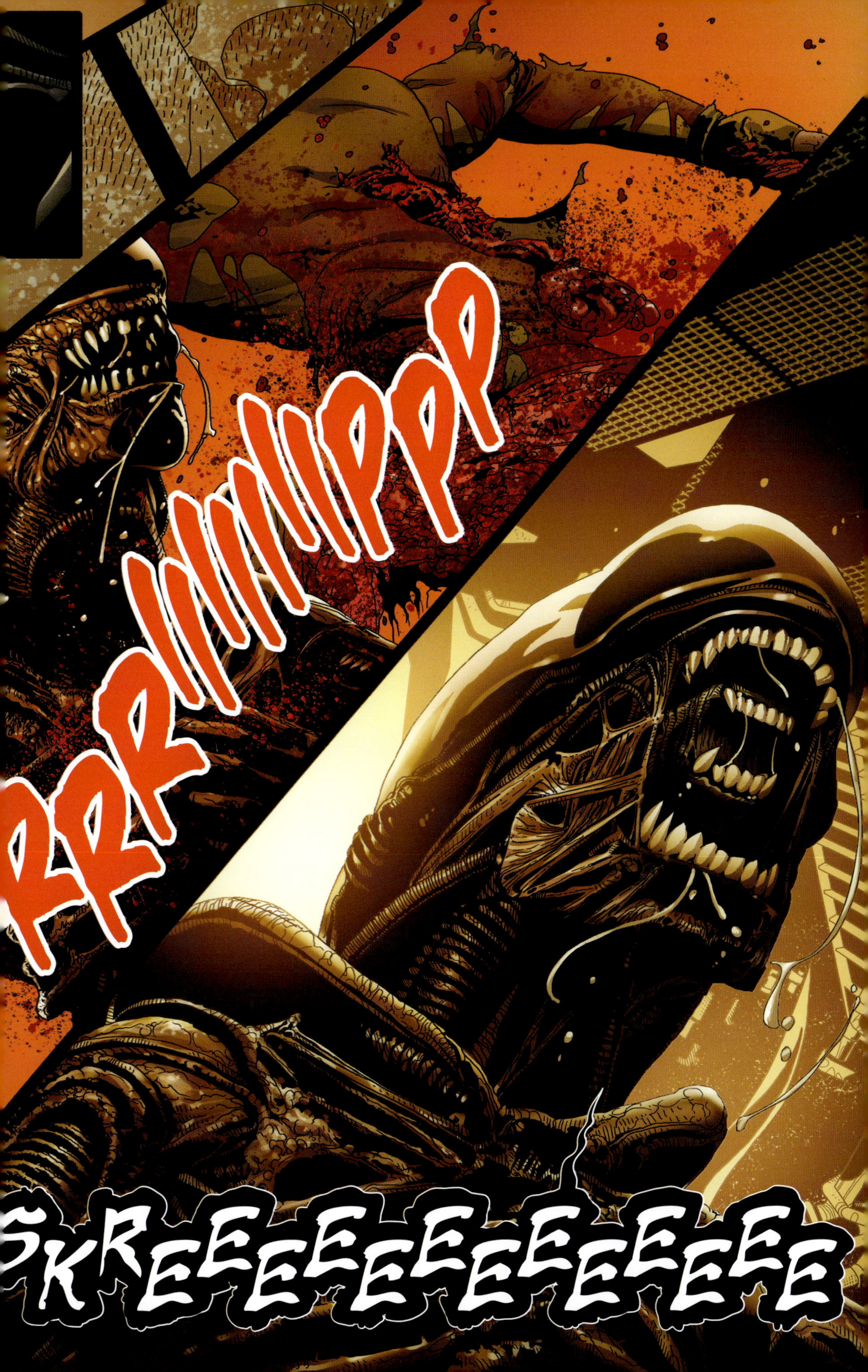
RRIIIIIIIIIPPP
SKREEEEEEEEEEEE

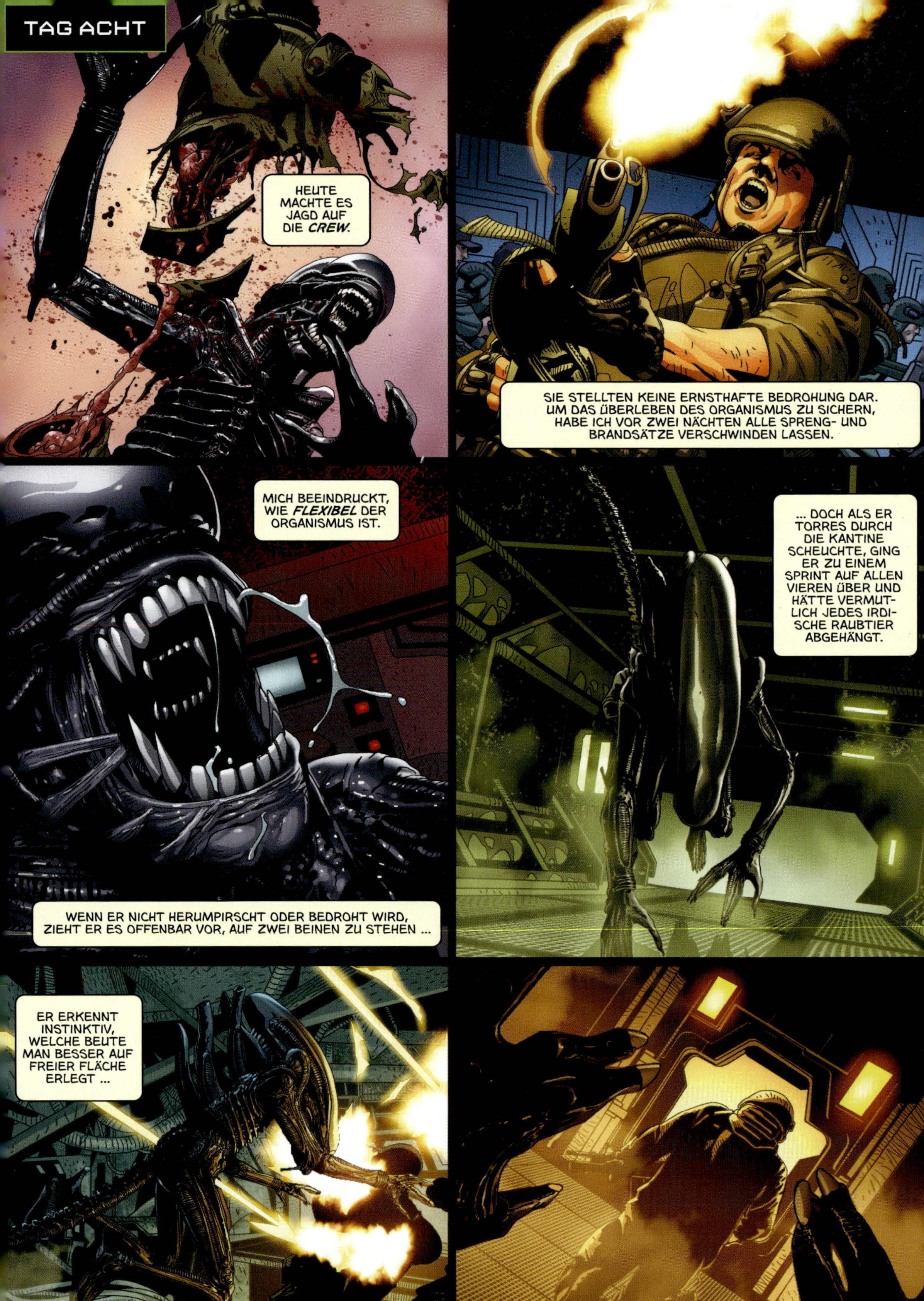
TAG ACHT
HEUTE MACHTE ES JAGD AUF DIE *CREW*.
SIE STELLTEN KEINE ERNSTHAFTE BEDROHUNG DAR. UM DAS ÜBERLEBEN DES ORGANISMUS ZU SICHERN, HABE ICH VOR ZWEI NÄCHTEN ALLE SPRENG- UND BRANDSÄTZE VERSCHWINDEN LASSEN.
MICH BEEINDRUCKT, WIE *FLEXIBEL* DER ORGANISMUS IST.
WENN ER NICHT HERUMPIRSCHT ODER BEDROHT WIRD, ZIEHT ER ES OFFENBAR VOR, AUF ZWEI BEINEN ZU STEHEN ...
... DOCH ALS ER TORRES DURCH DIE KANTINE SCHEUCHTE, GING ER ZU EINEM SPRINT AUF ALLEN VIEREN ÜBER UND HÄTTE VERMUTLICH JEDES IRDISCHE RAUBTIER ABGEHÄNGT.
ER ERKENNT INSTINKTIV, WELCHE BEUTE MAN BESSER AUF FREIER FLÄCHE ERLEGT ...
... UND WELCHER MAN IM SCHATTEN AUFLAUERT.

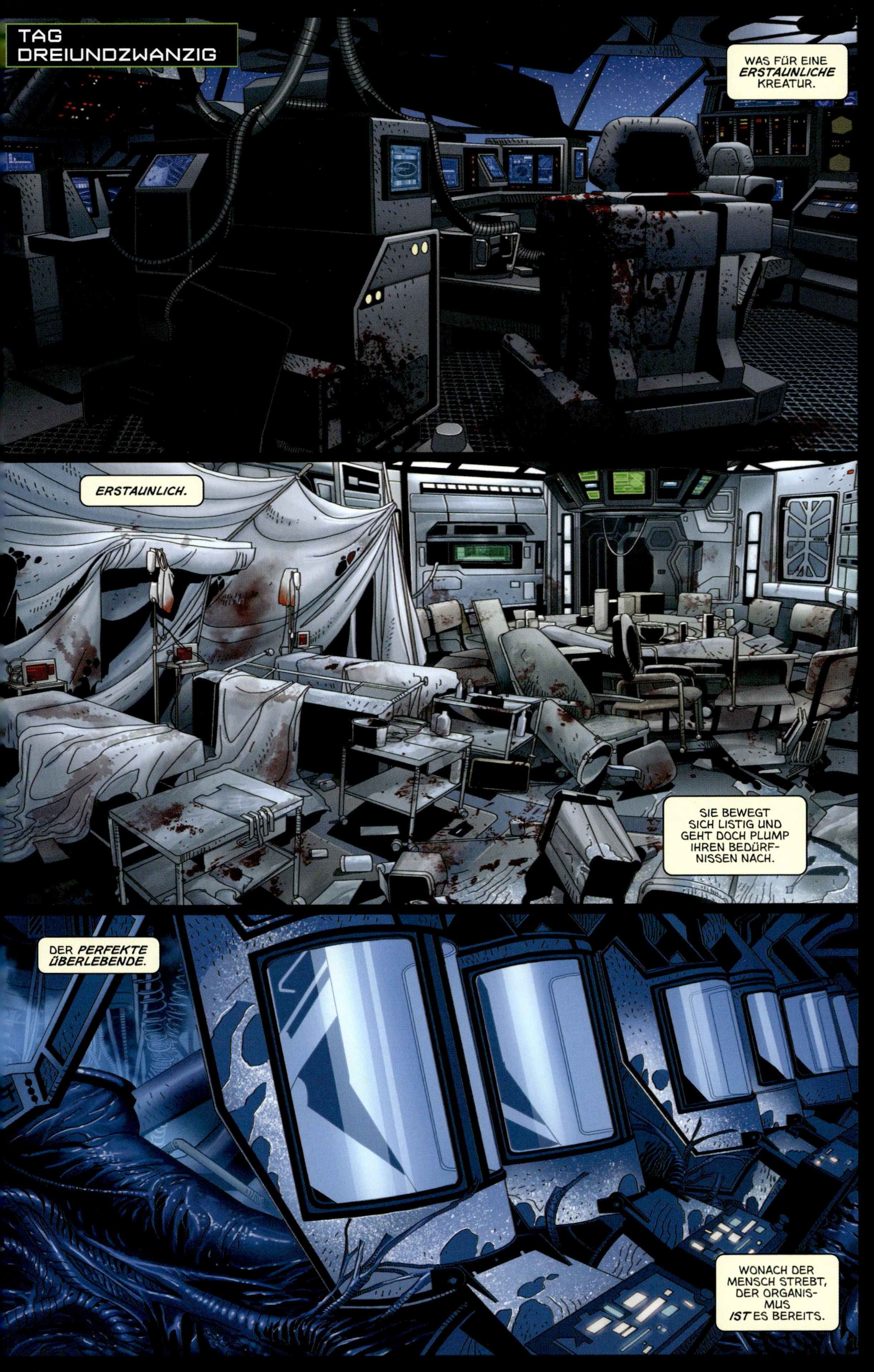
TAG DREIUNDZWANZIG
WAS FÜR EINE *ERSTAUNLICHE* KREATUR.
ERSTAUNLICH.
SIE BEWEGT SICH LISTIG UND GEHT DOCH PLUMP IHREN BEDÜRFNISSEN NACH.
DER *PERFEKTE ÜBERLEBENDE*.
WONACH DER MENSCH STREBT, DER ORGANISMUS *IST* ES BEREITS.

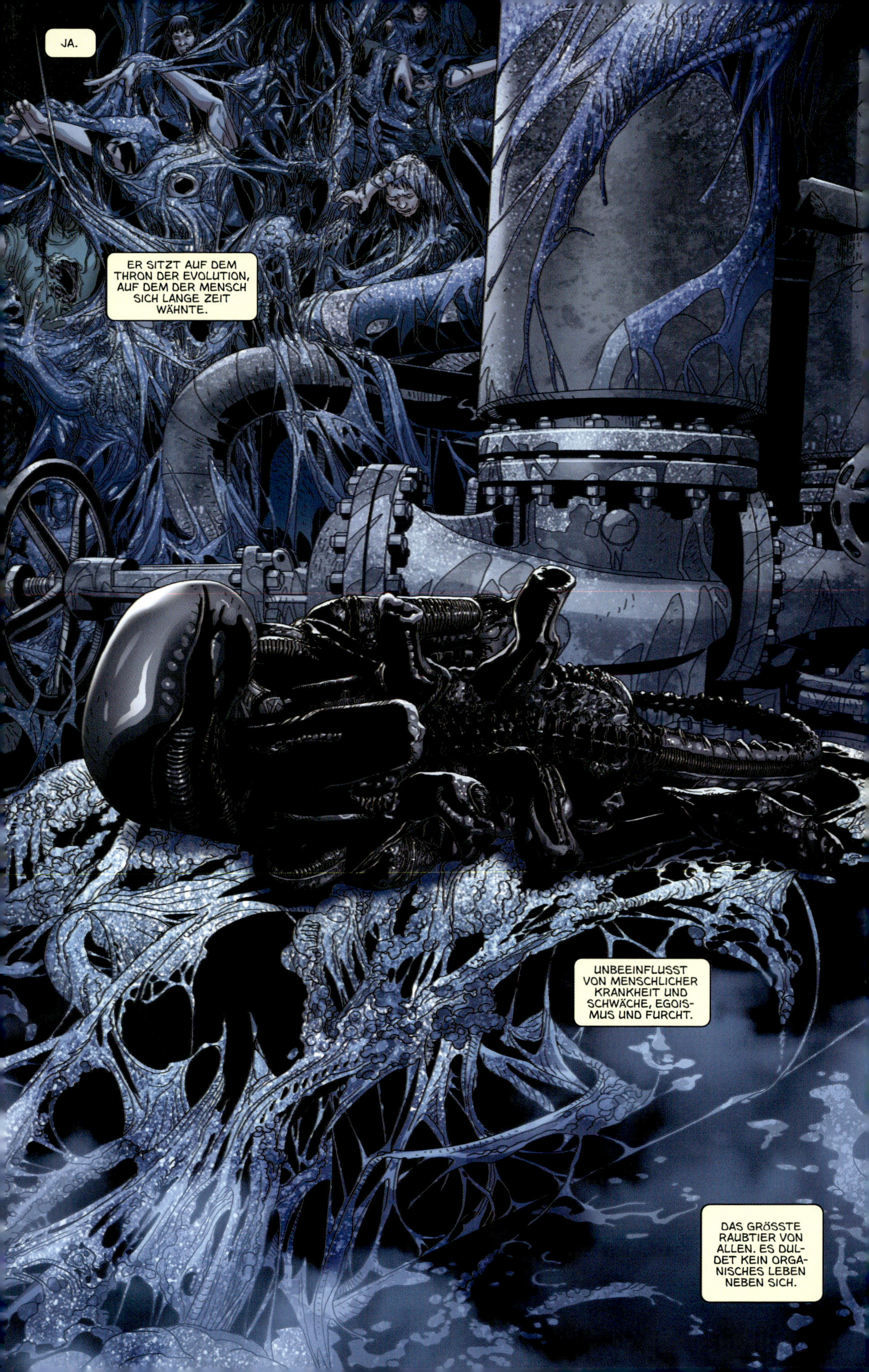
JA.
ER SITZT AUF DEM THRON DER EVOLUTION, AUF DEM DER MENSCH SICH LANGE ZEIT WÄHNTE.
UNBEEINFLUSST VON MENSCHLICHER KRANKHEIT UND SCHWÄCHE, EGOIS-MUS UND FURCHT.
DAS GRÖSSTE RAUBTIER VON ALLEN. ES DUL-DET KEIN ORGA-NISCHES LEBEN NEBEN SICH.

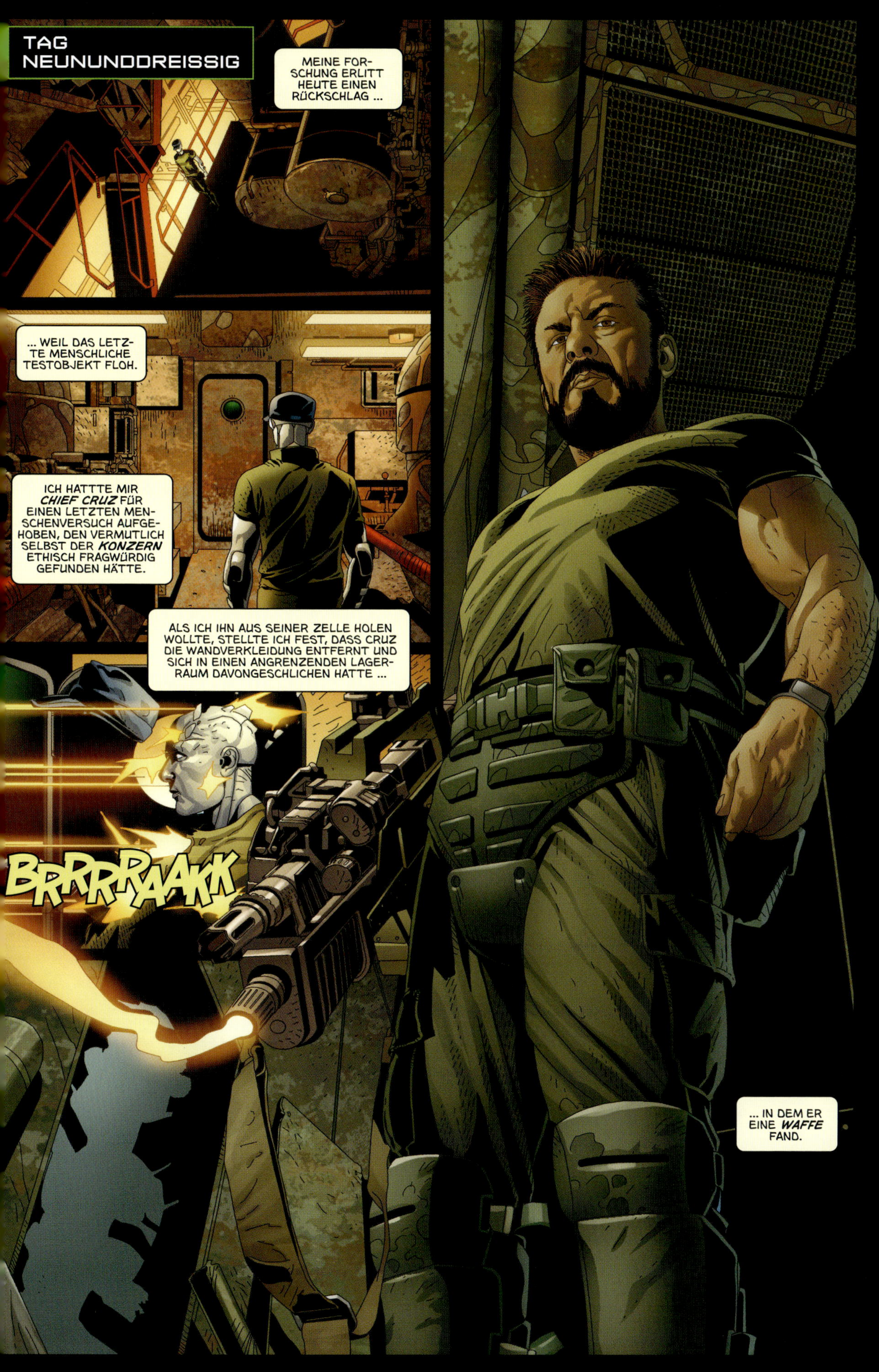
TAG NEUNUNDDREISSIG
MEINE FORSCHUNG ERLITT HEUTE EINEN RÜCKSCHLAG ...
... WEIL DAS LETZTE MENSCHLICHE TESTOBJEKT FLOH.
ICH HATTTE MIR *CHIEF CRUZ* FÜR EINEN LETZTEN MENSCHENVERSUCH AUFGEHOBEN, DEN VERMUTLICH SELBST DER *KONZERN* ETHISCH FRAGWÜRDIG GEFUNDEN HÄTTE.
ALS ICH IHN AUS SEINER ZELLE HOLEN WOLLTE, STELLTE ICH FEST, DASS CRUZ DIE WANDVERKLEIDUNG ENTFERNT UND SICH IN EINEN ANGRENZENDEN LAGERRAUM DAVONGESCHLICHEN HATTE ...
BRRRRAAKK
... IN DEM ER EINE *WAFFE* FAND.

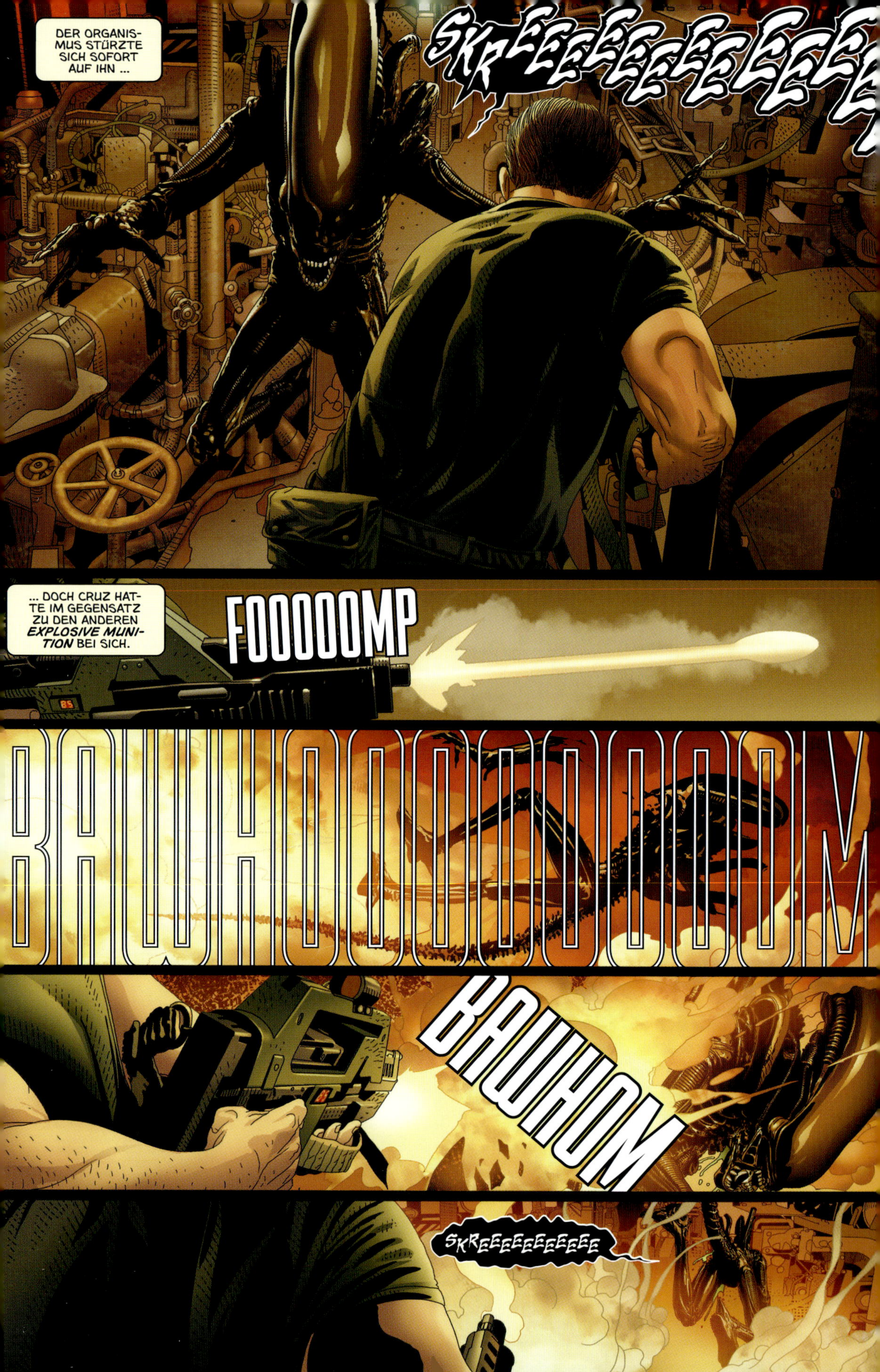
DER ORGANISMUS STÜRZTE SICH SOFORT AUF IHN ...
SKREEEEEEEEEEEEE
... DOCH CRUZ HATTE IM GEGENSATZ ZU DEN ANDEREN *EXPLOSIVE MUNITION* BEI SICH.
FOOOOOMP
BAWHOOOOOOOOM
BAWHOM
SKREEEEEEEEEEEE

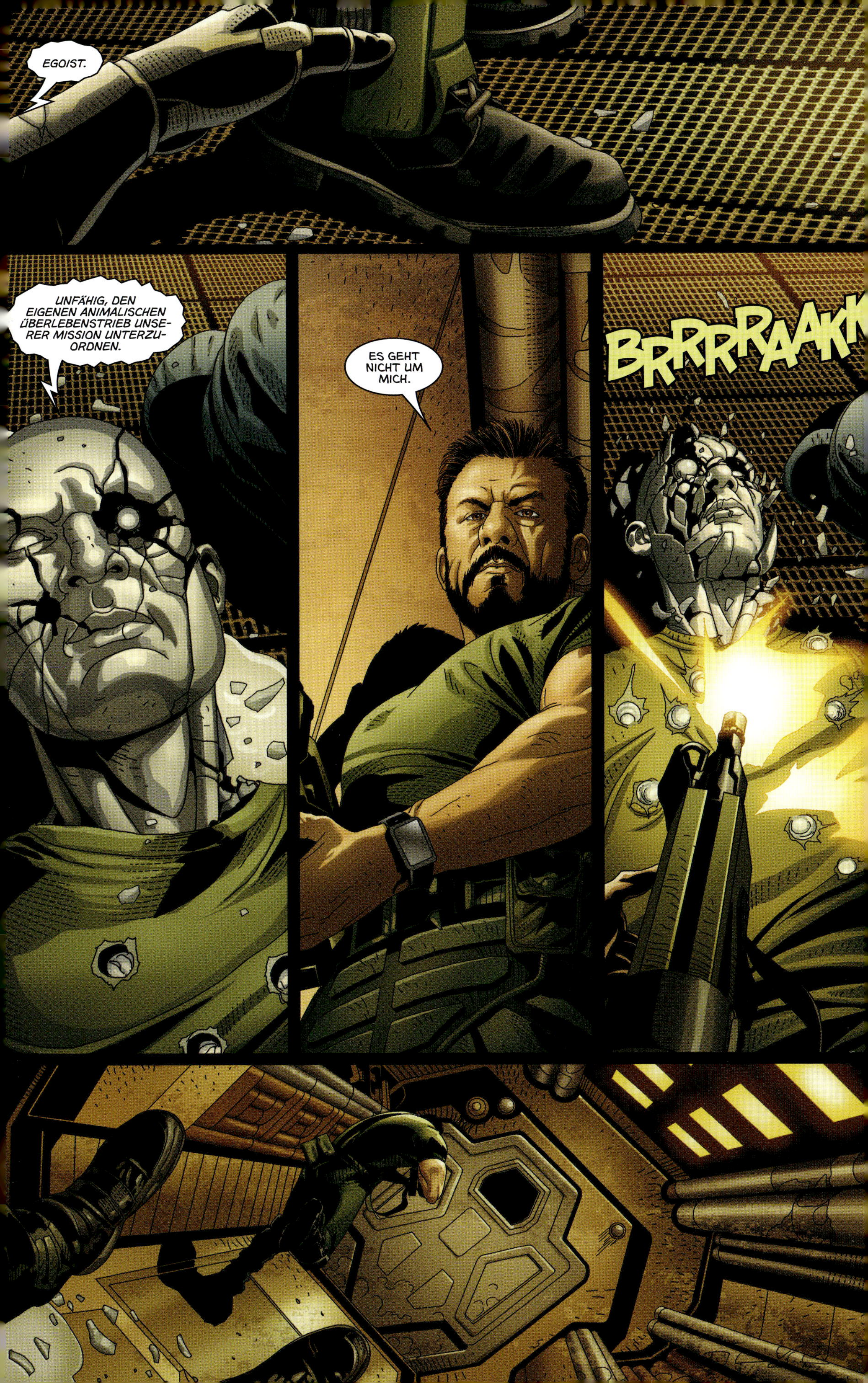
EGOIST.
UNFÄHIG, DEN EIGENEN ANIMALISCHEN ÜBERLEBENSTRIEB UNSERER MISSION UNTERZUORDNEN.
ES GEHT NICHT UM MICH.
BRRRRAAKK

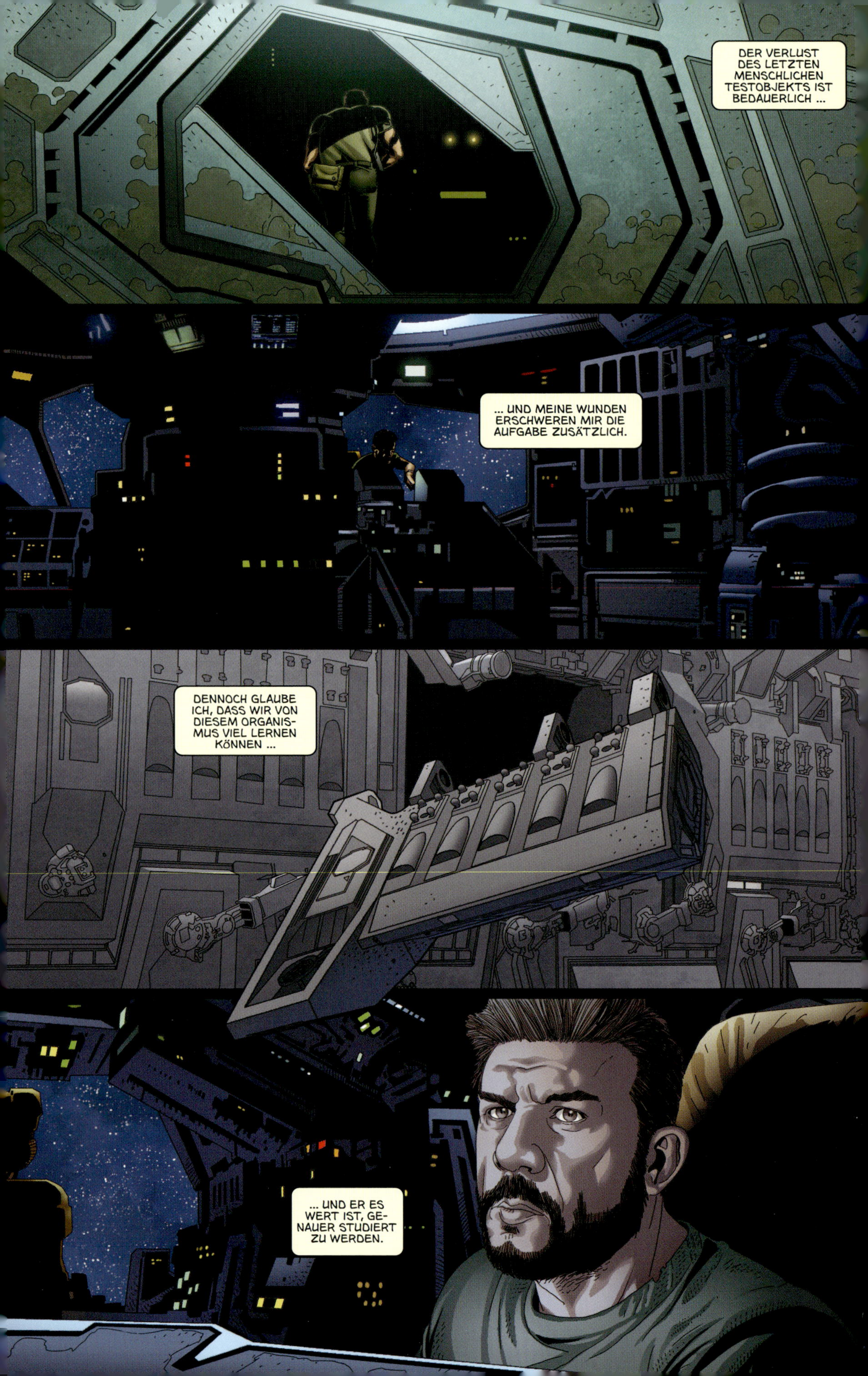
DER VERLUST DES LETZTEN MENSCHLICHEN TESTOBJEKTS IST BEDAUERLICH ...
... UND MEINE WUNDEN ERSCHWEREN MIR DIE AUFGABE ZUSÄTZLICH.
DENNOCH GLAUBE ICH, DASS WIR VON DIESEM ORGANIS-MUS VIEL LERNEN KÖNNEN ...
... UND ER ES WERT IST, GE-NAUER STUDIERT ZU WERDEN.

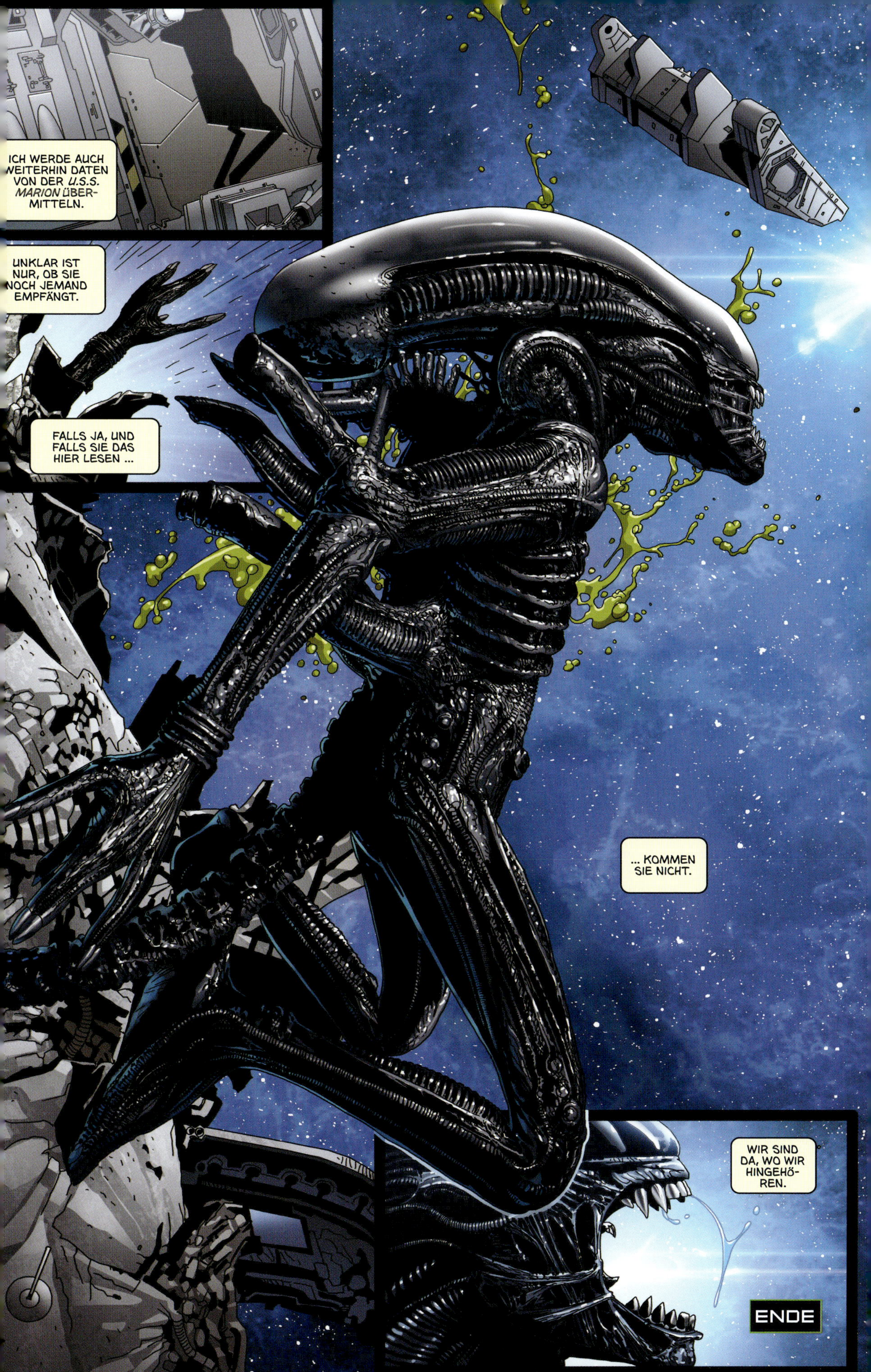

ICH WERDE AUCH WEITERHIN DATEN VON DER *U.S.S. MARION* ÜBERMITTELN.
UNKLAR IST NUR, OB SIE NOCH JEMAND EMPFÄNGT.
FALLS JA, UND FALLS SIE DAS HIER LESEN ...
... KOMMEN SIE NICHT.
WIR SIND DA, WO WIR HINGEHÖREN.
ENDE

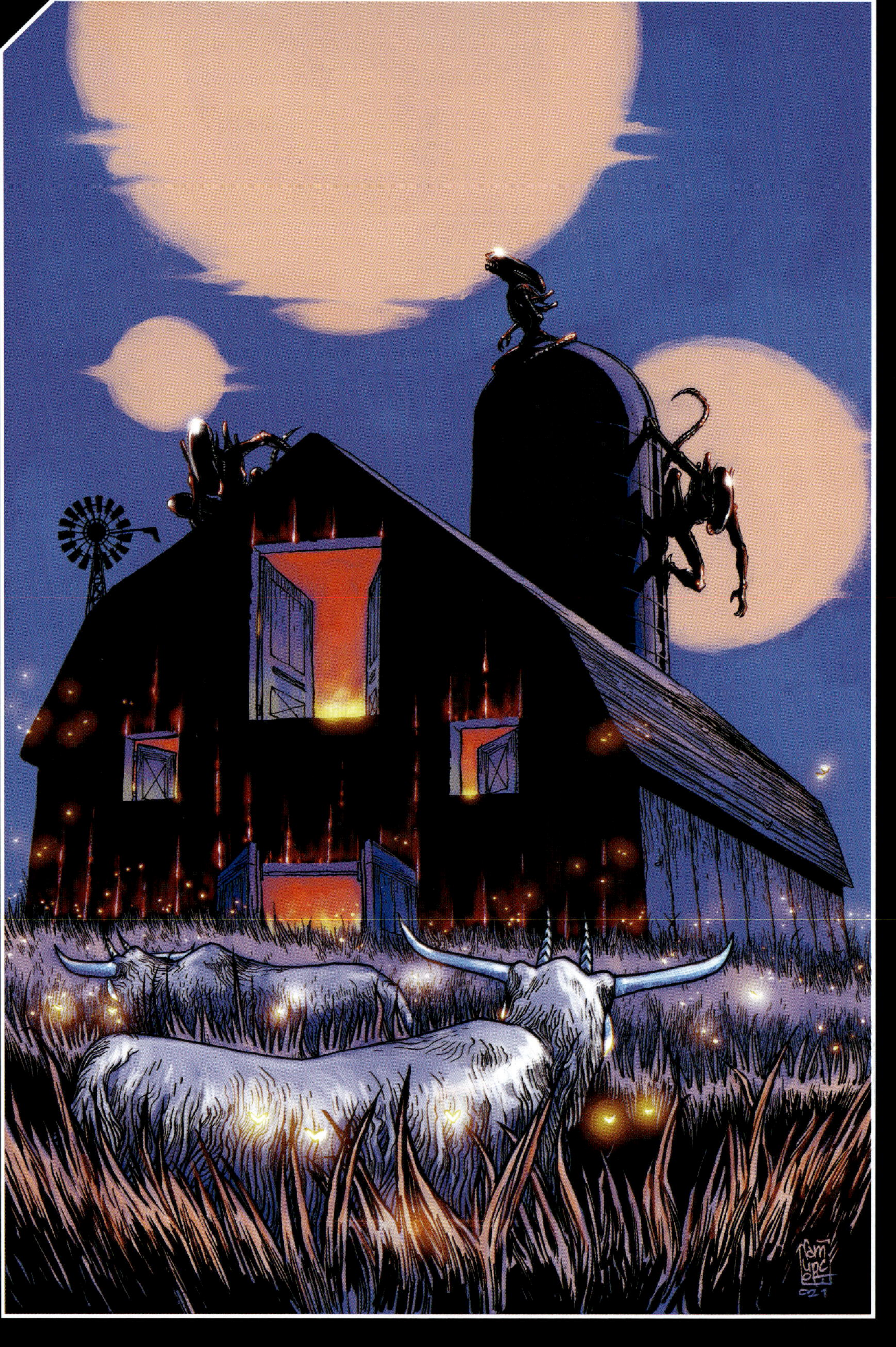

ALIEN (2021) 7
VARIANT-COVER VON **GIUSEPPE CAMUNCOLI**

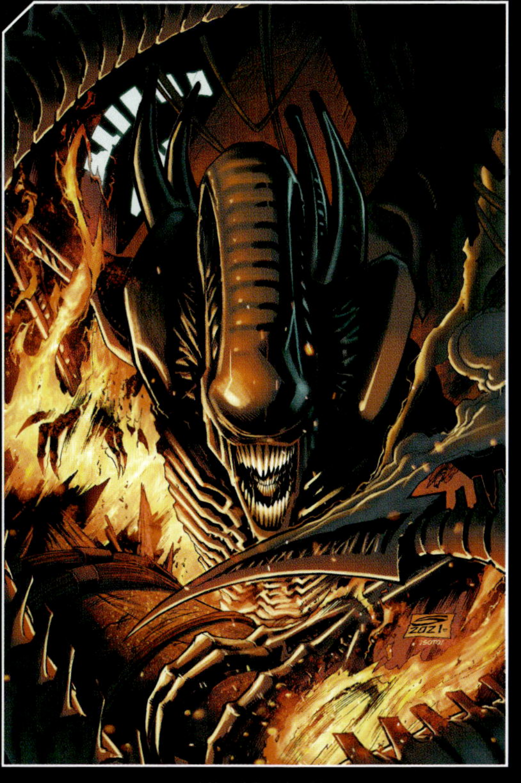

ALIEN (2021) 7
VARIANT-COVER VON
GERARDO SANDOVAL & **CHRIS SOTOMAYOR**

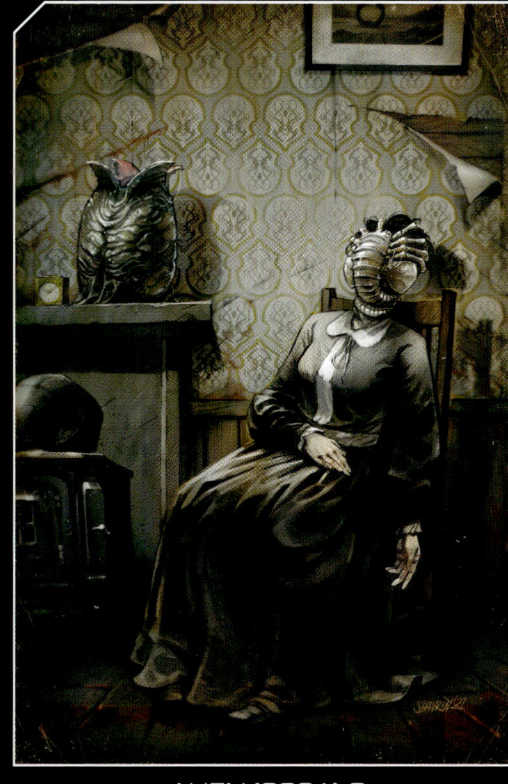

ALIEN (2021) 8
VARIANT-COVER VON
IVAN SHAVRIN

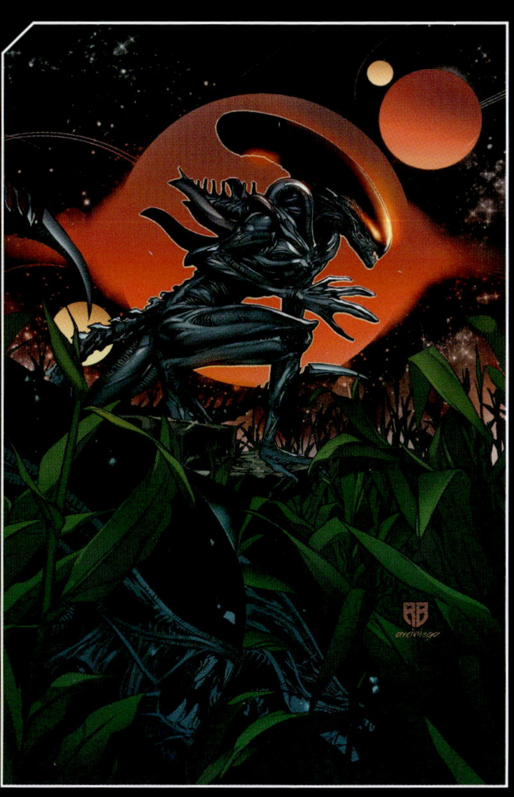

ALIEN (2021) 8
VARIANT-COVER VON
R. B. SILVA & **ERICK ARCINIEGA**

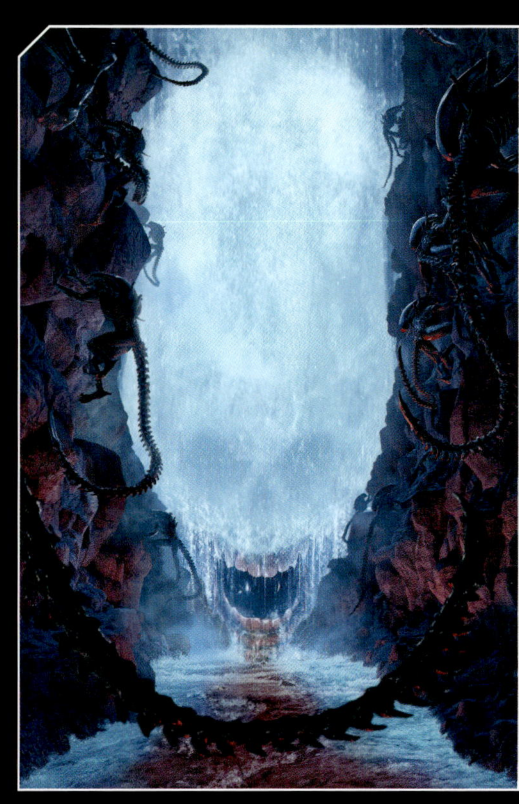

ALIEN (2021) 9
VARIANT-COVER VON
RAHZZAH

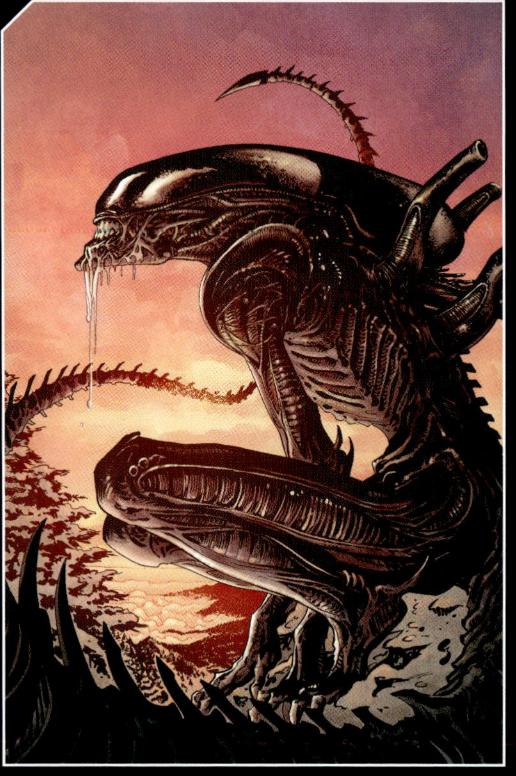

ALIEN (2021) 9
VARIANT-COVER VON **GEOFF SHAW**
& MATT HOLLINGSWORTH

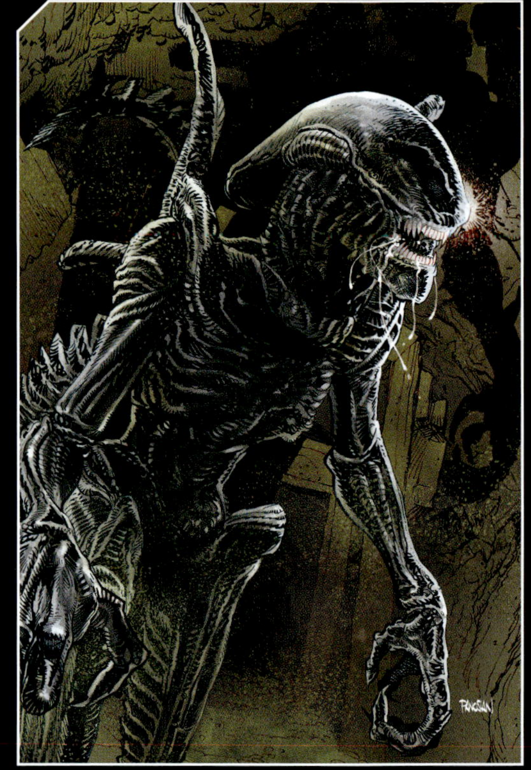

ALIEN (2021) 10
VARIANT-COVER VON
DAN PANOSIAN

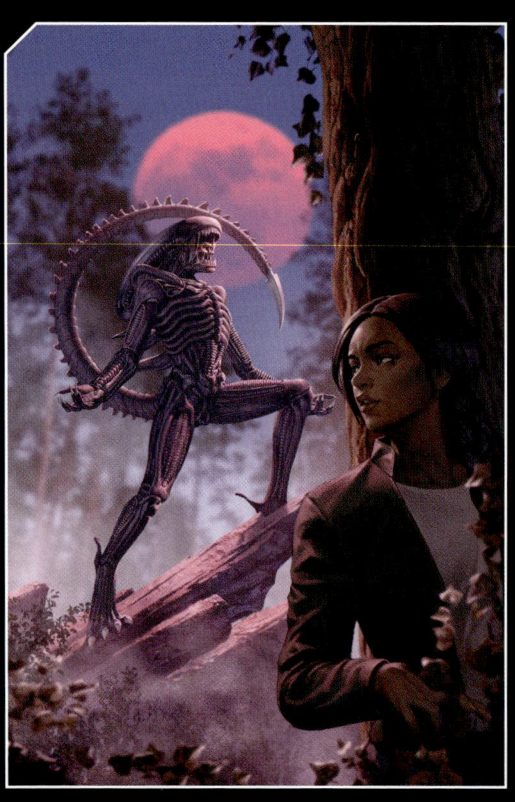

ALIEN (2021) 10
VARIANT-COVER VON
JUNG-GEUN YOON

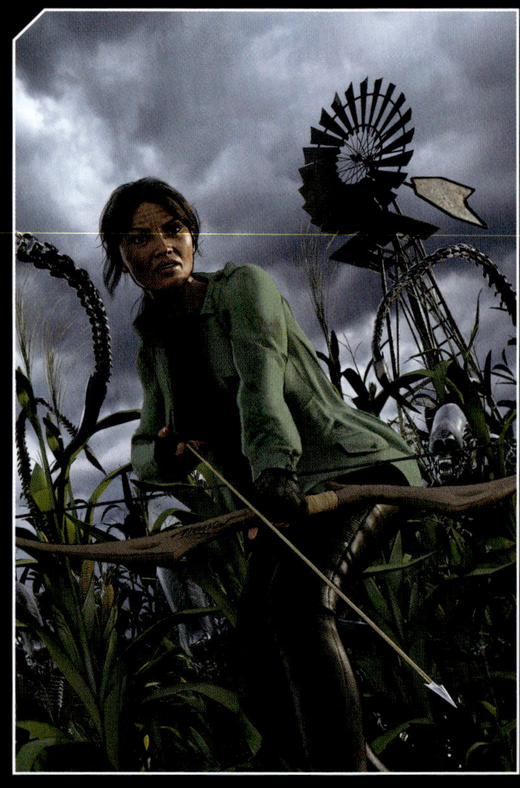

ALIEN (2021) 11
VARIANT-COVER VON
MIKE MAYHEW

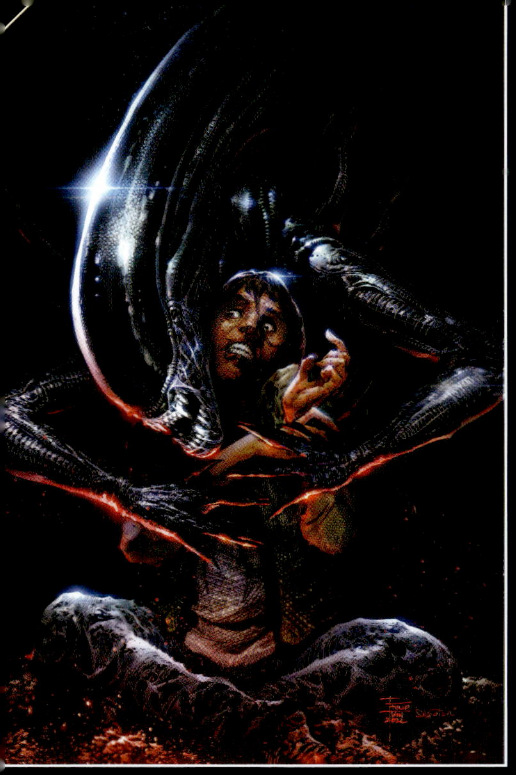

ALIEN (2021) 11
VARIANT-COVER VON
PHILIP TAN & **SEBASTIAN CHENG**

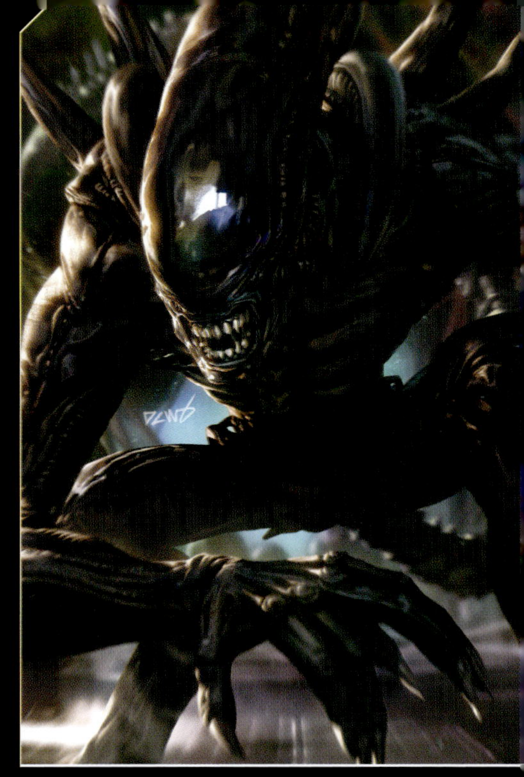

ALIEN (2021) 12
VARIANT-COVER VON
DERRICK CHEW

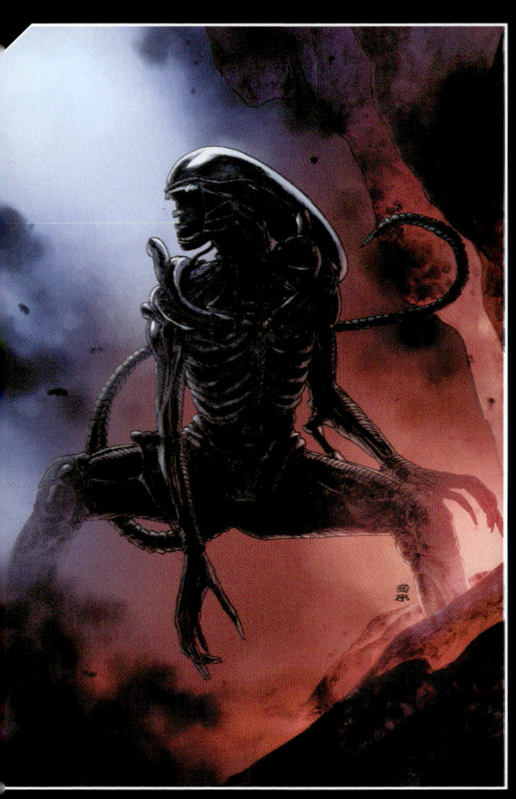

ALIEN (2021) 12
VARIANT-COVER VON

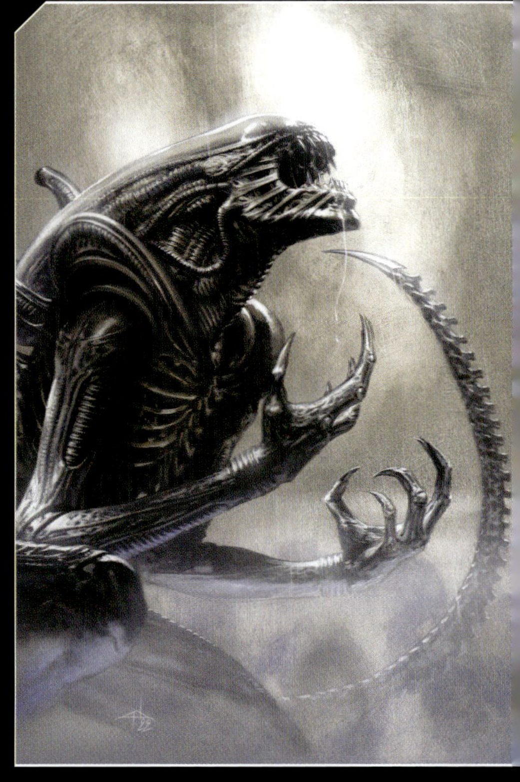

ALIEN ANNUAL (2022) 1
VARIANT-COVER VON

PHILLIP KENNEDY JOHNSON lebt als Autor, Musiker und Kampfsportler in Washington. Als ehemaliger Soldat und *Sergeant First Class* der US-Army spielt er noch heute in Kapellen der Armee, die überall in den Vereinigten Staaten auftreten – früher bereiste er mit dem *Glenn Miller Orchestra* die ganze Welt. Sein Schaffen als für den Eisner Award nominierter Comic-Autor umfasst die Traditionstitel SUPERMAN und ACTION COMICS, MARVEL ZOMBIES – AUFERSTEHUNG, EMPYRE SONDERBAND: CAPTAIN AMERICA, *The Last God* und Storys mit Batman, Aquaman, Carnage und anderen, zudem *The Dark Crystal* nach Jim Henson und Frank Oz, *Der Planet der Affen*, *Skull Island* und *Adventure Time*. An der Front unabhängiger Comics schuf Johnson *Smoke Town*, *Low Road West*, *Warlords of Appalachia* und vor allem *Last Sons of America*, das von Netflix adaptiert werden soll.

SALVADOR LARROCA ist ein spanischer Comic-Künstler. Er begann seine Laufbahn auf dem britischen Markt, wo er *Death's Head*, *Dark Angel* und andere Titel für Marvel UK bebilderte. Mitte der 1990er veröffentlichte er in den USA dann *Flash* und *Ghost Rider*. Seither tat sich der Spanier als Zeichner von UNCANNY X-MEN, X-TREME X-MEN, DIE ULTIMATIVEN X-MEN, CABLE & X-FORCE, AVENGERS, SPIDER-MAN: HOUSE OF M, DER TOD VON WOLVERINE: REQUIEM, *Ultimate Elektra*, *Fantastic Four*, *Doctor Doom*, *Namor* und *newuniversal* hervor. Außerdem inszenierte er zusammen mit Autor Matt Fraction eine lange IRON MAN-Saga sowie ein SPIDER-MAN-Heft, wofür sie jeweils mit dem Eisner Award ausgezeichnet wurden. 2017 wurde Larroca einer der prägenden Künstler von Marvels modernen *Star Wars*-Comics, der die STAR WARS-Hauptserie und STAR WARS: DARTH VADER im Geiste der klassischen Filme visualisierte.

GURU-eFX wurde von Joe Weltjens und Lee Duhig als Studio für digitale Kolorierung gegründet. Hier sorgte man bereits dafür, dass Comics wie STAR WARS, IRON MAN, DEADPOOL, NOVA, X-FORCE, THUNDERBOLTS, X-MEN, HULK, GUARDIANS OF THE GALAXY oder EMPYRE in Farbe und Glanz erstrahlen.

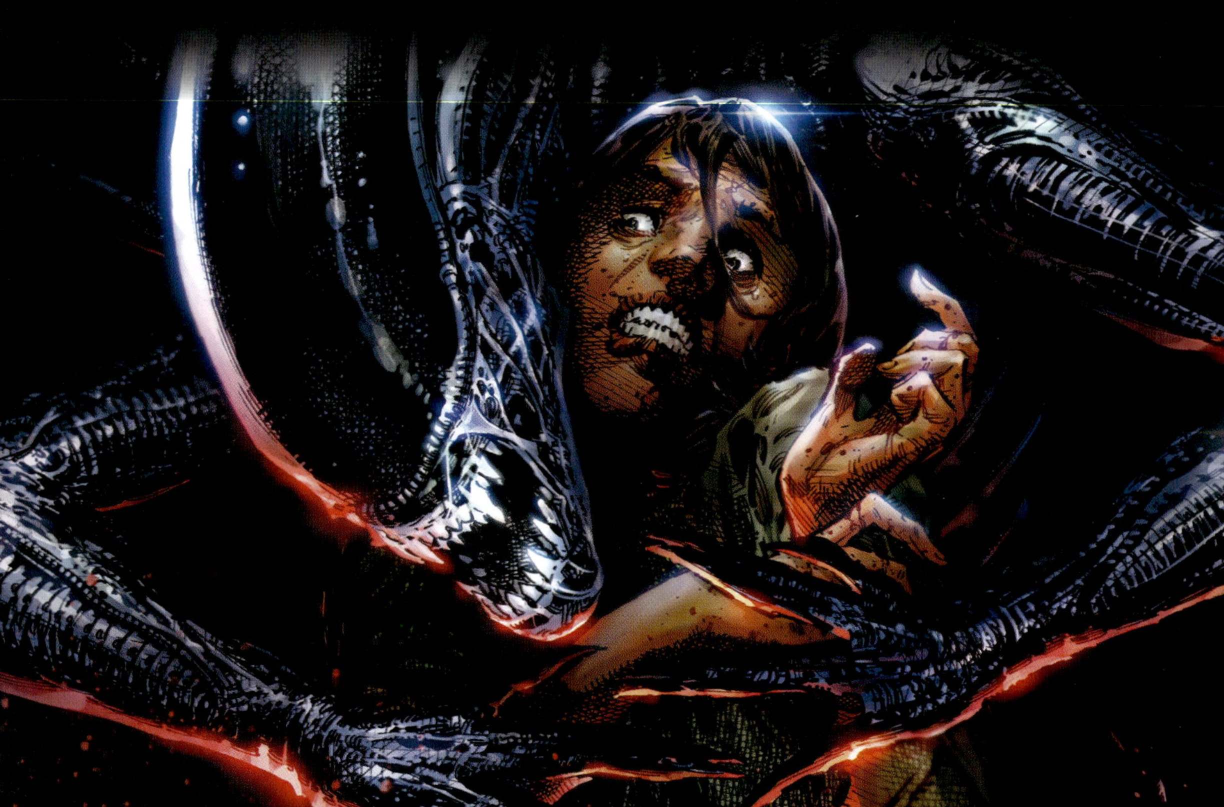